本书系韩山师范学院科学研究著作出版基金、广东省普通高校人文社科重点研究基地岭东人文创新应用研究中心资助出版

# 选堂气象

## 饶宗颐研究论集

赵松元 殷学国 陈伟 主编

Xuantang Spiritual Realm

A Collection of Research on Rao Zongyi

中国社会科学出版社

# 图书在版编目（CIP）数据

选堂气象：饶宗颐研究论集／赵松元等主编． —北京：中国社会科学出版社，2020.11

ISBN 978-7-5203-7284-8

Ⅰ.①选… Ⅱ.①赵… Ⅲ.①饶宗颐(1917-2018)—人物研究—文集 Ⅳ.①K825.4-53

中国版本图书馆 CIP 数据核字(2020)第 179551 号

| | |
|---|---|
| 出 版 人 | 赵剑英 |
| 责任编辑 | 李金涛 |
| 责任校对 | 李 剑 |
| 责任印制 | 李寡寡 |

| | |
|---|---|
| 出 版 | 中国社会科学出版社 |
| 社 址 | 北京鼓楼西大街甲 158 号 |
| 邮 编 | 100720 |
| 网 址 | http://www.csspw.cn |
| 发 行 部 | 010-84083685 |
| 门 市 部 | 010-84029450 |
| 经 销 | 新华书店及其他书店 |
| 印 刷 | 北京明恒达印务有限公司 |
| 装 订 | 廊坊市广阳区广增装订厂 |
| 版 次 | 2020 年 11 月第 1 版 |
| 印 次 | 2020 年 11 月第 1 次印刷 |

| | |
|---|---|
| 开 本 | 710×1000 1/16 |
| 印 张 | 21.75 |
| 插 页 | 2 |
| 字 数 | 331 千字 |
| 定 价 | 118.00 元 |

凡购买中国社会科学出版社图书，如有质量问题请与本社营销中心联系调换
电话：010-84083683
**版权所有　侵权必究**

# 目 录

序一 …………………………………………… 吴承学（1）

序二 万古中流去复还 …………………………… 胡晓明（1）

## 诗学研究

"选堂气象"及其养成原因
　　——以《偶作示诸生》的文本释读为中心 ………… 赵松元（3）
"清"：饶宗颐诗词艺术魅力之审美
　　解读 ………………… 赵松元 林 钰 陈洁雯（24）
饶宗颐《秋兴和杜韵》诗学话语分析 ………… 蒋述卓 殷学国（41）
选堂登游诗研究 …………………………… 殷学国 吴声琼（57）
饶宗颐"形上词"论分析 …………………………… 殷学国（73）
论饶宗颐的七言绝句 ………………………………… 陈 伟（85）
饶宗颐教授六十以后诗词创作略述 ………………… 陈 伟（98）

## 艺术学研究

会通与互文
　　——饶宗颐两汉艺术史论及其当代意义 ………… 郭景华（119）

论饶宗颐艺术史论的文化精神
　　——以《画𩓿——国画史论集》探论为中心………… 郭景华（128）
饶宗颐《文心雕龙》研究述略…………… 郭景华　魏丽娟（145）

## 文章学研究

论饶宗颐《选堂赋话》中的赋学批评………………… 刘　涛（157）
以古茂之笔，抒新纪之思
　　——论饶宗颐的辞赋骈文…………………………… 陈　伟（174）
饶宗颐散文论……………………………………………… 肖玉华（187）

## 相关研究

从"韩愈崇拜"到"六一情结"
　　——试论饶锷散文论述的体验化倾向……………… 闵定庆（209）
饶锷国学方法论意识的自觉……………………………… 闵定庆（223）
试论饶锷诗学观念的近代性品格………………………… 闵定庆（235）
"古雅"：饶锷的文化心态与审美境界………… 殷学国　蒋述卓（259）
古籍整理与现代学术演进关系分析…………… 殷学国　蒋述卓（275）
饶宗颐先生《谈李芸甫的家世》一文补正……………… 孔令彬（289）
饶宗颐教授与韩师的因缘………………………………… 陈　伟（295）
论饶锷古文的取法门径…………………………………… 陈　伟（313）

**编后记** …………………………………………………………（329）

# 序 一

吴承学

韩山师范学院赵松元教授寄来研究饶宗颐先生的著作《选堂气象》书稿，索序于余。拿到书稿，我马上就被书名吸引了，由此引发许多感触。昔者论古文，有"韩潮苏海"之称，令人过目难忘。饶宗颐，字选堂，今者以"选堂气象"论饶公，既不落俗套，又颇为贴切，庶几近之。

用"气象"一词品评人物、赏诗论文的风气，大概始于宋代，因宋儒大力推崇而形成。程朱理学家提倡养浩然之气，成圣贤气象。士人可以通过涵养气质、变化气质而进入圣贤境界。宋人也多以气象论诗。严羽《沧浪诗话》是其代表。严羽倡导诗学上的"盛唐气象"。他认为，宋代的诗歌尚格力，而乏浑厚之风，故只能称为"雄健"，远不如盛唐诗的"雄浑"。这种雄浑，就是所谓"盛唐气象"。两相比较，气象比仅有格力要更好些，它包含格力又兼有蕴藉之妙。"雄浑"也是雄壮又兼有虚浑之美，所谓"积健为雄，返虚入浑"。严羽说唐诗"既笔力雄壮，又气象浑厚"，两方面的美兼而有之。包括他说李杜诸公之诗"如金鸡擘海，香象渡河"，说盛唐之诗"如羚羊挂角，无迹可求"，都是对唐诗含蓄蕴藉雄壮浑厚之风的赞誉。盛唐气象，的确代表了中国诗学的理想境界。

饶宗颐先生来自潮州。潮州人心灵手巧，有悟性，有灵性。潮州文化也有场面壮阔的一面。比如，潮州大锣鼓、英歌舞（民间集体舞蹈）、"营大老爷"（传统大型民俗祭祀游行盛典），都很有气魄。但是，就总体特色而言，潮州文化以精工细致著称于世，如潮州菜、工夫茶、陶瓷、刺绣、木雕，皆能体现出精诚敬业的工匠精神。精致灵动，大概就是潮州文化给人的印象。换言之，潮州文化的传统在于"工夫"而不是"气象"。饶公得益于潮州文化熏陶，却又超越其局限，创造并向世界展示了一种新的壮阔的文化精神。其壮阔唯"气象"二字方可涵盖之。

选堂气象之特色，在于能"大"，就是能够在传统人文领域里展示出罕见的大气魄、大气势、大格局和大胸襟，并获得大成就。饶公的学问与艺术就像大海般浩瀚无涯，我们实在无法测量他的博大。饶公的学术师承不主一家，古今中外，兼收并蓄，又出于己意。他研究学术，完全凭着本性与兴趣去做，永远保持好奇的童心，兴之所至，任情随性，如夏云之千态万状，变幻莫测。所以饶公能达古通今、学贯东西，古今中外一切的文化精华都为其所用，涵盖宇内而熔为一炉。在人文学科里，饶公几乎是无所不能，他集学术、艺术于一身，涉及领域之广，水平之高，几乎让人瞠乎其后，奔走骇汗。

饶公来自潮州文化，又超越潮州文化，就像韩江之水，滔滔汩汩，最终奔向大海，《庄子》有曰："天下之水，莫大于海，万川归之，不知何时止而不盈；尾闾泄之，不知何时已而不虚；春秋不变，水旱不知。此其过江河之流，不可为量数。"描写的正是大海有别于江河的壮阔。饶公从精致走向浩瀚，从功夫走向气象，同时也就从潮州走向了世界。这也正是以"气象"概括饶公之妙处。

我们毋庸讳言，就现代学科而言，在相关专题的学术研究上，会有不少专家可以超过饶公，饶公在所涉及的各个专业各个领域中，其研究也不一定都很精深。但是，这就如同涵茫万状、汪洋恣肆的大海，不可能像一泓小溪那么清澈见底，然而小溪终究无法与大海相提并论。尤其是在按学科考核人才、选拔人才的当下，举目皆专家，唯饶公这样的通人实在难再得矣！何况中国传统文化并不像现代学科分科那样边界分明，甚至文史哲都无法清晰分开，本来就是浑然一体的存在，所以，才更加需要具有通才通识者来研究。这也是"选堂气象"在当下显得独特和重要之处。

与许多地方相比，潮州文化既谈不上历史悠久，也谈不上积淀深厚。或者缘于此，潮州人自古就极为敬重传统，尊崇文明、信仰文化，百姓甚至对文化有一种近乎宗教式的崇拜。唐代韩愈被贬潮州只有半年多，因其对这片蛮荒之地有教化之功，千百年来一直受到潮人念兹在兹的崇拜，成为潮州代代相传的佳话。韩愈平生南北迁移，寓居之地不少，唯潮州人似乎与他有特别的缘分，对他特别的眷念。潮人把山称为韩山，宋代就有了韩山书院、韩文公祠。把江称为韩江，把韩愈祭鳄鱼的地方叫作"韩埔"，渡口叫"韩渡"，路则有昌黎路，桥则有湘子桥。对于前贤的文化崇拜，也莫过于此了。

饶公自幼生长在韩江边，从小深受潮州尊重文化传统的影响，对于中国乃至世界古典文化一直持敬畏与喜欢之心，但是又不囿于此，而是独辟蹊径，拓展了文化创造的新境界。他做学问敢为天下先，俨然开疆辟土的大将，而非安营屯垦的戍者，一辈子都生活在学术与艺术的不断创造与开拓之中，到了耄耋之年，仍不断有新想法，时时想常人所不能想。饶公既尊崇传统，又敢于创造，"选堂气象"由此蔚然而成。

饶公给故乡留下了巍巍文化高峰。高山仰止，潮州人对饶公充满崇敬之情。潮州市有饶宗颐学术馆，韩山师范学院有饶宗颐研究院，所办《饶学研究》杂志也已出版多期。遥想古代韩愈给潮州留下诸多"地标"，展望今日饶学在潮州之粗具规模，身为来自潮州的读书人，我感慨家乡古往今来对文化传统的尊重与崇敬，同时越发感到我们今天纪念饶公，研究饶公，多么迫切需要领略饶公在学术、艺术上的不懈创造和不凡气象。倘能于领略其气象中领悟其精髓，对吾土吾乡乃至吾国文化事业的创造和发展必大有裨益。

是为序。

己亥清明于康乐园澹斋

# 序二　万古中流去复还

胡晓明

## 一

香港大屿山，21世纪初新增添了一处绝美的风景：心经简林。从昂坪的宝莲禅寺一路往海边走，可见由38根高大木柱组成的户外木刻群，将饶宗颐先生的汉简心经书法，镌刻在来自非洲的巨木之上，树立于向海的山顶。我初观心经简林的心情，是大震惊。噫！天风苍苍，海水茫茫，想不到香港会在这么一个地方，集佛教的《心经》、饶宗颐的书法、非洲的巨木与自然的山林天海奇观，融为一景，给人以超越身心灵神之体验。心经简林是无墙的禅寺，以宇宙天地为墙院；也是虔敬的信徒，终日乾乾以登高；是问道于天的大疑大惑，又是灵根深植、远离一切颠倒梦想的高僧大德。那些木材特为斑驳苍老，犹如出土的殿木；那里山岚特为寂静苍凉，似有原始的召唤；而书法又特为诚恳真切，犹如童子对母亲的承诺。整个意象，既崇高壮伟又含蓄低徊，既真实厚重又似空无一物，承以涵盖乾坤之力，指向苍茫无限之境。

有了此一方风景，香港的大屿山，有了新的深度与高度。正如香港有了饶宗颐这样的学人。

国学宗师饶公宗颐先生在2018年立春之后的晚上，平静地走了。他一生强探力索，开风气、出奇兵，在许多陌生的领域开荒播种，在许多新鲜的风景中著人先鞭，现在终于休息，放下了手中的笔，放下一身的道、学、艺，不再劳作。而不知为何，我的眼前出现的竟是香港大屿山心经简林的那幅画面，那一根根高高矗立的汉简木柱，清癯而苍劲有力，引人向上，执着尽力，向外，向山顶、南海、高天、白云之外的无限辽远，而身后是宝莲禅寺的悠悠晨钟，是郁郁葱葱的常青山谷与树林……。

在这里，不想再重复我过去写过的关于饶公的学术成就如何如何——那些表述，或者已经太多，人云亦云，辗转相袭，——其实饶公不是一个通俗作家，他的学问恐怕不是一般知识大众所能懂得；甚至他喜欢画的莲花，也不是普通人所能知赏的。1994 年我申请香港 UGA（香港大学同学会基金会）的香港研究项目，临填表格之时，除了饶公，我还想到金庸。同样是自学而成正果的大师，同样是中国千年文化在香港的灿烂结晶，这两个人都令人着迷。金庸先生是有井水处必有金迷，老妪能解，雅俗共赏；而饶公曲高和寡，甚而随着时间的流逝，知道与喜欢金庸人一定会更多。然而我还是选择了解读有难度的饶公。我读学术史，深知饶公是最后一个文人，其时代典范意义，其与我国学术文化史的重要相关，绝非喜欢的人数多寡，可以简单决定的。而他与文化中国的共同意义，可能需要更长的时间之后才能真正显现。

那年，我住在中大的雅礼宾舍，制订了一个颇有雄心的计划：做饶公的口述史。掘井及泉，以一人见一代之学术文化史。一开始在中大文化所的咖啡室，后来在范克廉餐厅，以及跑马地山村道凤辉阁饶公家，为期三个月，访谈十五次，积四十多小时的录音带，饶公娓娓道来，珠玉纷呈……然而后来在香港商务出版《饶宗颐学记》，却不是我的初衷。"咄！你要做我的学记？"一开始饶公听我说起访谈的定名时，觉得这事儿有点难。我以为反正是饶公讲，我记录，后来才晓得，这要消化多少东西！跟在巨人背后散步，"奔走骇汗"啊（这个词是陈盘先生对饶公的评论）。因而写完了学记，我想放一放。可是饶公自己拿到商务去出版，他认为写得不错，后来多次向人推荐。并且，多家电视台要拍饶公的纪录片，他专门写条子："到上海找胡晓明。"由于我只写到 1994 年，此后二十多年饶公还有很多学术成果，多家出版社找我续写，可是我后来学术兴趣多变而转移，虽也有文章发表，却再也回不到饶学了。我想，饶公看重这半部《学记》，原因可能是能见其大，主要的精神已经写出来了，接下来的也不过只是房屋装修、增添家具，以及园林布置而已。庄子主张"支离其形"（人间世），"非爱其形，爱使其形者"（德充符），饶公最懂得此中奥秘。

譬如，我在《学记》里一开始即强调了"香港因缘"。表彰饶公对香港有深情有感恩。讲了方继仁、叶恭绰和王云五。讲了中国文化中天时、地利与人和的意味，饶公都深以为然。"如果我不出来，可能人都没有了。……后来我整个人都改变了。"在20世纪的山河破碎、天灾人祸，以及教训、代价、时代交的学费的背景下，饶公这话听来，实有无限的欷幸、无限的感慨。我今天再来想这个事，香港与文化中国的因缘，在大陆与香港之上，还有一只看不见的手：中国文化的命运之手。先是让饶公劳其筋骨，苦其心志，给他各种人脉、条件、资源，以充分酝酿、潜伏、预备，然后延伸、辐射、放大、拓开，古老的中国文化借饶公聪慧的手，先织成一块漂亮的锦绣，即他一生研究的汉字、敦煌、丝绸之路，时机一到，即扩大、变化，变成新的学术丝绸之路、新的敦煌重镇。成为内在于学术本身的一种文化自觉。饶公晚年提倡的"华学""新经学"等正是这样的新丝路。他在众多的学问上，开荒拓宇，播种植木，而后人补种成林，文化渐成荫蔽众人之大树，香港因而成青青河畔草、绵绵思远道的文化绿洲。此中文化生命的根本逻辑，其实正是自由精神的逻辑。我记当时饶公说：

> 香港是一个破了 model（模子）的世界，你还没有活动就给你限定了，这种 model，作为管理是比较方便，但对于人的天性、兴趣的发展，我就不敢说好了。所以我是一个不能进入 model 的人。我这个人非要搞七搞八，因为我有这个能力。

饶公治学途径的开展，也是一个不断破其模子的过程：经过了一个由本土传统学术—海外汉学—旧学新知相融贯的过程，三个阶段他都能尽其能事，致其曲折，故其学问境界能得其大，可谓"更行更远更生"。他的学思历程，正是中国近现代学术进程中一个尽人事、会天时、得地利的典型。如今，哲人虽已去，万古中流来复还，其典范，对于未来中国学术发展，极富重要启示意义。

那年项目结束时，我在 UGA 基金会的报告会上说："香港这个地方，从地图上看，只是小小的一个点儿。但是近半个世纪以来，却产生了好几位中国传统人文学术研究的第一流人物。……香港其实是一个非常有助于中西方学术文化交流的宝地，饶公透过香港结识了欧美汉学、日本汉学和西亚印度学问方面的重要人物，使他成为一座连接中西、中印、中日、中美、中泰文化的桥梁，这与其说是香港对饶公的一份厚赐，不如说是香港通过饶公这样一位中国文化所化之人，对中外文化交流做出的重大贡献。应该感谢 UGA，不仅是各位对我的帮助，更重要的是 UGA 破了一个先例，从此开始把眼光注意到人文学术，香港人文学术对中国的贡献是一个值得研究的好题目。"

## 二

敬爱的饶宗颐教授于立春的一个晚上平静辞世。我得知这个消息，有点意外。他老人家生命最后一年还去了一趟巴黎，开办他的莲花画展，身体只是有些弱，清癯而已，终于，他还是放下了他的笔。这些年来，我想与饶公通话都比较困难，家人把他保护起来了。想当初，二十五年前的那个秋冬，我与他老人家每周都要聚谈两次，问他很多问题。有几回还跟他一起走路乘校车转地铁，再从金钟转出租车到跑马地山村道凤辉阁饶宅，看他的印度巨书、字画及那张枯木般的宋琴。后来那些年，我只要想要字，饶公有求即应。2014 年我校图书馆新装修，大厅里缺少文气，我请饶公赐墨，他大书"志于道　据于德　依于仁　游于艺"，一周内即快递到手。饶公集学问与艺术于一身，以其博洽周流、雅人深致的境界，成为当代的国学宗匠。同时，他的文化世界观具有自信、自足、智慧、圆融的特点。在他的文化世界里，东方与西方没有鸿沟，古代与现代没有裂罅。饶宗颐先生的学问、艺术与文化人格，是特殊地缘与时代因素所造就的学术文化史现象。这一范式所树立的标格，将对未来的中国学术具有重要意义。

有一件当代学术史上的重要事情很多人都不知道。大概是 2006 年的秋天，饶公到上海，住在国际饭店，我和内子去看望他老人家，当时还有陈允吉教授在场。第二天，饶公打电话来，要我带他去看元化先生："我有一件重要的事情要向他报告。"我很快安排了这次见面。记得我去接饶公，他从国际饭店出来，坚持要乘地铁。一路上跟我讲香港以及全世界对禽流感十分慌张，杀光了所有的鸡鸭。"人类越来越脆弱。"他跟王先生约好，在上海图书馆的贵宾室里见面，这次谈到的重要事情，原来是敦请王先生出面，主持一个大型项目《新编经典释文》。众所周知，陆德明《经典释文》的产生背景是在南北统一的初唐，他鉴于当时经典旧音太简，微言久绝，大义愈乖，后人攻乎异端，歧解纷出，在校理群书的基础上，"精研六典，采纳九流"，著为释文，遂为大唐盛世经学的再起，奠定极好基础。在饶公看来，当代经学的发展，由于（一）出土简帛书的新数据大量出现，（二）20世纪以来积累的释古成果极丰；（三）学风丕变，由疑古、五四反传统而激进的学术渐回归于理性平和，（四）政府鼓励国学复苏，——因而，一个新的《经典释文》，即集大成、去琐碎而重大义的新经学文本，已经呼之欲出，需要有一个强有力的人来推动这件事情，他想到了元化先生。

为什么他觉得元化先生能做这个事情呢？当时，元化师主持了上海市最大的古籍整理项目《古文字诂林》，同时主编《学术集林》这两个事情，聚集了东西南北海内外相当多的重要学人，俨然成为90年代后学术复兴的标志。饶公看在眼里，他也是这两个项目的参与者，他十分认同元化先生既重视文献与文本又推崇大义，既发掘传统又不弃西学，既回归儒学又儒道兼通的学术取向，似乎比北京的中国文化书院更有活力也更有创造性。所以他对我说："王先生是当代的阮元！"而饶公一直要构想"新经学"，打算对于过去经学的材料、经书构成部分，重新做一次总检讨，把老庄也收入其中，减去一些不重要的，超越《十三经》，由此而建立我们的新文化主体性，——饶公思虑深远，愿力极大，绝非老师宿儒所能梦见。

当然元化师后来没有接受。元化师也十分认同饶公的理念，然而他毕竟太忙，《诂林》与《集林》两事，已经够重了。再加上进入21世纪后，他的身体健康明显下降，而饶公以他自己的身体与过人的精力，来想象元化先生，毕竟不一样的。这事虽然未成，然而值得在当代学术史上留下一点记录，让后人也知道文化老英雄当年的勇气、理想与大关怀。

## 三

上面讲了香港与饶公的因缘，讲了饶公生前要做的大事。饶公是从潮州走向香港的，他要做的大事，也与潮州的少年经历有关。因而，饶公与韩山师范学院有很深的因缘。从青少年时代开始，饶宗颐就与韩愈在潮州的文渊遗泽有着或隐或显的联系。一方水土养一方人，潮州的文脉很深。后来，作为韩师的杰出校友，他从这里开始走上讲台，最终成为一代文化宗师。可以说有深厚文脉的韩山师院奉献了一位最杰出的校友，隐隐之中，或有韩文公的因缘。因而，见证了大师如何养成的韩师，利用其天时地利人和，近年来从领导到学院，大力弘扬"饶学"。为饶宗颐举办了四届学术研讨会、成立"饶学研究所"，出版了饶学专刊及潮州艺文志，最新的成果，即这本《选堂气象：饶宗颐研究论集》，人能弘道，可谓南天饶学一重镇。

饶学涉及国学的方方面面。但有关饶学中的文学评论，向来偏弱。本集的重点探论选堂文学研究。赵松元论"选堂气象"之养成原因，强调选堂怀抱"三不朽"的学术理想，并由此恢宏出宏伟博大的气魄，激发出旺健的创新精神。又论"清"乃选堂诗词艺术魅力之独特处，饶公以"清气"营造"清境"，创造了一种清醇高远、清空澄明的诗学境界。既得天道行健之阳刚之美，又兼水德清明之阴柔之诗，饶公一身而四时之气具足矣。殷学国从饶宗颐《秋兴和杜韵》，聚焦中国诗学中的"杜样"，杜甫《秋兴》八首，悲愁缠绵既不能超脱亦无所寄托，形成苍茫悲凉的风格氛围。《秋兴和杜韵》突破秋兴节侯书写模式，于杜诗的悲凉、义山诗的凄凉之外，别造清凉诗境，因而别具学人之思境与文士之风味。又有专门一文探论饶公和韵诗，认为和韵写作是文学伦理交际功能的诗化实践。不仅能见出一个时代的海内外文化中国学术圈文化圈里的文学交游，而且彰示中国诗学透过文人相亲、斯文骨肉而相创生之内在传统。既是中国传统诗性智慧的结晶，也是中国诗学生生不息、绵延不绝的内驱力。记得饶公有一回对我讲起，西方诗之本在《圣经》，中国诗之本是人文。酬和次韵步韵，以文字为骨肉，正是以历代人文创造为资源。陈伟集中探论饶公六十以后诗词的成就，认为其诗气格高逸，风神绵邈，在艺术上则追求一种即兴的感觉，如镜照物，物来则应，各见其真。词造诣最高的是其中的形上词，高旷畅达，俊逸爽朗，抒写的是饶公一向秉持的达观向上的生命精神。之所以如此畅旺，更与艺术、历史、人文的终身享受分不开。

此外，有分析其登游诗、行旅诗、形上词、赋学与赋作、骈散文、龙学、画学等，见出饶公的广大与通识，能品而兼逸格。我又想起在参观饶公的画室与住宅时，他给我看不同房间里好几张桌子，同时铺开几篇文章的写作，他可以在其中穿行，如蜂之采蜜，如鹰之猎食。那些不同的领域，不同的专题，甚至不同的文体，他不仅完全没有阻隔与界限，而且以学养艺，以艺通史，以文辅哲，相互调理而其滋养。《文心雕龙》说"率志养和"，他的志犹如一支奇妙的机杼，又似一枚强力的电池，可以照亮诸多的暗处，将其中的零缣碎金，一一收拾，最终织为一幅幅锦绣。读这本研究文集，或可以寄托深切的感慨追思，遥想薪火之相传无尽。哲人其萎，斯文长存，饶宗颐教授一生对于中国文化的尽心尽力，其能量将是永生不灭的。正如我寄往香港饶宗颐学馆的挽联：

　　纳百川以成其大，学林艺海，导路开疆，历世运污隆，肖然鲁殿灵能续；

　　参万岁而立其纯，霁月光风，冥心独往，今期颐乘化，浩荡中流去若还。

二〇一九年三月十日

# 诗学研究

# "选堂气象"及其养成原因

## ——以《偶作示诸生》的文本释读为中心

赵松元

## 一 导言

对饶公诗词艺术之特色和成就，钱仲联、季羡林、苏文擢、罗忼烈、夏书枚、刘梦芙、杨子怡等诸多专家学者都做了深刻阐述和高度评价，都是深中肯綮之论，令人信服。本人亦曾著文数篇，对饶公诗词艺术做了粗浅的论述。近年来，越读饶公的著述，越品饶公的书画，就越感觉到饶公的诗格、书格、画格之高风绝尘，卓荦不凡，其与饶公高贵之学术品格交相辉映，自在呈现着一种充盈浩然的精神气度。对这一精神气度，过去虽有所感触，但没能展开探析，一直心有憾焉。在此，拟提出"选堂气象"这一命题，并以解读饶公传诵颇广的五律名作《偶作示诸生》其二为中心，对"选堂气象"做一粗浅的探讨。

"气象"一词，含义颇为丰富。从诗学视野来看，"气象"或可用以形容创作主体的精神气韵，或可用以指某一时代、流派的艺术风格及其审美特质，或可用以指构成文艺作品的艺术美的基本要素，或可用以指文艺作品所创造的一种特定的审美形态与艺术境界[①]，而浑厚、雄阔、壮美，则应是"气象"所具有一个根本性的审美特质。如学界常以"盛唐

---

① 傅璇宗等主编：《中国诗学大辞典》，浙江教育出版社1999年版，第24页。

气象"来表述盛唐诗歌的审美风范，认为盛唐气象是盛唐蓬勃向上、昂扬奋进的时代精神和雄大魄力与雄浑深厚、刚健明朗的艺术审美风貌的呈现。另外，在中国学术文化史上，宋儒曾提出"圣贤气象"，用以形容尧、舜、禹、汤、周文王、周武王、孔子、颜回、曾子、子思、孟子、周敦颐、程颢、程颐、张载十五位圣贤的风度、风范。这些对本文提出"选堂气象"的命题有所启发。

在中国文化语境中，无论是读书做学问、吟诗作赋还是点染丹青，都与生命存在、心灵安顿有关。清沈德潜《说诗晬语》云："有第一等襟抱，第一等学识，斯有第一等真诗。"选堂诗歌之所以格高神远，独步天下，就是因为他有第一等襟抱、第一等学识融会而成的正大、清旷、高迈、独立的人格风范和精神气韵，创造出清奇雄迈的审美特质[①]，这种超卓非凡的风范气韵与独特的审美形态，即是我们所说的"选堂气象"。窃以为，这一"选堂气象"，无论在当代诗界、艺界、学界，均具有重要的典范性意义。而《偶作示诸生》其二，作为饶公五律最负盛名的作品，其艺术审美价值就在于集中地抒写了饶公的"选堂气象"。

## 二 "选堂气象"的诗学呈现：《偶作示诸生》其二的文本释读

> 更试为君唱，云山韶濩音。芳洲搴杜若，幽涧浴胎禽。万古不磨意，中流自在心。天风吹海雨，欲鼓伯牙琴。

《偶作示诸生》共二首，收在《选堂诗词集·羁旅集》中，此为第二首。兹录第一首如下："一雨消残暑，行歌杂醉醒。浮云欺白发，沧海有玄亭。诗于裁狂简，心随入渺冥。要令参造化，何事苦穷经。"这两首五律诗，是饶宗颐1956年任教于香港大学中文系时，与学生游于海上，弹琴而作。当时饶公四十岁。孔子曰："四十而不惑。"所谓"知者不惑"，孔

---

① 按：清，清雅，与浊俗相对；奇，奇特，与平庸相反；雄，雄浑，与秀媚相异；迈，高迈超拔，与窄仄促狭不同。

子"十有五而志于学",在"三十而立"之后,经十年之学,又上层楼,到四十岁掌握了丰富的知识,有了深刻的识见和理性的精神,因而抵达了不惑不迷清澄独立的境界。四十岁的饶公已抵达"不惑之境",饶公通过这首诗,抒写了自己的学术文化追求和对学生的殷殷期望,展现了他的大智慧,大境界,表现了他高迈独立、正大清旷的精神气象,从而生动诠释了四十而有不惑之智的真义,与此同时,也艺术地呈现了选堂诗歌独特的艺术风貌。

首联:"更试为君唱,云山韶濩音。"这起始二句,承第一首而来,点明示诸生之意,而气格高古不凡。"更试"句,言再一次向诸位学生敞露心扉。本来是"讲",是"说",但饶公这里用一个"唱"字,这固然是与弹琴有关,但更是一种艺术化的表达方式,富有诗意。而由这一"唱"字,就很自然地引发出"云山韶濩音"句。这一句化用元好问《欸乃曲》:"停桡静听曲中意,好似云山韶濩音"的诗句。"云山",江淹《萧被侍中敦劝表》:"臣不能遵烟洲而谢岐伯,迎云山而揖许由。"故知"云山"寓有高蹈出尘,远离世俗之意。饶公此处以"云山"修饰"韶濩音",寄托了高迈出尘、超越世俗的情怀,同时也凸显了"韶濩音"的高亢和美好。

"韶濩",指汤乐,泛指雅正之乐。或以为指舜乐和汤乐,误。汤是商朝开国君主,汤建国后,吸取夏朝灭亡的经验教训作《汤诰》,要求其臣属"有功于民,勤力乃事"对那些亡国的夏民,则仍保留"夏社",并封其后人。汤注意"以宽治民",因此在他统治期间,阶级矛盾较为缓和,政权较为稳定,国力也日益强盛。因而历史上有"成汤之治"的说法,汤也被称为"圣人"。《春秋左传正义》卷三十九"襄公·传二十九年":

> ……见舞《大武》者,曰:"美哉!周之盛也,其若此乎!"见舞《韶濩》者,曰:"圣人之弘也,而犹有惭德(按:汤入夏宫,有惭德。),圣人之难也。"见舞《大夏》者,曰:"美哉!勤而不德,非禹其谁能修之?……"

可见，《韶濩》是赞美成汤之贤的音乐。

在这里，饶宗颐化用元好问"好似云山韶濩音"句，表明他想要宣示给学生、传授给学生的，是最雅正的高古不凡的中国优秀传统文化。由此二句，我们可以见出饶公传承与弘扬中华文化传统的责任感、使命感，并能感受到饶公心灵世界洋溢着一股正大、高古之气。

颔联承上而展开。"杜若"句出自屈原《九歌·湘夫人》："搴汀洲兮杜若，将以遗兮远者。"《古诗十九首》之"涉江采芙蓉，兰泽多芳草。采之欲遗谁，所思在远道。"亦是从此二句化出。杜若是经常在屈原作品中出现的香草之一。在《离骚》等作品中，屈原歌咏了江离、辟芷、秋兰、木兰、宿莽、秋菊、薜荔、菌桂、芙蓉等二十多种香草香花，缤缤纷纷，芳芳菲菲。诗人或采以为佩饰，或制以为衣裳，或朝饮花瓣之坠露，或夕餐秋菊之落英。甚至遭遇挫折，失意退守的时候，也要"复修吾初服"，保持自身的芳馨香洁。在屈原作品中，香草意象作为一种独立的象征物，它一方面指品德和人格的高洁；另一方面和恶草相对，象征着政治斗争的忠奸双方。在此诗中，"杜若"更多的是象喻中国优秀传统文化所弘扬的高洁人格。饶公化用楚辞意象，字里行间飘逸着一种骚雅芳洁之气，这真是饶公之"深得骚学"的生动呈现。

胎禽是鹤的别称，古代鹤有仙禽之称，又相传胎生，故又称"胎禽"。在中国文化语境中，白鹤是具有丰富象征内涵的文学意象。第一，白鹤的鸣叫之声象征君子才华之杰出。《诗经·小雅·鹤鸣》云："鹤鸣于九皋，声闻于野。"诗以白鹤高亢的鸣叫之声，比喻君子才华。汉代以后诗歌中，常以"鸣鹤"或"鹤鸣"喻君子，如陆云《鸣鹤诗序》云："鸣鹤，美君子也。"因而，古人常用"鹤鸣之士"象征修身洁行而有令名时誉的君子。第二，白鹤的洁白羽毛也能喻指君子人格之高洁。第三，白鹤性喜游憩于远离尘嚣的深谷或洲渚。山林水泽之灵气孕育了白鹤的优雅和高贵，这也象喻君子特立独行的品性。第四，白鹤有特殊的飞翔能力，"飞则一举千里"，自由自在，不受拘束。这也可以比喻追求自由、高飞远举的人生理想。总之，白鹤汇集了古代文人士大夫的精神追求与价值取向，是他们高洁脱俗特立独行精神人格的化身。《周易·遁卦》云："遁世无闷"，意谓远离世俗而心无烦忧。"幽涧浴胎禽"一句，描绘出白鹤在远离尘俗的、幽寂宁静的山涧沐浴洗涤的纯美画面，隐然有士君子绝去凡俗、自持自修、淬炼人格之意，正是秉承中国诗性文化精神而凝练出的动人诗句。

此联借助杜若和白鹤这两个传统的意象，渲染一种清奇旷远的境界，既象征性地写出饶公自己精神追求之崇高美好，同时也寄寓了饶公对学生涵养芳馨高洁性情的期望，而这正是饶公清旷芳馨、高洁不凡的人格气象的诗学表现。

颈联"万古不磨意，中流自在心"，是饶公的名句。这两句气魄沉雄浩大，境界雄浑高迈，可以说是饶公自信、自在、自由、自足的学问境界、生命境界的夫子自道。如果说前一联是得清奇之趣，那么这一联则有雄迈之美。关于"万古不磨"，饶公自己曾解释说："万古不磨"意指"不朽"。是怎样的"意"才能不朽呢？饶公又解释说，

　　中国人讲"三不朽"，即立德、立功、立言。……中国人讲德，这是世界上没有的。"德"很重要，"德"第一，然后立功、立言。

"万古"包含过去、现在、将来，是一个指涉永恒的时间概念。饶公认为，真正能够万古不朽的是中国传统的"三不朽"思想，而最重要的是"立德"。"德"是中华传统的礼乐文明的核心。《周易·系辞》云："地势坤，君子以厚德载物。""德"涵盖了诚信、仁义等一切美好品行的道德范畴。孔子曰："志于道，据于德，依于仁，游于艺。"《礼记·大学》曰："大学之道在明明德，在亲民，在止于至善"……"德"堪称中国伦理的核心概念，成为中华民族文化的核心概念。显然，饶公之重"德"，这与中国传统文化精神是一脉相承的。在这里，饶公鲜明地揭示出自己卓尔不凡的人生追求，同时也表达了对学生的期望——希望学生追求"不朽"，在立功、立言的同时，更注重立德，锤炼出清澄、高迈的德性和操守，表征着饶公所持守的价值理念及其对伟大的理想人格的希慕和追求。这种德性和操守，其精神实质就是一种天地间的浩然正气，饶公曾在27岁时（1944年）创作的《囚城赋》中写道："日月可以韬晦兮，苍穹可以颓圮。肝脑可以涂地兮，金铁可以销毁。惟天地之径气兮，历

鸿蒙而终始。"显然,"万古不磨意",从某种程度来说,正是对这几句的高度凝练,显示出饶公对德性与操守高度重视。总之,"万古不磨意"这一句,承前而来,既与首联之正大高迈气息相通,又是以清旷芳馨、高洁不凡的人格精神为内涵,着意标举了一种"历鸿蒙而终始"的浩然正气和伟大德性。

再看"中流自在心"句,"中流"指水流的中央。舟行水流之中,任风急浪高,但我有我的定力,我有我的坚忍,我有我的智慧,因此我与别人不同,我自能保持一种自在心,我自能平平常常地、稳稳当当地面对一切、超越一切。对此句,饶公自己亦有解释:

> 这个"自在",是佛教的话。我写《心经简林》,第一句就是"观自在菩萨","自在",就是观世音一样。……"自在",就是佛的状态。像观世音的心态;"中流",在水的一半,说明那种状态有定力,有智慧,有忍耐,有六个波罗蜜(按:即布施、持戒、忍辱、精进、禅定、智慧,佛教认为行到达彼岸的无上法门),就是"我"同别人不一样,"我"保持一种自在的心,是一种境界啊!①

这一饶公的自我言说,表征着他在文化和精神上的自我承受和担当,很能帮助我们理解他写作"中流自在心"的本意,足以见出饶公心灵世界中深植着佛禅智慧,表明40岁的饶公,即已养成了不惑之智,在心性修养上已接近甚至达到了大自在、大自由、大平常的生命境界。而特别值得注意的是,对于"中流自在心"所指涉的精神境界,在2008年11月9日的凤凰卫视"文化大观园"《国学大师饶宗颐》中,饶公在与主持人的对话中又有补充:"在不朽中找你自己的自在。这自在就是今天讲,用现在的话讲可以说是这种独立的精神。……自己站得住的,独立的精神,做艺术,做学问,这是重要条件。"饶公说这一段话时,已92岁,距《偶作示诸生》之写作,已有52年,在历半个世纪的人生沧桑后,饶公特别强调这样一种砥柱中流而自在自由的生命精神,这不是偶然的,

---

① 《万古不磨意,中流自在心——饶宗颐谈国学》,采访人王辛,转引自《潮人在线》。

可以说独立、自在的品格，与清澄、高迈的操守，是饶公从小就开始淬炼、修养并贯穿他整个一生的精神追求，并融会在他的学术研究、诗文写作和艺术创作之中，弥漫着高古不凡的"选堂气象"，其为学、为文、为艺，之所以有清气，有逸格，根本原因在此。这"万古不磨意，中流自在心"二句，短短的十个字，带给我们的早已不仅仅是清净之境的诗意美的享受，诵读之际，更让我们感受到一种撼动人心的人格力量。那是一种特立于宇宙间永不磨灭的凛然浩大的清正之气，是一种任时间的洪流如何冲刷、任人世间如何沧桑变化都依然无法使之迁移的清高伟岸的人格。①

尾联："天风吹海雨，欲鼓伯牙琴。"这两句，与首联照应，又关合海上弹琴事，见出饶公为诗立意布局之高妙。"天风吹海雨"，这里诗人是用天风海雨的意象形容一种恢宏阔大的境界。"伯牙"是春秋时人，以精于琴艺闻名，他和知音钟子期的故事广为流传。此二句暗用《二香琴谱》的一个典故："伯牙学琴于成连先生，三年而不成。成连云：'我师方子春在东海中，能移人情。'乃与俱至海上，成连刺船而去，旬时不返。伯牙延望无人，但闻海水汹涌，林岫杳冥，萃鸟嘲啾。悄然而悲曰：'先生移我情哉！'援琴而作水仙之曲，遂为天下妙。"饶宗颐欲于"天风吹海雨"的阔大壮美境界之中来鼓伯牙琴（亦可如此理解：饶公欲将"天风海雨"的宏大壮美气象融入琴音之中），表现出他清朗高旷的人格气象，亦如当年成连授琴于伯牙一样，是勉励和希望诸生能养成大胸襟、大境界，将高雅的中国文化传承下去，将学问"接着做"，薪火相传，发扬光大。

有学者认为，饶公于诗，"大抵以古风及绝句为其所长，又以长篇之歌行及七绝为最优"②。此一评论有一定道理。但饶公的律诗成就亦不可忽视。像这首五律，围绕示诸生之意旨展开，化用韶濩、芳洲、杜若、幽涧、万古、中流、天风、海雨、伯牙琴等一系列的文学意象抒情写意，

---

① 赵松元、陈洁雯、林钰：《"清"：选堂诗词艺术魅力之审美解读》，《台湾〈国文天地〉》第29卷第9期，第38页。
② 郭伟川编：《饶宗颐的文学与艺术》，香港天地图书2002年版，第490页。

兴象高妙，蕴藉深厚。全诗立意布局，颇见匠心。首联振起，开宗明义，高唱入云，显得宏阔、高远，见其正大高迈之性；颔联承上而来，言锤炼人格，一片幽洁芳馨，有清奇旷远之趣；颈联为转，转出一片新天地，吐露怀抱，追求万古不磨，表现出清澄、高迈之德性、操守与自在、独立的精神气韵。尾联照应首联，再点出自我期许和勉励学生之意，以清朗高旷、宏大壮美之意象，关合全诗，而余音绕梁。全诗首尾照应，起承转合，章法井然。另外，诗歌语言清雅而兼有雄健之美，善于用典，自然妥帖；至于对仗则能于奇崛中见工稳，精警不凡等，这些无不显示出这首五律的不同凡响。

而特别值得我们关注的是，饶公在四十字的尺幅和五律体式严整的平仄格律之中，表现出酣畅恢宏的气势，呈现出清奇雄迈的审美风格，生动形象地表现了饶公选堂的正大、清旷、高迈、独立的胸襟气度与人生境界，从而令我们可以生动体认"选堂气象"。这一"选堂气象"中，有诗意的情怀和独特的艺术个性，也有哲学的智慧和宗教的精神，生动活泼而内蕴丰厚。它既是20世纪诗学的一个重要的审美范型，更堪称现当代学术文化史上的人格典范，堪与古之圣贤气象相映生辉。艺术地表现出这一"选堂气象"，正是这首诗最大的审美价值之所在。

而必须说明的是，这种"选堂气象"之诗学表现，不是孤立现象，它贯穿在饶公选堂整个诗词创作之中，构成选堂诗学的一个共同的审美特质。试举例如下：

> 平居思九子，志节较区区。亦复嗤二曲，土室署病夫。丈夫贵特立，坦荡养真吾。（《瑶人宅中陪瑞徵丈饮酒》）

> 亭亭磐石山，娲皇昔所捐。其下临清流，独立得天全。（《登磐石山同巨赞上人》）

二作见写于抗战时期的《瑶山集》中。前者诗人以"平居思九子"与"亦复嗤二曲"相对，并以"丈夫贵特立，坦荡养真吾"的精警之句，鲜明地表达出据德守志、独立超卓的精神气度。后者之对磐石山的生命感发，亦正是选堂精神品格的象征性表现。

  风霜正与炼朱颜，异域山川剪取还。看击鲲鹏三万里，可无咳唾落人间。

此诗写于1976年，为当时诗人于《西海集》编录之后的自题七绝。充分显露了选堂的创作追求、胸襟气度和审美取向。

  高楼俯大荒，浮云任变化。隐几万卷书，亦足藏天下。茗搜文字肠，洁宫守智舍。浩歌送北风，俛焉俟来者。（《选堂晚兴》其一）

这首五言古体，与《偶作示诸生》作于同年。诗人立足高楼，这一"高楼"，实则是用比兴之法，点出诗人自己在人生、社会和宇宙之中已经拥有一个精神的思想的制高点，站在这一精神高度上，以"书"自足，以"智"自守，俯瞰大荒，任浮云变化，任北风凛冽。胡晓明教授指出，"这正是饶氏以知性主体的心灵超越尘世的一帧写照"。再如《论画再次履川风字韵》：

  待从宗炳振玄风，昆阆尽纳方寸中。旷怀直追千载上，懒将恒岱较雌雄。坐究八荒生百态，心花竞放浅深红。山川贲华终待汝，光悬日月何熊熊。兴来手补乾坤缺，乘桴欲谒扶桑公。寸缣苍莽露崖崿，人天凑泊非凿空。

此为七古，为论画之诗，饶公在此，酣畅淋漓地抒写了自己高旷、雄奇、超迈之胸襟气魄，格高意远，境界雄阔，气象万千，诵之令人拍案叫绝。

  姜伯勤教授指出："对自在心的追求，对大智慧的追求，对超越精神的追求，贯穿在诗人的许多诗篇中。"[①] 这一断语颇有眼力。以上我们仅

---

[①] 郭伟川编：《饶宗颐的文学与艺术》，香港天地图书2002年版，第93页。

仅从饶公千余首诗中，随手拈出几首，或为五绝、七绝，或为五古、七古，无论体式各异，题材不同，都与五律《偶作示诸生》一样，表现出饶公的丰满充盈、高迈独立的精神生命和雄浑清逸的艺术风貌，表明在饶公诗学世界中，"选堂气象"不是偶然流露的，她显然是饶公诗歌的一个特别突出的审美特质。只不过，《偶作示诸生》表现得更集中、更典型而已。其实，不独诗歌有"选堂气象"，饶公的词、赋、书、画乃至学术研究，也无不表现出"选堂气象"，"选堂气象"确乎已成为选堂饶公在近现代直至当代文学史、艺术史和学术史上的一个独一无二的审美范型和人格范型。

## 三 "选堂气象"的养成原因

上文我们通过对《偶作示诸生》其二的审美解读，大致体认了"选堂气象"及其审美特质。

那么，饶公的这一"选堂气象"是如何养成的呢？

1. "选堂气象"之养成原因，在于饶公对中华文化的深厚感情，在于饶公担荷着弘扬中华文化精神的自觉意识与使命意识。

从学术史角度来看，中国自近代到现代的学人之对中华文化命运都抱有一种深厚的人文情怀和历史的使命感。饶公亦是如此。他对中华民族之文化所持有之感情，极真切、极深厚、极突出，同时，他以"弘毅"之心，自觉地肩负着一份厚重的责任。只要稍稍对饶公其人、其学、其诗、其文、其书、其画以及琴道等有所了解，我们都能充分感受到饶公以传承和弘扬中华优秀文化为己任的担当精神，正是这种感情之深厚，这份担当之厚重，这种抱负之宏大，使他能登高望远，举首高歌，使他能一心问道，超拔流俗，卓荦不凡。郭伟川先生曾在论及饶公取得巨大学术成就和艺术成就的原因时，指出："这首先是导源于其对中国文化艺术深厚的感情和自觉的历史使命感。"[①] 此语颇为精当。正是从这深厚感情和使命意识出发，饶公全部的学术研究中，作为一个分割不开的整体，

---

[①] 郭伟川编：《饶宗颐的文学与艺术》，香港天地图书2002年版，第27页。

始终贯穿着饶公对民族文化深厚的感情及其对华夏文化精神执着探究。饶公1991年出版有文学史论集《文辙》，在小引中，饶公标明此论集为"中国精神史探究之一"，其言曰：

> 一九七九年，余编次史学论文，命名曰《选堂集林》。其它有关文学、书画、音乐、宗教等论著，亦吾国精神史之重要对象，将次第整理，继为文林、艺林等之辑，而卒卒未暇。……念平生为学，喜以文化史方法，钩沉探赜，原始要终，上下求索，而力图其贯通……

这一段话，言虽短，而气象极博大，饶公道出了自己治学之根本精神，这对于我们理解饶公学术与选堂气象之内蕴十分重要。

中国优秀传统文化之精髓主要就蕴藏在传世的经典之中，所以饶公对民族文化经典高度重视。2001年，在北大百年纪念论坛上，85岁的饶公发表了题为《新经学的提出——预期的文艺复兴工作》的演讲，关于经典的重要意义，他有一个表述：

> 经书是我们的文化精华的宝库，是国民的思想模式、知识涵蕴的基础；亦是先哲道德关怀与睿智的核心精义，不废江河的论著。

在演讲中，饶公展望未来：

> 我充满信心地预期二十一世纪将是我们国家踏上一个"文艺复兴"的时代的世纪。

在演讲中，在传统的求真求善求美的基础上，饶公创造性地提出了"求真""求正""求是"的新"三求"，并以其为追求的三大高远目标：

> 我们的价值判断似乎应该建立于"自觉"、"自尊"、"自信"三者结合的互联网上，而以"求是"、"求真"、"求正"三大广阔目标

的追求，去完成我们的任务。

此后，饶公在多次访谈中都强调做学问"求是""求真""求正"。直到 2016 年 3 月 2 日，100 岁的饶公在香港大学饶宗颐学术馆接受中国孔子基金会《儒风大家》杂志采访，还特别为中国孔子基金会《儒风大家》杂志题词"求是、求真、求正"，并同意担任中国孔子基金会学术顾问。他说了这样一番话：

> 季羡林先生是我的老朋友，中国孔子基金会承办了季羡林研究所，我很欣慰。季老为《儒风大家》题词"传承经典，经世致用"，我看很好，在具体落实上，我也送你们几个字，做杂志，弘扬中华文化，一定要做到"求是，求真，求正"，这个最重要了。尤其是要做到"正"。"正"就是不要拐弯抹角，要弘扬正气，秉持正直，坚持正义。不正的人，或许他们有自己的独到想法，但一个人，只有求"正"，才能永远立足于世。

联系以上这些材料，对读这首诗，可以更加清晰地看出饶公的学问世界与生命精神之蕴蓄与中国传统文化之间的深厚关系及其传道、弘道的自觉意识与使命意识。胡晓明曾指出，饶公的诗歌，"俨然是二十世纪中国文化的'华严楼阁'，俨然而为宝相庄严的文化世界"，其"次韵的诗学，以及选堂一切绘画、书法、音乐与文章创作中强烈的摹古精神。正是与历代诗人画家相呼吸相依承，共同维持高贵的精神品质，求其文化世界之悠长而久大"[①]。这一把握堪称中肯。这首五律，一开始说"更试为君唱，云山韶濩音"，到最后说"天风吹海雨，欲鼓伯牙琴"，正是饶公传承与弘扬中华文化传统的责任感、使命感，与心灵世界中正大、高古之气的自在流露。

　　2."选堂气象"之养成原因，在于饶公树立了"三不朽"的学术理想，及其恢宏博大的气魄，激发出的旺健的创新精神。

---

[①] 赵松元、刘梦芙、陈伟：《选堂诗词论稿》，黄山书社 2009 年版，第 5 页。

饶公与同时代学人相比，门庭要轩敞，格局要宏大。2003年台湾新文丰出版股份有限公司，出版《饶宗颐二十世纪学术文集》繁体字版；2009年，中国人民大学出版社又出版《饶宗颐二十世纪学术文集》的简体字版。全书共14卷20大册，总字数达10477000，收入著作80种，译注一种，论文520篇，诗词1400余首，散文、骈文、赋约400篇。涉及史学、目录学、甲骨学、简帛学、敦煌学、宗教学、中外关系史、经术、礼乐、文学、诗词学、艺术学、潮学等，由饶宗颐先生亲自校订，集其主要著作之大成，几乎涵盖国学研究的所有领域。饶公这一学术研究之广度，与其宏大壮伟之胸襟怀抱相契合相辉映，在20世纪学人中罕有所及。从前文的文本释读中，我们已知悉饶公有高迈、独立的人格精神，并以追求"立德、立功、立言"为其学术理想，这种独立人格、学术理想与其强盛的学术原创力相激发，使饶公之学术研究，总是焕发着一种充沛的活力、首创之精神和博大之气象，因此，饶公屡屡创新，取得卓越之学术成就，有力推动了20世纪学术文化的发展。

首先，饶公以宏大之气魄和创新之精神，加上其锐敏的学术触觉，在学术研究中，勇于探索，随时接受新东西，不断发现新问题，不断开辟新领域。

《饶宗颐二十世纪学术文集·小引》中，饶公自述云：

> 当代学术之显学，以甲骨、简帛、敦煌研究之者成就最高，收获丰富，影响至为深远，余皆有幸参预其事。他若楚辞学之恢弘、滋大，而垂绝复兴之赋学与文选学，余皆致其力，不无推动之绩。至于所开拓之新业，如潮学，比较史前文字学与悉昙之学，则亦薄著微劳。①

在这里，饶公简略概括了自己的学术作为，说得特别谦虚，但亦充满自信与自尊。饶公治学，博古通今，中西融贯，既有中国传统学问的深厚

---

① 饶宗颐：《饶宗颐二十世纪学术文集》，第一册一卷小引，新文丰出版股份有限公司1993年版，第1页。

修养，又旁通西学之门径，特别还富有旺盛的原创力，故能得"预流果"，置身时代潮流的最前列，置身敦煌学、甲骨学、简帛学、中外关系史等20世纪世界显学之中，走在学术的最前沿，取得了令人瞩目的新成果，有力推动了20世纪学术的发展，成为树立中国学术自尊心的一个辉煌典范。因此，能在诸多学术领域先人着鞭，处处体现一种首创精神。

在目录学上，率先编出词学目录《词集考》；率先编写《楚辞书录》，首先提出建立"楚辞学"的倡议；在宗教史上，是最早研究敦煌本《老子想尔注》的人；是最早论述南诏禅灯系统的人；在考古学上，最早研究《日书》，最早研究楚帛书，最早从汉简中整理出唐勒的佚文，1980年发布于日本九州；在金石学上，首次编录星马华文碑刻，开海外金石学之先河；首次系统介绍和利用法国所藏唐宋碑刻墓志；在敦煌学上，率先开展对敦煌白画的研究；系统研究敦煌书法，出版《敦煌书法丛刊》（共29册，日本东京），这是第一次将敦煌书法系统整理编辑出版；首次将敦煌写本《文心雕龙》公之于世，并撰写第一篇研究论文；在文学研究中，首倡"发问文学"概念；首次辑《全明词》；首次提出刘勰文艺思想受佛教影响；首次在古代文学理论研究中揭出"势"的范畴；首次研究陆机《文赋》与音乐的关系；首次从文献根据上揭示韩愈诗歌受佛经文体的影响。此外，饶公首次提出"海上丝绸之路"的概念，在中国学人中，第一个翻译、介绍和研究西亚《近东开辟史诗》；第一个把印度河谷图形文字介绍到中国；最早系统研究殷代贞卜人物，率先编著《殷代贞卜人物通考》；首次利用日本时刻证明中日书法交流源自唐代；首次撰写宋金元琴史，[①]等等，填补学术史空白处，不胜枚举。皆足以见出饶公学术规模之大，学术成就之高。而且，饶公不仅是大学者，还是杰出的诗家、赋家、书家、画家、琴家，在文学艺术各个领域皆取得卓越成就。由此足以见出饶公生命力之强盛、创造力之旺健。

其次，饶公治学精神之卓异，还表现在自尊自信的精神意志和不盲从、不苟同、不媚俗的独立品格上。

---

[①] 胡晓明：《饶宗颐学记》，香港教育图书公司1996年版，第52—56页。

在《与彭袭明论画书》中，选堂有这样一段精彩的论述：

> 媚俗之念，切宜捐弃。一艺之成，求之在我；我有所立，人必趋之。毕加索即能把握此点，往往杜门数月，敢蹈洪荒蚕丛之境，遂尽创辟崭新之能事。作品一出，而天下震骇。画道变化无方，良由才大足以振奇而不顾流俗，永不求悦于人，而敢以己折人，此其所以独绝也。

窃以为，这一席话，此虽为论画之语，而实可作论诗、论学看，它既贯穿着选堂宏大的气魄、独立的精神和创新的意识，可以视其为"中流自在心"的一个"补注"。不管是学术研究还是诗词书画的创作，都要有"中流自在"的气魄、精神，敢于"蹈洪荒蚕丛之境"，才能"尽创辟崭新之能事"，并由此进入"独绝"的境界。在《华学·发刊词》中，饶公说了这么一段话：

> 从洋务运动以来，国人对自己的传统文化已失去信心，外来的冲击，使得许多知识分子不惜放弃本位文化，向外追逐驰骛，久已深深动摇了国本。"知彼"的工作还没有做好，"知己"的功夫却甘自抛弃。现在，应该是反求诸己、回头是岸的时候了。

这一段话，可谓语重心长，在指出近世学术史问题的同时，鲜明地表现了饶公自在独立的学术精神。在学术研究中，饶公一方面高度重视传承，重视前人的学术成果；另一方面，则又不为贤者讳，一就是一，二就是二，建基于细密之考证，敢于匡正前人的误判，而时有精警之论。如在法京世界文字会议上，饶公发表《汉字与诗学》的论文，纠正 H. Poud 对汉字偏重象形的错误，真知灼见，令人折服。陈寅恪先生论王国维之学术，概括归纳为三个方面："一曰取地下之实物与纸上之遗文互相释证"；"二曰取异族之故书与吾国之旧籍互相补正"；"三曰取外来之观念，以固有之材料互相参证"。二重证据法被认为是 20 世纪中国考古学和考据学的重大革新。季羡林先生在《饶宗颐诗学论著选序》一文中，曾借用这一"二重证据法",来评价选堂治学的特点,十分确切。饶公之治学,确实在很多方面继承了王国维、陈寅恪两位史学大师的风格。譬如,他用马王堆帛书考订《易经》,用战国铁器和马王堆丝绸论证楚文化,用出土汉简结合《汉书·艺文志》辑补唐勒散佚的赋作,等等,都是如此。在其背后,表现出来是饶公通大义、持正论之独立不移的人格精神。曾宪通先生指出:"先生治学严谨而不拘泥,渊博而虚怀若谷,著作宏富而又汲汲求新,故能高蹈独步、无往而不利。"[1] 诚哉斯言!

姜伯勤对饶公的学术精神有一通达之论:

> 近世以来吾国许多著名学者和诗人,都有一种弘扬中华文化精神的强烈使命感。但由于历史和个性的原因,一些近世大学问家的人生及其学术作品中,也时而笼罩着一层悲凉之雾。我们回顾饶宗颐先生近数十年来追寻中华文化精神的轨辙,除了同样赋有弘扬中华文化的强烈使命感外,还有一种清明豁达的气象。饶先生诗云:"万古不磨意,中流自在心。"在这两句诗的多层含意中,我们或许可以理解为:宗颐先生以多年的探求找到了中华文化在人类文明中的位置,因而得"大自在"。[2]

这一段高议,既总结出饶公学术精神之特质,又生动地传达出对"万古不磨意,中流自在心"二句之丰富内蕴的审美体认。

要之,饶公巨大的学术成就与其勇于创新的学术精神、科学严谨的治学态度有着紧密的联系,其所焕发出来的是一种高远宏阔、独立自在的人格气象。以此参读《偶作示诸生》其二全诗,我们更能深切感悟到清旷高迈、独立自在的"选堂气象"。

3. "选堂气象"之养成,来源于饶公养心立德、淬炼超卓人格的自觉追求。

---

[1] 曾宪通:《饶宗颐教授传略》,载郑炜明编《论饶宗颐》,生活·读书·新知三联书店1995年版,第452页。

[2] 同上书,第475页。

对饶公精神人格之淬炼，我们主要可以从如下几个方面进行观照。

其一，潮州深厚的人文历史传统与独特的自然环境的熏陶，加上优良家学的培育、杰出的天赋条件，使饶公从小就养成了清净、独立的个性气质。他6岁开始读古典小说，尤其喜欢武侠神怪之书，并随师习练书法；9岁即能阅读《通鉴纲目》《纪事本末》，并通读《通鉴辑览》；十岁能诵多篇《史记》，阅览经史子集，对古代诗文辞赋尤多浏览；12岁从师学习绘画，临写了一百一十余幅任伯年作品。饶宗颐尝自述道："我六七岁时，image非常多，非常活跃。……我的这种气质小时候就很明显。就是不管外面的世界、人家的事情，只做自己的事，而且全神贯注地做好。""我那时书读得很杂。道家的书、医书、都看，也涉猎了不少佛书。我非常向往一个清净的世界。"[①] 由此可见，饶公在少年时期，即已学识与诗心并具，养成清高、虚静、独立、专注的精神气质。这种精神气质，从青年到中年、晚年，在其人生的各个阶段，一以贯之，并且越来越充盈，越来越高迈[②]。

其二，以好学之品性，广泛涉猎人类文化知识，并把学问之道与人生之道相融贯。一切之学问、修养、成就，都当由"学"开始。孔子"十有五而志于学"，经近六十年之学，而抵达"从心所欲不逾矩"之境，成就圣人气象。饶公亦自幼即倾心于学，并凝结成"好学"的品性。在80多岁时，有人曾问他：您取得这么大的成就，根本原因是什么？饶公答曰："我没有什么了不起的，我之所以有一点成就，就是好学而已。"此语足可与孔子之"十室之邑，必有忠信如丘者焉，不如丘之好学也"（《论语·公冶长第五》，第二十八章）对读。"好学"是美质之士最终成为圣贤的极其重要的原因，孔子在此乃是以自己亲身的经验道出了"好学"对于一个人成才的决定性意义。圣人之学，是学文、学艺与学道三大方面的融贯，饶公之学，亦是如此。在其学术人生中，他始终是把学问、艺术与人格之锤炼结合起来的，学问之道、艺术之道与人生之道的融贯，这是饶公的一大特质。1993年，76岁的饶公在《论饶宗颐·跋》

---

① 胡晓明：《饶宗颐学记》，香港教育图书公司1996年版，第8—9页。
② 赵松元、刘梦美、陈伟：《选堂诗词论稿》，黄山书社2009年版，第6页。

中说过这么一番话：

> 五十年间事，真如一梦！自问学无所成，何足挂齿！只有一颗敢于缒幽凿险的童心和勇气，虽逾古稀之年，一谈起学问来，仍然兴致勃勃，可能是"不认老"的表现。我一向喜欢用哲学的心态，深入考索，而从上向下来看问题。所谓"问题点"基本是周遭的因缘网交织围绕着，必须像剥茧一般逐层加以解开，蕴藏在底面的核心才有呈现的机会。超出问题以外，蠡测管窥来干寻宝的傻事，往往劳而无功，但有时亦会谈言微中。在治学上我主张要用"忍"的功夫，借佛家的语言来说，六波罗都可派上用场，没有"安忍"，便不能"精进"，"知慧"也许在这知识的苗圃茁长，这样逐渐培养出精神上的"自在"。不管别人的讪笑或称誉，独来独往，我行我素。有些人问我如何去做学问？何以对学问死缠不放？我谨以上述数句作为回答。①

饶公的这一番"自我言说"，与其少年时期即已养成的清静、独立、专注的精神气质遥相呼应，对于我们解读饶公的学术世界和文化心灵意义重大。要之，饶公之治学，始终是与精神人格的陶冶与培植紧紧结合在一起的，在为学的同时，饶公特别注重养心立德，培养自在、独立的人格。

其三，广泛涉猎人类文化知识，并善于对人生、社会、历史、宇宙问题进行思考，从而养成了高度的生命哲学智慧。

选堂在其学术研究和人格完善的追求中，吸收了中外文化的精华，熔铸了宗教性的智慧和情感。选堂游学五洲，学识广大，视野开阔。故其学问世界中，既有中国传统文化的深厚学养，又接受了西方文化的影响，尤其是像海绵一样吸纳了但丁、歌德、济慈、尼采、巴斯加等巨人的思想营养。如他曾在富兰克福旧居感悟了歌德的"我既为一切，我当捐小我"以及教人"从高处着眼"的思想，从而写下了"小我焉足存，众色分纤丽。着眼不妨高，内美事非细。瞩目无穷期，繁华瞬间逝。持

---

① 郑炜明编：《论饶宗颐》，生活·读书·新知三联书店1995年版，第519页。

尔向上心,帝所终安憩"(《西海集·富兰克福歌德旧居用东坡迁居韵》)的深蕴哲思的诗句,表现了对生命终极意义的深刻感悟。除西方文化的洗礼外,选堂还对中东阿拉伯文化有深刻了解。他写有散文《金字塔外——死与蜜糖》,在文中,他从埃及文化的代表《死书》中,引发出这样的思考:"要追问何处有神的提撕?甚么才是这真正的秩序和至善?在人心的天平上,怎样取得死神最后的审判?"他并从波斯诗人把死看作蜜糖的比喻中,引起对中国文化缺陷的思考:"死在中国人心里没有重要的地位,终以造成过于看重现实只顾眼前极端可怕的流弊。"从学术思想的角度看,选堂这些关于生死问题的深刻思悟,实际上是从哲学的层面解决了学术如何才能纯粹的问题[①]。

总之,选堂先生以其广博的学术修养,参酌了古今中外的哲学和宗教,于是中西文化乃至中东阿拉伯文化都被他融会贯通,释藏和道藏的哲学智慧和宗教性的情感体验被他吸纳心灵之海中,使他对人生、社会、历史、宇宙的观照充满了睿智,从而真正找到了安顿精神的方法,并油然养成了充盈澄澈、自由独立的人格。

其四,饶公精神人格之淬炼,常常与宗教性体验相结合。选堂在十几岁时即开始学习过各种胸式、腹式呼吸法与道、释的静坐法,学着每天打坐,并成为一生的坚持,选堂又通儒、通佛、通道,对佛教典籍和道家典籍有透彻了解,故能经常把佛道打通来进行精神境界的修养。

1963年,饶公47岁的时候,应印度班达伽东方研究所的邀请,前往天竺梵文研究中心作学术研究,先后从白春晖父子攻治婆罗门经典,重点研习了《梨俱吠陀》。与此同时,他还漫游了天竺南北,亲身体察和了解到印度修持瑜伽者的苦行。这一段研习经历,对饶公的影响是深远的,饶公后来将其书斋命名为"梨俱室",即是明证。在研习结束后,饶公并在归途之中,又有两个月的时间,游历了锡兰、缅甸、柬埔寨和泰国。这一番游历,是学游,同时又是精神的历练。用饶公自己的话来说,"皆足荡胸襟而抒志气"(《佛国集序》)。因此,我们有理由认为,饶公生命精神中融入了佛教的智慧。这种佛教的智慧之光,不仅烛照了其《佛国

---

① 赵松元、刘梦芙、陈伟:《选堂诗词论稿》,黄山书社2009年版,第15页。

集》的创作,而且其与儒道二家的思想智慧交融在一起,烛照着饶公此后的学术生涯、艺术生涯和文学生涯。

选堂曾将印度修持瑜伽者的苦行与中国道家的修炼方法进行比较,从而找出了安顿精神生命的途径。饶公说,用瑜伽"逆"(如逆行式、倒栽式)的方法固然可以作深层次的精神锻炼,但自己"宁愿采取道家的用'顺'的途径,来安顿精神的宁静境界——即所谓'撄宁',同样亦可收到'精神与天地相往来'的效果。庄子一书谈到的精神修养理论,和印度瑜伽思想非常吻合"。他又指出:"一般人都患'得'患'失',因此而神志不宁。庄子很懂得精神上的自我控制,他能'外物',摆脱外界事物的约束,认为'得'是时机缘遇所造成;'失'亦是理所当然,应当泰然处之。这样,在情绪上没有哀与乐各种激情的刺激,就好像倒悬的人,获得解救。庄子可以能无动于中不为得与失所干扰,完全得力于一个'顺'字,安于时而居其顺,自能得到精神上的宁静,至于那些不能够自我控制则是外物的羁束,使他无法排除。所以庄子又提出'撄宁'一吃紧语。他说,'撄宁也者,撄而后成者也。'撄训'有所系者',撄是系缚,撄而能够宁静,说明在束缚中自我获得解放。他主张修养境界能够'外物(质)'、'外生(命)'之后,所得到的精神上的愉快感受是'朝彻'(好像朝阳初升时的洞彻明白)、'见独'(体会到一个整体),然后入于不死、不生的阶段;这时候,虽然接触到外界事物的纠缠、牵扰,心中仍然得到大安宁,那就叫做撄宁。"选堂不仅体认到"撄宁"境界,而且也确乎达到了这一境界①。

以上,我们从四个方面阐述了"选堂气象"得以养成的原因。

另外,还要看到的是,饶公以文学植根,游憩于艺术世界之中,诗词文赋书画琴艺全方位多向性展开,作为其精神文化生命的艺术伸展,开拓出一个广大阔远的艺术天地,呈现出灵觉、超逸、清旷、高迈的胸襟气度,与其恢宏的学术气象交相辉映。

---

① 赵松元、刘梦芙、陈伟:《选堂诗词论稿》,黄山书社2009年版,第15页。

## 四 结语

"选堂气象"及其所蕴含的学术境界、艺术境界与生命境界对于当代的精神文化建设是富有启发意义的。当今之世,不仅中国,甚至整个世界都在向物质倾斜,在现代科学技术高度发展的过程中,实用的、工具性的理性追求悄然而深刻地影响着当今时代的社会人心,信仰性、审美性的精神诉求越来越弱化。清气不彰,浊气横溢。面对当代精神领域中出现的种种扭曲和裂变,我们一方面要传承和发扬优秀的传统文化精神,从文化经典中吸取精华,另一方面要提炼与阐扬现当代文化巨匠的思想智慧。就像饶公一样,以"清"养气,以"清"润心,致力于培养具有超越性的独立人格,有所为,有所不为。我想,我们阅读饶公的学术文章,感悟饶公的生命精神,这应是其重要意义之所在。"选堂气象"中蕴含的高迈人格和清逸诗格,为我们提供了富有启迪意义的人生范式和审美范式。仅仅从此一视角,我们就能了解"选堂气象"所具有的重要的时代文化意义。

从诗学视野来看,"选堂气象"及其艺术表现,充分显示着选堂诗学意义之丰沛。选堂以正大、清旷、超迈、独立的恢宏气象,"指出向上一路",创作出清醇高远、清朗明觉的诗词华章,创造出清奇雄迈的诗歌风格,具有极高的审美价值。胡晓明认为:"选堂诗学,是二十世纪中国诗学一个非常重要的现象,也是不可重复、空前绝后的诗学经验。"[1] 因此我们可以断言:饶宗颐诗词作品可视为中国传统诗词乃至文化生命在当代的创造性延续,是中国文化艺术宝库中不可或缺的精神财富。

2017年1月25日星期三初稿,2017年2月11日修订

---

[1] 赵松元、刘梦芙、陈伟:《选堂诗词论稿》,黄山书社2009年版,第3页。

# "清"：饶宗颐诗词艺术魅力之审美解读

## 赵松元　林　钰　陈洁雯

韩文公《进学解》尝以"吐辞为经，举足为法，绝类离伦，优入圣域"称誉孟子和荀子两位儒学大师。集学术大师与艺术大师于一身的选堂饶宗颐先生，其人生境界与其学术境界、艺术境界则堪称当代"优入圣域"的超卓之士。笔者尝著文从自在、独立、充盈、坚毅的角度专论选堂饶公的生命精神①，但随着对饶公的人生、学术与文学创作了解的渐趋深入，感觉到原来的观点还不够全面，对饶公的生命精神的把握，在坚毅独立、充盈自在外，还必须加上清逸澄明四字。饶公曾将其所有韵文作品编为《清晖集》，"清晖"两字取自大榭《石壁精舍诗》"昏旦变气候，山水含清晖，清晖能娱人"句，它深为饶公赏爱②。就文艺而言，饶公诗书画兼通而皆臻于极致。观其画，品其书，吟其诗，我们都能有灵气氤氲，清气满纸之感。有理由认为，"清"，体现着选堂饶公清空澄明的人生境界与审美理想，映现着他丰盈的文化心灵与其诗词书画的独特气韵。本文拟对选堂诗词之"清"进行审美阐释，以求教于大方之家。

---

① 赵松元、肖细白：《论选堂的生命精神》，《汕头大学学报》（社会科学版）2006年第4期。
② 饶宗颐：《清晖集》，海天出版社1999年版，第510页。

## 一 饶宗颐"清气"之养成原因

在中国文化语境中,"清",常用以形容富有超越性的纯洁高雅的精神品性。《说文解字》释"清"曰:"清,朖也。澄水之貌。"段玉裁注云:"朖者,明也。澄而后明,故云澄水之貌。引申之凡洁曰清;凡人洁之亦曰清。"[①] 正因为"清"字蕴含的是澄明纯洁之美,是以中国古人常以"清"表述和赞誉一种超凡绝俗,远离世尘的气质。胡应麟《诗薮》外编卷四就以文学语言阐释了"清"的精神意蕴:"清者,超凡绝俗之谓。绝涧孤峰,长松怪石,竹篱茅舍,老鹤疏梅,一种清气,固自迥绝尘嚣。"[②] 中华民族是一个崇尚"清"的民族,有着绵延久远的"尚清"的精神文化传统。《孟子·离娄》载有《孺子歌》:"沧浪之水清兮,可以濯我缨;沧浪之水浊兮,可以濯我足。"这一古老的民谣艺术地传达出春秋战国时期中国文化对"清"的崇尚。这一"尚清"传统应该始源于老庄清静无为的哲学思想,老子曰:"天得一以清"(《老子·第三十九章》)、"清静为天下正"(《老子·第四十五章》),把"清"提到由"道"产生的高度。而到了汉末魏晋时期,"清"开始进入美学范畴[③],不仅发展为一种艺术创作和欣赏的追求原则,而且不自觉作为一种重要生活方式,对中国古代社会生活与文学艺术发生了广泛而深刻的影响。

"清水出芙蓉,天然去雕饰"(李白《江夏赠韦太守良宰》),中国古代诗人特别推崇清新自然之美,他们在优美的诗章里也充分表现了清雅脱俗的生活情趣,屈原"朝饮木兰之坠露兮,夕餐秋菊之落英"(《离骚》)何等清高芳洁!陶潜"采菊东篱下,悠然见南山",(《饮酒》其五)天人合一,何等清远;李白"安能摧眉折腰事权贵,使我不得开心颜"(《梦游天姥吟留别》),何等清傲!王冕则以"冰雪林中着此身,不

---

[①] (汉)许慎撰,(清)段玉裁注:《说文解字注》,上海古籍出版社1981年版,第550页。

[②] 胡应麟:《诗薮·外编》卷四,上海古籍出版社1979年版,第185页。

[③] 何庄:《论尚清审美心理的思想之源——道家》,《宝鸡文理学院学报》(社会科学版)2004年第6期。

与桃李混芳尘。忽然一夜清香发，散作乾坤万里春"(《白梅》)和"不要人夸颜色好，只留清气满乾坤"(《墨梅》)的诗句写出决不媚俗的清刚之气……无不体现着对"清"之风格品性与境界的自觉追求①。应该说，当代学者蒋寅将"清"视为中国诗学的核心范畴②，是很有眼力的。

我们认为，中国诗人的"尚清"意识，特别集中地表现在以李白与苏轼为代表的古代诗人对"清风明月"境界的追求上。这种境界是以李白和苏轼为代表的中国诗人为中国文化，为中华民族创造的一个对抗污浊、舒展精神的诗性空间，一种超越世俗、澄净美好的诗意境界。李白《襄阳歌》云："清风朗月不用一钱买，玉山自倒非人推。"诗人在"不用一钱买"的"清风朗月"之间自在地沉醉，以天地自然为伴，表达了对功名富贵的蔑视，显出一派清傲。苏轼《前赤壁赋》承太白诗心而来，写出一段千古妙文："且夫天地之间，物各有主，苟非吾之所有，虽一毫而莫取。惟江上之清风，与山间之明月，耳得之而为声，目遇之而成色，取之无尽，用之不竭，是造物者之无尽藏也。"这可以说是对"清风明月"境界的经典描述，只有心灵清高雅洁、明净澄澈之人，才能真正达此"清"境，写此妙文！

有了这一番对中国"尚清"文化的简要考察，再结合饶公的人品艺品诗品，我们可以做出一个基本的判断：饶公清气之养成，首先就是对传统"尚清"文化的绍继和发扬。选堂教授诗文编校委员会说选堂"始自髫龄，已娴熟韵语，各体皆所致力，义法尤为精深。非警策无以振奇，非匠心何以定势。尝谓一切之学必以文学植基，否则难以致弘"③。选堂自幼即浸淫古典文学，其所得者，实际上不仅是"义法"，更有高雅清逸的精神气韵。饶公出身于书香门第，家中天啸楼藏书近十万卷，这一得天独厚的读书条件加上父亲饶锷的家学影响奠定了饶公的学问基础。饶公说自己从小就"书读得很杂。道家的书、医书都看，也涉猎了不少佛

---

① 赵松元、肖细白：《古典诗歌的艺术世界》，中国文史出版社2005年版，第119页。
② 蒋寅：《古典诗学的现代诠释》，中华书局2003年版，第35页。
③ 选堂教授诗文编校委员会：《固庵文录后序》，饶宗颐《固庵文录》，新文丰出版公司1989年版，第434页。

书。我非常向往一个清净的世界"①。读书变化气质。充满书香气息的家庭环境使饶公得以享受高度艺术化的生存状态，大量读书丰富了饶公的精神世界，古书典籍中"清高雅正"思想的长期熏陶，更奠定了饶公追求清高人格和卓然独立的精神气质的基础。饶公十四岁时，为自家莼园撰书了一副对联就呈现出了清逸脱俗、古朴高雅的情趣："山不在高，洞宜深，石宜怪；园须脱俗，树欲古，竹欲疏。"从中可看出饶公少年时便有了一种对清高脱俗的人生境界的向往。这种少年时期就已形成的"清净"的向往，对饶公的性情、学术和文学艺术影响至巨。

饶公《选堂晚兴》诗曰："隐几万卷书，亦足藏天下。"有中国传统"尚清"文化血脉的滋养，又有家学条件与特出禀赋，再"广之以学"，饱读经典，刻苦钻研，在学游四方的阅历中亦增加了许多不凡的思想见识，饶公的学问越来越广博，越来越精深，儒释道与文史哲艺皆融会贯通，是以饶公对人生、社会、历史、宇宙有了更为深刻的感悟。于是他心胸开阔、思想通达，情怀畅适洒落、磊然澄明，这种内在的生命境界、精神气度，是他"清气"养成的深厚底蕴。

概言之，饶公之为人治学与文艺创作正是秉承和弘扬了中国文化与中国文学的"尚清"意识，一个"清"字，堪称其人格境界与诗学世界中的"天心之月"，辉映万川。诗品出于人品，艺品亦于人品，学品也出于人品。从饶公生命精神的角度，我们不但能够明白为什么饶宗颐的诗词书画中总洋溢着一股独一无二的清逸之气，为什么他在学术研究中总是能夐夐独造而进入崭新复绝的境界，而且可以领悟到，正是博古通今的深厚学养的滋润，结合着对生命意义和人生境界的深度探究，锤炼出了饶宗颐这种澄澈清纯的人格气韵。

## 二　清气横溢：饶宗颐诗词的审美特质

古人论诗极推重清气。元刘将孙《彭宏济诗序》中云："天地间清气，为六月风，为腊前雪，于植物为梅，于人为仙，于千载为文章，于

---

①　胡晓明：《饶宗颐学记》，香港教育图书公司1996年版，第9页。

文章为诗。冰霜非不高洁，然刻厉不足玩；花柳岂不明媚，而终近妇儿。兹清气者，若不必有，而必不可无。"他认为清气于诗是不可缺少的，诗中若无清气便不足观。此清气如花中之梅，人中之仙，绝无尘俗之气，其品格极高①。

《文心雕龙·体性第二十七》云："若夫八体屡迁，功以学成，才力居中，肇自血气；气以实志，志以定言，吐纳英华，莫非情性。"② 性情乃人之秉性、气质和思想感情。在诗词创作中，才力自然重要，同时还必须是创作主体在一定的意志和情感触发下，方能将主观的个性风格转化为作品风格。诗词的风格气韵，从一定程度上讲是由诗人的性情决定的，故而诗中之"清气"，必定来自诗人心灵之"清气"。"清"作为饶公的一种心性修养，就决定性地使其笔端飘逸着屡屡清气。

选堂饶公很讲究"养气"，他曾说道，"学问与写字作画一样，都很讲究一个'气'字。因为气不贯，就好像一个人没有生命。写字、做学问，实际上是把一个人的生命都摆在里面，有'气'、有生命，才会源源不绝。而'气贯'就能神'定'，不受外界的干扰"③。这种对"气"的重视，与其对"清"的偏爱，成为饶公一种独具特色的审美追求。他在《固庵词》小引说："语爱清空，意出言表，怀新道炯，用慰征魂。"④"语爱清空"四字，充分表露出选堂创作的艺术自觉。例如，"流云天际分仍合，如诵清空白石词。"［《雨中路薏丝（路易士）湖三首之二》］"胸中山水清，异途可同归。"（《借园田居和陶五首其三》）"何人解道清空意，漫剪孤云取次看"（《燃林房与水原琴窗论词》），等等。都是以清空、清远之境表现其内心空灵虚静、澄明清朗的真我状态。正是因为饶公心中时时充盈着一股清气，充乎其中而溢乎其貌，动乎其言而见乎其文，所以其卓立不凡的精神气度和品性，自然而然地化作一脉"清气"贯通于他的诗词作品中，形成以"清"为显著特点的气格。

---

① 傅璇琮、许逸民、王学泰、董乃斌、吴小林：《中国诗学大辞典》，浙江教育出版社1999年版，第26页。
② 刘勰著，王运熙、周锋译注：《文心雕龙译注》，上海古籍出版社2010年版，第23页。
③ 吴长生：《香港奇人——国学大师饶宗颐》，人民网（2001年11月19日）。
④ 饶宗颐：《清晖集》，海天出版社1999年版，第307页。

我们可以从饶公十六岁时所作的《咏优昙花诗》中，看出他性情里那份天生的清逸之气：

　　异域有奇卉，植兹园池旁。夜来孤月明，吐蕊白如霜。香气生寒水，素影含虚光。如何一夕凋，俎谢亦可伤。岂伊冰玉姿，无意狎群芳。遂尔离尘垢，冥然返太苍。

　　太苍安可穷，天道邈无极。衰荣理则常，幻化终难测。千载未足修，转瞬讵为逼。达人解其会，保此恒安息。浊醪且自陶，聊以永兹夕。

这两首五古，字里行间脉脉流动着一缕缕清逸之气，让人读罢神清气爽，为之惊叹。应该说，这一脉清气，自此以后，便一直氤氲在饶公的诗词创作之中。一个最为直接的证明就是"清"这个字眼的高频率使用。据笔者统计，在其《选堂诗词集》和《选堂诗词续集》中，"清"字出现三百余处。如：

　　清川见停流，断壑窥圆月。（《和〈岩上宿〉》）
　　风物何清婉，畴不思玄度。（《寄答吉川教授及京都诸君子》）
　　其下得清流，独立得天全。（《登磐石山同巨赞上人》）
　　无端丘壑饶清兴，坐对湖云接草齐。（《别路易士湖》）
　　故人千里相望，玉树倚风清。（《水调歌头》）
　　心花开到落梅前，清梦深藏五百年。（《睡起》）

符号学理论认为，文学是通过语言符号来传达情感信息（意义）的艺术形式。罗兰·巴特曾在《符号学美学》中说："文学的本质就是符号……它是我们用于加工世界，创造世界的一种代码，是一种符号。"[①]符号就是征兆，是表达传播意义、信息的象征物，是在交际过程中能够传达思想感情的媒介物。在文学作品的释义和欣赏过程中，当某些文字

---

① 罗兰·巴特：《符号学美学》，辽宁人民出版社1987年版，第36页。

作为一种符号重复出现时，便会传达作家作品的审美情感。可见，在选堂饶公的诗学世界中，出现频率颇高的"清"，具有特别的意义。而实际上，这一脉"清气"，早已被饶公的同辈学人敏锐地捕捉到，如钱仲联先生评其词曰："清空峭折，得白石之髓。"①夏书枚先生言："险峭森秀，清旷超迈。"②钱、夏二位都是从"清"字着眼，强调了选堂饶公诗词的特质。

需要强调的是，饶公诗词所飘逸之"清气"，或为清旷，或为清雅，或为清奇，或为清净，或为清远，但都是气韵生动，浑然天成，有极高的艺术价值。饶公曾谈道："诗词对于培养人的精神，其作用是积极的。这也就是所谓'指出向上一路'……我极力自己追求向上一路，主张以积极态度，培养人的精神。"③不难发现，饶公向来主张的诗词"指出向上一路"与其"清旷超迈"的审美特质是相契合的。饶公诗词追求清高雅洁之美，如"心花开到落梅前，清梦深藏五百年。蝴蝶何曾迷远近，眼中历历是山川。"（《睡起》）、"莫愁九日多风雨，记取壶冰一片心。"（《九日杂诗》）、"筋力犹堪陟上层。虚堂一雨得秋清。天边千漵绵绵白，槛外群山历历青。"（《鹧鸪天·和忼烈》）等，都可以见出饶公精神之清旷，趣味之清雅。再读其《偶作示诸生》其二：

> 更试为君唱，云山韶护音。芳洲搴杜若，幽涧裕胎禽。万古不磨意，中流自在心，天风吹海雨，欲鼓伯牙琴。

此诗虽是选堂教诲学生之作，但却是选堂生命境界的自在流露，它表征着选堂人格与传统清逸文化之间深厚的血脉相连的关系。尤其是"万古不磨意，中流自在心"二句，短短的十个字，给我们带来的早已不仅仅是清净之境的诗意美的享受，诵读之际，更让我们感受到一种撼动

---

① 饶宗颐：《饶宗颐二十世纪学术文集·选堂诗词集》，台湾新文丰出版股份有限公司2003年版，第342页。
② 同上书，第344页。
③ 施议对：《为二十一世纪开拓新词境，创造新词体——饶宗颐形上词访谈录》，《文学遗产》1999年第5期。

人心的人格力量。那是一种特立于宇宙间永不磨灭的凛然浩大的清正之气，是一种任时间的洪流如何冲刷、任人世间如何沧桑变化都依然无法使之迁移的清高人格。故而，我们说，这两句诗正是饶公高迈独立而清逸澄明之人格精神的重要体现。我们也可以在他的其他诗词作品中，感染到这种超凡脱俗的清气。如《念奴娇》：

万峰如睡，看人世污染，竟成何物。幸有灵犀堪照彻，静对图书满壁。石不能言，花非解语，惆怅东栏雪。江山呈秀，待论书海英杰。

细说画里阳秋，心源了悟，兴自清秋发。想象荒烟榛莽处，妙笔飞鸿明灭。骑省纵横，文通破墨，冥契通穷发。好山好水，胸中解脱寒月。

此词作于1992年，当时饶公书画作品在香港展出，饶公因作此词为题。书画与诗词一样，都是其心灵世界、人格境界之最本真的表现。故此词虽然是对其书画境界的形容，而实乃是饶公人格境界之生动写照。胡晓明指出："这首词，高处落想，从宇宙人生的层域俯观这尘嚣寰宇而激生清朗高明的情怀，却没有一般诗人在此所产生二元世界的尖锐对峙。既无超世与俗世之间痛苦的心灵煎熬，又无虚热的光明渴求与对于罪恶与卑污的激烈诅咒。词中一转语，下得如此自珍、自爱，这是他清平灵觉的生命情调活泼泼的呈现。这首词最可见饶氏性情之清深宁静，堪为饶氏艺术心灵的点睛之作。"[①] 这首词清空高旷，毫无尘俗气，与中国传统文化中的"清风朗月"境界血脉相连，生动地表现了饶公清逸高贵的卓越人格及其诗词创作的审美特质。

## 三 饶宗颐"清"之诗学表现

我们主要从文辞意象、境界创造两个视角来领略着氤氲选堂诗学世

---

[①] 胡晓明：《饶宗颐学记》，香港教育图书公司1996年版，第14页。

界的浓郁"清气"。

**（一）文辞意象之"清新雅逸"**

从文辞意象的角度来看，饶公诗歌常有一种格高调远的韵味，有一种清新俊逸的美感。他特别善于运用蕴含"清"之特质的文辞意象，从而使其诗词时常流动着一脉清新雅逸之气，如《涵碧楼夜宿》：

> 方丈蓬莱在眼前，回波漾碧浩无边。
> 东流白日西流月，扶我珠楼自在眠。

传统诗词中常以"蓬莱"喻云烟缭绕、清逸出尘的仙境，此意象带有"清逸"之特质，首句"方丈蓬莱在眼前"即把我们带进了一个如蓬莱般的缥缈出尘之境，"回波漾碧浩无边"，眼前之景开阔而清朗；后两句"东流白日西流月，扶我珠楼自在眠"自然地承接了上句"回波漾碧"之浩逸之境，动词"流""扶"别出心裁，把天然的"日""月"与人间之"珠楼"串联起来，诸多清澄纯澈质地的文辞意象使诗词充盈着令人读之神清气爽的独特气韵。

饶公善于炼字炼句，虽炉锤而每有清新之趣，清奇之美。胡应麟说，"若格不清则凡，调不清则冗，思不清则俗。"（《诗薮》）可见，清的反面是凡庸、是冗杂、是浊俗。饶公就是善于通过炼字炼句来摆脱"俗浊平庸"，抵达清奇之美。如"吹起芦笙秋似梦，粘天浪拥月孤轮。(《Toba 湖绝句》)"此句中，饶公主要通过"炼字"的艺术手法使之达到"奇"的效果。"粘"和"拥"用得极为贴切传神，"粘"可看出波浪之高涨奔腾，水浪"粘"天，而那轮高挂的孤月，仿佛也"粘"在天上的，连同"拥"字，整句诗为我们展示了一幅壮阔而清奇的盛景：一轮明亮而孤高的月，在连成一线的水天的"拥抱"之中高高挂起，发出皎洁而清澈的光芒，使人望之心襟随之开阔，顿觉神清气爽。另如"剪雪为诗，揉春作酒，可了平生事。(《湘月》)"的"剪"与"揉"，皆集奇特之想象与精妙炼字艺术为一体；"苍天如盖地如棋（《中峤杂咏》)"，集奇特想象和形象比喻于一体，奇妙高超，清远奇逸。

"清"：饶宗颐诗词艺术魅力之审美解读 / 33

饶公之炼字炼句，可从两方面来看：其一是饶公在锤炼诗词语言时，常用"清"字来形容外在的景物和内在的心境。例如：

泠风清畎想康衢，稻陇江南了不殊。（《弗罗西诺内村庄》）
渐看圆月露松隙，想见清光尤为君。[《建志补罗（Kanchipura-rm）怀玄奘法师》]
牢落山川空爱宝，清风兰蕙为谁薰。（《董彦堂远滕所著殷历谱报之以诗》）（《旅窗晓望》）
清钟动、层涛孤峤，落雁遥舟。（《凤凰台上忆吹箫》）
蝉声长是多饶舌，还伴清泉细细流。[《蝉居（Lou Cigalige）偶成三首》]
无端丘壑饶清兴，坐对湖云接草齐。（《别路易士湖》）
正湖海瘴生，画阑烟悄，伴人清独。（《大酺》）
当年行幸地，金杯递清唱。（《阿舍伯勒宫》）
看看瀑流无已时，惟有狂歌劝清酌。（《华严泷放歌次青莲〈将进酒〉韵》）
感深情，秋日借寒泉，宝瑟结清游。（《八声甘州》）
携璧月、清吟寒浪里。（《花犯》）
良夜接清娱，卮言曼衍出。（《九日小集媚秋堂》）

前文已述及，饶工诗词中直接出现的"清"字三百余处。此处所引，仅仅是一小部分而已。但窥一斑而得全豹，我们从这十余个"清"字句中，也大致可以领略到饶公词汇之丰富与艺术表现之高妙。诗人以清畎、清光、清风、清钟、清泉写景状物，以清兴、清独、清唱、清酌、清游、清吟、清娱写人物的意兴、情态、与艺术化生活行为，无不充满清雅的格调，诗意盎然，清气袭人。

其二，是不着"清"字而清气盎然者。饶公之炼句造境，在更多时候，并没有直接写到"清"字。如"须眉照水月共明，扰人最是秋虫声。"（《Bhandarkar 研究所客馆夜读梵经》）"碧空自澄远，昭旷应所求。"（《旅窗晓望》）"吹起芦笙秋似梦，粘天浪拥月轮孤。"（《Toba 湖绝句》)"不烦泉石惊知己,一听潺潺亦解颜。"(《中峤杂咏》)"且掬山下泉,聊以涤肺肝。"(《曾酌霞招游粉岭未果》)"流水潺潺送远音,虚云拥树改余音。"(《夕归呈戴老》)"丛竹送青还绕屋,金尊浮绿且开颜。"(《秋兴和杜韵》)"奔泉袅袅松林外,寺古无僧只客归。"(《Thoronet 寺》)"谁复拈花空色相,只余幽鸟落寒声。"(《晨过鹿野苑》)"碧波迥、江阔人稀,绕空鸿写幽悰。"(《莺啼序》)诗句之中,虽无"清"字,但依然清气袭人,这与诗人对意象的选用有很大关系——明月、碧空、芦笙、泉石、山泉、流水、远音、虚云、青竹、松林、古寺、幽鸟、碧波等,这些意象本身就蕴蓄有清新之感。从视觉角度看,选堂喜用青、碧等明净的色调,或山泉、碧波、明月、丛竹等具有澄清特性的事物;在听觉角度上,他善于描绘"吹起芦笙秋似梦""流水潺潺送远音"和"幽鸟落寒声"的清幽旷远之音;写景状物,无论绘色还是绘声无不传达出清新澄净、怡人心神的美感。这一类意象,与诗人自身清逸超脱的心境相契合,使其诗中总是飘逸着一种若有若无的清气。

  选堂诗学世界中,意象之选用极其繁富,多姿多彩。单从自然意象的角度来考察饶公,我们不难发现他大量使用了"云""雪""冰""水(波、流、浪)""风""松""月"等明显带有"清"之特质的自然意象,如"薄寒催暝月初出,槛外云飞不碍风。"(《Le Trayas》四首其二)、"落叶满山人迹杳,涧泉和雪洗清愁。"(《自 Riffelalp 舍车步入林丘》)、"驱车忽过万重山,心共孤云来去闲。耀眼冰川皆净土,置身太古异人间。"(《Zermatt 道中和李白》)、"日月去不息,浮云终日行。云水各异态,往往不知名……且看水穷处,又拥晚云生。"[《和阮公(第三十首)》]、"垂纶千尺,问高处、钓得沧浪何物……浩渺长空,迷离去浪,万古风兼雪。"(《念奴娇》)

  在这里,我们着重阐述"雪"和"云"两个意象。

  在选堂诗词中,"雪"之意象特别富有意味。选堂五古《雪意》诗云:

  园林粲皓然,贞白明吾志。(平生所慕为陶贞白一流。其言"人生数纪之内,识解不能周流,天壤区区,惟恣五欲,实可愧耻。自云博涉，患未能精，而苦恨无书。"余之凡鄙，其病正同，然西来读书，浏览图卷，所好有同然也。）

我们认为，这首诗及其附注，在饶宗颐先生人格境界的养成中，实有心灵史诗的价值——它在表现饶宗颐高迈人格的同时，揭示了他一个重要的精神渊薮。简言之，诗人所会之"雪意"，是一种远离世俗、无今无古，周流宇宙的冰雪情怀——独立自由清纯精粹的生命精神。一个非常有意思的诗学现象是，选堂《白山集》中，一连有14首诗写雪。而在1970年9月至1971年春，他在美国耶鲁大学研究院讲学时，曾放笔倚声，步清真韵51首，亦多为咏雪之作。毫无疑问，选堂如此爱雪，乃是其冰雪情怀的不自觉表现。诗是心灵的窗户，透过选堂的清奇之诗，我们正可触摸其作为选堂那种超迈出尘绝去世俗的清贵雅洁的卓越品质[①]。

"云"也是饶公诗词中出现频率颇高的意象。皎然《溪云》诗曰："舒卷意何穷，萦流复带空。有物不累形，无迹去随风。莫怪长相逐，飘然与我同。"而王维更有"行到水穷处，坐看云起时"的流传千古、富有禅理的名句。可见，诗人们早已把云当成一种心灵闲适、不为外物所累而神清气容的心性外化的介质，即借"云"以体现自己睿智空灵的禅心，营造清灵透彻的诗境。选堂诗中之云，亦若从遥远的古代飘飞而来。南朝诗人陶贞白有《诏问山中何所有赋诗以答》一诗："山中何所有，岭上多白云。只可自怡悦，不堪持寄君。"表达了自由自在地隐逸读书的高情，其间蕴含着远离尘俗不求功用的价值取向，选堂澄明清净的文化心灵与其悠然相通，故选堂曾高吟出"何似山中云，朝夕任舒卷"（《白山集·晋嘉恶疾寄示游清迈素贴山寺，用康乐从斤竹涧韵，追忆曩游，再和一首》）的动人诗句。再如，"荒城远驿烟岚际，下笔心随云起时。"（饶公《题画诗》）、"万态云烟日卷舒，重丹复碧树扶疏。凭高待共浮云约，路转悬桥必坦途。"（《中峤杂咏》）、"流云天际分仍合，如诵清空白

---

[①] 赵松元、肖细白：《论选堂的生命精神》，《汕头大学学报》（社会科学版）2006年第4期。

石词。"[《雨中路薏丝（路易士）湖三首之二》]、"漫剪缕云移倩影，待呼落絮伴幽姿。"(《浣溪沙》)等。饶公深谙佛理，"云"的意象最适合表现他那清逸澄澈，高远不凡的心灵特质，也正是这个具有悠远孤高而闲适自由特性的意象，让饶公的诗词中透出一脉清逸空灵、高迈脱俗之气。由此可见，"云"意象确乎是选堂诗学世界中的一个不容忽视的重要意象。

**（二）意境创造之"清远高旷"**

"意境"作为一个具有民族特色的诗学术语，其意旨与"境界"大体相同，指的是诗歌所呈现的主观情思和客观物象契合交融而生成的、具有真切的情感和深刻的哲理、能引发欣赏者丰富的审美联想和想象的、虚实相生的艺术世界。所谓赋家之心，包括宇宙。饶公的诗心，也是包括宇宙的。饶公也曾道："我的词心，与整个宇宙是相通的。"[①] 正因为饶公有如此灵慧通达的诗（词）心在，故能把主观精神气度与客观景物相交融而创造出浑然一体的艺术境界，以"清气"营造"清境"，达到一种清醇高远、清空澄明的超越境界。

饶公赠送给温家宝总理的画作《荷花图》，荷画留白处是饶公的词作《一剪梅．花外神仙》：

　　荷叶田田水底天，看惯桑田，洗却尘缘。闲随秾艳共争妍，风也倏然，雨也恬然。
　　雨过风生动水莲，笔下云烟，花外神仙。画中寻梦总无边，摊破云笺，题破涛笺。

饶公此词意为与温总理共勉高洁如莲的品质。王国维《人间词话》言，"词以境界为最上，有境界，则自成高格，自有名句。"[②] 这首词"清气"流动，精神质地清明澄澈，集清逸、清奇、清雅于一体，创造了

---

[①] 施议对：《为二十一世纪开拓新词境，创造新词体——饶宗颐形上词访谈录》，《文学遗产》1999 年第 5 期。
[②] 王国维：《人间词话》，中国人民大学出版社 2011 年版，第 233—234 页。

清新淡雅的清远意境，内敛着出尘的清高与脱俗。诗人化身为荷，在水底自成一个天地，"看惯桑田，洗却尘缘。"这两句，足以传达出饶公人格的淡定、独立、高迈与清高。饶公的人格精神是独立而清高的，但他并非不食人间烟火，饶公的人生态度正如他此词所展现的：高荷浓密，与群花共谱芬芳，在风雨之中怡淡安然，高怀依旧。"雨过风生动水莲，笔下云烟，花外神仙。"这句更是用清逸的笔调，不知不觉把我们带进一个至高至雅的"清空澄明"境界中，使我们感受到饶公心中的那份超然于物外的清气。

在《清晖集》中，饶公创造的"清境"几乎是无所不在。随意读读如下诗句："川树寂寥清晓，留到黄昏，时伴鸦归。"（《夜飞鹊·本意》）"日灯神炬堪回归，坐觉秋云起夕岚。"（《印度洋机中作》）"凉月渐生新雨后，清风半在茂林中。"（《樟宜杨氏远蘼别业旧为苏丹行宫》）"且看水穷处，又拥晚云生。"（《和阮公咏怀诗第三十首》）"看夕阳西斜，林隙照人更绿。"（《蕙兰芳引·影》）"深院无人月坠空。丝丝麝诱芙蓉。晓风柳岸伴惺忪。"（《浣溪沙》）无不呈现出清远高旷的境界，弥漫着一种空灵幽淡的清气，使人体验到悠然忘世、复归自然的真趣。

处于宇宙自然中，选堂有时一语破旨，自然超尘，创造一种象征境界，体现其高蹈清越的精神追求。例如，《念奴娇》（万县舟中中秋不见月，江面尽黑，因赋。用张孝祥韵）：

> 峡云迢递，洗中秋，雨湿群山无色。光怪鬼门刚过了，倍信浮生如叶。勘破天人，同归芴漠，黑夜心澄澈。月华安在，妙境更谁共说？
>
> 只惜羁旅年年，高寒玉宇，冷浸千堆雪。雾锁长川猿散尽，渺渺修途空阔。万县非遥，重山已过，暂作舟中客。江流日夜，今宵休问何夕。

这首词写选堂中秋下三峡时，空中却不见月，"江面尽黑"，"群山无色"。刘梦芙云："凡夫至此，恐已无从落笔矣。"但饶公却写道："勘破天人，同归芴漠，黑夜心澄澈。月华安在，妙境更谁共说？"面对茫茫黑夜，诗人自己却如履空灵之境。"在词人心中，身外环境之晦明与否，已无关紧要，惜此妙境无知者可言耳。"雨暗云昏，他泰然处之，"黑夜心澄澈"；羁旅年年，重山险阻，他悟到"人生纵使轻渺如一叶，而自由之精神与不息之江流永在"①。刘永济先生曾说："作者以善觉、善感之才，遇可感、可觉之境，于是触物类情而发于不自觉者也。惟其如此，故往往能因小可以见大，即近可以明远。"② 所言极是。

饶公对"清"之意境的营造不是简单的情景的相生与交融，而是追寻内在心性与外在自然的和谐统一。饶公曾提到创造三种境界：诗人境界、学人境界及真人境界，第三种境界即真人境界，是一种超越境界。极少有诗人达到真人境界，那是因为没能真正找到在宇宙间安顿自我的方法，故只能"困顿于人间"。饶公认为："一个人在世上，如何正确安顿好自己，这是十分要紧的。"③ 即必须在宇宙人生中"寻找自我"。饶公天生慧质，又有丰厚家学渊源及"五洲历其四"的丰富人生阅历和情感体验，更为可贵的是他总能以诗心观照自然，在身心与自然融为一体中，在对宇宙人生的深刻感悟中获得一份"超越性"的清迈与洒脱。儒释道与文史哲艺的融会贯通，使他从人间世中超脱出来，更深层次地进入一种交融着诗性智慧的真人境界中，从而以"真正的诗意安居"在宇宙间"安顿"了自我。饶公情怀畅适洒落、磊然澄明，这种内在生命境界、精神气度，是他诗词气格的精神基础，他的诗句如"山围地角终难尽，水到天涯更自由（《能取岬在穷海尽处，灯塔下远眺，重雾不散，莫辨远近》）"，在清逸之中有一种了无挂碍之感，这足见他已把性情中那份与生俱来的清灵之气修炼到了极致，从而达到了一种高层次的清醇高远、清空澄明境界。不仅继承了中国传统诗词"清风明月"境界中的"心净"与"清静"，更融入了饶公卓然独立、自由充盈的人格精神，因此在"清"境中更有一份独特、出尘的逸怀浩气。

---

① 刘梦芙：《论〈选堂乐府〉》，赵松元、刘梦芙、陈伟《选堂诗词论稿》，黄山书社 2009 年版，第 126 页。
② 刘永济：《词论》，上海古籍出版社 1981 年版，第 66 页。
③ 施议对：《为二十一世纪开拓新词境，创造新词体——饶宗颐形上词访谈录》，《文学遗产》1999 年第 5 期。

饶公诗境之清醇高远、清逸澄明，可以说创造了中国诗学中一种极其高远的境界，在一定意义上是对中国文化"清风朗月"境界的丰富与拓展。试稍作比较：其"且看水穷处，又拥晚云生"（《和阮公咏怀诗·第三十首》），比王维"行到水穷处，坐看云起时"之心静随缘，更具有一种生生不息、高远不凡的精神气象；"了无哀乐缠胸次，野旷天寒不见人"[《中乔杂咏（其四）》]，比孟浩然之"野旷天低树，江清月近人"更具有一种清空旷逸、遗世独立之感；另如，"天人合一宜亲证，晚席还堪作画眠"（《毛利语 te-kapo 为晚蓆之地》），"天地眷长勤，生生阅尘世。但期两心通，俯仰去来际。"（《富兰克福歌德旧居·用东坡迁居韵》），等等。饶公拥有一颗与宇宙相通的诗心，故能达到此清远之境。要言之，中国古代诗人如陶渊明、孟浩然、王维、李白、苏轼，多是通过"清风明月"境界来安顿自己那颗在现实中失意或漂泊的心，在与自然亲近中找到精神依托，在"清境"之中有了几许心灵得到安顿后的"心静"之感。饶公在圆融之境中智慧地消融了出世与入世之分，因而所达到的那种清醇高远、清逸澄明的境界与古代诗人有着本质的区别。饶公诗云："一上高丘百不同"，表现出登临绝顶的非凡兴象。而从创作的角度看，饶公精神气质中那卓然不凡的"清品"，使他在诗词境界的创造上也是"一上高丘"，具有无比丰厚的意蕴。

## 结　语

清逸澄明之丰盈的文化心灵是诗意之树的芳洲。季羡林言选堂饶公"以最纯正之古典形式，表最真挚之今人感情，水乳交融，天衣无缝"[①]，曾宪通言饶公"用先人的气魄、情操来浸润和陶冶自己的品格，才成就其高瞻远瞩、清朗明觉的高尚情怀"[②]，都是深中肯綮之论。不难看出，"清"作为一种审美取向，作为一种品格，几乎弥漫、渗透在选堂诗词作

---

[①] 季羡林：《季羡林文集》第 14 卷，江西教育出版社 1998 年版，第 469 页。
[②] 曾宪通：《"饶学"之根在潮州》，林伦伦《饶宗颐研究》，暨南大学出版社 2011 年版，第 7 页。

品中。其诗词作品中展现了他神朗气清、澄明清远的艺术境界，其所表现者也正是其清澄高迈的生命境界。这种艺术境界与生命境界对于当下身处尘世的人们是富有启发意义的。如何面对物欲横流的社会世俗？如何抵御金钱物质的诱惑？如何挽救艺术界的浮躁？这都是当代有良知的人应该思考的问题。由此着眼，选堂以卓然不凡的精神气象，"指出向上一路"，创作出"清气"充沛的诗词华章，创造出清醇高远、清逸澄明的诗学境界，不仅具有极高的审美价值，而且具有深远的时代意义。

# 饶宗颐《秋兴和杜韵》诗学话语分析

蒋述卓　殷学国

和韵写作属于中国古典诗歌写作的常态，但就接受研究而言，因其突出的意图和严格的形式限制，使其迥然于阐释、借用、改编等通常的接受形式，姑且名为"另类的接受"。就和韵写作而言，原诗与和诗不仅存在着声律形式上的内在互文性，还隐伏着诗学批评方面的外在互文性。这方面典型的例子当数对于杜甫《秋兴八首》的仿效写作。关于《秋兴八首》，往代文人的合作与评注、当代学人的解说与评价，不管是出于呈现诗作体悟、陈述诗学观点，还是剖解诗的机制、寻求普遍的诗性，都在充分凸显其于中国诗史上的重要地位方面走上同途，使其成为中国诗学尤其杜甫诗学研究中不容忽视的现象和问题。往代文人或偏于和作，或偏于评注，罕有兼善者。当代学人中，饶宗颐先生既有关于《秋兴》八首的合作，又在杜甫诗学的研究文章中具体论及《秋兴》八首。无论在文学批评或接受研究的视野中，抑或杜诗学或当代诗学名家研究的论域内，饶先生这方面的研究都值得关注。令人惋惜的是，除江弱水先生在中国诗学研究著述中对饶先生的成果多有引述外，饶氏观点并没有得到应有的重视。鉴于此，笔者拟从和韵写作的角度，以和韵写作及其具体的诗学批评为研究对象，在文本解析和历史比较的基础上，发明诗学文本间的互文关系，点醒饶公的"秋兴"和作及其研究对于杜甫诗学的意义，进而评价其于中国文学的启示价值。

## 一　文学批评中的杜样

饶宗颐《秋兴诗跋》自述其《秋兴和杜韵》云："因夏丈①之作，聊复赓歌。既成，诵之凄婉，反似义山，全失杜样，为之怅然。"② 在《论杜甫夔州诗》一文中，饶氏具体论及"杜样"：

> 古今治杜诗者，多从杜之外观着眼，以律句论，慕其雄阔高深，实大声宏一路，世谓之"杜样"。③

两相比照，饶氏似对和作未致"雄阔高浑，实大声弘"而心有歉然。然此仅"杜之外观"，以形似论诗，亦非饶氏宗旨，饶公似不必"为之怅然"。看似矛盾的表述之下，是否隐藏着言说者尚待展开的深层内涵？"杜样"一词反复出现于上引两种文本，应是解读此间消息与把握饶氏"杜诗"研究的关键。饶公"杜样"之说源自钱钟书。钱氏《谈艺录》云：

> 世所谓"杜样"者，乃指雄阔高浑，实大声弘，如："万里悲秋常作客，百年多病独登台"；"海内风尘诸弟隔，天涯涕泪一身遥"；"指麾能事回天地，训练强兵动鬼神"；"旌旗日暖龙蛇动，宫殿风微燕雀高"；"锦江春色来天地，玉垒浮云变古今"；"风尘荏苒音书绝，关塞萧条行路难"；"路经滟滪双蓬鬓，天入沧浪一钓舟"；"伯仲之间见伊吕，指挥若定失萧曹"；"三峡楼台淹日月，五溪衣服共云

---

①　文中夏丈即夏叔美（1892—1984），江西新建人，字书枚，为近代著名词人夏敬观从侄，1958年来港，以诗人教授珠海、华侨、经纬等书院，及香港中文大学新亚、联合书院，与饶宗颐多有诗词唱和。1967年，二人共同创设芳洲词社。详见黄伟豪《香港旧体文学史的建构方法刍议——以饶宗颐的交友圈为例》，www.huayuqiao.org/LLM/LLM-1819/LLM181904.htm。

②　饶宗颐：《秋兴诗跋》，《饶宗颐二十世纪学术文集》（卷十四），新文丰出版股份有限公司2003年版，第499页。

③　详见饶宗颐《论杜甫夔州诗》，《饶宗颐二十世纪学术文集》（卷十二），新文丰出版股份有限公司2003年版，第93—122页。

山";"五更鼓角声悲壮,三峡星河影动摇"一类。①

周振甫、冀勤二先生注释"杜样"为"以杜诗作榜样"②,而饶氏则以"杜之外观"解说"杜样"。两相参照,饶氏于杜诗之辞气别有会心,周、冀二氏显然有见于"杜样"作为典范和标准的内涵。折中言之,"杜样"首先是指基于杜律字面辞气之具体样式,当世及后世文人以这种外在形式为榜样,纷纷效仿,进而形成以是否合乎"杜样"相高下的风气。在此基础上,"杜样"由杜甫律句的具体样式升格为一世或历代诗作的典范和标准。作为典范,"杜样"在形式上呈现为"雄阔高浑、实大声弘"的特点。雄阔高浑何谓?细绎钱氏所列杜诗例句,"万里""百年""天地""古今"等语汇所指时空对象苍茫空阔,超越个体直接感知范围之外,可谓空阔高远;"海内""天涯""日月""云山"等语词入诗,气象雄伟,境界壮阔,可谓雄阔;"淹日月""共云山"则景象浑融,"来天地""变古今"则落想高超,"天入沧浪""星河影动"则景象浑融、复返于混沌,可谓高浑。雄阔、高浑并列互补,而实大、声弘则内外表里。从词性言,例句字面无一虚字,皆有实指;就意象言,景象人事真切实有,纵非现实亦不悖心理真实;就主体言,中有其实而外形其文,非枵腹而故作高声壮词者可比。因"实大"而发为"声弘",不同于空架高腔。空架高腔即钱氏所谓窾言③。司马谈《论六家要旨》言:"实中其声者谓之端,实不中其声者谓之窾。"④ 虽然引文本旨在于由道德而文章,评论章表奏记之诚伪,然借用来评论"杜样"之"实大声弘"亦不为错置。实中其声者谓之端,具体到诗歌创作,一方面要求有为而发,避免无病呻吟;另一方面强调,实之大者理应声之弘,雄阔高浑之景象理应发为慷慨抑扬之声调音节。求之例句,"荏苒""滟滪"双声,"萧条""沧浪"叠韵,字词连绵,于唇齿间特显亲切有味。"指挥""训练""锦江""玉垒"诸联音节浏亮,"万里""百年""海内""天涯"诸联对仗工整,

---

① 钱钟书:《谈艺录》,开明书店1948年版,第202页。
② 周振甫、冀勤编著:《钱钟书〈谈艺录〉读本》,上海教育出版社1992年版,第641页。
③ 钱钟书:《谈艺录》,开明书店1948年版,第205页。
④ 司马谈:《论六家要旨》,司马迁《史记(十)》,中华书局1959年版,第3292页。

"路经""天人""风尘""关塞"等句句法虽偶有错综然不失大家之典重。景象雄阔高超而音律典正洪亮,无乃世之所谓"杜样"。

世之所谓"杜样"诚如上述,然雄阔高浑、实大声弘仅为"杜样"之一端。钱钟书《七律杜样》云:

> 山谷、后山诸公仅得法于杜律之韧瘦者,于此等畅酣饱满之什,未多效仿。①

> 惟义山于杜,无所不学,七律亦能兼此两体。如《即日》之"重吟细绝真无奈,已落犹开未放愁",即杜《和裴迪》之"幸不折来伤岁暮,若为看去乱乡愁"是也。而世所传诵,乃其学杜雄亮诸联……②

> 陈简斋流转兵间,身世与杜相类,惟其有之,是以似之。……雄浑苍楚,兼而有之。③

> 元遗山遭际,视简斋愈下,其七律亦学杜之肥,不学杜之瘦,尤支空架,以为高腔。④

钱氏从诗学影响史的角度入手,指出"杜样"有肥、瘦二体⑤。按照周振甫与冀勤二先生的理解,肥者表达酣畅饱满,声韵雄亮,景象雄浑,即所谓雄阔高浑、实大声宏者;瘦者律法拗折奇崛,格调苍茫激楚,即所谓韧瘦者。山谷、后山诗得杜样之瘦体,遗山得杜样之肥体;各得一偏,

---

① 钱钟书:《七律杜样》,《谈艺录》,生活·读书·新知三联书店2001年版,第579页。
② 同上。
③ 同上书,第580页。
④ 同上书,第581页。
⑤ 钱氏所论虽专就诗学影响而言,但考及当时学术著述,似有感于冯友兰先生"本然样子"说而发。冯友兰《新理学·艺术·本然样子之一与多》:"诗或画对于每一题材,因风格不同,可有许多别类,每一别类又有一本然样子。譬如以'远山'为一诗之题材,专就诗说,对于此题材有一本然样子;雄浑一类之诗,对于此题材,有一本然样子;秀雅一类之诗,对于此题材,有一本然样子;以至富丽或冲淡一类之诗,对于此题材,又各有一本然样子。学诗者往往好以有名底诗人之诗为样子而学之。例如,就中国诗说,喜雄浑一类之诗者,学杜甫;喜冲淡一类之诗者,学陶潜、王维。但杜甫、陶潜、王维,又各有其样子。"冯氏所论理之必然,钱氏所论言事之实然,实从不同层面发论,并无此是彼非之攻讦。读者可对观得兼而不可执一不化。

而义山、简斋则能够学杜得兼。①与周、冀二氏以风格论"杜样"不同，饶宗颐先生多从义理意蕴角度评述"杜样"，亦持多体之见。不过，所述重心不在"杜样"体类辨析，而更侧重于文字以外之"深际"者。

> 然杜体实繁，非一格所能尽。其高绝者，不在句法，而在于文字以外之"深际"。善乎方东树之言，曰："杜、韩之真气脉，在读圣贤古人诗，义理志气胸襟源头本领上，……徒向纸上求之，……奚足辨其涂辙，窥其'深际'?"此"深际"正宜涵泳其里，不能于外观求之。此谛义山能知，故其学杜佳句，如"人生有通塞，公等系安危"，除壮阔气象外，亦以理意高妙见胜。②

所谓"深际"即诗作所蕴含的义旨志趣。此为"杜样"之高绝者，而非诗作之文字句法。义旨志趣，于主体之学问道德修养，为作用；于文字句法，则为本体。饶氏"深际"之说源自桐城方植之③，虽然文字小有出入，但于"深际"的探求途径则相一致——涵泳诗作，舍文字外观，由诗作意指而溯源至诗人之志气怀抱与修养功夫。不同的是，饶氏嘉许李商隐能知杜诗义谛，而方氏则以善学杜律称述黄庭坚。

> 杜七律所以横绝诸家，只是沉着顿挫，恣肆变化，阳开阴合，

---

① 关于"杜样"二体，周振甫、冀勤二先生于《钱钟书〈谈艺录〉读本》曾多有论述："指学杜甫的雄阔高浑，实大声宏之作，即杜之肥；不学杜甫的沉郁苦涩、细密老练之作，即杜之瘦"，"这一则便是沿着学杜甫的足迹，论杜诗七律的两种不同风格：一种是雄浑沉郁，饱满声宏的；一种是生拗白描，逸宕绮仄的。"一则以沉郁苦涩为"杜样""瘦体"，一则以雄浑沉郁为"杜样""肥体"。以"沉郁"分别界定"杜样"二体，似乎自相凿枘。其实二体皆可达致"沉郁"之境。不过前者似指诗人情感之深忧苦闷，后者似指诗作表达方式的含蓄深沉。二氏似别有会心，然仅示人以指。

② 饶宗颐：《论杜甫夔州诗》，《饶宗颐二十世纪学术文集》（卷十二），新文丰出版股份有限公司2003年版，第118页。

③ 方东树《昭昧詹言》卷八"杜公"条六："杜韩之真气脉作用，在读圣贤古人书，义理志气胸襟源头本领上。今以猥鄙不学浅士，徒向纸上求之，曰：'吾学杜，吾学韩。'是奚足辨其涂辙，窥其深际！"详见方东树著，汪绍楹校点《昭昧詹言》，人民文学出版社1984年版，第211页。

不可方物。山谷之学，专在此等处，所谓作用。义山之学，在句法气格，空同专在形貌，三人之中，以山谷为最，此定论也。①

方氏认为，杜律卓绝处，在于其立意命辞切实深挚，精警坚确，不追求珠圆玉润，无浮泛客套语，似开合无端实潜气贯注。山谷由杜律卓绝处入手悟得诗法，得其髓而舍其表②；义山学杜重在句法气象，尚滞于骨肉；李梦阳则专注于语词格调，仅得皮毛。撇开山谷、空洞不论，方、饶二氏对于"义山之学杜"的评价同中有异。方氏所谓"气格"即气象类型，壮阔气象即其中一格；饶氏所赞赏义山之佳句，除赏其气象壮阔外，亦赞其理意高妙。奇怪的是，饶氏既许义山能知杜律义谛、有佳句，为何又以其《秋兴和杜韵》"反似义山，全失杜样"而怅惘未甘？

全面把握"杜样"内涵，既要关注有关"杜样"概念的理论与批评文本，又要关注具体的诗作文本，而不能只停留于抽象的概念描述。《秋兴》八首所呈现的"杜样"具体样态若何，对于解答上述疑惑，值得参详。

## 二 《秋兴》呈现的"杜样"

诚如钱、饶诸公所言，杜律多体。就老杜创作经历言，《秋兴》八首属杜诗第四阶段之作即夔州以后诗。就诗作题材言，天宝之前及收京之后重返长安之作，多关注社会人事之大端，感时抚事；成都草堂时期之作，目光投向日常物事，多自得之语；夔州以后诗作，二者间作，亦相融合③。就写作状态而言，前期之作多生于至动，得力于外在动荡者；后

---

① 方东树著，汪绍楹校点：《昭昧詹言》，第450页。
② 方东树《昭昧詹言》卷二十"苏黄"条二六："山谷之学杜，绝去形摹，尽洗面目，全在作用，意匠经营，善学得体，古今一人而已。"方氏谓山谷学杜得体、成就自家家面目。方东树著，汪绍楹校点《昭昧詹言》，第450页。
③ 参见叶嘉莹《论杜甫七律之演进及其承先启后之成就》一文关于杜诗分期的述说。叶嘉莹：《杜甫秋兴八首集说》，河北教育出版社2000年版。

期诗作多生于内在体悟①。从话语言说方式来看,关辅时期的诗作主要以对话、渴望传达交流的方式言说,成都草堂时期的诗作流连光景、细体人情物理,呈现内转倾向,夔州以后诗作更多地采取独白的方式自语心事。② 内在体悟并非沉溺于玄虚空寂的观念悬想,而是将森然万象默会于心,合天地之心为一己之心。独语是一种反思方式,是今日之我与往日之我的内心对话,而非因缺乏言说对象而采取的不得已的话语行为。正是由于存在着森然万象与主体心境的融合、历史与当下的交流,老杜夔州以后诗作在主题和情境方面往往表现出"复调"性质,《秋兴》八首即为代表。

就诗题而言,"秋兴"包蕴双重意味。历代解题,或因词释义,或过求甚解,皆不离因秋兴感与当秋遣兴之范围。详见叶氏《杜甫秋兴八首集说·解题》,此处不拟赘述。叶落知秋。节气更替,因物候的变化而被感知,时令活动及安排亦因节气变化而更移。关于秋季物候变化和时令更移,古代典籍多有载记。《逸周书·时训解》云:

> 立秋之日,凉风至;又五日,白露降;又五日,寒蝉鸣。凉风不至,无严政;白露不降,民多邪病;寒蝉不鸣,人皆力争。处暑之日,鹰乃祭鸟;又五日,天地始肃;又五日,禾乃登。鹰不祭鸟,师旅无功;天地不肃,君臣乃□;农不登谷,暖气为灾。白露之日,鸿雁来;又五日,玄鸟归;又五日,群鸟养羞。鸿雁不来,远人背畔;玄鸟不归,室家离散;群鸟不养羞,下臣骄慢。秋分之日,雷始收声;又五日,蛰虫坯户;又五日,水始涸。雷不始收声,诸侯淫泆。蛰虫不户,□靡有赖;水不始涸,甲虫为害。寒露之日,鸿雁来宾;又五日,爵入大水化为蛤;又五日,菊有黄华。

---

① 饶宗颐《论杜甫夔州诗》:"大凡诗思之源泉有二,非生于至动,即生于至静。至动者,流离转徙之际,如秦州之作,此得于外界动荡之助力者也;至静者,独居深念之中,如夔州之作,此得于内在自我之体会者也。"

② 详见江弱水《独语与冥想:〈秋兴〉八首的现代观》,《文学遗产》2007年第3期,第63—74页;另参见江弱水《晚期杜甫:独语与冥想》,《古典诗的现代性》,生活·读书·新知三联书店2010年版,第103—131页。

鸿雁不来，小民不服；爵不入大水，失时之极；菊无黄华，土不稼穑。霜降之日，豺乃祭兽；又五日，草木黄落；又五日，蛰虫咸附。豺不祭兽，爪牙不良；草木不黄落，是为愆阳；蛰虫不咸附，民多流亡。①

上引部分内容与《礼记·月令》雷同，因后者文字冗长不具引。引文随节气推移胪列十八种物候现象，不唯见出古人对节气与物候现象之间关联的理性把握，亦体现出其对于特定节气之特定物候的心理期待。剔除其中所蕴含的政治规诫意味，物候现象与期待心理交互作用形成定势化的心理意象。这种心理意象是古人把握世界和安排社会人事的知—行模式。按此模式，春夏秋冬各行其令，斯为合宜；否则，则会生出异端与祸殃，则是不宜②。节气物候关联属自然现象，有其必然；时令行事属社会人事，宜与不宜乃问其当然。这种模式的背后隐藏着化自然必然为人事当然之取向。遵此模式，则秋令以收成归聚献纳为当然③。秋之心理意象，除上述经验的、实践的内涵之外，尚有感悟的、内省的一面。此种内涵发端于《诗》，凝聚于以愁释秋之故训，展开于历代咏秋之作中④。

如上所述，节令时序与集体心理情感有着稳固的联系。对于个体而言，这种联系表现为因物起情与感时怀事，斯之谓"兴"。历代文人之"秋兴"，或因节序物候而兴发感慨，或借时令人事言说深心怀抱。虽同

---

① 引文据上海古籍出版社1995年版《逸周书汇校集注》。按：《逸周书·时训解》文字与《礼记·月令》文字雷同处不在少数。《礼记·月令》："爵入大水为蛤。""爵"训"雀"，"为"训"取"。《逸周书·时训解》误作"爵入大水化为蛤"。"霜降之日，豺乃祭兽。"通行本作"豺"，集注作"豹"，然下文"豺乃祭兽"并未改作"豹"。前后乖违不一，令人费解。
② 详见《礼记·月令》具体表述。
③ 《尔雅·释天》："秋为白藏。"郭璞注："气白而收藏。"《诗·卫风·氓》："将子无怒，秋以为期。"《周礼·天官冢宰》："仲秋献良裘，季秋献功裘。"
④ 《诗·四月》："秋日凄凄，百草具腓。"《广雅·释诂四》："秋，愁也。"《楚辞·九辩》："悲哉，秋之为气也！"何瑾《悲秋夜》："欣莫欣兮春日，悲莫悲兮秋夜。"吴文英《唐多令》："何处合成愁，离人心上秋。"

名为"兴",却有偶发之"因"与本有之"借"的分别。①《楚辞·招隐士》:"岁暮兮不自聊,蟪蛄鸣兮啾啾",因外在物候而兴发辞人怅怏不快之感,可谓偶发之"因";《诗·四月》:"秋日凄凄,百卉俱腓。乱离瘼矣,爰其适归",本有乱离飘零之绪适借物色而发抒,可概括为本有之"借"。"因"物兴感与"借"境抒怀,看似一体,然在具体诗篇中,或"因"或"借",实有所偏。宋玉《九辩》之悲秋,偏于前者;而潘安《秋兴赋》之怀归,偏于后者。老杜《秋兴》八首,感发兴会,"因""借"冥合,既包含因秋感悲的偶发因素,又有借秋发抒久郁心间的政治怀抱的成分,多端而莫名。兴发多端故八首联章,众感杂陈、莫名其绪故概之以"秋兴"。

诗作中"清秋""秋江""岁晚""素秋""秋风"等语汇直接点醒诗题中的"秋"字。"玉露凋伤"对应"白露降","气萧森"照应"天地如肃",而"江间""塞上"一联则是"气萧森"的具体呈现,"丛菊两开"指涉"菊有黄花","燕子飞飞"关联"玄鸟归","波漂""露冷"联回应"草木黄落"。秋季典型物候的刻画勾勒出秋之境象的大致轮廓。应该指出的是,诗中物候现象未必为当时现场实有之物,而是根据感物联类原则而生发的应有之象。物候间的整体关联渲染出萧瑟、整肃的意味或氛围。这种意味或氛围自然感发,有此物象结构于主体心理自然感发召唤出此种意味或氛围,与此氛围相应的心理期待则指向含藏收聚等活动。心系故园、首望京华,而终之以江湖渔翁、白首低垂,属于应该归聚而不能;"直北关山金鼓振,征西车马羽书迟",征不义、诛暴慢,功成献捷,于秋为宜,然羽书迟报,师出不归,属于宜于献纳而未然;"波漂菰米沈云黑,露冷莲房坠粉红",作物孳息蕃庶却任其败落,年成大有却无人收获,属于适"收"而无"成"。心理期待的当然与人事

---

① 参见台湾郑毓瑜《身体时气感与汉魏"抒情"诗——汉魏文学与〈楚辞〉、〈月令〉的关系》(柯庆明、萧驰编《中国抒情传统的再发现》,台湾大学出版中心 2009 年版,第 89—128 页)一文。郑文从身体的角度,揭示时序节物的场域对于个体的影响渗透以及个体心理对身遭场域感应的对应关系,通过对时节与体气相结合的整体"气氛"的分析,总结出"中国物候历下发展出的一种独特的自然观。虽广采事例,然具体论述尚未超出"气之动物,物之感人""诗人感物,联类不穷"的论域,至于"感物而动"的心理机制则语焉不详。

活动的实然种种反差，造成心理缺憾，缺憾无法补偿势必怅恨不已，虽无奈而又不甘。诗中因物候人事而兴发怅惘未甘之心理反应即属于上文所谓兴之前者——"因"物兴感。

然而，"因"物兴感与"借"境抒怀并非截然两分。所兴之感并非当下起灭，而是会持续的作用于主体心理意识，并成为构造诗篇意象、组织诗篇结构的线索。思归与忆旧是老杜《秋兴》八首的主要题旨。思归之情触物而兴，忆旧因思归触发而不可收拾，诗人围绕忆旧调动内心意念，连缀成章，抒发心境。首两章由秋节点出思乡、望京心绪。"听猿奉使"一联切入己身境况——来此峡中，漂泊无依，虚耗岁月，"画省山楼"一联生发自潘岳《秋兴赋》"宵耿介而不寐兮，独辗转于华省"，表达诗人对于文武官员逸乐场景的一贯忧虑[①]，逗出以下诸章关于国事朝政的省思。三、四两章转入忆旧，由己身功名未就、心愿已空，切入世局浮沉、人事代谢。老杜记忆中的长安有两副面孔：安史乱前的繁华之相与安史乱后的破败之状。以下四章，关于衰败的反思渗入对繁华的描绘之中，以诗人当下的境况挽结，更形理智透达的悲凉与沧桑。第五章虽不免流连供职朝廷的荣耀，但"西望东来"之仙迹已预示以后的兵乱与西狩。六、七两章的意蕴，时人分析已经详备，不予赘述[②]。第八章中，"香稻"句既夸耀富丽也暗讽奢靡，"碧梧"句既称赞得其所哉又叹惜不飞不鸣的不作为；"佳人仙侣"联述及昔日女有悦己者、士有同道，而尾句言及今日之潦倒孤旅，两相比较更形悲愁。就全诗言，诗人心境虽不免悲愁哀伤，然究竟属于痛定思痛，省悟反思的因素渗透其中，哀仅自哀，怨无可怨，大唐政权咎由自取，繁盛时期的作为已经隐伏日后祸端。因此，诗人之悲愁哀伤虽不能舍弃，又不能超脱从而转化为智慧之境，

---

[①] 这两句历来注解分歧，根源在于对"违"和"笳"的理解不一。与画省相关，"违"似训为"乖悖职责"为佳。"笳"为北方少数民族乐器，与胡琴、琵琶、羌笛类，后为军中乐器，属于军营娱乐之具。笳、角连用，代指军号。悲笳，似有两解：闻边警而心惊，或赏笳音之凄美，两相比较似以后者为优。因此，笔者将此联理解为：供职画省自应凤兴夜寐，晨夕怵惕，岂能安枕？职守城防理当亲临前线，消除隐患，怎可穷极声色？

[②] 详见高友工、梅祖麟《杜甫的〈秋兴〉——语言学批评的实践》，《唐诗的魅力》，上海古籍出版社1989年版，第1—31页。

既不能摆脱亦无所寄托,只能弥漫在自己心头,由开首的热望渐化为结束的悲凉。

物象之萧肃,人事之缺憾,心境之悲凉,合成苍茫悲凉之气象。此苍茫悲凉之气象即《秋兴》八首所呈现的具体"杜样"。饶宗颐先生云:

> 诗以秋兴为题,说者每援引潘岳《秋兴赋》为说,然杜公生平所得力者,似为宋玉《九辩》。"悲哉秋之为气也",故《咏怀》诗云"摇落深知宋玉悲"。惟能深知宋玉之悲,故能写出"秋兴"八首。[①]

从诗作的书写内容和表层意思来看,《秋兴》八首与《秋兴赋》可予类比处甚多。"蓬莱宫阙对南山,承露金茎霄汉间"是"高阁连云,阳景罕曜"的具体化,"同学少年多不贱,五陵衣马自轻肥"与"珥蝉冕而袭纨绮之士"相照应;"几回青琐点朝班"意近于"摄官承乏,猥厕朝列","画省香炉违伏枕"隅反于"宵耿介而不寐兮,独展转于华省";"白头今望苦低垂"更甚于"斑鬓彯以承弁兮,素发飒以垂领""奉使虚随八月槎"与"仙侣同舟晚更移"歧出于"攀云汉以游骋,登春台之熙熙"。古今学人援引为说,概有见于此。就深层意蕴而言,安仁借秋抒怀,所兴之慨,仅及生命之忧惧和全身延年之计较[②],就个体之身言个体之慨,思想含藏远逊于老杜。宋玉《九辩》中自然物候之"萧瑟"近于老杜《秋兴》之"萧森",社会人事之困穷、羁旅通于《秋兴》人事之缺憾。老杜"江湖满地一渔翁"与"白首今望苦低垂"踵事宋玉"时亹亹而过中兮,蹇淹留而无成",而表达更为深挚。《九辩》因秋兴悲,虽属偶发,然由一身之感言天地之气,悲之氛围弥漫天地,实有苍茫之概。相较而论,就主体的抒写姿态和情感性质的接近程度而言,饶公所论深造有得,

---

① 饶宗颐:《论杜甫夔州诗》,《饶宗颐二十世纪学术文集》(卷十二),新文丰出版股份有限公司 2003 年版,第 112 页。

② 安仁《秋兴赋》:"龟祀骨于宗祧兮,思反身于绿水。……且敛衽以归来兮,忽投绂以高厉。……优哉游哉!聊以卒岁。"概有赋归之志,类于张翰见秋风而思归。惜其有见机之智,而无践行之仁。

洵为卓见。不过,《九辩》之自伤自怜近于悲戚①,不同于《秋兴》八首之悲凉。

## 三 选堂和作与"杜样"

先唐文学中,秋兴诗作主要延续潘岳《秋兴赋》叹老嗟卑、消愁遣闷的主旨,物象描绘基本不出《礼记·月令》范围,情感表达也大多囿于离居、怀人、思归等类型。自杜公《秋兴》八首出,将个体一己之休戚与国事时运相融通,于既有主题外,新增感时抚事、吊古伤今等内涵。后世秋兴题材的诗作多未出此意旨范围之外。"因"物兴感的缺憾演进为"借"景抒怀的悲凉,老杜《秋兴》组诗兴发多端,却非无迹可寻。就语词意象而言,首章"塞上风云接地阴",七章"关塞极天唯鸟道",中间插入"堞隐悲笳""关山金鼓""羽书车马"和"苑入边愁",关塞意象串联其中;"织女"意象关联"八月槎""霄汉"和"寒衣","寒衣"意象又与"关塞"意象有关;"八月槎"典故连带而及"孤舟""仙侣同舟""信宿渔人""鱼龙秋江""沧江"和"江湖",而"鱼龙秋江"又与"石鲸秋风"相关,姑且概为江湖意象。关塞意象、织女意象与江湖意象,或因所指相关,或因出处相近,或因品类相似,联属映带,形成"秋兴"主题的意象群。对于老杜而言,上述意象是其兴感、抒怀的凭借;而对于后世诗人而言,则是其追和、效拟杜诗的文本线索。

由于杜诗的高度成就,自宋以来即被奉为典范。和杜、拟杜,历代不乏其人。"难希杜甫遣秋兴,易学边韶贪昼眠。"② 由于意识到杜诗境界难以企及,后世诗人以杜诗为范式,假追和、效拟为学杜捷径,和、拟的同时兼衡裁自身诗作。不可否认,和拟者一方面望"杜"兴叹,另一方面亦不无与杜诗一竞高下之念。不管是学杜还是与杜相竞,和拟者必心有"杜样",然后为之。同样是以"杜样"为式,和作追求声韵相同,

---

① 宋玉《九辩》:"憯凄增欷兮……惆怅兮而私自怜。"憯凄增欷谓自哀自叹,表达悲痛之感;"惆怅兮而私自怜"乃戚戚之态,故概之为悲戚。

② (宋)吕陶:《奉寄单州太守王圣钦》,北京大学古文献研究所编《全宋诗》(十二),北京大学出版社1998年版,第7767页。

拟作期冀情韵相类。和韵之作以和相争，韵律一致，题材意旨容或有异；效拟之作，则心摹而形效，肖其声口，效其情韵词调。具体到《秋兴》八首而言，最早的和韵之作要数宋人王之道《秋兴八首追和杜老》①，最早的拟作应属秦观《秋兴》九首其七"拟杜子美"②。或因才情窘裕有别，或缘时讳宽严、结集取舍之异，和作而不及八首者与屡叠八韵者均数见不鲜③。明清两代，国难方殷，拟作多出。降至近代，拟杜律而写忧患者亦大有人在，如血痕《汉上秋兴八首》、周乐庵《拟杜少陵秋兴八律》等④。其中，元人郭翼《拟杜陵秋兴八首》诗语俊捷，然过于流利；⑤ 明人田汝耒《秋兴四首》拟少陵之作，气象壮阔；⑥ 明人朱朴《集句拟少陵秋兴八首》，辑杜公律句而成律诗，以杜还杜，可谓拟而即"是"，戏而不谑，实含礼敬的意味在内。

和、拟之别，诚如上述。然进入写作实践，常常和韵而兼拟题，效体不妨步韵。饶公《秋兴和杜韵》，和韵而兼拟题，追求声情俱类，其难可知，亦难怪和作既成，而饶公为之怅然。细细寻绎，饶公之"怅然"一方面固缘和作"全失杜样"而发，另一方面似因"诵之凄婉"而感。

---

① 王之道《秋兴八首追和杜老》云："世乱且同吟啸乐，时来终快扫除心"，化传统悲秋主题为秋趣，于三秋况味中转出自得之理趣，洵见其道德涵养之工夫，平易冲淡之气象。
② 秦观《秋兴九首其七拟杜子美》："紫领宽袍潋酒巾，江头萧散作闲人。悲风有意催林叶，落日无情下水滨。车马憧憧诸道路，市朝滚滚共埃尘。觅钱稚子啼红颊，不信山翁箧笥贫。"诗题虽曰"拟杜子美"，然伤心人故作宽怀语，景象情韵其实不俳。
③ 王冕《秋兴》取老杜《秋兴》八首中两首而和。于谦《秋兴四首》仅和其中四首。近人洪传经《秋日书怀》用杜工部秋兴八首韵而选三。近人郭风惠《秋兴》和杜八首，然忘三而仅存其五。钱谦益数和工部《秋兴》韵，竟至十三叠一百余首。姚燮《哀江南诗》五叠杜公《秋兴》韵八章，惜仅存一首。近人宁调元四叠杜公《秋兴》韵，每叠仅取其四。今人陈振家两度步韵老杜《秋兴》八首，先是《上山杂兴》组诗，用工部《秋兴》八首原韵；再《咏"庆祝香港光复"》八首，奉和美国加州大学孙述寰教授依少陵《秋兴》原韵。
④ 血痕：《汉上秋兴八首》，《寸心》1917年第6期，第83—84页；周乐庵：《拟杜少陵秋兴八律》，《扬善》（半月刊）1934年第6期，第83页。
⑤ 翁方纲《石洲诗话》讥郭翼拟作，云："然其拟《秋兴》八首，肌理颇粗。感事抒怀，作倩八首，自无不可，而不当以拟杜秋兴为名耳。"郭氏拟作，诗语近似，然句法少顿挫，组诗章法少变化。故翁氏有"过粗"之讥，然谓其"不当以拟杜秋兴为名"，则责之过切。翁方纲《石洲诗话》，《续修四库全书》集部第1704册，第200页。
⑥ 谢榛《四溟诗话》卷三："大梁田深甫……尝拟少陵秋兴诗，得盛唐气骨，眼中不多见也。"丁福保辑《历代诗话续编》（下），中华书局1983年版，第1195页。

就句法而言，选堂《秋兴和杜韵》多用动态词，以形式关联为主，句法流转；杜甫《秋兴》八首多用静态词，以意联为主，故句法拗折顿挫。此和作有失"杜样"之一端。就语词而言，和作多方借资，除经史典故之外，采取前人诗语丽辞而运以己心，尤以杜甫、李贺、李商隐三人诗作为多；三人中，又以采自义山诗语最多。诗语穷源，风格相近，此和作近似义山之外缘。

以上仅论"怅然"之大端，以下就其内涵详细言之。饶公和作首章虽然借"凉飔""寒鹊""秋声"点出"秋"之节令，借"萧森"点出"秋"之"感兴"，透出羁旅"伤别"之意绪，但"困柳娇莺"显是春色，莺啼"唤梦"不似悲秋、反类伤春，"欲写秋声"既包括因秋感兴的成分，更多以诗遣兴的因素。以下诸章，"宾鸿""秋水""绪风""舞雪""黄叶"及"篱边人瘦"（隐喻菊花）、"一叶贴危"诚秋季物候，然"荔子""木棉""桑田"与"飘残坠蕊""柳条婀娜"等物色实难令人思及秋候。和作之物色不似原作典型，一方面固与南洋物候"四时罕变冬仍翠"、不类中原巴蜀之四季分明有关；另一方面与饶氏采南洋风物入诗打破传统秋节物色书写模式、予人新异的阅读感受有关。

就和诗意兴而言，首章兴思归、伤别之感，次章"九县多方争豹略，万方一概动羌笳"感世乱方殷，三章抚事自伤心志微茫。以上三章由自然而复时事，终以心事，立意不凡，大有与杜诗争雄之势。然其下五章，未能铺张心事、多方展开从而予人以壮阔的空间转换和转折层深的心理藏量，而是就思归、伤别之感层层盘旋、反复致意，似春蚕吐丝作茧，笼罩全篇，贯乎终章，例如：

关塞他乡多暝宿……林鸟从知有去思。（四章）
人随秋水归群壑，月带星河照近关。（五章）
去去家山恋落日，栖栖南北逐浮鸥。（六章）
江头多少王孙老，最忆沧州此秃翁。（七章）
北顾穷边先舞雪，南征倦鸟且巢枝。（八章）

思归之情低回婉转、含思绵邈，颇类屈子之《离骚》、义山之《无题》。

就抒情结构而言,饶公自谓"凄婉"良有以也。① 然就情思内涵而言,无论从己身的角度表达怀乡忆友之感,还是从家人朋友的角度抒写眷顾之情,和作含蕴着对一度地理空间的跨越,不似杜诗包蕴着历史与地理两度空间,于心理含藏方面逊于杜诗之沉郁。与义山《无题》相比,和作使事用典意指鲜明,景象流动,情调俊爽清丽,不怨不伤;义山运用多重典故渲染心理意象,画面浓艳而偏于静态,情思黏滞,意指朦胧,自怜自伤。究其不怨不伤之因,概缘于饶公一生游学海内外,羁旅独居乃其生活常态,纵有思归之念亦未如义山《无题》表现之深沉集中。和诗之思归表面看来似发乎自然,深究其竟,实关乎饶公深心怀抱中的一桩文化心事。

> 唇罄谁铸成名马,星汉今看有远槎。(二章)
> 诸天移景澹含晖,上座传经事已微。(三章)
> 作稼难邀一溉功,河山回首日方中。(七章)
> 赵岐系志鸣孤愤,屈子何因欸绪风。(七章)
> 不愁波浅潜蛟出,待见山明落照移。(八章)

"唇罄星汉"一联涉及东汉马援与西汉张骞。前者功静骆越,后者凿通西域,皆大有功于中国文化的域外传播。诗中引用二人典故,一方面莫名感叹因学术成就而漂洋过海受聘新加坡大学主掌中国语言文学系,另一方面隐微透出以中国文化为己任的担当意义。"诸天上座"与"作稼河山"两联,道出光阴流转而文化志业未就的无奈和不急于求成、一蹴而就的文化自信。赵岐系志非鸣孤愤实有志于传留后人,屈子悲叹既出于忠爱又可视为文化乡愁的符号。新加坡文化"波浅"、文化含藏不足,饶公不无怀才不遇之感,但诗人夷然处之,文化信念不泯。中国古典文学、中国传统文化,不仅是饶公的知识对象、工作对象,更是其情感寄托和

---

① 严羽《沧浪诗话·诗辨》三:"诗之品有九:曰高,曰古,曰深,曰远,曰长,曰雄浑,曰飘逸,曰悲壮,曰凄婉。""凄婉"为严羽所标谓九种诗品之一,与雄浑、悲壮、飘逸等品并举。凄婉有二,或谓声韵情调低回婉转,或谓诗境含思绻邈、哀怨凄凉。严羽著,郭绍虞校释:《沧浪诗话校释》,人民文学出版社1983年版,第7页。

精神生命的重要组成部分。概而言之，诗中因"不遇"而引发的思归，蕴含着诗人对文化家园的眷恋与守持。饶宗颐先生以学术立身，同时秉持传统士人的文化责任。这种身位使其观物既不失文化的热情，又保持客观的冷静。出于文化的自信与理智的清醒，和作的情韵基调充满温情而清凉，既不同于原作之悲凉，亦不似义山《无题》之凄凉。据此而论，饶公实不必为其和作"失"或"不似"而怅惘不甘。

## 四　结语

《文心雕龙·神思》云："方其搦翰，气倍辞前，暨乎篇成，半折心始。"饶公《秋兴和杜韵》追和杜公千古名篇，于展纸拈毫之际，不无与杜诗一争高下之念；运思命笔的过程中，其始气壮，既中转弱。开篇三章，尚能见出层次变化，余下五章实难上下勾连、前后照顾，八首联章整体结构有欠严整。和诗既成，不仅未能实现当初的构思，而且诵读再三，与"杜样"尚有不少差距，虽心下折服，然又不能不为未臻目标而怅然。此选堂为之怅然之一端。和作句法流动，诗语多方借资而意指明晰，情思低回婉转、含思绵邈，而抒情俊爽清丽，既与义山《无题》之"凄婉"类似，又不似义山诗情韵缠绵悱恻、意指朦胧多义。此选堂不能不为之怅然之二。然杜样"多体"，义山学杜最工而具自家面目。选堂《秋兴和杜韵》突破秋兴节侯书写模式，于悲凉、凄凉之外，别造一清凉境界；虽失"杜样"，然别具文化热怀与清醒理智，兼有学人与文士两种体量，不失自我价值与本色。与此相较，"似"与"不似"反为小端。向典范学习诚为中国传统诗学的重要门径，追和前人名篇自是其中涂辙之一；然而，追和典范并非意在与典范相同，而是在向典范表达礼敬之意的同时，努力提升自己、丰富自己。和韵写作所对应的文本关系见出传统诗歌作品间的互文性传统，而文本关系的考察则不难发现中国文学超越历史和地域的同一性传统，这恰恰又是中国文化传统保持稳定与发展的力量与体现。

# 选堂登游诗研究

殷学国　吴声琼

## 一　引言

　　自古以来，中国士人都有登山临水之传统。士人登游山水不仅可以感受山的雄伟险峻和水的奔腾不息所带来的巨大的审美力量，而且能以诗寄托自己的理想，抒发自己的登游体验并获得精神的慰藉。早在楚辞《九辩》中就有士人借登游山水抒发自己背井离乡的孤单与寂寞："栗僚兮若在远行，登山临水兮送将归。"① 潘岳《秋兴赋》释之为，"临川感流以叹逝兮，登山怀远而悼近"②。将山水登临的活动与主体的内心世界建立稳固的联系。《汉书》曰："登高能赋可以为大夫。"③ 创作登游诗已然成为士大夫必备素养。登山临水是登游诗的最初的表现内容，随着士人登游范围的扩大，其登游表现内容也渐渐丰富起来，尤其体现在选堂的登游诗之中。饶宗颐先生作为当今杰出的学者、诗人，有着丰富的游历，他"世界五洲历其四，华夏九州已历其七，神州五岳已登其四"④。与此相应，饶先生创作了大量的登游诗。选堂饱览世界各地的名川大山、用心感受世界各地形色各异的风土人情，并用诗歌来记录自己的在行旅

---

① 林家骊译注：《楚辞》，中华书局2010年版，第191页。
② （梁）萧统编，（唐）李善注：《文选》（第二册），上海古籍出版社1986年版，第587页。
③ （汉）班固：《汉书》，中华书局2007年版，第342页。
④ 季羡林：《〈清晖集〉序》，海天出版社2011年版，第4—5页。

所见、所闻、所感、所思。《清晖集》中,登游诗占其诗作半数以上。

登游诗区别于主要描写山水风景,呈现山水之美的山水诗,其表现内容囊括自然景观和人文景观,不局限于自然山水和人造山水,范围较山水诗更为广阔。士人的登游诗十分注重精神的表达和心灵世界的展现。一如选堂的登游诗,选堂的登游属于心灵的登游,瑞士思想家阿米尔说:"一片自然风景是一个心灵的世界。"① 选堂登游诗中的风景,无论是自然的还是人文的,都经过诗人心灵的洗涤,渗透着诗人主观情感和精神气质。世间万物经过诗人精神之浸润和情感的倾注,在其登游诗呈现的不再是纯粹的客观外物,获得人所赋予的思想情感和生命精神,正如王国维所说的:"一切景语皆情语。"② 因此选堂登游诗中的风景展现的是选堂心灵的世界。而在诗学思想方面,选堂写诗主张有感而发,抒发自己的真情实意,"倡导真意真气……抒写真性情才能使诗歌言之有物,才能写出天地间的'至文'"③。因此他的登游诗不仅是世界各地的自然风景、人文景观的艺术再现,更融入了诗人的真情实意以及超迈脱俗的精神境界,展现出诗人独特的登游体验和奇妙的心灵世界。本文就选堂登游诗的艺术特色进行探讨,深入分析选堂登游诗所呈现出的登游体验和心灵世界。

## 二 选堂登游诗之雄奇特色

选堂的登游诗主要是在登山临水、游览名胜,饱览当地风土人情时写的。按登游对象可分为两个方面。一是自然景观,如写山的有《恒岳》《升旗山与遥天同登》《高野山》《君山三首》等;写水的有《锡兰官舍临湖晚兴》《Toba 湖绝句》《交河》《东海行》等;除此之外,自然万物中,选堂无一不可入诗,如写天上的《雁》《闲云》《雪意》等;写地上的《斗鸡》《印度大榕树歌》《胡姬花下作》等;二是人文景观,主

---

① 宗白华:《美学散步》,上海人民出版社1981年版,第70页。
② 王国维:《人间词话》,中华书局2009年版,第45页。
③ 涂芊、赵松元:《饶宗颐〈慵石室诗钞序〉评鉴——兼论饶宗颐先生的诗学思想》,林伦伦主编《饶宗颐研究》(第二辑),暨南大学出版社2012年版,第127页。

要是各地的名胜古迹,如《康海里(Kanheri)古窟二首》《泰姬陵》《罗马圆剧场废址》《阿含伯勒宫(Al-Hambra)》《登巴黎铁塔放歌》《富兰克福歌德旧居》等;无论是自然景观,还是人文景观,选堂总能在登游诗歌创作中融入自己的情感和精神气质,生动地表达出选堂最为真实奇妙的登游体验和独特的心灵世界。诗人极具个性化的创作才华和精神气质也促使传统登游诗出现崭新的面貌,呈现为雄奇、古雅两种风格。

选堂登游诗风格雄奇,"雄奇"即指雄伟奇特。具有雄奇风格的诗歌,其特点主要包含两个方面:一是在于诗歌描绘的对象之雄奇,二是在于诗歌创作主体本身的精神气质和心灵活动之雄奇。从文本角度而言,选堂登游诗中所描写的人文景观和自然景观本身具有的"雄奇"的姿态。此种姿态由诗人之眼窥见,借诗人之笔而呈现。外物固然有此形态,然非诗人有此诗心又莫能发现。因此,由"雄奇"的物态又能照见诗人心灵世界之雄奇——宏伟的气度、高远的志向以及丰富神奇的想象力。选堂的登游诗不仅表达了诗人奇妙的登游体验,更展现出选堂独特的心灵世界。

### (一)雄伟

选堂以"俯视"的角度观照登游对象,气度宏伟,使其登游诗充满雄伟博大之气象;以诗人之心发现登游所见景象之雄奇,使其登游诗充满雄奇奔放的审美力量;以诗人博大的胸怀涵盖万物,大气磅礴,充满雄奇之风。

1. 观照角度

首先,选堂的登游诗往往采用"俯视"的角度,从饶诗中带有"俯视""下视"等词可以见出。例如:

> 俯视白山犹咫尺,蒙蒙西日见天心。[《Mont Tendre(柔山)山上六首》其一]
> 下视高原三万里,云峰未宿桃源人。(《中峤杂咏》其九)
> 我眼因之穷无边,下窥城郭蚁附膻。(《登巴黎铁塔放歌》)

诗人站在高处俯视整个世界，其视野是宏大高远的，所写的万事万物也呈现出一种雄伟博大的气象。如上述例子中的"俯视白山犹咫尺"，诗人站在高处俯视白山，以诗人独特的视角观照白山之雄姿，并有感高山近在咫尺，展现出白山雄伟博大之气象。又如诗人登游法国巴黎铁塔所写的"我眼因之穷无边，下窥城郭蚁附膻"。诗人站在巴黎铁塔高处俯瞰世界，其视野是无穷无边的，因而世界在诗人笔下也充满博大宏伟之气象。更为与众不同的是，诗人前一句写登塔所见无穷之景，后一句却写诗人窥见城郭之蚁附膻，从中见出选堂诗心之独特。

选堂尤其喜用"俯"之角度。在宗白华《美学散步》中谈道："杜甫尤爱用'俯'字以表达他的'乾坤万里眼，时序百年心'。……'俯'不但联系上下远近，且有笼罩一切的气度。"[①] 选堂的登游诗也是如此，喜用"俯"这个视角，充满囊括宇宙的宏伟气度。例如：

此峰不语立中原，俯视纷纷旷野分（《中峤杂咏》其三十一）
俯视中折瀑，如柳生在肘（《别雁荡山》）
俯窥一气青，蒙蒙值残秋（《登慈恩寺塔》）
俯临无地昆仑小，七圣自应迷去踪（《大峡谷》）
隔岸还闻击楫声，登高凭此俯重瀛（《志贺岛》）

选堂以"俯"之角度观照世界，气度宏伟。如上述诗句中的"此峰不语立中原，俯视纷纷旷野分"。该诗是选堂登游法国巴黎时所写。其中"此峰不语立中原"中的山峰被诗人人格化了，诗人笔下静默无语的山峰屹立于中原，俯视着无边的旷野，以山之"俯"来写诗人之"俯"，照见了诗人宏伟的气度和人格魅力。又如"俯视中折瀑，如柳生在肘"。诗人登上雁荡山高处俯视中折瀑，悬崖飞瀑优美的景色尽收眼底，诗人以"俯"之角度观照中折瀑，可见其宏伟的气度。而"如柳生在肘"这句诗，从字面上来看可联想到飞瀑如垂柳般优美动人，但从用典来看，"如柳生在肘"源于《庄子·至乐》："俄而柳生其左肘，其意蹶蹶然恶之"。

---

① 宗白华：《美学散步》，上海人民出版社 1981 年版，第 112 页。

支离叔曰:"子恶之乎?"滑介叔曰:"亡,予何恶? 生者,假借也;假之而生生者,尘垢也。死生为昼夜。且吾与子观化而化及我,我又何恶焉!"[①] 这个典故中支离叔和滑介叔一同观化,从中悟出宇宙天地万物总在变化,人应当随变化而安于所化的道理。选堂登游俯见的中折瀑,乃三折瀑一瀑复生一瀑,一瀑假借一瀑而形成的奇美之景,是万物变化而产生的结果。选堂以此典故喻"观"大化之流衍,从中见出选堂观照万物之深度以及囊括宇宙之气度。再如上述例子中的"俯窥一气青","俯临天地昆仑小",以及"登高凭此俯重瀛。"诗人都以"俯"之角度观照万物之变化,从中可见诗人的宏伟气度。

2. 景象

选堂笔下的景观也充满雄奇之风。例如,选堂登游法国巴黎铁塔写下:"高标特起支山川,皋原千里此脊樑。"(《登巴黎铁塔放歌》)写出巴黎铁塔的宏伟壮观,气势雄伟。而该诗中的"悬车辘轳响连连,烈风吹我帝座前。我眼因之穷无边,下窥城郭蚁附膻。"(《登巴黎铁塔放歌》)则写出诗人登上高塔时奇特的登游感受,雄奇奔放,充满浪漫主义色彩。又如:"八荒抉眦安足吞,阴阳为寇风腾轩……我来黄昏登古原,思昔回回撼乾坤,阿米亚势伸无垠。……蒙庄博依等鲲鹏,长春亦复逾昆仑。"(《哥多瓦歌》)展现出诗人登游所见景象之雄奇和诗人内心的豪情壮志。再如"谁劈中天擎片石,攀梯始信是危峰。"(《始信峰》)选堂笔下的始信峰,具有雄奇险峻的景象,选堂用"谁劈中天擎片石"感叹造物主的神奇力量,充满雄奇之风。类似景观雄奇的登游诗句还有很多,如"椰林海色徒相念,只手犹堪辟大荒。"(《槟城叙旧》);又如"古来龙种大搜地,万顷鲸波漾好春。"(《日月山远瞰青海》);再如"峻宇丹墙临绝海,呼吸元气通昭融。"(《南印度七塔歌》);这些登游诗中的景象都充满了雄奇之风。

3. 胸怀

选堂登游诗之所以雄奇,还在于诗人博大的胸怀。例如,选堂登游柔山所写的:"我来不敢小天下,山外君看更有山。"[《Mont Tendre(柔

---

① 陈鼓应译注:《庄子今注今译》(中册),中华书局2009年版,第486页。

山)山上六首》其五]"小天下"一语源于孟子所说的"孔子登东山而小鲁,登泰山而小天下"①。然而,选堂登高山反倒不敢小天下,这是因为选堂意识到山外有山,可见选堂的胸怀如海纳百川,对宇宙人生的认识更加地理性。又如《金马仑高原二首》之二:"行行莫与山争路,归撷繁英作友于。"该诗中的"山"是人格化的山,充满了生命力和灵性,诗人写自己不与山争路,而是登上高原采芳送友,雄奇中带着浓郁的浪漫主义色彩。又如《威尼斯海傍茶座》:"眼中碧海真吾肚,何事拖泥涉水来。"该诗中的"碧海真吾肚"是选堂化用了《传灯录·天台勤师颂》中的"山河是眼睛,大海是我肚。"② 充满了气吞山河的博大胸襟和豪爽的气度。再如"回首三万六千顷,犹有神光接混茫。"(《君山三首》)选堂登游君山,回首天地广阔无际,可见其胸怀宇宙天地。"犹有神光接混茫"中的"混茫"指的是辽阔无边的境界,选堂登游君山有"神光接混茫"之感,可见其登游体验之独特,充满雄奇之风。类似以"混茫"入诗还有"极目正瞳眬,混沌许重凿。"(《尼罗河上空看日出》);"疑入混茫前,旋觉寒暑变。"(《地中海上空书所见》);"人间无数离堆险,自有神功接混茫。"《Hoover Dam》;这些都是选堂登游诗风格雄奇的具体表现。

**(二)奇特**

选堂以巨鸟神兽来表现其高远宏伟的志向,以神话人物和仙境展现其奇妙的登游体验,以天马行空的想象力表现其登游所见之奇特,充满雄奇之风。

1. 物象

选堂曾说:"怪、力、乱、神四个字中,最引我入胜的就是一个'神'字。七、八岁时,我差不多写了一部小说叫《后封神榜》。"③ 可见诗人自小对"神"就有浓厚的审美兴趣和审美倾向,这种兴趣和倾向影

---

① 杨伯峻译注:《孟子译注》,中华书局 2010 年版,第 288 页。
② 饶宗颐:《清晖集》,海天出版社 2011 年版,第 30 页。
③ 胡晓明:《饶宗颐学记》,香港教育图书公司 1996 年版,第 8—9 页。

响了选堂诗歌的艺术创作风格。选堂登游诗歌中的这些神话人物和神兽，不仅表达出诗人独特的登游体验，更是诗人精神的寄托和心灵世界的展现。

例如，选堂登游诗中的"大鹏鸟"。"大鹏鸟"是选堂登游诗中最为常用的一种神鸟，大鹏鸟象征着诗人高远宏伟的志向，豪放洒脱的气概。如"我骑在鹏背，扶摇笑鸿渐"（《飞越阿尔卑斯山》）；又如"身寄飞鹏三万里，并州行遍又中州。"（《郑州机上》）；又如"看击鲲鹏三万里，可无咳唾落人间。"（《录诗竟自题一绝》）；再如"蒙庄博依等鹏鲲，长春亦复逾昆仑"（《哥多瓦歌》）其中，选堂多用大鹏鸟表达诗人坐飞机时的所见所感，抒发自己的豪情壮志。试读《印度洋机中作》：

色相空中许我参，试将金翅与图南。
日灯禅炬堪回向，坐觉秋云起夕岚。

该诗是诗人登游佛国时坐印度洋飞机时写的，选堂登游方式十分多样，或坐飞机，或坐车，或坐游轮，或步行，因而其登游诗表现的内容也随之丰富多样化，开拓了登游诗的诗境。"试将金翅与图南"中的"金翅"与"图南"赋予了诗歌奇特的浪漫主义色彩。该诗中的"金翅鸟"，是佛教传说中的大鸟。而"图南"来源于庄子的《逍遥游》："有鸟者，其名为鹏，背若太山，翼若垂天之云，抟扶摇羊角而上者九万里，绝云气，负青天，然后图南。"[①]"图南"原指鹏鸟南飞，后以"图南"比喻人的志向远大。"试将金翅与图南"中的"金翅"和"图南"都是诗人精神和志向的象征。诗人在《佛国集》开头的小记中就表达了自己"但期拓于境，冀为诗界指出向上一路"[②] 的宏图大志。《印度洋机中作》作为《佛国集》的第一首诗，就很明确地表达了诗人宏伟志向和"日灯禅炬堪回向"的伟大胸怀。

又如选堂登游诗中的"龙"。"龙"是中国古代的神话传说中的一种

---

① 陈鼓应译注：《庄子今注今译》（上册），第15页。
② 饶宗颐：《清晖集》，第9页。

神异动物，是中华民族精神的图腾。选堂登游诗中"龙"的形象的运用，使其登游诗气势奔放雄壮而又神秘奇特，展现出诗人的精神气质和心灵世界。例如：

> 惟天行水上，六龙不停骖。（《但丁墓下作》）
> 六龙骛不息，万化纷周旋。（《地中海晚眺，Nice 作》）
> 高陵深谷识盈虚，风雨如晦龙相呼。（《印度大榕树歌》）
> 千兵象阵能擒虎，诸天鳞尾如蟠龙。[《南印度七塔（Mahābalipuram）歌》]
> 直上天台百八重，万松如海走蟠龙。（《智者大师禅院》）
> 虎踞龙蟠势有余，何年天坠此穹庐。（《大峡谷》）

"龙"的形象具有强大的艺术生命力，蕴含着远古祖先之生命精神和艺术创新意识。选堂以龙写人之精神和心灵，气势雄放而又神奇。如上述例子中的"惟天行水上，六龙不停骖"。选堂登临但丁墓下悼念先贤，以龙之积极精进之精神喻人之精神，既贴切又生动，充满奇特的浪漫主义色彩。又如上述例子中的"直上天台百八重，万松如海走蟠龙"。选堂以龙之形象来描绘其登游所见松海之盘曲环绕，其中"走"这一字把松海写活了，充满龙之奔腾不息的活力，雄奇奔放，展现了诗人独特的心灵世界和精神气质。

2. 体验

选堂的登游体验往往十分神奇。他的登游诗中常常出现神话传说中的仙境和人物。

首先来看选堂诗中的仙境。例如，选堂写自己登游永乐宫如登仙境之体验："闾阖广开无极殿，诸天仙仗朝元时。"（《永乐宫》）；又如"少留刹那神仙窟，雪白山青花欲然"。[《雨中路薏丝（路易士）湖三首》其三] 选堂登游路薏丝湖，如临神仙窟，抒发了诗人登游所见"雪白山青花欲然"之美。类似的还有"朱楼杰阁连云起，人间难道有仙寰。"（《鹿苑高处晚眺》）选堂登上鹿苑高处眺望远望，眼前连云而起的朱楼杰阁仿佛仙人之居所，抒发诗人如临仙境之感。

其次来看选堂诗中的神话传说人物。如选堂以神话传说中的娲皇形象表达其登游北海道的独特感受："谁向娲皇拾石来，高原筑此歌风台。"（《大雾中陟美幌岬》）女娲补天的传说由来已久，诗人巧妙地把神话人物融入自己的登游体验中，富有创新精神。又如"沿坡觅行车，艰阻如追日。"（《下大屿山遇暴风雨涧水陡涨追记六首》其五）选堂写其下山途中遇到暴风雨时的艰阻如夸父追日一般，表达出诗人登游时奇特的体验。再如"羿弓曩所赦，余一已胜十。"（《秋间攀大屿山于凤凰岭侧候日出》）该诗写选堂登山看日出，诗人融入后羿射日的神话人物传说以表达所见日出之美，充满神话的奇特色彩。类似以神话人物入诗的还有"龙宫青女久升遐，石穴潜通亦是家。"（《柳毅井》）"天阊不可叩，羲和方卸席。"（《晚经大风坳》）；"传闻阿罗汉，伐木临巨数。"（《别雁荡山》）；"相去盐池才咫尺，蚩尤无复再扬灵。"（《运城题壁》）；"娲皇炼得态何奇，虎视龙飞各相宜。"（《雁荡即事二首》其二）这些都表达了选堂奇特的登游体验。

3. 想象

选堂以丰富奇特的想象力展现自己独特的登游体验，气势雄伟，表现出诗人的雄心壮志。

例如，"长河曲折向东流，莽莽黄沙万里愁。独上寒原天尽处，群山如马竞低头。"（《渭水》）诗人以雄伟豪迈的气势贯穿全诗，而把群山比作竞相低头的马，充满浪漫奇特的想象力。又如诗人登游日本所写的："岂比陆浑火，真同原子云。中流淹地轴，元气逼天门。岛尽东南坼，波徒日夜奔。朝晖旋作霭，屹立镇乾坤。"（《樱岛火山》）整首诗极具雄伟磅礴的气势，诗人以原子云这样奇特的比喻把樱岛火山的爆发表现得形象贴切，尤其是"中流淹地轴，元气逼天门"这句，"天门"本身具有神话色彩，樱岛火山爆发时的漫天烟雾直逼天门，想象奇特，气势雄伟。再如"经冬黝石不再青，洞门累累如流星"［《阿旃陀（Ajanta）石窟歌》］。累累洞门本来是静止物，而被诗人比喻成极具动感且壮观的流星雨，赋予了诗歌飞动的美感和雄伟的气势，可见诗人想象之奇特。

总之，选堂以"俯视"的角度观照登游对象，以博大的胸怀容纳宇宙天地，以诗人之诗心发现并表现其登游所见景象之雄奇，以巨鸟神兽展现其宏伟志向和精神气质，以神话人物和仙境展现其奇妙的登游体验，以天马行空的想象力表现其登游所见之奇特，充满雄奇之风。

## 三 选堂登游诗之古雅特色

"古雅"之"古"不仅属于时间范畴，有久远之意，而且也带有价值意味。近代王国维的论文《古雅之在美学上之位置》中指出"古雅之致存于艺术而不存于自然"①。也即是说"古雅"属于艺术美，肯定了"古雅"所具有的艺术价值。有价值的事物需要时间的累积沉淀以及时间的证明，选堂的登游诗传承着千百年来传统诗歌创作的范式，诗调高古，具有重要的文化价值。

关于"雅"，扬之水的《物中看画》有一段话说："雅与俗，是一对不断变换的概念，在不同的阶段有着不同的意涵。某一阶段的'雅'，一旦被'俗'化而不再成为'雅'，于是又有引领审美趣味的士人创立新的'雅'成为标准。"② 从这段话中可知"雅"在不同时期具有不同的意涵，"雅"的标准也在不断变换，但无论如何变换，存在重要价值的事物往往具有"雅"的实质。"古雅"之"雅"主要表现在诗人对《诗经》《楚辞》等传统诗歌经典的传承上，这些诗歌经典是诗人创作取之不尽的源泉，蕴含着传统诗歌创作艺术之精髓，其高雅的格调和品质具有永恒不变的价值。

总的来说，风格古雅的诗歌，主要以诗、骚为典范，一是继承了传统诗学资源，尤其是见物起兴的传统表达方式，典雅纯正；二是传承了《诗经》中具有永恒价值的思想主题，主要包括思乡和自由之精神，真实感人；三是蕴含了诗人之怀古情思、人文关怀以及古情雅抱，深远博大。

### （一）古典雅正

《诗经》中常用树木花草来起兴，如《诗经·唐风·山有枢》是最早以树木起兴写到人的死亡的诗歌，诗歌开头就写道："山有枢，隰有榆，

---

① 姜东赋、刘顺利选注：《王国维文选》，百花文艺出版社2006年版，第65页。
② 扬之水：《物中看画》，金城出版社2012年版，第44页。

子有衣裳，弗曳弗娄。子有车马，弗驰弗驱。宛其死矣，他人是愉。"①
而古风中也有以树起兴，折奇树之荣送相思之人的诗，如《古诗十九首》之九："庭中有奇树，绿叶发华滋。攀条折其荣，将以遗所思。"② 可见以草木起兴并传达人的感受的诗歌传统由来已久。草木生命的兴衰枯荣往往能与诗人的情感和精神相互契合，相互交融，互相映衬。选堂的登游诗也传承了这种表达方式，常常用树木花草传达自己登游时的感受和思考，充满古雅之风。

选堂的登游诗中用树来传达登游感受的有：

> 留有暗香谁省得，西风新冢树萧萧。(《R. M. Rike 墓》)
> 野日荒荒白，松风谡谡哀。(《蒙古冢》)
> 漫招帝子魂，悲风木叶下。(《桃源洞》)
> 独树孤骞扶愈直，九天弥望覆无私。(《Bangli 树钟》)
> 水边沙外人，天寒树如此。(《宿七里村》)
> 落日古槐人迹少，西风台殿叶萧萧。(《荐佛寺》)
> 出门喜有好风俱，绿树成荫即吾庐。[《Grands Bois（大林）》]

古人常常把松柏一类的树木种在墓地旁边，这种传统至今不衰。因而选堂登游所遇陵墓常常有树的存在，墓旁萧瑟的树木易引发诗人的悲凉之感。例如，上述例子中的："野日荒荒白，松风谡谡哀。"(《蒙古冢》) 选堂登游蒙古冢时，写风吹松林发出了的声音，传达出诗人的哀悼。除此之外，诗人把自身的品性和志向赋予了树。例如："独树孤骞扶愈直，九天弥望覆无私。"(《Bangli 树钟》) 这首诗中的树是孤骞而又正直的，可见诗人的自我修养和人格魅力。再如：上述例子中的"水边沙外人，天寒树如此。"(《宿七里村》) 其中"树如此"典出于《世说新语·言语》："恒公北征经金城，见前为琅邪时种柳，皆已十围，慨然曰：

---

① 周振甫译注：《诗经译注》，中华书局 2010 年版，第 148 页。
② （梁）萧统编，（唐）李善注：《文选》（第三册），第 1347 页。

[木犹如此，人何以堪！]攀枝执条，泫然流泪。"① 选堂用"天寒树如此"表达诗人当时羁旅他乡，漂泊在外的伤感情绪。

除了以树木来表达诗人的登游体验外，选堂登游诗中还以草入诗来表达诗人所见所感。例如：

  日午点灯可得看，荆林古碣草漫漫。[《康海里（Kanheri）古窟二首》]
  往日渊潭何处是，金沙堆畔草离离。(《汨罗屈子祠》)
  节到花黄草不黄，登高随例对茫茫。(《九日》)
  丈夫从来有远志，能与相依惟小草。(《西湖》)
  谁道星移惊世换，坏墙秋草与人齐。(《吴哥城杂题》其二)
  闲对盘涡清见底，西风门巷草萋萋。(《定山溪》)

其中，"往日渊潭何处是，金沙堆畔草离离"（《汨罗屈子祠》）。该诗中的"离离"指的是草的下垂貌，这个词源于《诗经·小雅·湛露》："其桐其椅，其实离离"②。用离离之草表达诗人对屈原的深沉的怀念和尊敬，真实感人。又如选堂的登游诗《九日》："节到花黄草不黄，登高随例对茫茫。"表达的是羁旅在外的诗人，在重阳节时登楼望远的登游体验。该诗中的"草不黄"，源于《诗经·小雅·何草不黄》："何草不黄，何日不行？何人不将，经营四方？何草不玄，何人不矜？哀我征夫，独为匪民！"③这首《何草不黄》是以草起兴来写征夫的，草的枯荣与人的生命盛衰联系在了一起。选堂反用"何草不黄"为"草不黄"，是以草写诗人"南溟四海皆衿带，莫问他乡与故乡"这种随遇而安、豁达乐观的生命精神。

**（二）古拙雅训**

选堂的登游诗传承了诗经中具有永恒价值的思想主题——思乡，此

---

① 李天华：《世说新语新校》，岳麓书社2004年版，第58页。
② 周振甫译注：《诗经译注》，第241页。
③ 同上书，第365页。

主题虽古老却常在,看似普通却具有永恒的价值。《诗经·魏风·陟岵》就有写到行役在外的人登高思乡怀亲:"陟彼岵兮,瞻望父兮……陟彼屺兮,瞻望母兮……陟彼冈兮,瞻望兄兮……"① 正如选堂登游世界各地,羁旅他乡,思乡之情油然而生。选堂常以登游所见之物表达出诗人浓厚的思乡之情。例如,选堂望云思乡,"望云自切思乡意。"[《黑湖(Lac Noir)坐对 Cervin》];又如诗人看雪思乡,选堂登游阿尔卑斯山所写的:"飞琼时起舞,搅碎故乡思。"(《雪意》);再如诗人望岛怀乡:"不及望乡台上望,思从海客五湖中。"(《自原生花园海岸,遥望雾中知床半岛》);当然,最为深刻的还是诗人登高怀乡,诗人登上高处,眼前广阔无边之景极易引发诗人强烈的思归之情。例如:"九日逢辰浑不觉,十洲环顾欲安归。"(《九日黄昏登高》)古代的重阳节是家人团聚的重要节日,而选堂却是"逢辰浑不觉",从中可知选堂背井离乡,思乡情切。诗人在《白山集》的小引中写道:"登高目极,不觉情深。"② 诗人登高思乡情不能已,于是"十洲环顾欲安归",可见其忧伤、无法平静的思归之心。

孤身在外思念家乡的诗人是孤独的,但其孤独却与众不同,展现的是诗人的独立自由之精神。而这精神往往融于诗人登游所见之物。例如:"心共孤云独去闲。"(《Zermatt 道中和李白》)又如:"不塞不流林外涧,自来自去岭头云。"(《晓行》)再如:"薄寒催暝月初出,槛外云飞不碍风。"(《Le Trayas 晚兴四首》其二)等;诗人见云起兴,以无拘无束的云表达自己悠闲自在、独立自由之精神。

### (三) 古情雅抱

诗人除了以见物起兴的方式表达其思乡之情及自由独立知精神外,还以此方式表达其深远的怀古情思、博大的人文关怀以及高雅的怀抱。

首先,充满历史人文气息的名胜古迹往往能引发诗人深远的怀古情思。例如,诗人夜游所见之巴戒宫,引发了诗人的深沉的怀古情思:"迷

---

① 周振甫译注:《诗经译注》,第 140—141 页。
② 饶宗颐:《清晖集》,第 40 页。

阳忽蹈文身地，唤起荒凉万古情。"(《宵游巴戒宫》)又如选堂登游罗马圆剧场废址时写下的："城旦艰难八载成，劫灰历历古今情。"[《罗马圆剧场（Colosseo）废址》]再如选堂游览考察先代长沙相利仓墓写下的："万里云霄万古情，五车书出迈麟经。"(《陪利荣森先生谒其先代长沙相利仓墓，葬品珍玩之奢，足证王符之说》)这些都表达了诗人见到古迹时所产生的深远的怀古情思。然而，最为深刻感人的还是选堂到先贤的古墓、旧居或祠堂悼念先贤的诗歌，如诗人在拿破仑墓前悼念拿破仑的感人诗句："归魂丰沛原无憾，遗语真令涕泗沱。"(《拿破仑墓》)又如诗人到佛罗棱斯吊棱佐，写下"只应宵烛泪，纸上不曾干"。(《佛罗棱斯吊棱佐》)再如诗人访雨果故居而感叹："清芬不可接，怀贤增凄其。"(《Jardin des Feuillantines 访雨果故居》)选堂之所以有如此深沉浓厚的怀古情思，是因为选堂的思想和灵魂本身能与古代先贤的伟大思想进行跨世纪的沟通和共鸣，并把先贤当作知己，表现最为深刻的是选堂怀念屈子的诗："莫言故国无知己，九叹能兴万古嗟。"(《汨罗屈子祠》)选堂与屈原都是诗人，诗人与诗人之间的心灵能共鸣共感，因而选堂的怀古情思才显得更加深远感人。

其次，选堂登游充满历史人文气息的名胜古迹，往往见物起兴，引发诗人对人类尊严和自由、人类的生存与发展的人文关怀。例如，诗人登游慕尼黑纳粹集中营所写："多少含冤土，溅血诚壮烈。颓垣试回首，杀人如川决。人道委地尽，积尸堪比塔……风林黑茫茫，万古肝肠热。大地果沦胥，兹焉明志节。"(《慕尼黑纳粹集中营》)该诗不仅表达了诗人"万古肝肠热"的哀伤和沉痛，而且从中也可以看出诗人对人类尊严、自由以及生存发展的深切的人文关怀。又如："我到天竺非求法，由来雕鹫谁堪敌。且循石窟诵楞严，一庇南荒未归客。"(《三巡海峤》)诗人登游天竺不是为了求法，而是为了"一庇南荒未归客"而循着石窟诵楞严经。可见选堂与唐朝诗人杜甫"大庇天下寒士俱欢颜"之博大关怀相同，都关注着人类的生存和发展。

最后，选堂登游诗中蕴含着诗人高雅的怀抱。选堂见物起兴，不仅化用楚辞诗经里的事物来表达自己的登游体验，而且融入了诗人高雅的情趣和审美追求。例如《山椒看日落》：

客心恋残阳，稍坐遂忘返。沧沧凉凉意，凭谁问近远。
六螭欲安之，悬车在峻阪。须臾坠蒙谷，万牛力莫挽。
胜事惬幽期，归谋脱粟饭。山外水连天，难觅旧崖偃。
长安在何处，所悲蕙草晚。无女对高丘，瑶台空偃蹇。
飘飘何所系，海角一孤舟。叠叠风上波，送愁苦未休。
晨熹正微茫，遍照天尽头。慆慆日月徂，峥嵘怅淹留。
连峰如囚山，悬解将何由。劳人胼无胈，稻粱开旧畴。
陈力终丽景，倾柯得所投。板荡莫赓歌，诗亡继春秋。
璀璨闪华灯，南服赏奇迹。聊为沓潮吟，鲸呿复鳌掷。
决眦鲤鱼门，势吞赵佗石。大雅久寝声，余绪待推激。
古人不可见，搔首风刺刺。情深将毋同，潭水真千尺。
冲涛击危栏，霞彩明丹壁。归来且放歌，无为拘形役。

整首诗写得十分古雅，用语古朴，没有华丽的藻饰，却表达出诗人最为真实神奇的登游感受和高雅的情趣。这首诗主要是写诗人登上山顶看日落的登游体验。开篇两句诗写诗人见日落起兴而忘返。第三、四句写诗人把车停在陡坡上时的奇想，凸显出山的极陡极险。接着诗人借助楚辞和诗经里的事物来表达自己的登游体验。第七句"长安在何处，所悲蕙草晚"中的"蕙草"来源于楚辞中的香草意象，代表的是美好的事物。宋玉的《风赋》中就有提及"蕙草"："将击芙蓉之精，猎蕙草，离秦蘅，概新夷，被黄杨，回穴冲陵，萧条众芳。"[1]诗人悲叹"蕙草晚"，表达出诗人登高看落日产生的芳华易逝，美人迟暮的悲凉之感，抒发了诗人当时内心的忧愁苦闷之情。第八句"无女对高丘，瑶台空偃蹇"。源于屈原的《离骚》："忽反顾以流涕兮，哀高丘之无女……望瑶台之偃蹇兮，见有娀之佚女。"[2]《离骚》中的美女代表着诗人美好的追求和理想。而选堂感叹高丘无女，瑶台高耸而空荡，可见诗人的迷茫和苦闷。第九句到十二句则抒发了诗人在外漂泊之愁苦以及时间流逝、峥嵘难留之叹。

---

[1] （梁）萧统编，（唐）李善注：《文选》（第二册），第583页。
[2] 林家骊译注：《楚辞》，第22页。

第十三、十四句"连峰如囚山,悬解将何由。劳人腓无胈,稻粱开旧畴"。其中的"劳人"指的是忧伤之人,乃源于《诗经·小雅·巷伯》:"骄人好好,劳人草草。苍天苍天,视彼骄人,矜此劳人!"① 选堂用"劳人"的形象表达自己登游时的忧伤,十分贴切。第十五句到最后,选堂议论抒情,以"板荡莫赓歌,诗亡继春秋"表达自己对文化传承的担忧,抒发自己"大雅久寝声,余绪待推激"这样宏大的志向和高雅的怀抱。

总而言之,选堂以诗经为典范,诗调高古,传承与创新并举,具有高雅的审美趣味,充满古雅之风。

## 四 结语

选堂曾说:"文学艺术是心灵的活动产品……艺术是我的生命。"② 选堂的登游诗,以其真情实意展现其独一无二的登游体验,融其超迈脱俗的思想情感和心灵活动于登游所见之景,是选堂心灵的表达,是其活泼生命的展现。另外,选堂是传统诗歌创作艺术的集大成者,又是锐意创新的先驱者。其登游诗继承与创新并举,呈现出雄奇与古雅这两种独特风格。这两种风格之形成,不仅是选堂心灵世界以及深厚学养之体现,更是其继承与创新的完美结合,为传统登游诗的发展和创新做出了表率,指出向上一路。

---

① 周振甫译注:《诗经译注》,第301页。
② 施议对编纂:《文学与神明:饶宗颐访谈录》,生活·读书·新知三联书店2011年版,第150页。

# 饶宗颐"形上词"论分析

## 殷学国

饶宗颐"形上词"说一出，耸动古典文学研究界。然其说超拔高妙，解人难索。研读者虽众，而撰文论述者不多。纵有撰述，或止于知识描述，于其精蕴未克多究[1]；或限于"内证"，细绎饶先生词作印证其"形上词"说[2]；或仅及于"应用"，援引"形上词"说阐发其词作形上之思[3]。而对饶宗颐"形上词"说的学术史意义论说不足，对"形上词"说所蕴藏的非一般范式、典型所能牢笼的独特的学术个性体认不足。而此两点正是本文所要致力之处。

## 一

饶宗颐《〈两晋诗论〉序》："原夫诗之内在要素，盖有四焉：曰情曰性曰景曰事，情尽于悲，性适乎理，景穷于物色，事达乎史鉴。"[4] 此说虽为今日文学理论界的常识，但今日中国诗学研究恰恰未能发挥其中

---

[1] 曾楚楠：《选堂先生"形上词"蠡测》，《韩山师范学院学报》2001年第4期，第62—70页。

[2] 施议对：《饶宗颐"形而上"词法试解》，饶宗颐《清晖集》，海天出版社2006年版，第477—497页。

[3] 赵松元：《论选堂耶鲁时期的乐府创作》，赵松元等《选堂诗词论稿》，黄山书社2009年版，第60—83页。

[4] 饶宗颐著，胡晓明编：《澄心论萃》，上海文艺出版社1996年版，第157、384页。

道理。① 诗有四要素，则诗学研究也应该包含四个维度，而不应该有所偏废。但中国传统诗学，重视情、景而漠视理、事要素，重言志缘情而轻忽叙事说理，表现于具体论述则喜言心物、情景关系。心物所言虽广，但于具体的诗学语境即是情景的代称和泛指。沿此路向则形成具有中国传统美学风神意味的意境理论，而王国维先生之境界说则是此种理论的最富有影响力的总结。作为传统诗学之殿军，王国维论词倡"境界说"，以"情""景"为文学"境界"二元质素。② 王说诚能见中国诗学之特质，并予以高度概括和充分表彰，但偏至之深刻又足以遮蔽中国诗学其他方面的属性，如事与理要素。

有见于中国诗学之阃奥及诗论之偏失，当代学者起而纠偏救弊。吴世昌先生强调诗词作品中事的因素，总结出"人面桃花式"及"西窗剪烛式"两种叙事模式，概括出中国诗学"以叙事来抒情"的艺术技巧③。同样是补偏纠弊，吴世昌先生诗学研究重在言中国诗有而未明者，总结概括古典成法；饶宗颐先生则重在言中国诗所缺乏者，旨在开创中国诗学之新境。饶宗颐云："中国诗歌说理的部分非常不发达。即使出现说理诗，也不受重视"④，"中国诗歌中的形而上部分，实在太缺乏"⑤。这方面学术洞见是缘于其深厚的学术积淀，二是发端于其性情。重视理、重视超越世俗人生具体情事之上的形上之思及意味，自小即如一颗种子深藏饶宗颐心中。其少时即湛冥潜志，有极深的宗教体验，十六岁时所作咏《优昙花诗》⑥，借咏物

---

① 走近常识，进而化理论为方法，由常识中的本然要素开拓出学术研究的应然维度，却未能为当下诗学研究界所深味。

② 王国维《文学小言》："文学中有二元质焉：曰情，曰景。"其《人间词话》云："词以境界为最上"，"能写真景物、真感情者，谓之有境界"。

③ 吴世昌：《论词的读法》，《诗词论丛》，北京出版社2000年版，第55—110页；董乃斌：《古典诗词研究的叙事视角》，《文学评论》2010年第1期，第25—32页。

④ 施议对：《为二十一世纪开拓新词境，创造新词体——饶宗颐形上词访谈录》，《文学评论》1999年第5期，第107、109、108、114页。

⑤ 中国诗学对于"理"的轻视似可追溯至沧浪"别材别趣"说。沧浪之说实为纠偏，然其流行又生轻学轻理之弊，而诗学研究者多述前人成说，遂致诗学说理维度缺失。

⑥ 饶宗颐《优昙花诗》："异域有奇卉，植兹园池旁。夜来孤月明，吐蕊白如霜。香气生寒水，素影含虚光。如何一夕凋，殂谢亦可伤。遂尔离尘垢，冥然返太苍。太苍安可穷，天道渺无极。衰荣理则常，幻化终难测。千载未足修，转瞬讵为逼。达人解其会，保此恒安息。浊醪且自陶，聊以永兹夕。"此诗前段得康乐山水诗之风神，后段近五柳古辞之况味。

而言荣悴无定之理，并进而表达释怀超脱之意趣，已经流露出重超越、重形上旨趣之性情趋向。钱钟书先生论唐宋诗风格之别云："天下有两种人，斯分两种诗"，"夫人禀性，各有偏至。发而为声诗，高明者近唐，沉潜者近宋，有不期而然者"①。不唯诗作如此，谈学论术亦与性情有很大关系。饶先生少年时性情中所显露出的形上意向，日后发展成为其诗词创作和文学研究的基本路向。

饶宗颐曾言："杜甫诗中有理。……文章写于五十年代。那时，我已感悟到诗中的理。"② 其《论杜甫夔州诗》云：

> 杜夔州诸作，多含理趣……称为诗中理学。
> 
> 杜则篇中有数句涉及理趣，谓其诗中含有理学则可，谓其诗为理学诗则不可。

杜不特说山水苞名理，即叙节侯记生活亦时时有理焉寓乎其中。唯所苞之理非玄理而为义理，余谓为诗之理学，职是故耳。

杜甫夔州诗多述日常情事，流露人生感怀。人生感怀之沉潜有悟即上升为理，理寓于日常情事的书写中并与个体性情相关即见理趣。而理学诗则以阐发先验之理为主，脱离日常情事和具体物事景象言说道理，诗中充塞玄言理语，了无意趣。"诗中理学"与"理学诗"之间不唯如钱钟书所云有理趣理语之别，而且有着佛家所谓现量比量之分。前者自自然风物、日常情事中感悟证得，类似释家现量；理学诗空泛而不接于人事自然，近于比量。饶先生将"诗中理学"和"理学诗"之别溯源至义理与玄理之异。所谓义理即由自然之物状、本然之心理及实然之存在状态而感发兴悟出应然之则或超然之道者，所谓玄理则由纯粹思辨抽绎出的先验之理。前者超越当下而不离日常存在，后者则属于纯粹思辨构造之抽象形式、与日常人生无涉。杜甫"诗中理学"，即诗而言谓之理趣，

---

① 钱钟书：《唐宋诗风格之别》，周振甫、冀勤编著《钱钟书〈谈艺录〉读本》，上海教育出版社1992年版，第570页。

② 施议对：《为二十一世纪开拓新词境，创造新词体——饶宗颐形上词访谈录》，《文学评论》1999年第5期，第107、109、108、114页。

即理而言谓之义理,所言不一而所指则同。

日常情事,人皆能言。于诗中"叙节侯记生活",亦诗人之能事,非独工部专擅。然于叙事言情外,别寓自然生意、人事穷通之意味者,于唐人中当推尊老杜。此即少陵夔州诗度越众流之所在,故饶先生《论杜甫夔州诗》又云:

> 理趣往往非人所想到,此其所以度越众流也。
> 故夔州之诗,非徒循其迹,而贵穷其理,非仅步其体,而贵通其变。学者欲扣向上一关,舍此奚由,是理也,放之四海百世而皆准。

诗中含有理趣自能超拔流俗,打通向上之关,而臻于形上之域。虽然理趣通于诗学形上之思,但二者毕竟不是一回事,存在着层阶之别。前者谓由具体当下场景自得之哲理意味,后者谓超越具体人事场景的普遍的思辨精神。虽然中国诗不乏理趣盎然的诗词作品,但就整体而言中国诗学缺乏形上之维,缺乏对精神的拷问及存在的沉思。与诗相较,由于囿于词体、本色等观念,词作中形上意味的匮乏则更为明显。饶宗颐曾言:"中国诗歌中的形而上部分,实在太缺乏。不但言情的词如此,而且言志的诗亦如此。这是一个严重缺陷。我之所以由西洋之形而上诗,尝试创作形上词,其目的就在于,弥补这一缺陷。"[①] 有鉴于此,饶先生诗学研究重视理趣,诗词创作倡导形上旨意,其要义即在于为中国诗学补充形上之维。

## 二

饶宗颐先生关于理趣的论述,上承古典诗学之绪,下启"形上词"之论。不过,由诗学批评中的重理趣到诗词创作方面"形上词"词体观

---

[①] 施议对:《为二十一世纪开拓新词境,创造新词体——饶宗颐形上词访谈录》,《文学评论》1999年第5期,第107、109、108、114页。

念的形成，由本然之体会到应然之构想，尚需向上直指之精神自觉为津筏。"向上一路"，不仅是饶先生表述此精神自觉之宣言，亦是其"形上词"说的逻辑中介。

饶宗颐《〈佛国集〉序》："间附注语，用资考证；非敢谓密于学，但期拓于境，冀为诗界指出向上一路，以新天下耳目，工拙非所计耳。"①"向上一路"本释家语②，谓宗门之极处即彻悟之境。以之论诗与论词，则有二义。严羽《沧浪诗话·诗辨》所谓"向上一路"乃以诗法正宗而自居③。王灼《碧鸡漫志》所谓"向上一路"则是开创新境界之意。④ 饶先生此处取后一义。苏东坡以诗法、学问、禅理入词，开拓词学新境。饶先生自比词中东坡，以学入诗。《佛国集》诸作多涉子、史、释家语，虽然形上意味尚不浓厚，但其以开拓诗学新境而自期之殷可见一斑。

除以"向上一路"喻诗境之开拓，饶宗颐先生还主张化禅理为词心，以禅理接引词心向上。在《词与禅》一文中，其谓："词亦可为儒者禅，与诗相儽，特欲缱绻蕴藉，不肯道破。难冷难温，此词心所以不同于诗心者欤！"⑤ 以"儒者禅"喻诗与词，盖在强调诗教、词教功能相近。至于儒与禅的关系，饶先生在《潮人文化的传统与发扬》中有着更为明确的论述，"儒家伦理更与释氏之仁道交融为一体，在朝注重密宗，在野则盛行禅悟，人们在精神上由顿悟更得到'向上'与'超越'的安顿"⑥。饶先生指出儒与禅皆具有通过"向上""超越"之精神导引而达心灵安顿

---

① 饶公自比词中东坡，以学入诗；虽然《佛国集》诸作多涉子、史、释家语，形上意味尚不浓厚，但其以开拓诗学新境而自期之殷可见一斑。见饶宗颐《清晖集》，海天出版社2006年版，第53页。

② 释家语录如《祖堂集》《五灯会元》《景德传灯录》，多言"向上一路"，以致成为宗门熟语。《祖堂集》卷七"夹山"条云："三道宝阶，曲为今时，向上一路，请师速道，速道！"卷十一"齐云"条云："向上一路，千圣不传。"

③ 严羽《沧浪诗话·诗辨》"一"："虽学之不至，亦不失正路。此乃是从顶䫰上做来，谓之向上一路，谓之直截根源，谓之顿门，谓之单刀直入也。"

④ 王灼《碧鸡漫志》卷二"东坡指出向上一路"条："长短句虽至本朝盛，而前人自立，与真情衰矣。东坡先生非心醉于音律者，偶尔作歌，指出向上一路，新天下耳目，弄笔者始知自振。"

⑤ 饶宗颐：《词与禅》，《饶宗颐二十世纪学术文集》（第十七册），新文丰出版有限公司2003年版，第312—313页。

⑥ 饶宗颐著，胡晓明编：《澄心论萃》，上海文艺出版社1996年版，第157、384页。

之用。饶公称词为"儒者禅"①，表明其肯定词具有修持性情、安顿人心之功效。"缱绻蕴藉，不肯道破"似谓诗、词皆宜含蓄深婉而非直致无余，必有文字外之理致情趣教人颖悟，引人向上。然诗、词究属二体，词心"难冷难温"不同于诗心之或冷（偏至）或温（从容）。"难冷难温"一语出自近人陈仁先《菩萨蛮·梵香》："学道不成仍不悔，此心难冷更难温。一丝还袅博山云。"② 陈氏以燃香喻向道之心。饶先生借用"难冷难温"似谓词心之要眇幽微，不离日常人事而有远致。饶先生对词心与禅理关系的具体论述，无论是安顿身心的价值，还是抒写远致创作观念，都与"向上一路"的超越承当有着甚大关系。与此相应的是"向上一路"的词学批评观。

饶先生评词论人常从"向上一路"着眼。能否做到"向上一路"即成为饶公诗学评价之重要尺度。其评价古代词人云：

> 虽以子野之发越，而骨力稍逊，未极高骞；小山之怨慕磊落，亦未能迥出慧心，开向上一途。（《詹无庵词集题辞》）

张先辞藻采焕发，晏几道小令思深情长而表达爽利，均出色当行；但或因思理不足，或因未能达观觉悟，均不能高举直超，开出向上一途。文中"高骞"与"向上一途"意义相近，意谓开拓新词境。评古代词人如此，论前辈词人亦莫例外。

> 君所作则绝无其诨亵之病，而清劲跌宕过之。此一新境，正有待于开拓，惜君中道置废，未克施展其奇崛之句，张弛控送，如《东山乐府》之婉绝一世，为可悲也！（《詹无庵词集题辞》）

在创作方面，（夏承焘）仍未找到一条新的路线——能够"指出

---

① "儒者禅"出自唐人尚颜《读齐己上人集》，"诗为儒者禅，此格的惟仙。古雅如周颂，清和甚舜弦。冰生听瀑句，香发早梅篇。想得吟成夜，文星照楚天。"不过，诗中"儒者禅"谓上人作诗而有儒者风范，非谓诗有修心之效。

② 饶宗颐：《词与禅》，《饶宗颐二十世纪学术文集》（第十七册），新文丰出版有限公司2003年版，第312—313页。

向上一路"的路线。

同样是以"向上一路"绳人,对于前辈乡贤詹安泰,饶公惜其中道废置,所欲行与所已行不一,未能开拓出新词境;对于夏承焘,则责其因袭前人词法。

"向上一路"不唯关乎新词境的开拓,而且与词人之人生亦有甚大关系。诗词之为物,既能够涵养性情,又足以丧志。前者为诗教之常说,①后者为理学家之警言②。二者看似相左,然所指非一。诗教之涵养性情,乃读《诗》之效;诗词之丧志,就刻意写诗作文而言。综合二说,古人得出读诗养性而避免作诗丧志的结论。③ 饶先生对写诗填词害道丧志之弊亦有深会,在《为黄嫣梨〈蒋春霖评传〉所作序》中点出:

> 盖徒沉溺于词之中,而不能自拔于词之外,靡有会于坡老所指向上一路,宜其侘傺早死,词有以促之。

水云楼主刻意为词,沉溺其中,而不能超拔其外;观其词,悲愁醉醒语十之八九见,晚岁之颓放可见一斑。如果说蒋鹿潭属于作词丧志的典型的话,那么,王国维先生则整个人生都陷于某种情结之中而未能直指向上。

> 王氏做人、做学问,乃至论词、填词,都只能局限于人间。即专论人间,困在人间,永远未能打开心中死结。

由此见出,"向上一路"尚有提澌人心、救世之大用。关于此点,曾有学者撰文论及,兹不赘述④。针对写诗填词害道丧志之弊,饶宗颐引入"向

---

① 《礼记·经解》:"其为人也,温柔敦厚,《诗》教也……温柔敦厚而不愚,则深于《诗》者也。"陈廷焯《白雨斋词话》卷五:"温厚和平,诗教之正,亦词之根本也。"
② 朱子辑《近思录·为学》载伊川语录云:"《书》曰:'玩物丧志。'为文亦玩物也。"王阳明《书顾维贤卷》:"程先生云:'学为气所胜、习所夺,只好责志。'又云:'凡为诗文亦丧志。'"
③ 王阳明《忆昔答乔白岩因寄储柴墟三首》其二:"吟咏有性情,丧志非所宜。"潘德舆《养一斋诗话》卷十:"谓常读诗者,既长识力,亦养性情;常作诗者,既妨正业,亦蹈浮滑。"
④ 刘梦芙:《论选堂乐府》,赵松元等《选堂诗词论稿》,黄山书社2009年版,第141页。

上一路"，药治此弊。

> 诗词对于培养人的精神（陶冶人的性情），其作用是积极的，这也就是所谓"指出向上一路"。但是，如果掌握不好，诗词也有害人的一面。……我极力追求向上一路，主张以积极态度，培养人的精神。

饶先生此说有三层义：诗词有助于树立人格涵养性情，是补药；作者主体不能卓立，则补药可能危害人体，是病；主体若能振拔向上，病即为药。其化病为药之识见既深契禅理，[①] 为大智慧之表见，又为中国诗学下一转语，别开生面。化病为药之词即先生所谓形上词。

## 三

如上所述，饶公幼时心灵即蕴有形而上之精神趋向，但自其学术进阶而言，对"理趣"的研求和对"向上一路"的追求在先，而"形上词"的倡导在后。若自概念的逻辑结构而言，则先在的"理趣"研求和"向上一路"的精神超越则蕴含于"形上词"概念内涵之中，是其应有之义。因此，"理"和"向上一路"既是"形上词"说的层阶，又是其内涵的重要构造。至于"形上词"内涵，饶宗颐先生云：

> 重视道，重视道理，这是形上诗的特征，也是形上词的特征。
> 故其（西方诗人）所作，有很高的哲理在，即形而上旨意在，能够指出向上一路。
> 所谓形上词，就是用词体原型以再现形而上旨意的新词体。

夫子自道即是为形上词立法。"形而上者谓之道"[②]，"理，形而上者"[③]，

---

[①] 佛禅有"药病相治""药是病，病是药"之说，表达修行之障碍正是修行之进阶之意。
[②] 《周易·系辞》上。
[③] 《朱子语类》卷一"理气上"："然理形而上者，气形而下者。"

所谓哲理即形而上之道，即形而上旨意。形上词以词体原型再现形而上旨意，即是以词的形式表达哲理体悟。词中的哲理表达能够使词作者获得精神超越；表达哲理的词则迥出他作之上，开出新境界。新词境和精神超越分属"形上词"于词体和哲理之二义。

饶宗颐曾言其"形上词"观念及创作受西方"形上诗"启发及影响。钱仲联先生也指出饶宗颐"汲取西哲妙谛及天竺俄罗斯诗人佳语以拓词境"，"至于词中摹绘异域风土，以及，犹其为诗之长技也"，[①]点出其新词境与域外文化之关系。虽然其"形上词"观念不无西方文学经验的参照，但其内里是禅宗文化和中国诗学的底色。可以这么说，"形上词"观念系饶其摄受东西方文化之共命慧深造自证的结果。不过，饶先生强调西方文学之参照，而不言中国诗学之影响，实有深意焉。

> 西洋说理诗，基础是神学。哲学家、宗教家、神学家，三者合为诗人。诗人心中，都有个神，即上帝。
>
> 中国人没有上帝，或信道，或信佛，或将祖宗当作神祭祀。所作说理诗，包括玄学诗，有的纯粹搬弄佛学道理，说理味道太浓，人们不愿看。

由于中国传统文学中的玄学诗、说理诗"淡乎寡味"，有理窟之谓，而饶公创立形上词的主要考虑即是纠说理诗之弊；因此，特意汲引远源以为类说，而不愿人们一提到"形上词"就联想到说理诗，将"形上词"误作说理词。

同样是说理，西方说理诗中的哲理与中国说理诗的谈玄，亦有大的分别。西方之理——不管其别名是上帝、神还是绝对理念——是世间之物及价值的逻辑起点和最后根据。就认识而言，是外在超验之理，但对于宗教徒而言，此外在超验之理则可通过情感之亲近、价值之认同，而转化为心理体验，提升其精神境界。因此，就科学而言，超验之理虚幻不实；就宗教而言，其则具有心理真实之属性，而不可抹杀。诗人将体

---

① 钱仲联：《选堂诗词集》序，饶宗颐《清晖集》海天出版社2009年版，第454页。

验中的情绪、幻觉和闪念等付之诗笔,以此传达对超验之理的体认。中国传统所谓之理约有三端:从宇宙生成论而言,有理斯有气,理者形而上,气者形而下,其具有先天性,乃先验构造之理;若将先验之理视为当然之则即天理,并与人欲相对立,其则转化为仅具有抽象形式的超验之理,既不能获得外在的现实性,也失去内在体验的保证;从心理结构而言,理是性之则,情乃性之动,超越一己是非恩怨、贞信纯正之情就是理,此理因其超越个体而获得普遍性的承诺,又因其以个体心理经验为依托而具有生动丰富的现实存在形态。玄言诗之理是先验构造之理,理学家之理为超验之理,而所谓"理趣"则指内在超越之心理经验。诗人所写虽为外在景象,但此景象须转化为内在心理经验之物,在获得主体情性参与的条件下始生成形而上之品格。饶公虽然未曾明言形上词所再现哲理为何种,但就其为数不多的形上词作来看,似应包括内化的超验之理和内在超越之心理经验。超越、超验表明其具有神性或普遍性,而体验、经验则意味着其与个体性情息息相关。因此,形上词的创制关乎既性情和神性,又非个体私情所能苑囿。

> 在词的发展史上,由于视填词为"小道",为"末技",人们误以为,只有说男欢女爱、儿女私情,才是词的本色。这也是中国诗歌重情文而不重理文的一种体现。……词的世界,并非只能谈情说爱。所以,形上词的创造,已经超越本色。

将自己对于现实世界的观感,以及对于宇宙人生的思考,亦即自己的学问、思想,写入词中,以提高词的境界。

从词体角度而言,形上词已经超越传统本色词观念;[①] 从词作内容而言,则贯通个体观感与对宇宙人生的思考。饶宗颐《睎周集》中《六丑·睡》《蕙兰芳引·影》和《玉烛新·神》三阕传达出对人生哲理的

---

[①] 在《为二十一世纪开拓新词境,创造新词体——饶宗颐形上词访谈录》中,饶宗颐:"在词的发展史上,由于视填词为'小道',为'末技',人们误以为,只有说男欢女爱、儿女私情,才是词的本色。这也是中国诗歌重情文而不重理文的一种体现。……词的世界,并非只能谈情说爱。所以,形上词的创造,已经超越本色。"

感悟。施议对先生分析甚详，此处不予赘述。《桉榈词》中《念奴娇》"危栏百转"章，表面咏写火山，实则内含地水风火四大质素，喻说空幻。至于饶先生其他词作，如《水调歌头·将去星洲留别龚道运诸子》等，虽然也有一二庄、释或西哲话语，但并非从词境中透出哲理，有句而无篇，仅可视为理语而算不上形上词佳构。

形上词观念诚然高妙，但其所揭橥的理念尚难转化为具体的实践操作。除饶现实数首形上词作外，应者无几。饶公亦称其形上词为一种实验，"我就是想，以此做个实验，希望有人接着做。……我只是想出路数"①，希望借此为词、为中国文学开出新路。形上词的创制虽然仅属饶先生学术沧海一粟，但其中所透露出的学术精神和学术追求却充分体现其学术个性——师大乘法，究第一义。词虽为小道，但饶先生并未将其视为笔墨游戏、自遣之具，其填词犹狮子搏兔必打点全部生命以赴之②；韵必取古代名家名篇，在与古人的对话和较长论短中，开张精神生命。此点亦是其反对在词里做考证、做学问的背后根源③。

## 四

饶宗颐"形上词"论是导引我们接近其精神生命，窥见其文化气象的一条通道。作为学术界的共同财富，饶公"形上词"说，与王国维"境界"说分属20世纪中国诗学之一头一尾，是继"境界"说之后的诗学理论新突破；不仅延续了古典体裁的生命，而且使其得到进一步的发展，丰富了古典体裁的表现力，赋予其现代意义。钱钟书《谈艺录》云："人之嗜好各有所偏……好理趣者，则论诗当见道；好性灵者，则论诗当

---

① 施议对：《为二十一世纪开拓新词境，创造新词体——饶宗颐形上词访谈录》，《文学评论》1999年第5期，第107、109、108、114页。

② 在《为二十一世纪开拓新词境，创造新词体——饶宗颐形上词访谈录》中，饶宗颐："我并未将某一种学问例如填词，当余事看待。我觉得，每一件事，都是现实的存在，都能够成为研究对象。我以生命熔入，也就有所寄托。"

③ 在《为二十一世纪开拓新词境，创造新词体——饶宗颐形上词访谈录》中，饶宗颐："我认为，所谓向上一路，是一条大路。我们要珍惜前人的遗产，要爱护词这一文体。这是中国所特有的文体。不要在词里做考证，要在词里开拓，为二十一世纪，创造新词体。"

言志；好于象外得悬解者，则谓诗当如羚羊挂角，香象渡河。"学术本之性情而归于道。饶公诗学研究重理趣、倡形上词，诚为其"好"；其所见之道，虽借镜西学，然所论皆自本土文化出发，所主张者皆为本土文化应当之理想。因此，所谓"古典的创造性转化"当借鉴饶公路数。

# 论饶宗颐的七言绝句

陈 伟

七绝易写而难工,向被诗家视为畏途,唐宋以来,工此体者代不过数人而已。诚如司空图所言:"盖绝句之作,本于诣极,此外千变万状,不知所以神而自神也,岂容易哉!"[1] 选堂饶宗颐先生于诗无体不工,而以五七言古体、七绝成就最为卓著。其中又以七绝既夥且佳,是饶宗颐诗词中至为重要的一体。钱仲联序《选堂诗词集》,誉饶诗度越众流,已在公度、南海、观堂、寒柳诸家之上,而于绝句一体尤推挹备至:"至于小诗截句,神韵风力,上继半山、白石,下取近贤闽派之长,沧趣楼南海之游诸什,庶几近之,此又黄、康之所望尘莫蹑者已。"[2] 夏书枚亦谓:"选堂绝句,本甚精妙,时人多以诗格在半山白石之间。"[3] 皆评价甚高。饶宗颐七绝共 591 首,占全部诗作 1056 首的 56%。其内容分类详见下表:

| 分类 | 纪游 | 题画 | 题识 | 酬赠 | 咏物 | 感怀 | 其他 |
| --- | --- | --- | --- | --- | --- | --- | --- |
| 数量 | 353 | 81 | 70 | 33 | 20 | 17 | 17 |

---

[1] (唐)司空图:《与李生论诗书.廿四诗品》,岳麓书社1997年版,第61页。
[2] 饶宗颐:《选堂诗词集》,台湾新文丰出版有限公司1993年版,第3页。
[3] 郭伟川编:《饶宗颐的文学与艺术》,香港天地图书有限公司2002年版,第66页。

86 / 诗学研究

其中纪游之作占 60%，且质量上乘，为饶宗颐七绝之重镇。盖饶氏飙轮所及，世界五洲已历其四，于大陆亦游历殆遍，他曾取顾亭林语刻一印曰："九州历其七，五岳登其四。"《选堂诗词集》中分《佛国集》《西海集》等 22 集，大多以所游之地名其集。数量在其次者则为题画、题识之作，皆可称为题跋。题识涉及诗词、著作、古物等，多属"藏书纪事诗"一类，于学术足资考证，而诗艺则寡特色，故略而少论。其他题画、酬赠、咏物、感怀诸类将散见于下文。

## 一　理趣：融理入景，借典增趣

饶宗颐有感于"中国诗歌说理的部分非常不发达"①，因而欲融理入诗来指出向上一路，此须先具"落想"。"落想"一词，王夫之曾提及："论画者曰：'咫尺有万里之势。'一'势'字宜着眼。……五言绝句，以此为落想时第一义。唯盛唐人能得其妙。"②沈德潜曰："太白七言古，想落天外，局自变生。大江无风，波浪自涌，白云从空，随风变灭。此殆天授，非人可及。"③饶宗颐引之论诗，并赋予其形而上的意义："这是关于一个人的认识、修养及境界问题。并非每个人都做得到。其中，主要包含着对于宇宙人生的思考及感悟"④，"例如天人问题，这是有关宇宙人生的问题，可说的事与理以及感受，非常之多，可从多个角度落想。"⑤

有了"落想"之后，接着便是如何说理。饶宗颐先总结历代说理诗失败的教训而后提出补救之法：

说理诗的失败是因为正面说理成为障碍。诗障有两种：一是理

---

① 饶宗颐：《饶宗颐形上词访谈录》，《潮州诗词》第 4 期，潮州市政协潮州诗社 1998 年版，第 3 页。
② （清）王夫之：《姜斋诗话》，人民文学出版社 2006 年版，第 162 页。
③ （清）沈德潜：《唐诗别裁集》，岳麓书社 1998 年版，第 129 页。
④ 饶宗颐：《饶宗颐形上词访谈录》，《潮州诗词》第 4 期，潮州市政协潮州诗社 1998 年版，第 5 页。
⑤ 同上书，第 18 页。

障；二是事障。玄言诗是理障；与大谢同时的颜延年诗则獭祭事类太多，属于事障。欲救此病，则可将理融入情、景之中：或写理于景（物色），或以物色拟理，或独言"物"而不讲理，将理消融在物色里面的几种手法。末一种手法也就是最高明的了。①

"理障""事障"本是佛家语，《圆觉经》曰："一切众生由本贪欲，发挥无明，显出五性差别不等，依二种障而现深浅。云何二障？一者，理障，碍正知见；二者，事障，续诸生死。"②饶宗颐援释论诗，别赋新义，乃有"诗障"之说。

饶宗颐还有"理趣"之说："所以诗在说理时还得有趣味。纯理则质木，得趣则有韵致；否则不受人欢迎。理上加趣，成为最节省的艺术手法。"③"理趣"一词早多见于佛教典籍，它原义是指佛法修证过程中所体悟到的义理旨趣，如《成唯识论》卷四论"第八识"："证此识有理趣无边，恐有繁文，略述纲要"；卷五论"第七识"："证有此识，理趣甚多"等④。后来它又被引用诗学批评领域，用来指诗中呈现出的一种富有宇宙人生哲理的审美意味。清人沈德潜曰："杜诗'江山如有待，花柳自无私。''水深鱼极乐，林茂鸟知归。''水流心不竞，云在意俱迟。'俱入理趣"⑤，乃拈出"理趣"以评老杜诗。饶宗颐亦将"理""趣"合而为"理趣"，来解决创作形而上诗词的技术问题。兹举其数端，以观其实践如何。

1. 写理于景

此法在饶宗颐七绝中，通常以第一、二句铺垫，第三句一转，点出欲说之理，结句则用一景语来解释此欲说之理。因景语留给读者的想象空间更大，故诗之余韵也更为悠长。例如：

---

① 饶宗颐：《文辙》，学生书局1991年版，第913页。
② 圆觉经：《佛教十三经》，国际文化出版公司1993年版，第20页。
③ 饶宗颐：《文辙》，学生书局1991年版，第913页。
④ 钱钟书：《管锥篇》，中华书局1996年版，第1144页。
⑤ （清）沈德潜：《说诗晬语》，人民文学出版社1998年版，第252页。

升阶距跃真三百，怀远题诗到上头。谁管人间鱼烂局，白云脚下但悠悠。(《登天路》)

　　前两句铺垫登高之题，三句一转由登高而感叹人世惨变之苦难，末句以景语"白云悠悠"来结。人间战伐不休，已成鱼烂之局，而高山之白云依旧悠悠。天道自有其运转规律，非人力所能左右也。

　　丛筱深林日欲残，渐霜枫叶不成丹。何人解道清空意，漫剪孤云取次看。(《燃林房与水源琴窗论词》)

　　水源琴窗是日本的词学大家。前半写水源氏燃林房的环境。三句一转点出论词之理——"清空意"（饶宗颐与水源氏俱酷嗜白石词），末句以"漫剪孤云"之景语来释"清空意"，不着一字，尽得风流。此虽化用张炎"词要清空，不要质实。……姜白石词如野云孤飞，去留无迹"[①]之意，然末句正无妨将其当作一幅图画来看，正是运用了写理于景的手法。

2. 以物色拟理

物色指自然景物，"因景物具有各种各样的色彩，故曰物色"[②]。《文心雕龙·物色》曰："物色之动，心亦摇焉。……是以诗人感物，联类不穷；流连万象之际，沉吟视听之区。写景图貌，既随物以宛转；属采附声，亦与心而徘徊。"[③]饶宗颐提出"以物色拟理"，即通过自然景物来写理，而不直接说破。例如：

　　悬渡从知理不诬，玲珑杰观出虚无。却于冥漠高寒处，悟到阴晴众壑殊。(《翠屏山》)

　　王维《终南山》诗云："分野中峰变，阴晴众壑殊。"饶宗颐只加

---

① (宋)张炎：《词源》，转引自王运熙、顾易生主编《中国文学批评史·宋金元卷》，上海古籍出版社1996年版，第678页。
② 王运熙、周锋撰：《文心雕龙译注》，上海古籍出版社1999年版，第414页。
③ 同上书，第415—416页。

"悟到"二字，借此来写万物各有其自性。他另有诗云："物论由来齐不得，且从濠上数游鱼"（《柏克莱秦简日书会议赋示李学勤》），皆言应包容万物各自之"异"，不着我相、人相、众生相，便可避免俗世无谓的纷争。诗中此理全借景语"阴晴众壑殊"达之。

  秋风海国久忘归，况拾遗芳冷翠微。黝洞深藏无量寿，娱人不必是清晖。（《与清水茂同游秋芳洞杂咏》其六）

八大有偈语曰："识破乾坤暗里闾，光明永镇通三界。"饶宗颐解曰："闾以今语解释之，即在争论中取得和悦、和谐。天地间之奥妙处，即在暗里的'闾'。如何悟得，以佛理言，从无明得到真如"[1]，可与此诗互参。"黝洞深藏无量寿，娱人不必是清晖"亦是"从无明得到真如"之理。饶氏后过三峡，中秋夜不见月，有词曰："勘破天人，同归芴漠，黑夜心澄澈"（《念奴娇·万县舟中中秋不见月，江面尽黑，因赋。用张孝祥韵》），亦是此义。此诗借"黝洞"这一物色来写理，有类禅家的偈语。

3. 独言"物"而不讲理

即将理完全消融在物色之中，不令人觉得是在说理，而读者又感到理无所不在，这是说理的最高境界。例如：

  谁把青山尽变红，飞鸿正掠夕阳空。薄寒催暝月初出，槛外云飞不碍风。（《Le Trayas 晚兴四首》其二）

此诗前三句写落日、初月，上天入地，色彩斑斓，夺人眼目，其实都是虚晃一枪，前三句的造景只是为了逼出最后一句的"槛外云飞不碍风"。此句将哲理消融于物色之中，写出一种得大自在，心无挂碍的境界，是饶宗颐哲理诗的代表作之一。诗意似是化自潮州明代高士陆竹溪的名联："水急难流滩底月，山高不碍白云飞。"而陆竹溪的对联又是化自宋人赵汝愚的《题福州鼓山寺》诗："江月不随流水去，天风常送海

---

[1] 饶宗颐：《澄心论萃》，上海文艺出版社 1996 年版，第 233 页。

90 / 诗学研究

涛来。"

　　割海分成壑百滧,北滨带雨湿花红。我来自恨先秋到,只见芦蒿不见枫。(《涛沸湖》)

后半"只见芦蒿不见枫"云云,不细味根本不觉有何理可言。然则此诗实有关乎"时位"问题。"时"即时机;"位"即位置。这是《易经》的两大哲学概念。人无论做何事,皆受"时位"所左右。饶宗颐此诗有类《易经》卦辞的"取象","先秋"关乎"时","到"(来到涛沸湖)关乎"位",故而"只见芦蒿不见枫"这一结果,实为"先秋到"之"时位"所决定。余初读是诗但觉惆怅莫名,久之忽觉"芦蒿"如某人,"枫"又如某人,"我来"何以只见"芦蒿"而不见"枫"?味之乃悟此有关乎"时位"。这是饶宗颐将理完全消融于物色之后,感人至深,发人至微的效果。

4. 用典增加理趣

饶宗颐曰:"胡适提倡白话文,主张不用典故。但是如果诗完全不使用典故,则不易生动——因典故可以增加趣味。中国人不爱正面讲理,凡见正面讲理的诗便觉讨厌,就是因为说理诗缺乏理趣的缘故。"① 且看其如何付诸实践:

　　绝顶编篱石作栏,诸峰回首正漫漫。我来不敢小天下,山外君看更有山。[《Mont Tendre(柔山)山上六首》其五]

孟子曰:"孔子登东山而小鲁,登太山而小天下。"② 饶宗颐反其意来写"山外有山"之理,使诗的内涵趣味大为增加。

　　孰言鸟兽不同群,城市山林故不分。待为先生演尔雅,鹦哥他

---

① 饶宗颐:《文辙》,学生书局1991年版,第914页。
② (宋)朱熹:《孟子集注》齐鲁书社1992年版,第195页。

日定能文。(《中峤杂咏》)

饶宗颐1976年游法国，在朋友Lévy家中做客。其家"养猫六头，鸭七只，犬一，鹦鹉一，笼中小鸟，吱吱喳喳，饮食与共"①。饶氏反用孔子："鸟兽不可与同群"②之意调侃好友。又黄庭坚有《演雅》一篇。《尔雅》为释字之书，故饶宗颐开其玩笑曰："鹦哥他日定能文"。此诗之典有反用、正用，体现一种人与动物和谐相处、其乐融融的意境，而出之以谑戏的口吻，趣味十足。

## 二 取法：健采半山，隽取白石

大抵饶宗颐七绝，取法甚广，兼采唐宋，熔铸诸家之长且能自成面目，而王安石（半山）、姜夔（白石）对其影响最大，兹举饶诗与两家进行比较，以窥一隅。

1. 与王安石之比较

王安石号半山，宋诗的代表人物，擅长七绝，尤其晚年之作，炉火纯青，历来享有盛誉。饶氏于王安石颇多继承，夏书枚曰："半山诗多议论，雅健处选堂诚得之。"③ 杨子怡评饶宗颐诗亦曰："采半山之劲健。"④此指其气格相近也。如同写"移柳"，王安石《移柳》诗云：

> 移柳当门何啻五，穿松作径适成三。临流遇兴还能赋，自比渊明或未惭。

饶宗颐《白杨宾馆写所见景物率题》诗云：

---

① 饶宗颐：《饶宗颐二十世纪学术文集》第20册卷十四，台湾新文丰出版有限公司2003年版，第386页。
② 《论语》，上海古籍出版社2001年版，第364页。
③ 郭伟川编：《饶宗颐的文学与艺术》，香港天地图书有限公司2002年版，第66页。
④ 杨子怡：《江山助凄惋，代有才人出——漫谈饶宗颐教授旧体诗创作成就》，《饶宗颐学术研讨会论文集》，翰墨轩出版有限公司1997年版，第409页。

异域无须论主宾，寥天著一荆蛮民。移来三两倪迂柳，荇藻湖边作好春。

二诗皆气格雅健，风神疏朗，颇有神似之处。

饶宗颐亦有化用王安石诗意，即"规模其意，形容之，谓之夺胎"者。例如《中峤杂咏·咏苹果树 Pommier》：

古柯异石乱交加，石自痴顽枝自斜。人外忽惊春数点，隔篱灿烂有苹花。

后半即化自王安石《咏石榴花》："浓绿万枝红一点，动人春色不须多。"春为一极阔大之背景，数点苹花为极细小之物，将极细小之物置诸极阔大背景之下，却显出极为意想不到之效果。此类以小见大的写法，盖从老杜"一片飞花减却春"学来。也即钱钟书所云："把一件小事物作为一件大事物的坐标，一反通常以大者为主小者为宾的说法。"[①]

此外，王安石还有"体物入微"一面，少为人道。例如《南浦》：

南浦东冈二月时，物华撩我有新诗。含风鸭绿粼粼起，弄日鹅黄袅袅垂。

后半曾被赵翼批得一无是处："'鸭绿'作水波，尚有'汉水鸭头绿'之句可引；'鹅黄'则新酒亦可说，岂能专喻新柳耶？况柳已袅袅垂，则色已浓绿，岂尚鹅黄耶？"[②] 此真村学究之见，诗所最重者意也，岂能字字讲究出处？"鹅黄"固非专指新柳，但可借指新柳，又其谁曰不然？且柳自鹅黄至于浓绿，只要有风，皆能"袅袅垂"也，焉得专指浓绿之柳哉！还是缪钺更有见地："'鸭绿'代水，'鹅黄'代柳，而'鸭''鹅'皆鸟名，'绿''黄'皆颜色，'粼粼''袅袅'均形况叠字，而

---

① 钱钟书：《宋诗选注》，人民文学出版社1982年版，第95页。
② （清）赵翼：《瓯北诗话》，人民文学出版社1981年版，第167页。

'鳞'字从'鱼','袅'字从'鸟',备极工切。"① 此一路数实是承自老杜,顾随曰:"看老杜诗第一须注意其感觉。如其'翻枝容易纷纷落,嫩蕊商量细细开。'(《江畔寻花七绝句》其六)观'嫩蕊'句,其感觉真纤细,用'商量'二字,真有意思,真细。在别人的诗里纵然有,必落小气,老杜则虽细亦大方:此盖与人格有关。"② 正如徐复观所言:"决定作品价值的最基本准绳是作者发现的能力。作者要具备卓异的发现能力,便需有卓越的精神;要有卓越的精神,便必需有卓越的人格修养。"③ 能用此类体物入微之词而不落纤弱之格者,杜甫、王安石皆称能手。当然,饶宗颐也不逊色,例如:

直港横汊后复前,水乡小憩自翛然。不随趁客鸥争粒,却爱催诗雨拍肩。(《水城初泛用杨诚斋韵》)

衍派隔山出愈奇,平沙折苇雁来时。笔端芍药偏含雨,肘外寒蝉独挂枝。(《题画诗》其十六·题少昂惬心之作)

"鸥争粒""雨拍肩","芍药偏含雨""寒蝉独挂枝"皆极纤细,然入于诗中但觉潇洒大方,"此盖与人格有关"。

饶宗颐的雅健可谓一以贯之,王安石则时有沉哀,非能完全超脱旷达者。如同写"梦",王安石《梦》诗云:

黄粱欲熟且流连,漫道春归莫怅然。蝴蝶岂能知梦事,蘧蘧飞堕晚花前。

饶宗颐《睡起》诗云:

---

① 缪钺:《诗词散论》,上海古籍出版社1980年版,第41页。
② 顾随:《顾随诗文丛论》,天津人民出版社1995年版,第21页。
③ 徐复观:《中国人文精神之阐扬》,中国广播电视出版社1996年版,第444页。

心花开到落梅前，清梦深藏五百年。蝴蝶何曾迷远近，眼中历历是山川。

　　起二句饶诗即极精警；王诗用黄粱之熟典，略逊一筹。后半皆用庄生梦蝶之典，但王诗反用庄子之意，盖"荆公专好与人立异，其性然也"①。诗中实含沉哀，大有无可奈何，欲说还休之感。饶诗则正用，末句以一阔大之景语作结，全诗气象超凡脱俗，颇具形而上之意味。两诗有此差异，盖与二人阅历追求有关："王安石晚年所作绝句的特色，历代的文学批评家都用'闲澹'加以概括。……诗人在所谓'闲澹'之中却隐寓着深沉的悲哀。……我们从王安石晚年所作的诗歌来看，他不是一个与政治完全绝缘的人……他是在变法失败后，被迫傲啸山林的。进取与消极思想交织在一起，形成了他暮年小诗的独特风格。"② 饶氏则与政治保持相当的距离，他曾说："我觉得政治非常复杂，也不一定太干净。我比较怪。我年轻时喜欢念《后汉书》，对《独行传》那部分人我很仰慕，希望能有独立的人格。这是个人的禀赋。"③ 此种性情之差异，亦可在各人诗中发见之。

2. 与姜夔之比较

　　姜夔，号白石道人。南宋名词家兼诗人，七绝一体，尤所擅长。饶宗颐酷嗜白石，曾撰有《姜白石词管窥》，拈出"风骨"二字评白石词；其《人间词话评议》力辩白石词"隔"之为美，以驳王国维，多所发见，可征饶氏于白石诗词寝馈功深。而饶宗颐的七绝，亦颇受姜夔影响。其好友李棪斋序其诗曰："是知空床结梦，觊梁武桃李之年；翠叶吹凉，想白石风裳之句。"④ 杨子怡亦谓饶氏："取白石之雅秀。"⑤ 兹举数例，以见一斑。

---

① （清）赵翼：《瓯北诗话》，人民文学出版社1981年版，第166页。
② 张白山、高克勤：《王安石及其作品选》，上海古籍出版社1998年版，第96—99页。
③ 胡晓明：《饶宗颐学记》，香港教育图书公司1996年版，第10—11页。
④ 饶宗颐：《文辙》，学生书局1991年版，第314页。
⑤ 杨子怡：《江山助凄惋，代有才人出——漫谈饶宗颐教授旧体诗创作成就》，《饶宗颐学术研讨会论文集》，翰墨轩出版有限公司1997年版，第409页。

姜夔《偶题》：

　　阿八宫中酒未醒，天风吹发夜泠泠。归来只怕扶桑暖，赤脚横骑太乙鲸。

饶宗颐《自疏铃铎（Sorrento）遵地中海南岸策蹇晚行》：

　　唾月推烟百里抛，征车独自念劳劳。天风吹发泠然善，容我孤篷钓六鳌。

二诗皆雄豪横逸，气格在伯仲之间。饶诗首句"唾月推烟百里抛"化自李商隐《无愁果有愁曲》："推烟唾月抛千里。"三句"天风吹发泠然善"化自姜夔句："天风吹发夜泠泠"，取的是《庄子·逍遥游》："夫列子御风而行，泠然善也"之意。四句之"钓鳌"也可见姜夔"骑鲸"的影子。而饶宗颐写来，自成一格，浑然天成，力臻高骞之境，亦是一绝。

饶宗颐虽多有继承姜夔之处，然面目自成。例如：
姜夔《除夜自石湖归苕溪》其七：

　　笠泽茫茫雁影微，玉峰重叠护云衣。长桥寂寞春寒夜，只有诗人一舸归。

饶宗颐《白堤夜步》：

　　波光寒色此何辰，弦月无端却避人。天遣寻诗三两辈，白堤占尽一湖春。

二诗后半所写的题材颇为接近。只是姜夔诗中不无"寂寞"之感，饶诗则颇为达观，盖二人心境不同耳。又如：
姜夔《临安旅邸答苏虞叟》：

垂杨风雨小楼寒，宋玉秋词不忍看。万里青山无处隐，可怜投老客长安。

饶宗颐《学苑林杂题》其二：

出门但见青青草，解语漫寻灼灼花。惟有胡姬能劝客，一枝投老且为家。

饶诗中的胡姬自注曰"星洲名花"，后半显有调侃之意，饶氏童心不泯，烂漫可爱，非同姜夔诗之伤感。此格调之异也。

再如饶宗颐《杂题》：

椰云摇梦落重柯，芳草如茵海不波。白鸟声中孤叶坠，绿杨风起意如何。

第三句之"孤叶"乃着笔于极细小之物，此种笔法姜夔常有之，如"自觉此心无一事，小鱼跳出绿萍中"（《湖上寓居杂咏》）。"小鱼"亦为一极细小之物。饶诗末句"绿杨风起"盖用姜夔成词："堤畔画船堤上马，绿杨风里两悠悠。"（《湖上寓居杂咏》）。而同样写鸟声，姜夔《陪张平甫游禹庙》则云：

镜里山林绿到天，春风只在禹祠前。一声何处提壶鸟，猛省红尘二十年。

姜夔由鸟声而结以"猛省红尘二十年"，点破谜面，直露无余。饶宗颐则结以"绿杨风起"之景语，而问曰"意如何"，化实为虚，便觉羚羊挂角，无迹可寻。此诗艺之异也。

饶宗颐曾评姜夔七绝曰：

其实白石不特以诗为词，亦复以词为诗。温飞卿《杨柳枝》八首，白石绝句，即力追此境。他的《除夜自石湖归苕溪》十首，诚斋称为"有裁云缝雾之妙思，敲金戛玉之奇声"，无他谬巧，只是以刘梦得、温庭筠的作词法，运用入于七绝，便成为振奇之制。①

以词为诗，成就姜夔七绝隽秀的独特风格。但词体之诗用偏辄易流于纤弱。宋人吴可便颇有微词："晚唐诗失之太巧，只务外华，而气弱格卑，流为词体耳。"② 饶氏友人夏书枚也看出此一问题："余谓白石一代词人，至小诗虽顾盼生姿，终嫌气弱。选堂峭拔处，白石似不能及。"③ 诚为笃论。钱钟书曰："诗之情韵气脉须厚实，如刀之有背也，而思理语意必须锐易，如刀之有锋也。锋不利，则不能入物；背不厚，则其入物也不深。"④ 情韵、思理兼擅而能御之以气者，饶宗颐其庶几乎。

## 结　语

综上所述，饶宗颐七绝骨健气雄，格高辞妙；融理趣于片言，得画意于寸楮；兼采百家，独树一帜；上可继半山、白石，下足为当代诗坛辟一新洲。

---

① 饶宗颐：《文辙》，学生书局1991年版，第643页。
② （宋）吴可：《藏海诗话》，《历代诗话续编》，中华书局2001年版，第331页。
③ 郭伟川编：《饶宗颐的文学与艺术》，香港天地图书有限公司2002年版，第66页。
④ 钱钟书：《谈艺录》，中华书局1999年版，第134页。

# 饶宗颐教授六十以后诗词创作略述

陈 伟

赵松元教授撰《灵境独造 雅声远姚——饶宗颐六十以前诗歌创作略述》[1]毕，命余续写饶公六十以后诗歌创作略述，合为姊妹篇，俾后之览者，或可借此对饶公诗词有一大致之了解。余不敢以浅陋辞，乃勉力为此。

饶公1978年从香港中文大学中文系教职上荣休，但他其实是退而不休。20世纪70年代末至今，他频繁来往于欧美、日本、澳洲和国内讲学、参加各种学术会议、考察新出土的文献，先后完成《云梦秦简日书研究》（与曾宪通合著）、《选堂集林·史林》、《梵学集》、《符号·初文与字母——汉字树》、《西南文化创世纪》等三十多部论著，登上学术的一个又一个高峰。饶公往返于四洲之间，特别是数次重要游历考察，皆有诗词纪其事，为我们留下了九个诗词专集。

饶公六十以后诗词，妙造自然，波澜老成，达到极高明而道中庸的境界。钱仲联先生序曰："平淡而山高水深，不烦绳削而自合""文章成就，斧凿痕尽，而大巧出焉。如是则游戏神通，复奚施而不可""而凡前集所澜翻不穷者，续集复奇外出奇。千江一月，掉臂游行，得大自在。

---

[1] 此文载于潮州市潮州文化研究中心编《饶宗颐学术研讨会论文集》，海天出版社2007年版，第177—194页。

求之并世胜流，斯诚绝尘莫蹑者矣"。[①] 其必为诗国词翰之瑰宝，毋庸赘言矣。

饶公六十以后诗词结为《选堂诗词续集》。选堂诗词有三个版本。其一，1993年1月，由台北新文丰出版股份有限公司出版的《选堂诗词集》，其中《选堂诗词续集》收入《苕俊集》《揽辔集》《黄石集》《江南春集》《古村词》《聊复集》。其二，1999年12月，由海天出版社出版的《清晖集》，其《苕俊集》增补作品中有5首诗为其他版本所无，即《题〈潮剧志〉》三首与《1996年8月19日潮州市举行饶宗颐学术讨论会赋谢与会诸君子》二首。其三，2003年10月，由台北新文丰出版股份有限公司出版的《饶宗颐二十世纪学术文集》卷十四《选堂诗词续集》，此集最全，《苕俊集》增补了《观敦煌乐舞忆席君臻贯》七律1首、《湘游小草》诗13首，《纽西兰南岛杂诗》15首，《苕俊集补遗》诗37首，共66首诗。《聊复集》增补了词20首。另除去《苕俊集》中《题陈松珍画松》为1959年旧作，《聊复集》中《高阳台》为弱冠旧作。饶公六十以后，计有诗329首，词47首。

下文将分为诗、词两部分，以时空为经纬，分别对这九个集略加述评。管窥之见，谨就教于方家。

# 一　饶公六十以后诗

饶公六十以后诗共329首，详见下表：

**饶公六十以后诗各集各体数量统计**

| 集名 | 七绝 | 五绝 | 七古 | 七律 | 五律 | 五古 | 骚体 | 总计 |
| --- | --- | --- | --- | --- | --- | --- | --- | --- |
| 揽辔集 | 58 | 13 | 3 | 6 | 11 | 7 | 4 | 102 |
| 苕俊集 | 46 | 8 | 12 | 5 | 2 | 2 |  | 75 |
| 黄石集 | 34 |  |  | 1 |  |  |  | 35 |

---

[①]《选堂诗词续集·钱序》，见饶宗颐《选堂诗词集》，新文丰出版有限公司1993年版，第236页。

续表

| 集名 | 七绝 | 五绝 | 七古 | 七律 | 五律 | 五古 | 骚体 | 总计 |
|---|---|---|---|---|---|---|---|---|
| 江南春集 | 37 |  | 3 | 2 |  | 5 |  | 47 |
| 湘游小草 | 11 |  |  | 2 |  |  |  | 13 |
| 纽西兰南岛杂诗 | 14 |  |  | 1 |  |  |  | 15 |
| 苞俊集补遗 | 31 | 1 |  | 1 | 3 | 1 |  | 37 |
| 总计 | 231 | 22 | 18 | 18 | 16 | 15 | 4 | 324 |

  1980年是饶公诗歌创作中一个重要的阶段。这一年4月，他先是赴法国巴黎参加世界文字研讨会，接着又到日本讲学、旅游五个月，写了一百多首诗，后来结为《揽辔集》。10月，饶公赴成都出席第三届古文字学术年会，随后游历14个省市，参观博物馆33个，历时三个月①。沿途诗兴大发，所作后收在《苞俊集》中。一年之间，奔走三国，行程万里。饶公后来回忆说："所以那一年是我一生中最宝贵的一年，获得很多知识，至今不忘。很多人在一生中都有很多奇迹。我那一年的健康也不知从哪儿来的，从欧洲一直到日本和中国，持续不停地走，精神一直都很好。所以说有一些东西是天给的，假如有上帝，可能是上帝赋予我的一种体力吧！"②而在诗词创作方面，饶公这一年也可谓如有神助，其六十以后诗约一半均作于此年。

  《揽辔集》（《饶宗颐二十世纪学术文集》卷十四《选堂诗词续集》名作《总辔集》）102首。1980年四月杪至八月中浣，饶公应日本京都大学之聘前往讲学，课余朋俦欢聚，历览山川，怀古流连，诗兴勃发。所作结为《揽辔集》，分《京畿稿》《九州稿》《北海道稿》三部分，集前有两序：一为京都大学清水茂教授所作《日本纪行诗序》，一为饶公自序《揽辔集小引》。两序于饶公游历之行踪叙述颇详，兹不赘引。集中题赠吟咏涉及的人物，盖有清水茂、释静慈圆、林弘作、吉川善之、入矢义高、河埜秋村、神田喜一郎、西川宁、青山杉雨、贝塚茂树、菊池英夫、

---

① 王振泽：《饶宗颐先生学术年历简编》，艺苑出版社2001年版，第83页。
② 唐朝轶：《学贯中西·入古出新——汕头"饶宗颐先生书画艺术研讨会"纪要》，见郭伟川编《饶宗颐的文学与艺术》，天地图书有限公司2002年版，第484—497页。

三浦梅园、波多野太郎、鉴真、藤枝晃、慈觉、一山一宁、雪村友梅、觉海中津、漆桶万里、笑云青三、大伴旅人、楠本、三富刘、冈村繁、广濑淡窗、松浦武四郎等近三十人，其中许多都是日本当代汉学名家，足见饶公交游之广，也从一个侧面反映了饶公在沟通中日学术上所起的重要作用。饶公于《小引》之末曰："乡人大埔何如璋于光绪三年使日，著《使东杂咏》。时黄遵宪充其参赞，亦作《日本杂事诗》，传诵中外。惟九州、北海道事多未详，拙制可补其不逮云。"又《酒后偶成示座上群公》云："六十衰翁鬓未丝，酒阑往往赋新诗。百篇揽辔敢言志，为谢故人订后期。"足见饶公对此集之珍视。钱仲联先生也予此集以很高的评价："《揽辔》一集日本纪行之作，往往咏人境庐主人屐齿所未经者。《九州稿》、《北海道稿》，皆足补人境《日本杂事诗》之阙。宁徒补其事而已，其诗之芬芳玄邃，为秋津绝代江山施以粉黛，使人生'此乡不住住何乡'之感，又岂人境所能匹乎？"[1] 认为饶公此集不但能补人境庐之阙，有关扶桑文献甚巨，而且就诗本身的质量而言，其文采、境界更远在黄遵宪之上。

集中五古如《论书赠西川宁兼柬青山杉雨》用东坡《赠南禅师》韵，与日本当代两大书法名家论书，真如华山论剑，精义迭出。西川宁乃明治时代大书家西川春洞之子，是日本著名书法家、汉学家、书法理论家，为战后日本书法界的最高指导者之一。青山杉雨是西川宁的学生，后来也成为日本的一代书法宗师。饶公此诗起句曰："南北谁分宗，方圆恣意遣"，一开始便表现出不同凡响的胸襟气度。接着"藏锋墨有痕，一波或数转"转入对书道的探讨，至"死中可得活，放处足舒卷"，更是别开生面，天机活泼。五律佳者如《赠南画会河埜秋村》，后半："山海流观遍，乾坤管领先。喜逢九十叟，相对说人天"气象宏大；另如《赠东京波多野太郎》中二联："不堪霜满鬓，长是墨磨人。绝国輶轩语，深杯浩荡春"皆精警绝伦。七律之代表作有《能取岬在穷海尽处，灯塔下远眺，重雾不散，莫辨远近》，其颈联"山围地角终难尽，水到天涯更自由"乃

---

[1] 《选堂诗词续集·钱序》，见饶宗颐《选堂诗词集》，新文丰出版有限公司1993年版，第236页。

饶公最为脍炙人口的名句之一，它表现出一种摆脱一切束缚，追求终极自由的高贵精神，钱仲联先生所评的"奇外出奇，千江一月，掉臂游行，得大自在"的境界，此联最能体现。集中五绝多用仄韵，高古浑朴，如《将重访飞鸟寺，听二弦琴未果》："枯木岂无情，兴亡几弹指。指上生两仪，心在秋声里。"摩诘、苏州对之，亦当缩手。

另外，最应大书特书者当数集中七绝之佳作。如曹植之极重起句，饶公的七绝往往首句即极精警，然后顺带出后三句，一气贯底，浑然天成，如水之流地，行于所当行，止于所当止，令读者常有尺幅千里之感。此类起句如"漫斩春风露电驰""绝海飘然驾远涛""何处飞梅忘却春""山如奔鸟树如潮"比比皆是。再举其两首代表作：

《与清水茂同游秋芳洞杂咏之六》
秋风海国久忘归，况拾遗芳冷翠薇。黝洞深藏无量寿，娱人不必是清晖。

首句言久客日本令人忘归，次句指寻幽探胜。后半以理语出之，身处黑洞之中，而参悟出黝洞也深藏无量寿，只要心地光明，便能明心见性，不是只有清晖才能娱人，黑暗亦可悟道。此诗借"黝洞"这一物色来写理，有类禅家之偈语。八大有偈语曰："识破乾坤暗里阐，光明永镇通三界。"饶公解曰："阐以今语解释之，即在争论中取得和悦、和谐。天地间之奥妙处，即在暗里的'阐'。如何悟得，以佛理言，从无明得到真如。"[①] 这段解释可以帮助我们更好地理解饶公的这首诗。"黝洞深藏无量寿，娱人不必是清晖"亦是"从无明得到真如"之理。饶公后过三峡，中秋夜不见月，有词曰："勘破天人，同归苶漠，黑夜心澄澈。"（《念奴娇·万县舟中中秋不见月，江面尽黑，因赋。用张孝祥韵》）亦是此义。可与此首并读互证。另如：

---

① 饶宗颐：《与刘述先论"暗里阐"书》，见《澄心论萃》，上海文艺出版社1996年版，第233页。

《涛沸湖》

割海分成壑百溁，北滨带雨湿花红。我来自恨先秋到，只见芦蒿不见枫。

前半写涛沸湖之景，潟湖将大海分割成数以百计的沟壑，近处的海岸上雨水沾湿了红花。诗人本为看枫树而来，可是来的时候秋天还没到，所以只见到芦蒿而见不到红枫，心中不无遗憾。后半"只见芦蒿不见枫"云云，不细味根本不觉有何理可言。然则此诗实有关"时位"问题。"时"即时机；"位"即位置。此为《易经》两大哲学概念。人无论做何事，皆受"时位"所左右。饶公此诗有类《易经》卦辞之"取象"，"先秋"关乎"时"，"到"（来到涛沸湖）关乎"位"，故而"只见芦蒿不见枫"此一结果，实为"先秋到"之"时位"所决定。余初读此诗但觉惆怅莫名，久之忽觉"芦蒿"如某人，"枫"又如某人，"我来"何以只见"芦蒿"而不见"枫"？味之乃悟有关乎"时位"。此乃饶公将理完全消融于物色之后，感人至深，发人至微之效果也。这是在说这样一个道理：假如"看枫"代表某种理想，必须等待适当的时机，在适当的位置你才能实现它，时位不对，事情就很难成功。

《苞俊集》75首。西汉王褒作《九怀》纪念屈原，其三曰《危俊》，一作《苞俊》，其言曰："陶嘉月兮总驾，蹇玉英兮自修。结荣茝兮逶逝，将去烝兮远游。径岱土兮魏阙，历九曲兮牵牛。聊假日兮相佯，遗光耀兮周流。"饶公以"苞俊"名集，即取其暇日远游之意。结集的时间是1991年，而集中大部分诗则是1980年那次国内畅游时所作。饶公曾说：

我的大半生是在海外（包括香港）度过的，年纪大了，家国之思也越来越强烈。1965年，我的那本《潮州志汇编》杀青，在序文里我写下了这样的文句："久去乡国，累十余稔，山川乔木，望之怅然……"对家乡的一山一水、一草一木我是非常怀念的。但由于一些客观条件的限制，一直到1979年我从法国回香港后，应中山大学的邀请赴广州参加全国古文字学会议，才算如愿以偿。会议结束后，我专程去了一趟湖南，一方面是为了考研马王堆出土的文物，另外也是为了偿还多年的一个夙愿,即赴汨罗吊屈原。我治《楚辞》许多年,很大的因素就是受到屈原人格情操的吸引。①

此行饶公写下了他的名赋《汨罗吊屈子文》,饶公说:"我写这篇文章时很是感慨丛生。这次湘中之行,我下了一个大决心,就是要在晚岁畅游故国……现在我最大的愿望就是遍游神州大地,饱览自己国家的山川胜迹,这当中是有一个情感寄托的。"②饶公这个愿望很快就得以实现,1980年秋,饶公应文物出版社王仿子社长之邀,在往成都出席第三届古文字学术年会后,即到全国各地进行学术考察。历时近三个月,行程达数万里。先后游历了广州、成都、兰州、敦煌、西安、洛阳、郑州、少林寺、开封、安阳、武昌、荆州、长江三峡、奉节、北京、承德、济南、泰安、曲阜、南京、扬州、镇江、无锡、常熟、苏州、上海、杭州、衡山,到了14个省市,参观考察了33个博物馆。沿途所作诗,皆收在《苍俊集》里。饶公阔别祖国多年之后,重返故土,山川风云,竞奔笔底,饶公以饱含文化深情之笔,写下了许多动人的诗篇,此集便是这类创作的典范。诚如杨子怡先生所言:"人之才气、豪兴有异,或夙负诗名而暮年才拙,所谓江郎才尽也;或厚积暮年,老骥伏枥,如庾信'暮年诗赋动乡关'者也。先生'自退居以后,足迹几遍禹域,舟车所至,未废吟哦'。所作《苍俊》、《江南春》诸集,钱老誉之为仙人之咳唾……读先生诗信然,风格虽变,而才气、豪兴不改焉,眷恋祖国山河之情,惓惓华夏文明之恋不减焉……以拳拳爱心状禹域之奇山异水,藉名胜古迹发思古之幽情,此饶诗成就之四者也。"③

当时全程陪同饶公考察的曾宪通教授后来回忆说:"这近三个月的旅行考察,是他一生中第一次在内地作如此广泛和深入的调查研究,也是他人生中在学术和艺术领域的一次很有意义的实践和升华,是值得细细

---

① 饶宗颐述,胡晓明、李瑞明整理:《饶宗颐学述》,浙江人民出版社2000年版,第69页。

② 同上书,第70页。

③ 杨子怡:《江山助凄惋,代有才人出——漫谈饶宗颐教授旧体诗创作成就》,见曾宪通主编《饶宗颐学术研讨会论文集》,翰墨轩出版有限公司1997年版,第414—415页。

回味的。"①

曾教授后来特撰一文《选堂访古随行纪实》为饶公八十八岁祝寿。此文对这次游历作了详细的记录。读《苾俊集》须与此文并读，才能了解其背景。例如：

《莫高窟题壁》
河湟入梦若悬旌，铁马坚冰纸上鸣。石窟春风香柳绿，他生愿作写经生。

饶公写这首诗是有其学术和情感背景的，曾文曰：

饶先生是海内外著名的敦煌学大家。早年即有《老子想尔注校笺》之作，其后又在法国与著名汉学家戴密微教授合著《敦煌曲》，及出版《敦煌白画》、《敦煌本文选》等著作，为敦煌学研究增添异彩。前不久又为日本二玄社编纂《法藏敦煌书法》二十九册，在国际敦煌学界享有盛誉。先生这次到敦煌来作实地考察……几乎每个洞窟，每卷画卷和经文，都对饶先生产生无穷的吸引力。在离开千佛洞前夕，先生作《莫高窟题壁》诗云。②

这是对饶公此诗的绝好注解。另外，我们还可以从曾文中得到很多饶公作诗情况的第一手资料。如其中一段写到游承德避暑山庄：

第四天（按：11月4日）上午9时到山庄宫殿区参观，先看慈禧太后的住所，以及嘉庆、咸丰在山庄逝世的地方。然后由小周陪同，参观金山塔，登塔眺望，只见回廊依山而建，盘旋于山岭之间，周围假山怪石参差错落，疏密有致，与宫殿区的金碧辉煌相映成趣，

---

① 曾宪通：《选堂访古随行纪实》，载《华学》第七辑，中山大学出版社2004年版，第13页。
② 同上书，第15页。

相得益彰。山庄文物店就在假山后面的二楼，应文物店主人的邀请，先生在雪白的宣纸上写下两首山庄即景诗：一曰《题烟雨楼用王荆公韵》："弱柳沿堤绿绕，夕阳山背红酣。莫问前朝烟水，断肠塞北江南。"二曰《山庄远眺围场》："车书混一信无俦，来往燕云十六州。想见木兰秋狩罢，武功文治已全收。"数天来在山庄的耳闻目见，尽在字里行间，围观者不禁为之喝彩。①

这使我们对饶公这两首诗的背景和写作过程有一个真切的了解。饶公的诗词往往是置之行箧多年之后才整理结集的，很多都无法确定其具体时间，但有了曾教授这篇纪实，《苞俊集》很多诗作都可以确定到具体某一日。这份纪实是研究《苞俊集》的一份绝好材料。限于篇幅，兹仅举以上两例。

另外，集中还收入了饶公游槟城、天津、澳门等地，挽戴密微、高罗佩、丁衍庸，题伍蠡甫长卷、纪念陈寅恪论文集诸诗作。

《黄石集》35首。饶公自序曰："往岁自美赴加，历游大峡谷、黄石公园诸胜。沿途湖光隐秀，山合水沓，应接不暇，辄纪之以诗，都为一帙。刘彦和称'山水方滋'，斯之谓也。因取黄石二诗列首，以名吾集。"此集是饶公游美国、加拿大交界的大峡谷、黄石国家公园所作，另集末附有《和锲斋三首》。笔者孤陋，对此集的具体创作时间暂无法确定。

饶公览美、加之胜，抒胸中之哀乐，往往别出心眼。以哲人之眼观象，则有"木死风生春尚在，天荒地老谷仍温""物论由来齐不得，且从濠上数游鱼"；以诗人之眼观象，则有"流云天际分仍合，如诵清空白石词""浓雾含诗诗似梦，眼中云物尽江南""雾里好山馋老眼，石湖应为罢诗篇"；以画人之眼观象，则有"华原突兀难加点，鬼面皴成总不如""少留刹那神仙窟，雪白山青花欲然""环湖无际尽拖蓝，雪影澄波月印潭"。以老人之眼观之，则有"垂老廿年真电抹，群山戴雪亦成翁""老翁自笑如新妇，闭置车中强说愁"。变化万端，佳作目不暇接。兹举其

---

① 曾宪通：《选堂访古随行纪实》，载《华学》第七辑，中山大学出版社2004年版，第23页。

一例：

  冰川（二首选一）
  参差林影异桃溪，残雪数州没众堤。天外无山非玉垒，云中有谷即天脐。

  前半是远景的勾勒，由参差林影逐渐进入冰川之地，一路行来，残雪亘延数州之远，众堤渐没，终于进入一望无际的冰川。后半以一副对联来写冰川奇特之景：天外的雪山都像玉垒山一样雄奇，云中的山谷便是苍天的肚脐。其中"玉垒"和"天脐"都是借助中国的古典来写北美的山川，这也是饶公一向擅长的诗法。玉垒是指玉垒山，唐·杜甫《登楼》诗："玉垒浮云变古今。"《杜臆》曰："玉垒山在灌县西。"天脐指天的肚脐眼，亦作"天齐"。《史记·封禅书》："天齐渊水，居临菑南郊山下者。"司马贞索隐引解道彪《齐记》："临菑城南有天齐泉，五泉并出。"通过中外的古今衬托，使饶诗既不失其中国古典风范，又能刻画出异域山川的各种奇观。此诗便是典型的"异域山川剪取还"，这是古人笔下所无的。

  《江南春集》47首。1985年春，饶公应梁耀明、程十发之约前往邓蔚、超山赏梅，随后程十发为安排浙东之游，遂遍历会稽、天台、雁荡诸胜，得诗一卷，结为《江南春集》。梁耀明（1911—2002），号锲斋，广东顺德人，香港洪社及锦山文社发起人，公余喜游历，善为绝句，著有《听晓山房集》及续集、三集。程十发（1921—2007），名潼，上海人，中国海派书画巨匠，在人物、花鸟方面独树一帜，在连环画、年画、插画、插图等方面均有造诣。工书法，得力于秦汉木简及怀素狂草，善将草、篆、隶结为一体。二人都是饶公的好友，此次约饶公同游江南，饶公春风得意，每以向上之笔，志其胜游之快。《邓蔚候梅用东坡和秦太虚梅花韵》以俊爽之调，写候梅之乐，为其古风之佳作。另如《又示程十发》之"明朝邓蔚骑驴去，飞笺说与春风知"，俊爽不减杜牧。当然，此集写得既多又好的还是七绝。例如：

《山阴道上和锲翁》

为爱名山入剡来，沉沉迷雾晓初开。敢将纸上倪迂柳，换取江南何逊梅。

此首是与梁耀明同游山阴道所作。首句直用太白诗句。次句写早晨出游，沉雾初开，为后半造势。后半突发奇想，倪云林号倪迂，以画柳著称，何逊以咏梅闻名，"倪迂柳""何逊梅"已经不是普通的梅柳，而成为一种特殊的文化符号，一种诗情画意的象征。饶公以纸上倪瓒之柳来换取江头何逊之梅，何逊、倪瓒又相距近千年，真有点近期热门电视剧玩"穿越"的味儿，令人匪夷所思，进入一种亦幻亦真的艺术境界。

《小龙湫》

欲洗人间万斛愁，振衣溯石小龙湫。峻流不为岩阿曲，犹挟风雷占上游。

此诗前半写来此小龙湫，如新浴者必振衣，效孙子荆之漱石。欲借瀑布水洗尽人间的万斛重愁。漱石语出《世说新语·排调》："孙子荆年少时，欲隐，语王武子'当枕石漱流'，误曰'漱石枕流'。王曰：'流可枕，石可漱乎？'孙曰：'所以枕流，欲洗其耳；所以漱石，欲砺其齿。'"后半是即景而生的理语，感慨瀑布峻流，不管岩阿如何曲折，它都不为其所扭曲，而是以堂堂之阵，势挟风雷，力占上游，再飞流直下。这已经是饶公所说的说理诗的至境："独言'物'而不讲理，将理消融在物色里面。"[①]

饶公以史家之眼，阅山河之胜，快游之际仍不忘学问，吟咏意犹未尽，每补之以按语以抉发其心得，这是他的学人本色。如《访唐梁肃撰智者大师修禅道场碑，碑在天台山华顶峰绝顶塔院，以道远不克至怅赋》诗后之按语，考释该碑之年代，正其日本友人神田喜一郎之误。又如《题嘉兴吴孟晖编〈淮海长短句〉》之按语："阁藏此书，向所未闻。曩

---

[①] 饶宗颐：《文辙》，学生书局1991年版，第913页。

著《词籍考》未能著录，其前有茅承德正德辛巳序，故记之。"饶公的《词籍考》，是被赵尊岳誉为"输万里十年之心力，奠一家绝学之锚基"的词学名著，及见吴孟晖编《淮海长短句》，乃有遗珠之叹，学问永无止境，而饶公锲而不舍的治学精神，尤其令人感动。

另外，集中有一首五古《临海道中，怀故法国戴密微教授，用大谢庐陵王墓下韵》，其小序曰："戴密微治谢康乐诗，译述至富。年七十余时，尝申请赴华，作上虞、永嘉之游而不果，终生引为憾事。君殁已近十年。余顷自杭州来雁荡，所经多是谢诗山水之乡，感君此事，用志腹痛之戚。"戴氏是法国乃至欧洲的汉学宗师，饶公的至交。饶公曾因戴氏之荐而获国际汉学的最高奖项"汉学儒莲奖"，后两人又合撰《敦煌曲》，友情至笃。此诗与《苞俊集》中的《戴密微先生挽诗》颇值研究饶、戴关系者注意。

《湘游小草》13首。此为饶公游湖南之作，有《大雨中登岳阳楼》《君山三首》《汨罗屈子祠》等记游诗，并收入赠程千帆、周南等诗。佳者如游君山之"茶香时自林间出，小艇真从天上来。"赠周南之"正合徜徉好风月，鸥波浩荡谁能驯"等，皆俊逸绝尘。

《纽西兰南岛杂诗》15首。是集绝句仍多为即景即兴之作，每每寄予了饶公对于至道的追求和体验。例如：

《Te–kapo》
一碧湛然水浸天，诸峰天外复连绵。天人合一宜亲证，晚席还堪作画眠。

（毛利语 te–kapo 为晚席之地）

此诗追求的是天人合一的境界，风神潇洒，如葛天氏之民般优哉乐哉，令读者为之动容。饶公晚岁诗词多有涉及"天人"者，此为一重要之问题，可作为一专题讨论之。

《苞俊集补遗》37首。此集收入饶公1999—2003年的近作。集中以题画诸诗为最佳。《自题画展》之"画笔狂来偏似弩，旧山万仞梦中亲""飘然欲置青霄外，坐对苍茫自咏诗"皆是气度不凡。另如：

《题画和查梅壑》

玄宰毫端若可呼,九天云水入模糊。壶公待约方壶起,缩地共成泼墨图。

这首题画诗,是和清初书画家查士标一首诗的韵。前半言纵笔所如,毫端焕发着明代大师董其昌的神韵,笔墨点染成九天云水,都进入氤氲浑成之境。后半言尺幅之中,有千里之势,就像壶公醉后从酒壶中爬起,用费长房缩地之术,才能画成这样一幅淋漓尽致的泼墨图。

《题骏骥图》

良马已不羁,神骏驰空阔。何须待伯乐,自足追风日。

良马已能不受羁缚,神骏奔驰,能"所向无空阔"。既然有此骏马之姿,那么有没有伯乐能发现已经不重要了,因为它自己就能追风逐日。自性具足,不假外求,这是寄托了饶公对于自足境界的追求。

## 二 饶公六十以后词

饶公六十以后词共47首,详见下表:

| 集名 | 中、长调 | 小令 | 总计 |
| --- | --- | --- | --- |
| 古村词 | 9 | 4 | 13 |
| 聊复集 | 22 | 12 | 34 |
| 总计 | 31 | 16 | 47 |

其词以"融贯浙、常,出入两宋"[①] 之笔,谱域内外山川、人物、思

---

[①] 赵松元、刘梦芙、陈伟:《选堂诗词论稿》,黄山书社2009年版,第142页。

想之胜，罗忼烈先生谓之"八音摛文，义兼中外"①，诚不虚也。而饶公前此所创之形上词一格，刘梦芙《论〈选堂乐府〉》："所谓'形上词'，即词人思想超越家国兴亡、人事纷扰之一切世俗羁绊，着重抒写于宇宙、人生之思考与体悟，以达天人合一之境界。"② 在其六十以后词中又有更为精彩的发挥，虽寥寥不逾十阕，然皆臻于极致，为20世纪词坛树一雄帜。

《古村词》13首。1979年4月，饶公"漫游瑞士，经Altdorf，越重峦叠嶂，至Lugano而入意大利。沿途所至，有词记之"③。所作勒为一集，因途经Altdorf德语义为古村，故名曰《古村词》。钱仲联先生对此集评价极高："《古村词》一帙，以白石空灵瘦劲之笔，状瑞士天外之观，追摄神光，缠绵本事，传掩抑之声，赴坠抗之节，缥缈千生，温凉一念。求之近哲，惟吕碧城《晓珠词》能之。而选堂贺新郎用后村韵者，则岸异与青兕挹拍，又碧城之所未能为也。"④ 罗忼烈先生评此集曰："其中若《湘月》之长桥感怀，以故国之藻丽，发异邦思古之幽情，不假炉锤而神理共契。上片'回首诸峰和梦失，梦里苍茫何世'，下片'剪雪为诗，揉春作酒，可了平生事'，与《淡黄柳》用白石韵赋罗马小城古都遗址之'垂柳舒眉，废池蓄泪，长伴湖云共碧'等句，皆秀淡简远，语隽意新。至如《探春慢》古村道中用白石韵，有感于法国蓝波冒雪徒步过岭云：'行遍天涯未老，看跨海倚天，长剑谁把'之类，则又横空盘硬语也。《贺新郎》自瑞士入意大利途中用刘克庄韵一阕，沉着奔放，纯是稼轩意度，非后村所能望矣。即此一斑，可想全豹，推而及于以前诸作，靡不变化无方，惊才风逸。"⑤

《古村词》虽然只有十余阕，但风格多样，富于变化，几乎首首精

---

① 《选堂诗词续集·钱序》，见饶宗颐《选堂诗词集》，新文丰出版有限公司1993年版，第298页。
② 赵松元、刘梦芙、陈伟：《选堂诗词论稿》，黄山书社2009年版，第133页。
③ 《选堂诗词续集·钱序》，见饶宗颐《选堂诗词集》，新文丰出版有限公司1993年版，第300页。
④ 同上书，第236页。
⑤ 胡晓明：《饶宗颐学记》，教育图书公司1996年版，第298页。

品。集中当以《湘月》《贺新郎》二阕为最佳，落想、气格均远迈前贤，自标一格，论者每以之为饶公形上词的代表作。且举其一例：

《湘月·Lucerne mille 长木桥建于一一〇八年，桥上古藻绘瑰丽可观，雨夕流连，有感而作》

湖山迎面，只烟笼一角，顿成凄丽。回首诸峰和梦失，梦里苍茫何世。廿四桥边，半堤青草，秀茁春前地。冥冥月冷，消魂别有滋味。

才见鸂鶒一双，绵绵细雨，两两眠沙际。楚水湘云何处是，飘荡吾生如寄。剪雪为诗，揉春作酒，可了平生事。寂寞池馆，高花尽吐香未。

此词多有化用姜夔句者，罗忼烈先生称"剪雪为诗，揉春作酒，可了平生事"为"语隽意新"，实则化自姜夔《玉梅令》："便揉春为酒，剪雪作新诗"，虽只一字之差，而感觉大异。其一，姜词为领字句，以"便"字领下九字，较为疏散。饶词为对偶句，更为工整。其二，饶词各减一字后更为精练，句无余字。饶词所以成功，更在能将姜词融入新意境，形成自家面目。姜词乃作客范成大府上赠主人之作，原词下阕为："公来领略，梅花能劝，花长好、愿公更健。便揉春为酒，剪雪作新诗，拚一日、绕花千转。"不过劝主人及时行乐，难免落入俗套。饶词则是写在"飘荡吾生如寄"中，以"剪雪为诗，揉春作酒"为生平之至乐，充分体现饶公的性情志趣，与姜词在格调上自有高下之别，这也是饶公的高明之处。又如词中"冥冥月冷，消魂别有滋味"化自姜夔《踏莎行》："淮南皓月冷千山，冥冥归去无人管。"词末"高花尽吐香未"亦化自姜夔《玉梅令》："高花未吐，暗香已远。"

此外，集中如《暗香》和白石，亦能得白石之骨，上片"谢客频惊节往，休负却、江山画笔。且共赏，槛外沧洲，寒气压床席"，则比白石更多一分潇洒。《台城路》题龚半千千岩万壑巨幅之"兴亡已付弹指。纵范山模水，难表身世。且看人间，崔嵬陵阙，孰如画中萧寺。"此真历尽沧桑后之超脱也。《一丛花》Reuss 河晓发阻雨之"眼看融雪泪溶溶，天上此情通。浪游好在无人识，喜招得、冷月玲珑。"以有情眼观物，物皆著我之情矣。《虞美人》和东坡韵足与东坡争美，其中"趁闲容我看山来，自笑难专一壑久低徊"一句，实是饶公对于自身治学生涯的自我调侃，饶公治学范围涉及甲骨、简帛、宗教、经学、礼学、敦煌、文学、楚辞等14门类，平生在学术上创获极多，胡晓明先生粗略统计说饶公在学术创新上有50项第一[①]，其实远不止此。饶公大有龚自珍"但开风气不为师"的气度，所以他要自我调侃说"难专一壑"，饶公诗词多有关乎其学术、性情者，读者若多具此一眼，当发现别有一天地。

《聊复集》34首（此集初结于1991年，原只有14首。2003年饶公编《饶宗颐二十世纪学术文集》时，又增补了晚近所作词20首）。饶公自序曰："昔赵德麟名其集曰《聊复集》。余十载以来，久已废词，偶因事著笔，亦不存稿，朋侪钞示，仅此十阕而已，聊复存之，以殿吾集。"此为集名之来历。这是《选堂诗词集》中的最后一集，其中形上词四阕：《念奴娇·七里濑严子钓台》《水调歌头·自西域归，得谢孝萍词、赋畲，兼讯京中琴友》《念奴娇·自题书画集》《念奴娇·万县舟中中秋不见月，江面尽黑因赋用张孝祥韵》，堪为压卷之作，圆月朗照，人天合一，闪耀着饶公词最为明澈的辉光。关于饶公的形上词，学界多有关注，是近十年来饶公诗词研究的重点。施议对、曾楚楠、刘梦芙诸先生均撰有专文探讨。兹谨再举一例：

《念奴娇·自题书画集》
万峰如睡，看人世污染，竟成何物。幸有灵犀堪照彻，静对图书满壁。石不能言，花非解语，惆怅东栏雪。江山呈秀，待论书海英杰。

细说画里阳秋，心源了悟，兴自清秋发。想象荒烟榛莽处，妙笔飞鸿明灭。骑省纵横，文通破墨，冥契通穷发。好山好水，胸中解脱寒月。

---

[①] 胡晓明：《饶宗颐学记》，教育图书公司1996年版，第51—56页。

此词用典化用甚多，几乎无一字无来历。"石不能言，花非解语"化用陆游《闲居自述》诗："花若解语还多事，石不能言最可人。""惆怅东栏雪"裁东坡《和孔密州东栏梨花》诗："惆怅东栏一株雪。""细说画里阳秋"用《晋书·褚裒传》："谯国桓彝见而目之曰：'季野有皮里阳秋。'言其外无臧否，而内有所褒贬也。""兴自清秋发"化孟浩然《秋登兰山寄张五》诗："兴是清秋发。""想象荒烟榛莽处"用王世贞"徒想象于荒烟榛莽间，重以增慨"①之意。饶公另有《题画诗》曰："荒城远驿烟岚际，下笔心随云起时。"亦用此意。"妙笔飞鸿明灭"用嵇康《赠兄秀才入军诗》："目送归鸿，手挥五弦。""骑省纵横"，骑省指徐铉，朱子论徐铉字学曰："骑省纵横放逸，无毫发姿媚意态。""文通破墨"指张璪，字文通，盛唐画家。擅长破墨山水。破墨法指作画时，当前一墨未干之际，又画上另一墨色，以求得水墨浓淡互相渗透掩映之效果。"冥契通穷发"，冥契：默契。苏轼《朱寿昌梁武忏赞偈》："母子天性，自然冥契，如磁石针，不谋而合。"穷发：《庄子·逍遥游》："穷发之北有冥海者，天池也。""好山好水"用岳飞《池州翠微亭》诗"好山好水看不足"句意。"胸中解脱寒月"用《华严经·行愿品》："此解脱者犹如满月，满足广大福智海故。"饶公学富五车，信手拈来尽是典故，将前人成句略加点化，便成己物，他是用江西诗派点铁成金、夺胎换骨的句法来作词，而且能很好地表达其艺术思想、人生境界，诚如胡晓明先生所说："这首词，高处落想，从宇宙人生的层域俯观这尘嚣寰宇而激生清朗高明的情怀，却没有一般诗人在此所产生二元世界的尖锐对峙。既无超世与俗世之间痛苦的心灵煎熬，又无虚热的光明渴求与对于罪恶与卑污的激烈诅咒。词中一转语，下得如此的自珍、自爱，这是他清平灵觉的生命情调活泼泼的呈现。这首词最可见饶氏性情之清深宁静，堪为饶氏艺术心灵的点睛之作。"②

另《聊复集》中之挽词也多有佳作，饶公于高寿之年，目睹故交胜

---

① 饶宗颐：《饶宗颐二十世纪学术文集》第20册卷十四，中国人民大学出版社2009年版，第580页。

② 胡晓明：《饶宗颐学记》，教育图书公司1996年版，第11页。

友相继谢世,频生邻笛之悲、每郁人琴之痛。如《水龙吟》挽谢稚柳之"玉麈谈玄,青灯煮字,溘随流水。恐寥洛行间,沧桑鬓外,有故交泪。"《减字浣溪沙》挽李新魁之"欲接清言除梦归,素书犹是惜人非,梵天谁与定从违?"《临江仙》挽谢孝苹之"忆昔维扬同畅饮,君弹墨子悲丝。山河邈若忽凄其。无端呻吟语,化作断肠词。"集中小令虽只12阕,但也不乏佳制,如《木兰花令·挽周一良》:"北图新约悲疏阔,蓬报山颓添哽咽。初逢疑似梦中人,四十五年真电抹。知音何处今难觅,不信芳菲从此歇。相贻一卷永别离,泪坠燕山湖底月。"罗忼烈先生评曰:"至于小词,别具一副心眼,在两宋诸大家外。昔先迁甫谓周美成词乍近之不甚悦口,含咀之久,则舌本生津。余于选堂亦云然。"① 可谓知音之言。

# 结　语

饶公六十以后诗,在体裁上最大的特色是七绝最多,共231首,占了全部诗作的70%。这主要有三个原因:其一,饶公向来就擅长七绝,他的七绝一向都是朋友们所最乐吟诵称道的;其二,七绝最适宜于旅途中即情即景的创作;其三,饶公老来返璞归真,很少再写恃才逞气的古风,而更喜欢作短小清新的七绝。饶公这些七绝,佳作如林,俯拾皆下玉随珠,成就极高。故论饶公六十以后诗,七绝是重中之重。

在内容上,则以记游诗最多,且最具特色,其次是酬赠、题画、挽怀之作。在艺术上则追求一种即兴的感觉,有类佛家所谓的现量之境。如镜照物,物来则应,各见其真。诗的气格高逸,恍如天人,绝无人间的烟火气。诗的用典明显要少于青壮年时期,即景白描之笔也更多。黄龙大师所谓的修证三关,第一关见山是山,见水是水;第二关见山不是山,见水不是水;第三关见山还是山,见水还是水。读饶公晚岁之诗,就很有黄龙第三关的感觉,此时饶公笔下所现的,是真山真水,天机活泼。

饶公六十以后词,造诣最高的是其中的形上词,物我两忘,天人合

---

① 胡晓明:《饶宗颐学记》,教育图书公司1996年版,第298页。

一，俊逸爽朗充乎字句之间，余响流馨溢于苍茫之外，为形而上之词宏拓一境。

要之，饶公六十以后诗词，较之青壮年时期，风格更富变化，意境更为高浑。论者每称饶公之诗是学人之诗兼诗人之诗；饶公之词是学人之词兼词人之词。但笔者以为像饶公这样的通人，其实很难给他限定一个范围，如果勉强言之，则饶公六十以后的诗词，实是熔诗人、词人、哲人、学人、画人、书人、琴人、老人于一炉，而且这一炉的火候已经达到了纯青的境界。

艺术学研究

# 会通与互文

## ——饶宗颐两汉艺术史论及其当代意义

郭景华

## 引 言

  作为一名在海内外享有盛名的学者和艺术家，饶宗颐的学术研究涉及史学、经学、佛学、文字学、目录学、考古学、简帛学、敦煌学、楚辞学、词学、美术史学等诸多领域，而且又擅长古典诗词、书画创作。以学养艺、以艺促学，学艺相通，是饶宗颐平生治学的最大特色。面对饶宗颐如此丰硕的成果，以及令人叹为观止的问学进路和方法，作为后学者，如何才能在流连宝山之时不忘自身学术使命，在饶宗颐开拓的某一领域能有自己一番心得和体会，并把这份心得和体会逐渐积淀为自家的一分学术素养，这应是我们饶学研究的应有之义。在我看来，饶宗颐无论是创作还是学术研究，都有一番"先立其大"的恢宏视野，所以，其艺术创作，境界才会如此雄浑博大；其学问领域，才能因时因地，不断拓展精进。就饶宗颐的这种学术抱负，落实到中国艺术史论研究上而言，就是通过此项研究，来考索中国文化精神的脉络和走向。① 因此，饶宗颐的传统的艺术史论研究，才不会局限于特定的艺术门类，也不会采用单一的视角和方法，可以说，饶宗颐的艺术史论的，是在文化史的视野下，通过学科会通的方式，在对传统的艺术进行观照和阐释，是把中国艺术史理解为中国的精神史，这样，就避免了近代西学东渐后对中国传统学术结构的割裂和消解，也才能在研究中见人之所未见，发人之所未发。饶宗颐的古代艺术史论，其范围涉及先秦直至明清的诗、文、书、画等传统艺术门类，本文拟以饶宗颐对汉代至魏晋时期的艺术阐释为例，通过其对史传、列图、赞体等文学艺术门类相互关系的阐发，来有效地论证了饶宗颐所主张的以文化史来会通观照历史、艺术史、文学史的必要性和可能性②。并把饶宗颐这种艺术史阐释的路径和方法置于现代图像学、文本互文性等现代文艺理论视域中进行考察，从而来理解饶宗颐古代艺术阐释学取径和方法的现代范式意义。

一

饶宗颐的汉代艺术史论很有现场感，这种现场感来源于饶宗颐对汉代史籍通悉。饶宗颐曾言："我对汉代历史很感兴趣，两《汉书》可以说是到了烂熟的地步。"因此，对于汉代的史籍文献材料，饶宗颐在研究上可说左右逢源，运用自如。当有朋友向他提及法国汉学家爱德华·沙畹（Edouard Chavannes，1865—1918）的《史记》法文译本中"列传"一词，应如何解释时，饶宗颐先是引了司马贞《史记索隐》"列传者，谓叙列人臣事迹，令可传于后世，故曰列传"相答，又列举了张守节《史记正义》的相关解释"其人行迹可序列，故云列传"作为进一步佐证。由

---

① 例如，1991年，饶宗颐的《文辙——文学史论集》（台北·学生书局）一书出版，他明确地在该书"小引"中说明此论文集是为"中国精神史探究之一"；1993年，作为反映饶宗颐最重要的艺术史论成果，《画𩕢——国画史论集》（时报文化出版企业有限公司）出版，饶宗颐又在其扉页上题为"中国精神史探究之二"，如此种种，都集中反映了饶先生追寻中国文化精神的努力，这同饶氏一生所倾力于重建中国古史的奋进方向是一致的。这也透露了饶宗颐具有强烈的学术使命感和非凡的学术抱负和理想。

② 饶宗颐曾对自己的学术旨趣和取径有一番夫子自道："念平生为学，喜以文化史方法，钩沈探赜，原始要终，上下求索，而力图其贯通。"（见《文辙·小引》）

此可见,"列"可解作"序列"之义。除此之外,饶宗颐再引经典历史文本对"列传"的此种含义作事实论证。《史记》列传首篇是《伯夷列传》,司马迁自云:"孔子序列古之仁圣贤人,如吴太伯、伯夷之伦详矣。"从这里可以看出,所谓"序列",即是"列举"之意。又引刘知几《史通》列传篇云:"传者,列事也。列事者,录人臣之状,犹春秋之传。寻兹例草创始自子长。"饶宗颐对于"列传"的说明、解释,可谓举一反三,通悉剔透。

但是,饶宗颐并不满足于历代对于"列传"如此程度之理解,当他后来读到《隋书·经籍志》时,看到史部杂传类有序云:"……史记独传夷、齐,汉书但述杨王孙之俦。其余略而不说,又汉时阮仓作列仙图。刘向典校经籍,始作列仙、列士、列女之传。……魏文帝又作列异传,以序鬼物奇怪之事。"他凭借深厚的历史素养和艺术感觉,马上判断出,汉代典籍中所谓的列仙、列士、列女,都是先有图,然后才有传的,并分别举张彦远《历代名画记》、张衡《论衡·须颂篇》为证,尤其是蔡质《汉官典职》明确有载:"尚书奏事于明光殿省中,画古列士,重行书赞。刘光禄既为列女传颂图,又取列士之见于图画者,以为之传。"(《初学记》十一职官引)这是图像对史传写作题材影响的明证。

确实,汉代宫廷以绘画作为"表功颂德",《汉书》多有记载,如《汉书·苏武传》:"汉宣帝甘露三年,单于始入朝,上思股肱之美,乃图画其人与麒麟阁,法其形貌,署其官爵姓名",这是用来表彰抗击匈奴有功的大臣;又如《后汉书·二八将传论》:"永平中,显宗追思前世功臣,乃图画二十八将于南宫云台,其外有王常、李通、窦融、卓茂合三十二人。"至于州郡各地画像以表行者则更多,在《后汉书》中的《蔡邕传》《陈纪传》《胡广传》《方术传》《南蛮传》等,都有如此记载,这些壁画记载,参照蔡质在《汉官典职》中的描述,在绘制的形式上,好像都有一定的程序和规格,如"胡粉涂壁,紫青界之,画古烈士,重行书赞"等。

正是出于礼教劝谕的需要,汉廷专门设置了管理绘事的机构,如在宫廷设"少府",下属有"黄门署长、画室署长、玉堂署长各一人"(《后汉书·志二六·百官三》)。画室内有画工,此即《后汉书》列传中所提到的"黄门画者",或"尚方画工",是在宫廷中供使的一般画工。《汉书·霍光传》曾载,汉武帝"使黄门画者画周公负成王朝诸侯图以赐光",可知尚方画工的职责所在。张彦远《历代名画记·叙画之兴衰》也载:"汉武创置秘阁以聚图书。汉明雅好丹青,别开画室,又创鸿都学以集奇艺,天下之艺云集",又载汉明帝"别立画官",并"取诸经史事命尚方画工图画",从这些记载可以看出,宫廷画工不但要具备相当绘画技艺,而且需要掌握一定历史文化知识。

由于汉代画像的盛行,人们都非常热衷于这种艺术形式,这种状况导致一些儒学之士的不安,如王充就批评说:"人好观图画,夫所画者古之死人也,见死人之面,孰与观其言行?古昔之遗文、竹帛之所载灿然,岂徒墙壁之画哉?"(《论衡·别通篇》)由此可见当时画像影响的范围和深度,从这方面而言,列图对于列传的写作的影响也应该不言而喻;反过来,列传的书写,对于列图题材和图绘形式的开拓,无疑也是很有启发的①。

由此,根据饶宗颐的论述,我们可以推测,尽管现在还没有足够的证据表明司马迁的《史记》列传部分完全是受当时列图的影响,但是从司马迁游历来看,其中就有原先楚国势力范围,既然屈原的创作就有受楚先祖祠堂绘画内容影响的成分②,那么结合从战国直至两汉,无论朝廷还是地方,对于先圣、英雄乃至时贤的崇拜而列图观瞻、敬仰的史实,司马迁的史传写作模式受画像影响这种可能还是有一些因子存在的。司

---

① 有学者曾就司马迁的历史叙事对于画像中的图像历史叙事产生的重大影响进行过比较分析。譬如,在武梁祠的画像分析中,巫鸿就认为司马迁的历史叙事为武梁祠的图像历史提供了基本的框架结构。首先,武梁祠墙壁上的画像描绘了从人类产生一直到汉代的中国"通史";其次,像《史记》一样,它通过精心挑选的个体人物来浓缩历史;再次,这些个体人物根据他们的政治关系、生平德行以及他们的志向而分为几个系列或类别;最后,作为一个儒家学者同时也极可能是这个祠堂的设计者,武梁的肖像出现在这部历史的结尾处。这些都和司马迁的《史记》撰写意图及表达形式相似。见〔美〕巫鸿著《武梁祠——中国古代画像艺术的思想性》,柳扬、岑河译,生活·读书·新知三联书店2006年版,第169页。

② (东汉)王逸《楚辞章句》:"《天问》者,屈原之所作也。屈原放逐,忧心愁悴,彷徨山泽,经历陵陆,嗟号昊,仰天叹息。见楚有先王之庙及公卿祠堂,图天地山川神灵,琦玮谲诡,及古贤圣怪物行事。周流罢倦,休息其下,仰见图画,因书其壁,'何'而问之,以泄愤懑,舒泻愁思。"

马迁曾自述撰写《史记》的目的是,"罔罗天下放失旧闻,王迹所兴,原始察终,见盛观衰",并且对《史记》各篇提要钩玄,阐明写作宗旨(见《史记·太史公自序第七十》),因此,他的著作既表达了他对以前事件的评判,也包含了对前人历史写作模式的反思,由此他别创"纪传体"书写方式,通过对过去历史事实的价值分析和取舍,实现自己历史书写的宗旨。《史记》一书中所记载的"事实",与其说是过去原初发生过的事情,不如说在本质上是说教性的,目的是惩恶扬善。由此可见,史传文体不仅仅是一种叙事体裁,而且其形式本身就含有强烈的道德训诫意味,这同图绘最初的礼教功能非常一致:"铸鼎象物,百物而为之备,使民知神奸。"(《左传·宣公三年》)能进入列传的人物,自然要达到符合劝诫的标准,这种精神,与汉代画像意指相通:"宣帝之时,图画汉列士,或不在画上者,子孙耻之,何则?父祖不贤,故不画图也"(王充《论衡·须颂篇》)。这说明,汉代礼教思想对于各艺术门类有巨大影响,换言之,即各艺术门类服务于汉廷意识形态的历史事实,进而言之,它体现的是汉代历史观与艺术观的一种互动关系。

## 二

当代的中国古代文学研究领域,文体形态研究是一个重要的研究分支。经过当代学者的努力,古代文体形态的研究可说是取得长足进步。[①]从总体研究来看,当代学者对于古代文体形态的研究,比较注重从纵向研究各文体的历史演变,较少涉及从横向上对各艺术门类的相互影响展开深入研究。例如,对中国古代文体形态中的赞体,就还很少有学者措意。因为对赞体的发展源流认识不清,故其文学史地位也一直没有得到准确衡定。刘勰《文心雕龙·颂赞篇》就曾对赞体作了这样的断言:"发源虽远,而致用盖寡,大抵所归,其颂家之细条乎?"饶宗颐通过对两汉直至隋代文献的考索,对赞体的源流演变,做了一定的文化还原,对其

---

[①] 当代学者中对中国古代文体形态研究具有突破性和体系性的是中山大学的吴承学教授,其著有《中国古代文体形态研究》(中山大学出版社 2002 年版),该著没有对赞体进行研究。

文学史地位也做了自己的认识和判断。

饶宗颐在其《文心雕龙》研究过程中，对魏晋文献曾做了系统梳理。当他看到梁昭明太子萧统在《文选·序》曾言："画像则赞兴"，而李充《翰林论》佚文又有："容像图而赞立，宜使词简而义正，孔融之赞扬公，亦其义也"（《全晋文》五十三）的说法，他敏锐地意识到，汉代直至魏晋的画赞勃兴跟图像的兴盛有很大关系。饶宗颐以《汉书·杨恽传》、《魏都赋》（左思）等材料为证，说明两汉以来直至魏晋，宫殿画像风气相当浓厚；又根据晋顾恺之《论画》《三国志·蜀志·诸葛亮传》裴注引《襄阳记》及《后汉书·延笃传》等材料，说明当时地方图形立庙的风气也很兴盛。由此说明，两汉以来，无论朝廷还是地方，画像风气甚为浓厚。并特举东汉明帝、灵帝时期来表明当时画像流行的程度，以及对画赞的影响。

东汉明帝好画，唐代张彦远的《历代名画记》载有明帝画《宫图》五十卷，起首为包牺氏，五十杂画赞。称其"雅好图画，别立画官，诏博洽之士班固贾逵辈，取诸经史事，命尚方画工图画，谓之画赞。至陈思王曹植为赞传"。灵帝更好书画，《太平御览》卷七五引孙畅之《述画》云："汉灵帝诏蔡邕图赤泉侯杨喜五世将相形象于省中，诏邕为赞，仍令自书之。"汉光和元年置鸿都门学，画孔子及七十二弟子像，刘旦、杨鲁为当时画手，画于鸿都学。"初，帝好学，自造皇羲篇五十章，因引诸生能为文赋者。本颇以经学相招，后诸为尺牍及工书鸟篆者，皆加引召，遂至数十人……待制鸿都门下。……邕上封事曰：……夫书画辞赋，才之小者，匡国理政，未有其能"。（《后汉书·蔡邕传》）似乎灵帝朝纲不振，约束松弛，和最高统治者喜爱绘事很有关系。

另外，饶宗颐又从历代古文献记载目录中寻找到了两汉至魏晋画赞写作极盛的证据：第一，从《隋书·经籍志》所著目录便可得知；第二，晋初荀勖为中书监，根据魏郑默所著《中经》，写有《新簿》一书，该书分甲乙丙丁四部，其丁部所收作品，分诗、赋、图赞及汲书，这里图赞同诗、赋等艺术门类并列，显然它是图赞获得独立的证据；第三，刘宋初期，便有书赞一类作品结集，如《隋志》有《赞集》五卷，谢庄撰。根据这些文献记载事实，饶宗颐得出一个重要结论：

此类画赞，乃一新兴文体，自东汉至晋，浸已流行成为一时风尚，所谓画像则赞兴，诚为不刊之事实。在西汉盛行的文体是赋，而东汉盛行的文体却是赞，这一事实，谈文学史者，是不应该加以忽视的。①

在此基础上，饶宗颐认为刘勰《文心雕龙·颂赞篇》对于赞体的文学史地位的认识和判断是有偏颇的。饶宗颐批评刘勰："不知东汉以来，画赞流行，实已蔚为大国。故苟以图赞与诗赋等量齐观。赞是东汉后的时髦文体，且极富实用价值，何得目为'致用盖寡'？"②

不过，我们这里要补充的是，刘勰对于赞体的认识也并非一无所取。既然画赞是因画像而兴盛的，又画像尤其是列图人物，善恶有别，因此画赞所表达的内容也就可能含有褒扬和贬抑，正如刘勰所说："及景纯注《雅》，动植必赞，义兼善恶，亦犹颂之变耳"（《文心雕龙·颂赞篇》），这与后世运用赞体一味地颂扬对象还是有明显区别的。

综合来看，关于两汉直至魏晋史传、赞体与图像的关系，饶宗颐是这样看待的：

既知先有人物画像，上面的题识，用韵语写成的便是"赞"，用散文记叙其生平即是"传"。列传之称"列"，原来都有序列、系列的意思。战国时，汲冢已出画赞式的图诗。司马相如赞荆轲，司马迁又为荆轲立传，列于刺客，但他本是侧于列士图之列的。列传与列画的关系，对于中国史学史和中国绘画史，是极重要的问题；而画像与赞体的相互关系，正是其中关键之所在，而向来不为人所注意。所谓"画诗"，原即为"画赞"，虽属于"题画文学"，但在性

---

① 饶宗颐：《文选序"画像则赞兴"说》，见《画𩑛——国画史论集》，时报文化出版企业有限公司1993年版，第89页
② 同上书，第90页。

质上却不同于后世的"题画诗"。①

## 结　语

当前在文艺理论研究领域，由于受国内外视觉文化研究的推动以及文艺学自身学术研究范式变革的要求，"语—图"关系这一命题开始凸显。2001年，《江苏社会科学》集中编发了周宪、朱存明、包兆会等学者文章，对视觉文化的历史性描述、视觉文化与人的生存、景象的经济学、速度对看的影响，以及文学抵抗视觉文化霸权的可能性等问题，做了初步探索；随后，高建平、吴昊、邹广胜等学者纷纷撰文，在梳理了中外文艺理论史上有关文学与图像关系论述的基础上，对当前文学在视觉文化影响下的未来走向，做了自己的判断和估计。综观国内外学者对"语—图"关系的探讨，其论述还比较多的停留在哲学、美学理论的描述和思辨的基础上，对"语—图"在中外文艺史生产与接受上的共生互文关系，还缺乏真正的历史文化还原，因此让人在感性上对"语—图"互文关系的认识还很模糊。在中国古典文学和艺术史研究方面，文艺史上的"语—图"互文关系比较集中于现在"诗画一律"或"书画同源"等传统命题的不断重复，很少有图像与其他文类关系探讨。一般的中国古典艺术史研究中，对于图像与画赞的关系，虽然也有提及，但那是把赞体作为诗来看待的，它是作为诗画结合萌芽的实例来征举的，而对于赞体在两汉直至魏晋南北朝的文学创作的巨大影响，可说还没有人认真清理过。至于列图与列传从题材、主题到表现形式等方面的相互影响，那是真正的罕有人提及。通过上文我们对饶宗颐汉代艺术史阐释途径的初步梳理，可以看出饶宗颐文化史研究视野下来考察艺术门类之间关系的必要性和可能性。饶宗颐对于古代艺术史的研究，由于自身的通识与博见，对于画像与列传及画赞的关系考论，确实发人之所未发，见人之所未见。而饶宗颐之所以能在汉代艺术史研究中能有如此洞见，跟其艺

---

① 饶宗颐：《文选序"画像则赞兴"说》，见《画颔——国画史论集》，时报文化出版企业有限公司1993年版，第91页。

史论研究中所运用的文化还原模式有关。文化还原研究模式,是一种远比以典籍互证为方法的古典考据学更为复杂多样的认识方式和学术思路,其目的不在于孤立地求证某一个艺术事实历史发生的情形,而是在于把一系列的艺术事实放在共同的历史文化语境中去考察,从而寻求艺术得以发生、发展的历史文化动因。饶宗颐对于画像与史传及画赞的考察和研究结论,即使我们看见了目前在艺术史和文学史的研究上的一些盲点和对艺术史实阐释的不足,也为我们在文化史大视野中,加强艺术史研究与文学史研究乃至与其他人文学科研究的关联,开辟了广阔的研究前景。这就是我们今天对饶宗颐古代艺术史研究之研究的当代意义所在。

# 论饶宗颐艺术史论的文化精神

## ——以《画𩔈——国画史论集》探论为中心

### 郭景华

## 引 言

饶宗颐（1917—2018），粤籍香港著名学者、艺术家。饶宗颐长期潜心致力于中国传统学术研究，其治学领域十分广泛，涉及了文、史、哲、艺各领域，而且在其涉足的每一研究领域均成就斐然。中山大学历史系姜伯勤教授曾撰文高度评价饶宗颐在传统学术研究上的继承、开拓与首创精神，从19个方面指出了饶氏学术研究的着人先鞭①。并从学术谱系角度，概述了饶宗颐学术的渊源，从敦煌学、甲骨学、词学、史学、目录学、楚辞学、考古学及金石学、书画八个学科门类论述了饶宗颐治学

---

① 姜伯勤：《从学术源流论饶宗颐先生的治学风格》，收入《论饶宗颐》［郑炜明编：《论饶宗颐》，生活·读书·新知三联书店（香港）有限公司1995年版］。姜氏总结的饶宗颐学术19个方面独特贡献为：1. 目录学上，率先编词的目录，青年时即著有《词籍考》；2. 率先编写《楚辞书录》；3. 楚画研究的先行者；4. 研究敦煌本《老子想尔注》的第一人；5. 率先把印度河谷图形文字介绍到中国；6. 第一位翻译、介绍、研究《近东开辟史诗》的中国学者；7. 第一个研究《日书》；8. 第一位研究楚辞新资料唐勒所作赋的学者；9. 率先编著《殷代贞卜人物通考》；10. 首治楚帛书；11. 首次辑《全明词》；12. 首次编录星马华文碑刻，开海外金石学先河；13. 首研敦煌白画；14. 首次整理出版《敦煌书法丛刊》29册；15. 首论南诏禅灯系统；16. 比较文学中首先提出"发问文学"概念；17. 首先在汉字与诗学中研究形声字的美学作用；18. 首先以半坡等地陶符与中近东图形作比较；19. 在日本书道史上发现受隶书影响的一个特别的阶段。

特色。同时姜伯勤指出："然而，综观饶先生的全部学术，却应是一种分割不开的整体。其中贯穿着对中国文化精神的探求。"相对饶宗颐在敦煌学、甲骨学、简帛学、楚辞学方面的研究成果在海内外学术界的影响，其在中国古典艺术理论方面的理论建树光芒要暗淡一些，因此学界关注不多，但这并不意味着饶宗颐在中国古典艺术方面的阐释和理解在其学术研究之链条上是无关紧要的一环。1991年，饶宗颐的《文辙——文学史论集》一书出版[①]，他明确地在该书"小引"中说明此论文集是为"中国精神史探究之一"；1993年，《画𩕳——国画史论集》出版，[②]作为反映饶宗颐最重要的艺术史论成果，他又在其扉页上题为"中国精神史探究之二"。在20世纪的学术大家里，饶宗颐不是一个以哲学思辨擅长的学者，但他又绝不是一个没有自己的学术抱负和理想的学者。关于自己的学术旨趣和取径，饶宗颐曾有夫子般自道："念平生为学，喜以文化史方法，钩沈探赜，原始要终，上下求索，而力图其贯通。"[③]由此可见，饶宗颐的艺术史研究的目标与其其他人文学科领域的研究一样，都是在为探究我们中华民族的精神史而预设的，我们也只有从这个方面去阐释、理解、把握饶宗颐的艺术史研究，才能比较贴近他的学术心灵，也才能领会他在海外学术追求的苦心孤诣，在此基础上，才能比较准确地考量他的中国艺术史研究意义。

20世纪以来，中国学者对于本民族传统艺术的研究基本沿着两种路向进行：一是运用西方（包括受西方影响的日本）的哲学、美学、艺术理论来进行整理、阐释中国古典艺术文献，这又大致可以分为两个阶段：上半叶受日语、德语写作的艺术理论影响较大，其中陈师曾、潘天寿、朱光潜、滕固、邓以蛰、宗白华等学者可以视为代表，康德、黑格尔、

---

① 饶宗颐著：《文辙——文学史论集》，学生书局1991年版。
② 饶宗颐著：《画𩕳——国画史论集》，时报文化出版企业有限公司1993年版。后以《画𩕳新编》收入《饶宗颐二十世纪学术文集》卷十三艺术（上），中国人民大学出版社2009年版。
③ 饶宗颐：《文辙·小引》，饶宗颐著《文辙——文学史论集》，台湾学生书局1991年版。

沃尔夫林等人理论风行一时;[1] 下半叶则是在新时期"文化热""方法热"的学术背景中,在再次接续、巩固、强化上半叶就已经引进的一些艺术理论的同时,又大力译介了以英美学者后现代文化理论为代表的西方学术资源,受此影响的学者不胜枚举,一度曾造成中国学术界思想的大震荡,被人惊呼为中国学界的理论"失语"。二是承继清代学术传统的研究路向,这是非主流、被边缘化的一种研究路向,学者不多,早期有启功、童书业,后期有阮璞。[2] 这些学者,立足自己民族文化传统,充分运用各类古文献(包括画史资料),考证、还原着中国古典艺术史原貌,从而厘清了中国艺术史研究中一些似是而非的命题、观点,[3] 这些学者的艺术史的研究方法,可称为传统的历史考据法。从饶宗颐的学术渊源和古典艺术批评实践来看,饶氏无疑也是继承了明清以来的朴学研究学术传统,但学术上的超人禀赋和频繁的海外汉学交流语境,却使饶宗颐的古典艺术阐释在很大程度上克服了上述两种古典艺术研究路向的局限,逐渐形成了以实证与诠释参伍以求、交互为用的古典艺术阐释原则和方法。同时,饶宗颐的古典艺术史论,某种程度上也彰显了其一贯的文化精神。

---

[1] 现在学界一般都认为,在中国美术学科初创时期,即20世纪二三十年代的美术史、绘画史写作,受日本学者影响很大,如陈师曾、潘天寿等人的画史著作。见而朱光潜、宗白华、滕固的德国学术背景更是为学界众所周知。

[2] 阮璞于《画学丛证》"自序"中谓:"余治美术史,致力于中国画学研究,颇有取于清代考据学家无证不信之治学方法。盖缘深有慨乎自晚明以迄清末,画学著述全由'文人画派'文人秉笔为之,坐此而明清文人一种束书不观、游谈无根、玄言相煽、实学尽捐之恶习,遂由其所作、所编、所诠释、所点窜之画学著述,周遍浸润于举世画学学风之中,其影响所及,至今尚犹荧荧惑视听,为害甚烈。故余不得已而乞灵于考据学家之征实学风,庶几以实救虚,对症投药,或者于今日画学界不为无裨乎?"阮璞:《画学丛证》,上海书画出版社1998年版。

[3] 例如,启功、童书业等人对传统"文人画""南北宗"概念的清理和批判;阮璞对历来美学史中的一些命题如:"中国诗画中表现的空间意识""作画称'写'高于称'画'""宋代画学以古人诗句命题试士""咏画题画诗中之意即是画中之意"等都做了详尽考证和解说,澄清了一些似是而非的观念。分别参见张连、古原宏伸编《文人画与南北宗论文汇编》,上海书画出版社1989年版;阮璞《画学丛证》,上海书画出版社1998年版。

一

　　当今史学界有学者断言："今日史家所重视的早已不仅是材料的真伪和完整，而是要考察材料在何种情形下因何目的并经何途径怎样留存下来，以及这样留存下来的材料在多大程度上能使后人了解或认识到历史事物的'真实'发生发展过程。越来越多的史家已在反省研究者本身的生活经历、文化背景以及意识形态等对研究的影响。"[1]如果说这一论断多少反映了一般史学研究的现状的话，那么，这一断言对于艺术史研究领域却是不适合的。正如有美术史学者所言："在漫长的历史过程中，中国美术积累了浩瀚的书画史论等文献材料，但是客观地说，具有科学意义的中国美术史学在当代还是一个新的学科，它还处在一个探索的阶段。"[2]饶宗颐也认为："近年大量丰富的出土文物，使古史景象完全改观。我们不能不正视历史的真实面貌。以前对于古史的看法，是把时间尽量拉后，空间尽量缩小。我们不能再接受那些的理论。"[3]

　　在中国古典艺术史研究领域，由于中国正史对于绘画艺术的偏见，所以对艺术史上的艺术家及其作品，大都没有留下记载，即使是那些在正史中有所记载的艺术家，一般也是因为事功而被载于史册，史臣对他们的艺术事迹的叙述往往是只言片语，顺笔带过；甚至一些在艺术史上声名显赫的大画家的生平事迹也只能在小说、笔记、野史等材料中寻得一鳞半爪的信息。[4] 中国艺术史上的艺术家及其作品资料，幸得一些文人雅士的收集、整理，留存于今可得一观，但是由于著述缺乏规范，大多冗沉不堪卒读。而历史上的艺术品，由于毁损、迁移、临摹、改制等原因，对于我们当下去追究艺术品创造的原初意义、理解艺术主体当时的

---

[1] 罗志田：《20世纪的中国：学术与社会（史学卷）》"编序"，见罗志田主编《20世纪的中国：学术与社会（史学卷）》，山东人民出版社2001年版，第20页。
[2] 李青著：《艺术文化史论考辨》，三秦出版社2007年版，第132页。
[3] 饶宗颐：《论古史的重建》，《梨俱预流果——解读饶宗颐》，广东高等教育出版社2006年版，第71页。
[4] 参见严善錞《文人与画——正史与小说中的画家》，江苏教育出版社2005年版。

审美趣味，造成了相当障碍。因此，运用各种实证材料对艺术品进行文化的还原，才能理解艺术品所承载的历史的、审美的含义。真正学术意义上的艺术史研究领域的文化还原，不仅要尽量还原艺术品原初的风格、形式，还必须追究它得以生成的具体历史语境，必须在特定的历史情境中去把握艺术主体产生某件或一组艺术品的思想状态、文化立场、审美趣味，才能理解他在绘画中所采取的视觉形式及构图方式，因为"艺术家的倾向是看到他要画的东西，而不是画他所看到的东西"[1]。艺术家这种总是能动地选取他所愿意采用的视觉形式去表现对象的创作倾向，使得后来的研究者只能在对创作者持"了解之同情"时，才能与之进行对话，准确地评鉴其艺术作品。对于20世纪以来的历史研究路向，饶宗颐曾发表了如下看法：

> 有些未来主义者，着眼于将来，热情去追求他所虚构的理想。其实，如果对过去没有充分清楚的认识，所得到的，徒然是空中楼阁。"未来"必须建筑在"过去"历史的基础之上；否则，所有的虚拟假设，其目标与方向，往往是不正确的误导。反思过去史学界，从洋务运动以后，屡次出现这种过失，不免患了幼稚病。所有新与旧之争，伪经、疑古之争，本位文化与全盘西化之争，都是走许多冤枉路的。回头是岸，现在是纳入正轨的时候了。[2]

正是出于这种历史研究方法论的反思，饶宗颐认为，在历史研究的方法和态度上：

> 我们要避免使用一套外来的不切实际的理论去堆砌主观架构，来强行套入，作出未能惬心餍理的解说，这是懒惰学究的陈腐方法。我们亦要避免使用旧的口号，像"大胆假设"之类，先入为主地去

---

[1] [英] E. H. 贡布里希：《艺术与错觉——图画再现的心理学研究》，林夕等译，浙江摄影出版社1987年版，第101页。

[2] 饶宗颐：《论古史的重建》，《梨俱预流果——解读饶宗颐》，广东高等教育出版社2006年版，第70页。

作一些"无的放矢"的揣测工夫，这是一种浪费。总而言之，我们要实事求是，认真去认识历史。①

作为广泛意义上历史研究的一种延伸，饶宗颐的古典艺术史研究，同样非常注意围绕研究对象，对牵涉研究对象的一系列实物材料进行文化还原。大体而言，在其上古艺术研究中，由于传世艺术文献严重不足，饶宗颐比较充分注意利用他所能见到的地下遗物，甚至有时完全依靠分析地下遗物图像得出自己的结论。例如，在《中国绘画的起源》② 一文中，饶宗颐充分利用了近代考古发掘出土的大量骨器、铜器、漆器、帛画资料，尽量给我们复原了中国早期艺术发展的风貌和特色；在《楚绘画四论》③ 一文中，地下文物与地上文献并举，有力揭示了此一时期各艺术门类相互影响的事实，如楚辞写作和绘画、雕塑的关系。在传世文献相对充裕的元明艺术史阶段，他比较重视对于各种相关传世文献材料的收集、比勘、整理、综合，因此解决了艺术史上许多疑难点，如运用正史、诗人别集、笔记、画史、题跋、方志、佛典、道藏等材料，对元明画家的生平、思想、交游进行了考证，从而为我们还原了一系列画家的生活史和心态史④。在《读渐江画随记》一文里，饶宗颐根据美国哈佛大学 Foog 美术馆藏一幅龚贤山水的题记⑤，考得清初画坛已有"天都"一派的称呼，这个派别的领袖人物就是程嘉燧，其人比渐江大四十余岁，

---

① 《饶宗颐20世纪学术文集》卷一，第7—8页。
② 饶宗颐：《中国绘画的起源》，《饶宗颐二十世纪学术文集》卷十三艺术（上），中国人民大学出版社2009年版。
③ 饶宗颐：《楚绘画四论》，《饶宗颐二十世纪学术文集》卷十三艺术（上），中国人民大学出版社2009年版。
④ 这类研究论文可见《李结云溪渔社图及其题识有关问题研究》《黄大痴二三事》《墨竹画僧方厓考》《读渐江画随记》《至乐楼藏八大山人山水册及其相关问题》《淮安明墓出土的张天师画》《张大风及其家世》《谈李云甫的家世》《方以智之画论》等，这些论文均收入《画𬳵》。
⑤ 该幅山水题记云："孟阳开天都一派。至周生始气足力大。孟阳似云林，周生似石田仿云林。孟阳程姓名嘉燧；周生李姓名永昌，俱天都人。后来之方式玉、王尊素、僧渐江、吴观岱、汪无端、孙无益、程穆倩、查二瞻，又皆学此二人者也。诸君子并皆天都人，故曰天都派。"引自《读渐江画随记》，《画𬳵》，第559页。

习画以倪瓒为宗，他很赏识渐江及其绘画，于是经常在渐江画上给以题跋，并作高度评价。渐江受程嘉燧影响，画风也朝疏简一路发展。据此可以判断，近世画史家把渐江推为黄山派的开创者是不确切的，渐江只不过是这一派中成就最特出者罢了。由此而进，饶宗颐又引诸同时画人评价①，点出渐江在绘画上"以文心开辟"的独创性。从而让我们更加深切地理解了渐江这位明亡前曾"读五经，习举子业"的画僧及其艺术，而像渐江这样先习儒业，然后因为家国剧变而寄迹于山水者是很多的，这样以小见大，通过渐江，我们可以稍稍领略一代儒生在异族入主中原时的复杂"心史"。

又如《至乐楼藏八大山人山水册及其相关问题》一文，主要探讨的是八大卖画与程京萼的（经学家程廷祚之父）关系及二人跟其他文人、画家交游的问题②。由此文之考证，可知世称程京萼为"真隐"乃是名不虚传。程京萼与八大，在明清之际，彼此投契，惺惺相惜。他们之间的这种交游，不过是明清之际广大遗民思想、生活状态的一种缩影。明清之际那些真正以遗民气节自居者，是能够安贫固穷，不改其志，并彼此在交往中相互砥砺、扶持的③。饶宗颐通过八大交游而引出的遗民画家普遍因为经历相近、志趣相似而彼此扶持者，可谓为明清之际文人交往的一个值得频频回首的话题。

另外，针对艺术史研究对象的特殊性质，饶宗颐在自己的艺术史研究过程中，一般均以实物作为立论基础，引出话题。例如，在上古艺术史研究中，就以楚墓出土帛画为出发点，考察了楚辞学及楚文化；对于黄公望、八大及其他晚明画家作品与理论的研究，都是充分利用了当时所能见到的公私收藏。当然，最为人所称道的就是他利用巴黎博物馆所藏敦煌书卷来研究敦煌白画。有学者如此评论说："总的来看，饶宗颐

---

① 程邃："吾乡画学正脉，以文心开辟，渐江称独步。"（《黄山山水册》跋）
② 饶宗颐：《至乐楼藏八大山人山水册及其相关问题》，《画𩒹》，第443—451页。
③ 据《清史稿》列传二百八十八，"遗逸二"载：（徐枋）卒，以贫不能葬。一日，有高士从武林来吊，请任窆穸，其人亦贫，而特工篆、隶，乃赁居郡中。鬻字以庀葬具，只得百钱。积两年，乃克葬枋于青芝山下，而以羡归其家。语之曰："吾欲称贷富家，惧先生吐之，故劳吾腕，知先生所心许也。"葬毕即去，不言名氏。或有识之者，曰："此山阴戴易也！"

《敦煌白画》一书所取得的成绩是空前的,其对敦煌白画之研究,既有简明扼要的概念分析,又有全面详尽的内容介绍,更有深入细致的技法探讨,代表着目前敦煌白画研究的新水平。"①

## 二

饶宗颐在其艺术史批评实践过程中,由于经常关注中国考古学界的考古发现和研究进展,并把考古学界及史学界对于考古发掘、发现及研究的成果积极运用到自己的学术研究中去,同时又很重视纸上文献的整理和挖掘。这种充分利用地下材料和地上文献相结合的研究方法,直接促成了其艺术史研究格局的异常宏阔,加上他融通的视角与文化比较的方法,因此进入他研究视野的艺术史研究资料就极为丰富,通过对这些研究材料的溯源式追究,由此及彼,左右逢源,由此而来,也就对艺术史研究材料作了很大的开进。不仅大大延伸了中国的艺术史研究上限,即使在海内外艺术史学者已经展开广泛研究的元明清绘画及其理论,也作了极大的精深拓展。例如,海外汉学家通过对元明清绘画的研究,就有如下看法:

> 传统中国绘画的表现手法虽然丰富多彩,但主题范围却比西方狭窄的多。西方艺术家所描述的主题五花八门,略举几例来说:战争、多种形式的暴力、死亡、城市景象、生活阴暗面、裸体等等。这些东西作为绘画主题在中国画家的笔下都是不可思议的(有极少数例外)。描述这类事物并不是他们绘画的目的所在。②

事实上,通过饶宗颐及其他学者的研究,其实中国早期绘画对于战争、死亡主题的表现还是丰富的,至于元明清文人画对这些主题的摒弃,

---

① 林家平、宁强、罗华庆:《中国敦煌学史》,北京语言学院出版社1992年版,第677页。
② [美] 迈克尔·苏立文(Michael Sullivan):《中国艺术及其对西方的影响》,罗溥洛《美国学者论中国文化》(*Heritage of China*),包伟民、陈晓燕译,中国广播电视出版社1994年版,第266页。

只能从中国审美文化的嬗变这个角度去理解：宋元以后的中国的文人，对于战争、死亡这些社会重大主题，似乎大都留给了诗歌，而对于主体在非常岁月的心灵感伤，却大多都留给了词与画①。因此，对于元明清文人画的价值，如果单纯从题材、主题的表现是否丰富去判定其历史价值和审美价值的高下，也就真的多少有些隔膜。

具体来说，在对传统艺术史料的开拓上，如果说饶宗颐早期的艺术源头研究还比较多地停留在对地下考古文物的发现和研究成果的借鉴上，那么在近古元明清绘画艺术的研究中，他则针对文人画成为主流，传世的名家作品较多，名作在流传裒藏中迭经历代画家传摹，画家在朝代兴替中的身世浮沉，画家皈依宗教对于主体绘画思想的影响等这些重要艺术史实，充分利用公私收藏，从作品入手，以题跋与文献和作品互证，并运用文化史、思想史、佛教史、道教史的广泛学识和方方面面的文献载籍，因画及人地研究画家个案，无论道徒文人画、禅僧文人画，还是士夫文人画，他都从生活方式、老庄思想、禅宗思想、诗词书画方面去深入，知人论世地揭示出特殊时代的画论思想与绘画风气，时出精彩之论，绝去无根之谈，为重建历史的真实，钩沉历史的内在联系，探讨画法笔墨发展，做出了引人注目的建树。如此这些，也就大大突破了以前艺术史研究比较集中在元明清文人画，以画论、作品风格、技巧分析为探讨重点的研究路向，而这一切学术成果的取得，又同他对艺术史材料的拓展和丰厚的学术积累分不开。例如，在《黄公望及富春山居图》一文中，饶宗颐并没有像常规的艺术史研究那样，对元末社会政治、经济、文化状况作普通的背景介绍，而是在对黄公望生平考证基础上，直接引出黄公望与当时全真教的关系，并通过考索同时人的一些诗、文、画跋

---

① 有论者这样断言："明末清初的百十年，也是中国历史上较为动荡的年头，发生了不少惊天动地的历史事件，其中更有着一些戏剧性的变化，但令人奇怪的是，这个时期反映现实政治的作品几乎没有。……笔者本来认为，长期以来的绘画政治教育功能的丧失应在此种阶段、此一群体的绘画中得以申明，但，事实是在那样一个大变革的时代，竟然没有留下什么现实场面的绘画，也实在是可惜！"（付阳华：《明遗民画家研究》，第138页）笔者认为，明遗民画家重大现实题材的缺乏，可能至少出于两个原因：其一，清初文网密织，即有或也可能遭到毁损；其二，明遗民画家写意笔法对于表现此重大题材、展现恢宏场面尚有困难。事实上，关于明末清初重大民族蒙难史实，许多文人的诗歌、笔记、野史都有些或隐或显的记载。

以及文人间的交游,抉发出了当时"三教合流"思想对元末文人的巨大影响,进而从思想文化层面上揭示出以"四大家"为首的元代文人画创作之所以被后世当作典范的动因;而在晚明以八大山人、龚贤为中心的画家个案研究中,饶宗颐先是以深厚的佛学知识素养对八大禅画的思想渊源、题字、构图技巧等作了引人入胜的解读,这是历来八大研究史上从"俗谛"到"道谛"阐释的又一大飞跃,发人深省之处颇多;而其对龚贤的研究,则重点以龚贤具有拨乱反正性质的绘画流派、品第理论立论,其主旨在于探讨明清之际画坛的审美趣味和品评风尚,这在晚明"南北宗"绘画理论几成陈词滥调的批评现状中,确实别具只眼,但又不是故作惊人之论,而是大有深意,由此深入扩展,确实能够让人感觉到明清之际文人心态的一些转捩信息。

## 三

钱穆曾经指出:"近人治学,都知注重材料与方法。但做学问,当知先应有一番意义。意义不同,则所采用之材料与其运用材料之方法,亦将随而不同。即如历史,材料无穷,若使治史者没有先决定一番意义,专一注重在方法上,专用一套方法来驾驭此无穷之材料,将使历史研究漫无止境,而亦更无意义可言。黄茅白苇,一望皆是,虽是材料不同,而实使人不免有陈陈相因之感。……研究历史,所最应注意者,乃为在此历史背后所蕴藏而完成之文化。历史乃其外表,文化则是其内容。"①近代画学大家于中国艺术史之研究,很少有不用文化史眼光看待艺术史者,盖自近代以来,中、西、古、今文化之比较态势使然。在早期绘画史撰写中,艺术史家非常注重从绘画与其他文化因素相互影响、互动去判定各个时期的绘画总体风貌,如20世纪二三十年代,潘天寿、郑午昌就在他们的绘画史写作中,把绘画的发展分为实用时期、礼教化时期、

---

① 钱穆:《中国历史研究法·序》,台湾东大图书公司1978年版。

宗教化时期、文学化时期四个阶段。① 作为思想史家的徐复观则作了如此论断："中国艺术精神的自觉，主要是表现在绘画与文学两方面，而绘画又是庄学的'独生子'。"② 饶宗颐在《画𩕄》③ 篇首"小引"中云：

> 昔圜悟禅师拈语略云："至简至易，往还千圣顶𩕄头。弹指圆成八万门，一超直入如来地。"严沧浪论诗，截断众流，亦云："此乃是从顶𩕄上做来。"诗家得力于是，以之论画，何独不然。熟读禅灯之文，于书画关挶，自能参透，得活用之妙。以禅通艺，开无数法门。董香光之"小中见大"、八大之"八还"，取自《楞严》，均见其证也。④

显然，饶宗颐是比较欣赏那种"一超直入如来地""截断众流"的艺术批评方式的，严沧浪的"以禅喻诗"，董其昌的"以禅喻画"，说明中国的诗画意义，超越形式之外，文人之画，更不宜以形式批评简单处理，文人画形式背后，自有一番大自在。中国文人画，是传统文人把文化消融于美的创造，因此不把握中国传统文化在历史河流的演进，不理解这种文化演进对于艺术家的影响，而仅仅只是从艺术技巧、风格等形式方面去理解，那就只能了解艺术的皮相。"艺术之所以能超越历史，正由于它投身于历史之中。因此，如果对艺术家的历史环境没有全面的了解，那么想从批评的角度去理解他的创造性是不可能的。"⑤ 囿于艺术史本身对绘画作品或画论的简单罗列，将之从文化史之中剥离出来进行"提纯"

---

① 郑午昌、潘天寿的四阶段具体时段划分差别不大。郑的实用时期为史前初民绘画，礼教化为唐虞三代秦汉；宗教化为汉末至唐宋；文学化为元明清；潘只是把文学化开始向前推进到两宋。郑午昌同时还指出，此四时期之划分，并非绝对，其间互有出入，大抵就与绘画之进展或直接或间接发生影响及效力而比较重要者言。见郑午昌《中国画学全史》，东方出版中心2008年版，第3页；潘天寿《中国绘画史》，上海人民美术出版社1983年版，第3页。
② 徐复观：《中国艺术精神》"自序"，广西师范大学出版社2007年版。
③ 饶宗颐：《画𩕄——国画史论集》，时报文化出版企业有限公司1993年版。该书基本收罗了饶宗颐20世纪50年代至80年代所有重要国画史论方面的论文。
④ 饶宗颐：《画𩕄·小引》，《画𩕄——国画史论集》，第6页。
⑤ ［意］里奥奈罗·文杜里著：《西方艺术批评史》，迟轲译，江苏教育出版社2005年版，第239页。

研究，虽然在叙事上简洁明快，但对于艺术精神实质的把握则大打折扣，以图像为线索的艺术史书写虽然也满足了"读图时代"的审美饥渴，但是它只能是本质表象的历史，充其量只呈现了"是什么"的问题，而不回答"何以是"的提问。割断艺术本身得以生成的历史文化逻辑，从表象至表象寻找回答艺术史疑问注定只能是缘木求鱼，徒劳无功。而且，由于要从历史文化逻辑演进之因中寻找艺术史现象的逻辑之果，任何现代学科的分类都只会使研究的视野蔽于一隅，甚至还干扰着正常研究思路的视线，因此，打破学科分类，对艺术史作多维的文化透视，就成为必然选择的研究进路。饶宗颐正是认识到这一点，所以他在研究对象的时候，能够把相关的各种艺术研究史料彼此打通、融合，并不断突破艺术史和其他人文学科之间的阀域，融会贯通。运用文化史的眼光来观察、考量艺术史中的艺术家、艺术品及艺术现象，可以使这些研究对象获得一种丰厚的阐释文化背景。正是借助于这种会通的视野，各个研究史料之间建立起了有机的联系，相互阐发，不断激发、拓展着意义的空间。从文化史的眼光出发，我们看到，一定时期的艺术家的思想及其创作自身不能突破自己的历史局限和思想局限，即使在某个特定时期出现一些带有先锋性的艺术家，可能突破陈陈相因的艺术创作规范，但是毕竟不会有很大的普适性，对于我们全面理解一定历史时期的时代精神和艺术精神，并没有造成审美判断上的颠覆性影响。

　　饶宗颐之所以有这样一种研究视野和眼光，这同他的文化史学家有关，与其对"史理学"追求有关。"'史理学'就是贯穿历史事实中的道理，我早年读书的时候，就有这么一种感觉，一个国家精神的维系，不光光是知识的东西，还有一个理。知识只是一些拉杂的学问，'理'才是其中的精要。在史学中，就是要讲'史理'。"[1] 中国的古代史学，是讲史理的，如对正统论、对正朔的区分等。因此，饶宗颐的学术，尽管境域异常阔大，但绝无枝蔓繁复之感。作为一般历史研究的方法论，饶宗颐的艺术史研究中当然也贯穿着追求"史理"的目标。尽管饶氏治学的看家本领之一就是考据学，尽管他的艺术史研究当中实现了对传统考

---

[1] 周少川：《治史论学六十年——饶宗颐教授访谈录》，《史学史研究》1995年第1期。

据方法的突破，采用"多重证据法"，从而获得了对于艺术史一系列经典知识的确立，但显然这不是饶宗颐艺术史研究的最终目标，他的最终目标是，运用文化史的眼光，以中国精神之考索为最终鹄的。而要追索古人的"心"，阐释的手段是必不可少的。余英时曾认为，要"知古人之言"，"见古人之心"，"惟以实证与诠释参伍以求、交互为用"，方能克服阐释中的"凭空逞意"①，饶宗颐的艺术史研究，正是采用实证与阐释相互结合的研究方法，不断拓宽艺术史研究境域，并通过对史料的考证和阐释，使自己采信的多重证据获得确证的同时也建立了生动的紧密联系，证据与证据之间相互阐发，也不断地突破研究主体的"先见"，从而超越了传统考据那种以孤立的经典知识获得为研究旨趣的朴学方法。

而艺术史研究的迹象表明，"我们可以看到比较固定的中国传统语汇是怎样像筛子一样只允许已有图式的那些特征进入画面。艺术家会被可以用他的惯用手法去描绘的那些母题所吸引。他审视风景时，那些能够成功地跟他业已掌握的图式相匹配的景象就会跃然而出，成为注意的中心。风格跟手段一样，也创造了一种心理定向，使得艺术家在四周的景色中寻找一些他能够描绘的方面。绘画是一种活动，所以艺术家的倾向是看到他要画的东西，而不是画他所看到的东西。"② 贡布里希卓有成效的艺术心理学研究表明，艺术家在对所要表现的对象选择上是有心理倾向的。而且中国宋元以来的艺术家在艺术图式选择上的强烈表现性、抒情性，更使追问艺术家的创造情境显得十分必要。正是在对艺术创作主体发问方式的意义的追问与理解中，我认为，饶宗颐对于艺术对象的阐释和研究，凸显出很强的现实针对性。正如我们前面所看到的那样，饶宗颐非常反对那种"先入为主"式的以某种理论架构去规范对象的阐释

---

① 余英时认为，清代以来之正统考证大抵以西方所谓实证方法为主体，"此盖与所考之对象有关。典章、文物、制度、事迹、年代之类皆历史之外在事象也。故必待证据坚明而后定献"。《方以智晚节考》可谓余英时实证与阐释相结合的典范之作，"本书所考者，则古人之心也……然清初遗民之隐语方式，因人因事而异，系统各别且与当时史事与古典传统皆密切相关，故又非凭空逞臆所能通解，惟以实证与诠释参伍以求、交互为用，庶几有以知古人之言，而见古人之心耳"。参见余英时《方以智晚节考》，生活·读书·新知三联书店2004年版，第3—4页。

② ［英］E.H. 贡布里希：《艺术与错觉——图画再现的心理学研究》，林夕等译，浙江摄影出版社1987年版，第101页。

行为，而是积极运用自己的学术积累，围绕艺术家主体的创作思想，对研究对象展开全方位的证据考索，并让所引用的材料相互印证、激发，在对所接触的材料进行分析、排比、归纳基础上，抽引出最后的研究结论。这样一来，即使我们对于饶宗颐在对具体材料的分析、总结、申发上所得出的结论或形成的观点，持有异议，但对其观点得以形成的那些考证材料或经典知识，我们如果要对同样问题进行追问的话，它（们）却早已构成我们在继续追问之途中不容回避的基础标识，正是借助于这些标识，我们迅速地进入文本视野，向文本提问，期望文本的回答；也以此标识为基础，我们和饶宗颐进行对话，理解着饶宗颐。

## 结　语

饶宗颐的艺术史研究，以文化史的眼光为探灯，以考证艺术主体创作思想为中心，以汇通的手法处理艺术对象，实现文、史、哲、艺的相互交融，彼此触发，给我们以强烈的历史整一性、连续性。这种对艺术史研究的连续性、整一性追求，显示出强烈的文化自觉、文化自省、文化认同的精神，在当代艺术史乃至整个学术史的研究，具有深刻的现实意义。

目前，在当前的美术史（含绘画史）研究与书写中，有一种受西方后现代文化影响很大的观点，也就是在美术史写作中，有些学者主张不要再去写那种上下数千年、东西几万里的中国美术史，因为这类宏观叙事不过是现代启蒙主义和进化论影响下的"民族国家"的神话，如果有人在"后现代"的今日继续追求这种历史叙事就不免会有民族沙文主义之嫌。持这种见解的学者因此以解构古代中国美术史为己任，在抛弃了宏观历史框架后着眼于对地方文化多样性的研究。这种主张，正如巫鸿所评论的：

> 但问题是"地方"的概念往往还是跳不出后人的眼光，而且一个四川就超过了英国和意大利的面积总和。因此"地方"仍然需要不断地解构，多样性的背后有着更多的多样性。其结果是最终抛弃一切晚出的和外部的历史文献，把观察和解释的框架牢牢限定为确切有据的考古材料。……以"文化多样性"全面否定历史连续性不

过是提供了另一种教条。否定的态度越激烈,其本身的意识形态也就越为明显;因为排除其他学术的学术最终不免成为权力的工具。①

由此,巫鸿提出一种开放式的中国美术史研究,其有关美术史书写的"开"与"合"观念②,在我看来,饶宗颐的在上古史艺术史研究中,其"内向观"与"外向观"的文化研究视角,就已经包含有类似的因素;而在元明清文人画家的研究中,对于艺术作品的风格考察已经退居其次,其重点在于考察传统以儒、释、道主体为文化思想在具体的历史语境中究竟如何对艺术主体各自产生影响,以及这种影响又如何导致了艺术主体在特定时段对于艺术构图、作品品评诸方面的不同追求。

进一步说,饶宗颐艺术史研究中对于历史整一性、连续性的理解追求,并不是必然和历史多样性、断裂性的理解追求相矛盾。饶宗颐的艺术史研究实践业已表明,中国的艺术发展,在不同的历史阶段所呈现出来的面貌及其特质确实能是有一定差异的。况且,对于艺术文化多样性的探求,在当今学术研究的语境中应该是值得大力表彰的学术态度,尤其是在中国学术遭受到多年从上至下的意识形态控制之后,鼓励实证精神,重新发掘和解释历史证据,进行从下至上的逐级历史重构就显得弥足珍贵。但跟中国文化同西方文化分属于不同的文化系统而言,这些艺术史研究中的多样性追求只不过在中国独特的文化系统这个"大同"前提下的"小异",我想,中国艺术自身的系统也应该作如此理解,稍有点文艺常识的都知道,中国的古典艺术传统同西方的是有相当差别的,但在其内部,其连续性又是显而易见的,中国的艺术家基本上都是以复古为特色的,即使是那些在中国艺术史上最富有创造精神的艺术主体,也

---

① 巫鸿:《美术史十议》,生活·读书·新知三联书店2008年版,第66页。
② 据巫鸿的解释,"开放"有多种意义,可以是观察对象和研究方法的多元,也可以是对不同阐释概念和历史叙事模式的开发。因此在艺术史的叙事模式上采取"开"与"合"相结合的方式。作为一种历史叙事模式,"合"的意思就是要把中国美术史看成一个基本独立的体系,美术史家的任务就是追溯这个体系(或称"传统")的起源、沿革以及与中国内部政治、宗教、文化等体系的关系。相对而言,"开"则是对这种线性系统的打破,以超越中国的空间联系代替中国内部的时间延续作为首要的叙事框架。巫鸿:《美术史十议》,生活·读书·新知三联书店2008年版,第66—68页。

多半是扛着"以复古为革新"的旗帜。

　　因此，从当代中国学术独立、民族文化认同这些大处着眼，我也认为，对于艺术史的研究的历史连续性追求也是必要的。虽然整个 20 世纪上半叶的学者在其文化建构中充满功利性，但是这种功利性由于是同民族国家的文化认同紧密相连，其意义就在于，针对"天朝大国"及其文化体系崩溃的历史时刻，努力寻找人类一切有创造生命活力的文化，改造中国国民性，重新聚拢涣散的人心，正如费孝通所说："20 世纪前半叶中国思想的主流一直是围绕着民族认同和文化认同而发展的，以各种方式出现的有关中西文化的长期争论，归根到底只是一个问题，就是在西方文化的强烈冲击下，现代中国人究竟能不能继续保持原有的文化认同？还是必须向西方文化认同？"[①] 事实上，在人文学科研究中，要想排除价值判断几乎成为不可能。据一些学者介绍，当代西方学术主流已经走向文化研究，"'文化研究'已成为了一个全球范围的关于'后现代'和'后殖民'问题与理论之后的又一个时髦词藻"，"它所涉及的研究领域主要包括对文化本身的价值问题的探讨，对文化身份或文化认同的研究，对各种文化理论的反思和辨析，对传统的文学研究者所不屑的那些'亚文化'以及消费文化和大众传播媒介的考察和研究，以及对当今的后现代、后殖民、女性或女权主义的研究、区域研究、第三世界及少数民族话语的研究，等等"[②]。然而据另一些学者考察，这些文化研究的各种主张的背后，都有深刻的民族文化思想根源[③]，因此，对于有学者所宣称的人类文化已经由后现代走向"全球化"，我是一直有怀疑的。而对于学术

---

[①] 费孝通：《关于"文化自觉"的一些自白》，《群言》2003 年第 4 期。
[②] 王宁：《文化研究：今日西方学术的主流》，见王宁《超越后现代主义》，人民文学出版社 2002 年版，第 156、159 页。
[③] 例如，关于西方文化研究中"后殖民"问题，甘阳就认为，其比较深刻的问题原型实际上是欧洲 19 世纪的"犹太人问题"，而所谓的"犹太人问题"又是一个现代性的问题：法国大革命从政治上解放了犹太人，犹太人获得了公民权，但这种政治解放的代价是犹太人必须放弃其族群宗教身份，以"个人身份"成为现代欧洲的公民，即犹太人必须放弃自己的信仰，才能融入基督教主流社会。第一代犹太人接受了这种"文化同化"，但是自 19 世纪后期以来，新一代的犹太知识分子开始有了反抗这种"文化同化"的自觉，从卡夫卡、本雅明到德里达，都以这种文化反抗作为其思想特征。参见甘阳《古今中西之争》，生活·读书·新知三联书店 2006 年版，第 12—13 页。

独立的倡扬和民族文化秉性的维护，在今天也不是以"文化保守主义"的标签所能涵盖的。它应该被视为一种对民族文化之根的追寻，对一个国家、民族文化记忆的守护。我想，饶宗颐的古典艺术阐释的文化精神，也应作如是观。

# 饶宗颐《文心雕龙》研究述略

郭景华　魏丽娟

## 小　引

在当代学人中，香港学者饶宗颐被誉为"有家难归"的大学者和艺术家。"有家难归"，是因为饶宗颐的治学领域非常宽广，现代学科的划分已难让学界对其归类；同时，作为处于中西古今文化汇通潮流中的学人，饶宗颐对学问领域的发问和阐释的方法也是多种多样，让人难以归类。但对于饶宗颐的学术和研究方法，也不是没有线索可循，因为在学术旨趣和方法取径上，饶宗颐自有一番体会："念平生为学，喜以文化史方法，钩沈探赜，原始要终，上下求索，而力图其贯通。"[①] 20 世纪 50 年代，饶宗颐曾凭借自己深厚的佛学素养和精通梵文，以文化史比较的视野，对《文心雕龙》进行了别具只眼和卓有成效的研究，写下了《〈文心雕龙〉探源》《〈文心雕龙·原道篇〉疏》《〈文心雕龙·声律篇〉书后》《〈文心雕龙〉与〈阿毗昙心〉》《〈文心雕龙〉与佛教》《〈文心雕龙字义通释〉序》等论文[②]，并以此带动了香港学界的《文心雕龙》研究。关于饶宗颐《文心雕龙》的研究贡献，学界曾有如此评价："从香港、台湾两地的情况看，50 年代初期，在饶宗颐带动下，香港的《文心雕龙》

---

[①] 饶宗颐：《文辙——文学史论集》"小引"，学生书局 1991 年版。
[②] 《饶宗颐二十世纪学术文集·卷十一·文学·文辙新编》，中国人民大学出版社 2009 年版。

研究是比较活跃的。""五六十年代香港的《文心雕龙》研究是以饶宗颐为中心展开的。"①对饶宗颐《文心雕龙》研究情况进行梳理和探究，可以一窥饶宗颐古代文史研究的具体路径和实绩，并为当下的文艺史研究提供一定启示。

一

饶宗颐对《文心雕龙》的研究，首先关注的是刘勰的文学思想。在《〈文心雕龙〉探原》一文中，饶宗颐先是从《文心雕龙》文体分类之依据入手，探究刘勰文心发问的方式之由来，饶宗颐以为，"此类分体之总集，以宋初为最盛，谢灵运、谢庄致力尤勤，盖一时之风使然。指各体纂集之兴，各有所始：颂肇于王僧绰。箴铭始于张湛，论说则起于殷仲堪焉。僧祐对于碑文、杂祭文，并为专集。彦和寄食于僧祐，熏染所自，于文体辨析，易奏肤功，其时各体文既均有专集行世，疑有序引，可供采撷。如颜竣之书，且有例录，则论列亦非难事。是彦和此书上半部之侈陈文体。自非空说依傍，出自抒轴。其分类之法，乃依循前规，排比成编。加之仲洽《流别》，李充《翰林》，并有成书，矩镬俱在，自衣措手"。

饶宗颐认为，刘勰《文心雕龙》的写作意图，力主宗经，不只是在各种文体上考察与五经的渊源关系，还积极地从各种经书中区探索"文"的丰富意蕴，从而在此基础上建构一个庞大的文学理论体系。因此，"彦和之所谓文，乃继承孔子广义之'文'之观念，加以发扬；尤重视文学在社会生活中之地位与作用。此与齐、梁间以沉思翰藻始得为'文'之狭义文学观念，大异其趣。故其立论，不得不溯源于经典，而大倡'征圣'与'宗经'也"。"今观彦和之论文，盖承此一传统之文学观念而来。不独主'合文质'、'同德艺'，且'兼文武'，可谓为综合之广义文学观。如是之综合文学论，直以'文学'为'文化'。"

在具体的影响上，饶宗颐认为宗炳、颜延之等人思想对刘勰的文学

---

① 张少康等编：《文心雕龙研究史》，北京大学出版社2001年版，第218页。

思想影响较深,"宗炳《明佛论》,亦彦和《灭惑论》之先河也。""故非练神,无以臻其极挚。此宗炳言画,以畅神为先,彦和言文,亦以神思为结虑之司契,职是故耳。""其时文豪若颜延之,亦信奉佛法。考其文艺理论,与彦和实亦沆瀣一气。间曾论之,彦和之文艺思想,颇受颜延之之影响。"

对于刘勰文学见解与佛学的渊源,饶宗颐在《文心雕龙与佛教》一文中指出:"我们要知道谈论某些问题,切不可单从外表去观察,而应该从内在关系上着眼。因为《文心雕龙》的作者是个佛教徒,他有十年以上的佛学修养,所以当他写这部专门讨论文章的皇皇大著时,很可能运用他那经过佛学洗礼的头脑——佛学逻辑,来支配及组织他的文学材料;换句话说,是通过佛学的方法来表达他的文学见解,譬诸读自然科学的人,转变另一研究对象去谈文学写作时,他的头脑自会与一般纯粹由文学出身的人有些不同。如果从这些点去看刘勰的论著,那么,我们便可看出他那严密和精细的分析,是取资于佛氏的科条,来建立他的文章的轨则,在思想方法的运用上是受过佛教影响的。""六朝时候,正是中国和印度思想文化交流的一大际会,他这部名著正是在两种文化交流下关于修辞学及文学批评方面的伟大成就。""欲论《文心雕龙》一书与佛家的关系,应先明了刘氏本人与佛教因缘的历史和他对于佛教的著述。""定林寺经藏目录,现尚存,书名曰《出三藏记集》,凡分十五卷。题僧祐名,可能出勰之手,其中不少论文,可视为刘氏所作,或至少可代表他的意见。""我们从《出三藏记集》的目录,可以看出他对于内典有极广博的涉览和湛深的研讨。"另外,僧祐所编《弘明集》卷八收有刘勰《灭惑论》,为反对"三破论"所作,目的在于比较释道二家的优劣,对道教的神仙家、五斗米道等深加攻击。

此外,饶宗颐还论证了《文心雕龙》若干地方与佛学的关系:征圣的态度、《文心》的命名、全书的体例、带数法的运用。《文心雕龙》的修辞学也跟佛学有很大的关系,如《练字》《比兴》《章句》《声律》对"和""韵"等,"似是运用梵赞转声的方法来论汉土诗歌的音律。""所以《文心雕龙》一书,即以'原道'发端。虽然远法淮南,旁参许慎,可是直探心源,折中于一,正是他为学的根本态度"。

据此，饶宗颐认为，刘勰的文学批评的基本理论，可称为"神理说"。"第一篇《原道》云：'言之文也，天地之心哉……谁其尸之，亦神理而已。'又专立《神思》一题，冠宇笔术二十五篇之首。""以为心思出于神，强调'神'是作文的基本动力。这和他主张佛法练神之义正可互相发明。"刘氏的神理说有两个要点：一是神为文本。为文应该存神，和佛法应该练神同一道理，有神才能尽文章之妙。二是神与形别。

饶宗颐对于刘勰文学观研究的进路，应该说是与刘勰的《文心雕龙》写作意图相接近。对于《文心雕龙》的写作动机，刘勰曾说："详观近代之论文者多矣。至于魏文述典，陈思序书，应玚文论，陆机《文赋》，仲洽《流别》，宏度《翰林》，各照隅隙，鲜观衢路。……又君山、公榦之徒，吉甫、士龙之辈，汛议文意，往往间出，并未能振叶以寻根，观澜而索源。"（《文心雕龙·序志》）由此可见，刘勰立言的抱负是非常大的，这也决定了他对"文"的探讨绝非停留在一般文学层面。饶宗颐从魏晋时代文学思潮及宗教文化流播入手，较为信服地解决了刘勰的比较复杂的文学思想的渊源问题。

## 二

饶宗颐的《文心雕龙》研究，除了在总体上对刘勰的文学思想予以探讨，分析《文心雕龙》的生成和结构，还在具体的微观研究方面，也有不少值得措意之处。例如，饶宗颐对于《文心雕龙》文体的研究，就别具只眼，发人之所未发。饶宗颐的《文心雕龙》文体研究，具有这样一个特点，他不是直接针对刘勰的文体论专门进行的，而是从其他相关文献入手，迂回进行探究。南朝梁昭明太子萧统曾编了一部《文选》，并且还作了一篇序文。这篇序文在后世治中国文论史的学者的心目中地位很高，地位高不仅是因为这篇序文写得文采斐然，而且也因为《文选·序》里的文学观殊异于同代学人。在《文选·序》里，萧统明确地阐明了其选文的标准："事出于沉思，义归乎翰藻。"但饶宗颐却运用其文化史视野，发现在这篇序中，包含有重大的文学史和艺术史命题，那就是，在中古文学和艺术当中，由于共享一套文化系统，所以文学和艺术相互生发、激荡,互相建构。于是他从《文选·序》中独具慧眼地拈出"画像则赞兴"命题,以此入手,颇为集中地探讨了为一般艺术史和文学史研究者都忽略了的文艺史实,即在中国中古时期,画像、史传、画赞彼此之间从题材到技法,都有着强烈的互动影响。饶宗颐运用自己丰富的历史、文学、艺术、目录学等方面的知识,对赞体的源流演变进行文化史还原,对赞体在中古文学史乃至中国文学史地位做了自己的认识和判断,纠正了刘勰在《文心雕龙·颂赞》对赞体的一些偏颇的提法。

  饶宗颐是历史学家,曾经有段时期集中研究汉史,他曾经说过:"我对汉代历史很感兴趣,两《汉书》可以说是到了烂熟的地步。"[①] 饶宗颐在顾颉刚主持的《禹贡》研究时期,曾写过一部《新史》,想替王莽及其新朝翻案,最终还是在中国文化"正统论"的警示下,放弃了出版。其实,岂止是两汉史,举凡两汉直至隋唐文献,饶宗颐基本熟悉。正是因为有着这些雄厚的学术积累,当他读到萧统《文选·序》中的"画像则赞兴"的论述时,不由自主地联系到李充《翰林论》的相关论述。在李充《翰林论》中有这样一些语句:"'容像图而赞立',宜使词简而义正,孔融之赞扬公,亦其义也。"(《全晋文》五十三)广闻博记的饶宗颐马上意识到,汉代直至魏晋的画赞勃兴跟图像的兴盛有很大关系。于是,他以《汉书·杨恽传》、《魏都赋》(左思)等材料为证,说明两汉以来直至魏晋,宫殿画像风气相当浓厚;又根据晋顾恺之《论画》、《三国志·蜀志·诸葛亮传》裴注引《襄阳记》及《后汉书·延笃传》等材料,说明当时地方以"图形立庙"的风气也很兴盛。由此说明,两汉以来,无论朝廷还是地方,画像风气甚为浓厚。并特举东汉明帝、灵帝时期来表明当时画像流行的程度,以及对画赞的影响。《太平御览》卷七五引孙畅之《述画》云:"汉灵帝诏蔡邕图赤泉侯杨喜五世将相形象于省中,诏邕为赞,仍令自书之。"汉光和元年置鸿都门学,画孔子及七十二弟子像,刘旦、杨鲁为当时画手,画于鸿都学。"初,帝好学,自造皇羲篇五十章,因引诸生能为文赋者。本颇以经学相招,后诸为尺牍及工书鸟篆者,皆加引召,遂至数十人……待制鸿都门下。……邕上封事曰:……

---

[①] 周少川:《治史论学六十年——饶宗颐教授访谈录》,《史学史研究》1995年第1期。

夫书画辞赋，才之小者，匡国理政，未有其能。"(《后汉书·蔡邕传》)

在目录学运用方面，饶宗颐主要结合唐代张彦远的《历代名画记》的相关记载进行阐述。张彦远的《历代名画记》曾载有明帝画《宫图》五十卷，起首为包牺氏，五十杂画赞。称其"雅好图画，别立画官，诏博洽之士班固贾逵辈，取诸经史事，命尚方画工图画，谓之画赞。至陈思王曹植为赞传"。此外，饶宗颐又从历代古文献中几条找到了两汉至魏晋画赞写作极盛的证据：第一，从《隋书·经籍志》所著目录便可得知；第二，晋初荀勖为中书监，根据魏郑默所著《中经》，写有《新簿》一书，该书分甲乙丙丁四部，其丁部所收作品，分诗、赋、图赞及汲书，这里图赞同诗、赋等艺术门类并列，显然这可视为图赞获得独立的证据；第三，刘宋初期，就有书赞一类作品结集，如《隋志》有《赞集》五卷，谢庄撰。

根据上述历史文献和目录学上的记载，饶宗颐指出：

> 此类画赞，乃一新兴文体，自东汉至晋，浸已流行成为一时风尚，所谓画像则赞兴，诚为不刊之事实。在西汉盛行的文体是赋，而东汉盛行的文体却是赞，这一事实，谈文学史者，是不应该加以忽视的。①

在中国古代文学研究中，文体论研究一向是个薄弱环节。由于研究者视域的局限，有些文体在历史上的演变发展还未能为人所详细知晓，对其价值判断也就相应的出现失误，如对赞体，当代古代文学界就很少有较为系统的研究。事实上，对赞体的流传演变及其价值，至少在中国中古就有人关注，进行总结了。例如，刘勰的《文心雕龙·颂赞篇》。但饶宗颐对于刘勰对于赞体价值的判断是不满意的。刘勰在《文心雕龙·颂赞篇》中如此说赞体："发源虽远，而致用盖寡，大抵所归，其颂家之细条乎？"饶宗颐认为刘勰此处对赞体的文学史地位的认识和判断是有偏颇的。饶宗颐批评刘勰："不知东汉以来，画赞流行，实已蔚为大国。故

---

① 饶宗颐：《画𩒹——国画史论集》，时报文化出版企业有限公司1993年版，第89页。

荀勖以图赞与诗赋等量齐观。赞是东汉后的时髦文体,且极富实用价值,何得目为'致用盖寡'?"①我们说,饶宗颐对于刘勰赞体论的批评,是建立在比较缜密的研究基础之上的,比较有说服力,这也是对《文心雕龙》文体论研究的一种认识和补充。

但是我们也应该看到,刘勰对于赞体的认识也并非一无所取。从历史文献及目录学的记载看来,既然画赞是因画像而兴盛的,又画像尤其是列图人物,善恶有别,因此画赞所表达的内容也就可能含有褒扬和贬抑,正如刘勰所说,"及景纯注《雅》,动植必赞,义兼善恶,亦犹颂之变耳"(《文心雕龙·颂赞篇》),这与后世运用赞体一味地颂扬对象还是有明显区别的。这里,饶宗颐通过对"画赞"与"画诗"的渊源及其区别做了一定区分,这对于我们重新审视传统诗画的关系也具有一定启发。诗与画的区分,不仅仅是基于题材及表现技巧,还牵涉人与社会、自然及其本身的认识。关于对赞体价值的认识,我们还可以举出一点,即它与中古纯文学观形成的关系。饶宗颐曾于 1965 年写了一篇《〈后汉书〉论赞之价值》的文章。他根据文选序所言:"至于纪事之史,系年之书,所以褒贬是非,纪别异同,方之篇翰,亦已不同。若其赞论之综辑辞采,序述之错比文华,事出于沉思,义归乎翰藻,故与夫篇什,杂而集之。"认为《文选》不录经史之文,而独辟"史论""史述赞"二项,以采班(固)、范(晔)、干(宝)、沈(约)之篇。"此一破例之举,盖以史书中之论赞,'事'与'义'皆有足取也。范氏《狱中书》称'事尽于形','义牵其旨',萧序亦揭事与义二端。范自言其赞为文之'杰思',萧序则云出于'沉思',其说濡染于蔚宗,较然可见。向来论萧选者,恒以沉思翰藻二句,为全书选文之标准,不悟句中'若其'之'其'字,实单指史书而言,偏称、全称,可不甄辨乎?"这就揭出了一个文学史事实:萧选的"沉思翰藻"选文标准,原本是针对史书的论赞文而言,而不是后来文论史家们所言的整个《文选》选文标准。

当代的《文心雕龙》研究,文体论研究是一个很大的热点。综观各

---

① 饶宗颐:《〈后汉书〉论赞的价值》,见《饶宗颐二十世纪学术文集·卷十一·文学》,写于 1965 年 3 月,原载《中国学志》第二本。

种《文心雕龙》的文体论研究成果，无论从宏观方面对《文心雕龙》在文体论的范围、方法论原则、问题风格、问题论的局限性等方面的研究，还是从微观对《文心雕龙》具体文体的单篇研究，都是硕果累累，极大推进了文心雕龙的研究进展。不过，如果要想从研究的更高更宽的视野去看这些成果，当代学者对于《文心雕龙》文体论研究的不足，也是显而易见的。大多数学者《文心雕龙》文体论研究，比较注重从历时性上考察各种文体的演变，而较少涉及从共时性上对文体变化所受的因素进行研究，换言之，各种《文心雕龙》文体论研究对同时代艺术门类之间的相互影响还缺乏关注，更不用说展开深入的研究。这种研究现状说明，当代学人多数还囿于学科体制，对文史研究所需要的会通意识缺乏，对文史研究所需要的跨学科知识素养准备不足。饶宗颐从史学、画学、目录学等文献入手，对《文心雕龙》的文体论作了很好的文化史透视，突破了单一学科视野的苑囿，因此结论也就相当新颖别致，在一定程度上弥补了文学史、文论史研究方面的不足。

## 结　语

通过上文我们对饶宗颐《文心雕龙》研究路径及其方法的初步梳理，可以看出文化史研究视野下来探究《文心雕龙》的必要性和可能性。从研究的必要性来看，《文心雕龙》是一部文学理论著作，但又不仅仅是一部文学理论著作，它同时又是一部文化史的著作，它对我国从上古一直到齐梁时期的文化发展作了全面的总结。《文心雕龙》包含的内容非常广泛，经、史、子、集都在他的论述范围之中。由于《文心雕龙》的这种特点，所以我们更必须从广阔的文化背景上来研究《文心雕龙》，认真地探讨《文心雕龙》所提出的一系列文学理论问题的深远文化意蕴，在广泛研究中国思想文化发展，特别是六朝思想文化发展特点的前提下，来研究《文心雕龙》文学理论的意义和价值。从研究的可能性来看，对于《文心雕龙》这部体大思精的著作，研究者只要有意识地把学科知识进行会通，不囿于学科的门户之见，尽可能多地积极储备研究对象所需要的学科知识，尽力实现研究者和研究对象的"视域融合"，避免刘勰所讲的

"各照隅隙，鲜观衢路"，就有可能在《文心雕龙》研究中，别具慧眼，开出一片天地。饶宗颐对于《文心雕龙》研究，正是借助自身的通识与博见，在对刘勰的文学观、批评观乃至文体观上，发人之所未发，见人之所未见。而饶宗颐之所以能在《文心雕龙》研究中对系列命题、概念、范畴的理解与认识有如此洞见，跟其所选用的文化史视野考察有关。文化史视野的研究方法，把文学史和艺术史上发生的事实和现象，当作人类在某一个历史时期精神积淀的一种形式，因此，对这一时期某一艺术事实和现象的考察，要求证它在某一历史时段发生的情形，同时还要考察它与同一时段一系列艺术事实与现象的关系，这样，在一个共同的历史文化语境中，我们就会寻找出某一艺术事实和现象得以发生、发展的历史文化动因。饶宗颐《文心雕龙》研究，在刘勰文艺思想以及赞体方面的考察和研究所产生的实绩，确实让我们看到了文化史研究视野对于拓展《文心雕龙》研究的巨大能量，这对于我们克服目前《文心雕龙》研究乃至古代文论和文学史的研究上的一些瓶颈，也是一个极大的鼓励和示范。这也许就是我们今天来梳理和总结饶宗颐《文心雕龙》研究的当代意义所在吧。

# 文章学研究

# 论饶宗颐《选堂赋话》中的赋学批评

刘 涛

自清代以来，赋话著作频繁出现，声名颇显者如李调元《雨村赋话》、王芑孙《读赋卮言》、林联桂《见星庐赋话》、魏谦升《赋品》、孙奎《春晖园赋苑卮言》、刘熙载《赋概》（收录于《艺概》）、浦铣《复小斋赋话》、江含春《楞园赋话》、鲍桂星《赋则》与《赋格》、李元度《赋学正鹄》、汪廷珍《作赋例言》等，此足堪称赋学批评领域中的一大景观。诸书或论述赋体文学的源流演变、性质功用、体制特征及艺术成就，或指示创作技法，或评点历代赋家赋作等，为赋学批评理论的发展做出了很大的贡献。时至现代，赋话著作仍未消歇，如饶宗颐《选堂赋话》（香港万有图书公司1975年5月初版，又收入何沛雄编著《赋话六种》一书）、何沛雄《读赋零拾》（收入《赋话六种》）。其中，饶宗颐先生的《选堂赋话》一书立足于辞赋文学，通过论析辞赋的文体源流、创作功用、楚辞对《诗经》的接受及楚辞在汉代的流传、赋中语词名物的诠释、赋体的发展演变、代表作家作品、赋学文献、赋作题材等构建出关于赋学批评的理论体系。

## 一 论赋体的起源、功用及楚辞对汉代赋家的影响

赋体文学的起源与功用是赋学批评中的一个重要问题，也是研治赋

论者不可回避的问题,自古以来许多学者都有所论及。班固《两都赋序》云:"或曰:赋者,古诗之流也。昔成康没而颂声寝,王泽竭而诗不作。……或以抒下情而通讽喻,或以宣上德而尽忠孝,雍容揄扬,著于后嗣,抑亦雅颂之亚也。"① 班固称赋为"古诗之流""雅颂之亚",虽指出赋本源于诗,但更多的则是从赋的讽喻功用着眼而论的,也就是说,赋具有同《诗经》一样的讽谏功能。该说认为,汉赋能够为汉帝国润色鸿业,既可以"抒下情而通讽喻",又可以"宣上德而尽忠孝",这就把刺过与颂美结合起来,体现出较强的政教功用。《汉书·艺文志·诗赋略》亦云:"春秋之后,周道寖坏,聘问歌咏不行于列国,学诗之士逸在布衣,而贤人失志之赋作矣。大儒孙卿及楚臣屈原离谗忧国,皆作赋以风,咸有恻隐古诗之义。"② 二说皆指出赋为诗之支流余裔,似乎更多地指向赋对于诗的讽谏之义的继承。挚虞《文章流别论》则曰:"赋者,敷陈之称,古诗之流也。"③《文心雕龙·诠赋》云:"然赋也者,受命于诗人,拓宇于楚辞也。"④ 此二说也明确指出赋体的铺陈手法与讽谏功能本源于《诗经》,而后者似乎又肯定了赋体对楚辞艺术技巧的继承。清人章学诚《校雠通义》卷三《汉志诗赋第十五》云:"古之赋家者流,原本诗骚,出入战国诸子。"⑤ 该说对赋体起源的研究可以说是一大突破,它不再局限于从韵文的角度探讨赋体的起源,而且还注意到诸子散文对赋体形成的重要影响。台湾学者李曰刚《辞赋流变史》认为,赋为古诗、楚辞之流衍,此乃文学演进的必然规律所致:"古诗降而为屈骚、荀赋,再降而为汉赋,变本加厉,踵事增华,亦文学演进之必然趋势。"⑥ 从文学发展的内部规律来解释赋体的起源,此说似乎也有一定的道理。

饶宗颐先生在继承前人之说的基础上又加以详尽的阐发,明确提出赋为古诗之流衍,并且具有和古诗一样的言志功能。《选堂赋话》说:

---

① 萧统编,李善注:《文选》,上海古籍出版社1986年版,第1—3页。
② 班固撰,颜师古注:《汉书》,中华书局1962年版,第1765页。
③ 严可均:《全上古三代秦汉三国六朝文》,中华书局1958年版,第1905页。
④ 刘勰著,范文澜注:《文心雕龙注》,人民文学出版社1958年版,第134页。
⑤ 章学诚著,叶瑛校注:《文史通义校注》,中华书局1985年版,第1064页。
⑥ 李曰刚:《辞赋流变史》,文津出版社1987年版,第89页。

"赋者，古诗之流也。诗言志，赋亦道志，故汉人或称赋为诗。"① 清人文廷式《纯常子枝语》卷二十六曾列举庄忌《哀时命》、王褒《九怀》、刘向《九叹》中的语句来说明赋同诗一样，也可以言志抒情，故赋亦可称为诗。饶宗颐完全认同此观点，又举屈原《九歌》《九章》中赋诗言志的章句以为佐证，提出自战国至汉代的赋作的旨趣确实无异于诗。《楚辞·大招》虽诗赋并称，其实专指诗，为偏义复词。《汉书·艺文志·诗赋略》中的诗、赋连言则兼指诗、赋二体。楚辞对《诗经》的接受也是《选堂赋话》重点论述的一个问题，虽然《诗经》产生于北方，楚辞产生于南方，但文化文学的交流与融会使得二者之间关系密切，《诗经》对楚人及楚辞产生了深刻的影响。据《左传》载，楚国君臣赋诗或引诗显志者极为频繁，可见楚人对诗教的重视。另外，楚辞化用《诗经》中的章句数量颇多，如《九歌·少司命》"援北斗兮酌桂浆"，本取自《诗经·小雅·大东》"维北有斗，不可以挹酒浆"；又如《哀郢》"忽若去不信兮，至今九年而不复"，亦取自《诗经·豳风·九罭》"鸿飞遵陆，公归不复，于女信宿"；而《九辩》"窃慕诗人之遗风，愿托志乎素飧"句，则源于《诗经·魏风·伐檀》"彼君子兮，不素飧兮"。楚辞对《诗经》的承传于此可概见。"南国之文，虽自创新局，抑亦诗之流亚也。"② 楚辞一方面继承了《诗经》的艺术技巧，另一方面深深地影响到了汉代的赋家赋作。汉初骚体赋的流行无疑与楚辞有着密切的关系，如在贾谊之前的吴人庄忌曾著《哀时命》等24篇赋作，其子庄助也有赋35篇，约与枚乘之子枚皋同时的常侍郎庄匆奇亦撰赋11篇，可见西汉初年庄氏一家擅赋之盛状。又有庄助同乡朱买臣亦长于楚辞之学，并以此显贵于武帝一朝。楚辞在汉代的流播范围颇广，被接受程度也很高。最早为楚辞作传者为淮南王刘安，其淮南国都寿春本属楚国疆域，而楚都郢亦在寿春辖域内。据班固《离骚序》及《汉书·艺文志·诗赋略》载，刘安曾著《离骚传》和赋82篇。至如贾谊、司马相如、王褒、刘向、班固、张衡等所撰骚体赋，则不胜枚举，此见汉人对楚辞的广泛接受。又据《汉

---

① 何沛雄编著：《赋话六种》，生活·读书·新知三联书店1982年版，第95页。
② 同上书，第96页。

书·王褒传》载，宣帝喜好辞赋，曾征召九江被公诵读楚辞，被公年衰老，每一诵，辄需食粥。又召高才刘向、张子侨、华龙、柳褒等辞赋家，待诏金马门。汉代九江本为秦郡名，临近淮南，亦属楚之疆域，故流行楚辞之学。饶宗颐评点说："（被公）其人老迈，殆楚遗民之余裔乎？宣帝喜其诵，则被公必能为楚声，如隋释道骞之善读者。《隋志》称：'至今传楚辞者，皆祖骞公之音。'则汉人之习楚辞，乃祖被公之音可知矣。"[1] 宣帝所征召高才皆为当时辞赋名家，传世之作不少，如刘向不仅编集《楚辞》，而且还作《天问解》，另撰赋33篇，张子侨有赋3篇，其子张丰有赋3篇，华龙有赋2篇，萧望之亦有赋4篇。《选堂赋话》说："楚辞之兴，宣帝提倡之力独多，而辞赋作者亦于斯时为盛。刘勰《诠赋》篇所以有'繁积于宣时'之语也。"[2] 扬雄曾撰《反离骚》述其隐痛幽愤之情，朱熹大加指责，而清人方苞则高度赞赏，认为后世吊屈之文如贾谊《吊屈原赋》等无有出其右者。至东晋庾阐《吊贾谊文》问世，其遣词造句又直接影响到刘宋颜延之的《吊屈原文》。

对辞赋中语词名物的训释，也体现出《选堂赋话》非凡的识见。王逸《楚辞章句·招隐士序》曰："招隐士者，淮南小山之所作也。昔淮南王安，博雅好古，招怀天下俊伟之士。自八公之徒，咸慕其德，而归其仁，各竭才智，著作篇章，分造辞赋，以类相从，故或称小山，或称大山。其义犹《诗》有《小雅》、《大雅》也。"[3] 这是继楚辞之后最早对辞赋总集加以分类的记载，饶宗颐先生对此高度称赏并进一步考证阐释。《汉书·艺文志·诗赋略》著录淮南王赋82篇，淮南王群臣赋44篇，之所以称为小山、大山，王逸认为如同小雅、大雅。《选堂赋话》提出，雅即正，言王政事谓之雅，《诗经·雅》按音乐曲调不同而分为小雅、大雅；山可释为宣、产，以山为书名，如同三坟九丘，坟即分，丘即区，故小山、大山是书名而非人名。以地理名书，不乏其例。按《淮南子》有《说山训》，东汉高诱注称，说道之旨，委积若山，故曰说山。以此推

---

[1] 何沛雄编著：《赋话六种》，生活·读书·新知三联书店1982年版，第100页。
[2] 同上。
[3] 洪兴祖：《楚辞补注》，中华书局2008年版，第232页。

测，小山、大山亦是据赋某方面的不同而分成的类别，应为书名而非人名。此说较新颖，但无疑也有一定的道理。饶宗颐颇重考证，这在《选堂赋话》中多有体现。如故楚之郢都近年曾出土铜器曾姬无恤壶，其铭文称曾姬"蒿间之无鸣（匹）"。饶宗颐评此铭文说："情意缱绻，居然乐府古辞之遗响，犹挽歌也。"① 蒿间即蒿里，原指蓬蒿没人之葬地，乐府古辞《蒿里行》即谓人死魂魄归于蒿里；无鸣（匹），伤其无偶，与好逑义正相反。针对以无恤为人名的说法，《选堂赋话》指出，无恤为成语，义同"不吊"，并非人名。又如考证《楚辞·招魂》对后世祝辞的影响、乌兔分指日月等，在赋学批评史上都具有重要意义。

## 二 论赋体的演进历程及历代名家名作

关于赋体的发展演变历程，此前的赋史或文学史或多或少皆有论及，而《选堂赋话》则以赋学批评的特殊形式加以比较详尽的论述。

辞赋文学兴起于战国，至西汉时又有骚体赋、散体大赋之分，一时之间，赋家赋作数量剧增，臻于极盛。《汉书·地理志》叙及这一演变曰："寿春、合肥受南北湖皮革、鲍、木之输，亦一都会也。始楚贤臣屈原被谗放流，作《离骚》诸赋以自伤悼。后有宋玉、唐勒之属慕而述之，皆以显名。汉兴，高祖王兄子濞于吴，招致天下之娱游子弟，枚乘、邹阳、严夫子之徒兴于文、景之际。而淮南王安亦都寿春，招宾客著书。而吴有严助、朱买臣，贵显汉朝，文辞并发，故世传《楚辞》。"② 饶宗颐指出，楚都寿春为楚辞萌芽之地，而吴又为传播之区，枚乘与严忌都是吴王刘濞的门客，故枚乘撰《七发》，亦本于骚，而庄忌的《哀时命》更是典型的骚体赋。此见楚辞自战国至西汉的演进轨迹。又屈原所作《离骚》等篇本为楚辞，然《史记》《汉书》都称其为赋，可见辞、赋亦可并称或混称。楚辞以语气助词"兮"字为主要语词，《选堂赋话》对此高度认可并举《老子》原文为例加以诠释。长沙马王堆三号汉墓出土的

---

① 何沛雄编著：《赋话六种》，生活·读书·新知三联书店1982年版，第98页。
② 班固撰，颜师古注：《汉书》，中华书局1962年版，第1668页。

老子写本，所有"兮"字均写作"呵"，实亦本于楚地方言。老子为春秋时期楚国苦县人，苦县隶属淮阳国，其国都陈亦为楚国后期都城。《老子》以"呵"为"兮"，正用楚言。饶宗颐指出，赋之铺陈夸饰手法本源于《庄子》："夫词之闳衍，实出于庄生之卮言与寓言，故不持一端之觭见，为孟浪之语，相待而两行，故因以曼衍，而以寓言为广。"① 李善《文选注》称这种手法为假设其事，它是寓言中常用的技巧。对此，汉代赋家无不沿袭之。《汉书·艺文志·诗赋略》曰："汉兴，枚乘、司马相如，下及扬子云，竞为侈丽闳衍之词。"② 司马相如《子虚赋》区分其山、其土、其石、其东、其南、其西、其北、其高、其埤、其上、其下，实导源于《庄子·齐物论》中之洼者、污者、前者、随者，而《楚辞·招魂》中关于天地四方的铺叙亦其滥觞。《选堂赋话》评析说："自非区其性质方向为言，则其辞何得闳衍而瑰玮？卮言之施于赋，而篇幅遂弥富矣。庄生云：'振于无竟，而寓诸无竟。'故终不免于滥。或曰庄生书西汉末盛行，余谓枚乘《七发》，为太子奏方术之士，举庄周、魏牟为首，岂得谓赋家未沐其膏泽也哉？"③

《选堂赋话》在论述赋体的发展演变时，还对历代名篇佳作的主旨与内涵加以诠释与考辨。时至东汉，班固的《两都赋》堪为散体大赋之翘楚。《西都赋》极尽铺陈夸饰之能事，盛称长安之制；而《东都赋》则力陈太清之化，颂述法度之宜，故作者借东都主人之口力主定都洛阳。太清，即道，太清之世，即社会达到无为之至治的程度。与《两都赋》纵论定都问题性质相似的还有杜笃的《论都赋》。《后汉书·循吏·王景传》曰："（章帝）建初七年，迁徐州刺史。先是杜陵杜笃奏上《论都赋》，欲令车驾迁还长安。耆老闻者，皆动怀土之心，莫不眷然伫立西望。景以宫庙已立，恐人情疑惑，会时有神雀诸瑞，乃作《金人论》，颂洛邑之美，天人之符，文有可采。"④ 李贤等注《后汉书》也称章帝时有神雀、凤凰、白鹿、白乌等祥瑞。按此节所述，王景《金人论》似作于章帝时。

---

① 何沛雄编著：《赋话六种》，生活·读书·新知三联书店1982年版，第100页。
② 班固撰，颜师古注：《汉书》，中华书局1962年版，第1756页。
③ 何沛雄编著：《赋话六种》，生活·读书·新知三联书店1982年版，第101页。
④ 范晔撰，李贤等注：《后汉书》，中华书局1965年版，第2466页。

饶宗颐考证认为，《金人论》应作于此前明帝永平十七年，而非章帝时期，与杜笃《论都赋》及神雀诸祥瑞确有关系，该说极是。据《后汉书·明帝纪》载，永平十七年，甘露仍降，树枝内附，芝草生殿前，神雀五色翔集京师。西南夷、哀牢、儋耳、僬侥、槃木、白狼、动黏诸种，前后慕义贡献。班固、傅毅的辞赋中都提及此事。王景因神雀诸祥瑞而进《金人论》应在此时，金人，即浮图金人，永平年间已有求佛法之传说，永平八年的诏书中亦多见梵译名词。北齐王琰《冥祥记》曾载东汉明帝梦见神人身呈金黄色，项佩日光。"则王景所作《金人论》，殆与佛教传入之事有关，惜此文不传，否则必大有裨于佛教史也。"① 《选堂赋话》还指出，杜笃《论都赋》中所述建武十九年复置函谷关一事与《后汉书·光武帝纪》所载完全相合；班固《东都赋》应作于明帝永平十二年至十七年之间，应与王景作《金人论》的时间相去不远。

魏晋以来，文人崇尚名理之学，如傅嘏、荀粲、王弼、何晏、王衍、裴頠、卫玠、王敦、蔡洪、阮修等人，多善言名理，工于持论，常以综核名实为要务，影响所及，则是赋家创作时亦主征实。左思《三都赋序》曰："美物者贵依其本，赞事者宜本其实。匪本匪实，览者奚信？"② 皇甫谧《左思〈三都赋〉序》严厉批评"缀文之士，不率典言，并务恢张，其文博诞空类"③的创作倾向，标举征实之学。成公绥《天地赋序》亦云："赋者，贵能分赋物理，敷演无方，天地之盛，可以致思矣。""俯尽鉴于有形，仰蔽视于所盖。"④ 可见颇重征实的倾向。挚虞《文章流别论》则曰："古诗之赋，以情义为主，以事类为佐。今之赋，以事形为本，以义正为助。情义为主，则言省而文有例矣；事形为本，则言当而辞无常矣。文之烦省，辞之险易，盖由于此。夫假象过大，则与类相远；逸辞过壮，则与事相违；辩言过理，则与义相失；丽靡过美，则与情相悖。此四过者，所以背大体而害政教。"⑤ 饶宗颐认为，西晋之赋重于事

---

① 何沛雄编著：《赋话六种》，生活·读书·新知三联书店1982年版，第104页。
② 萧统编，李善注：《文选》，上海古籍出版社1986年版，第174页。
③ 同上书，第2039页。
④ 严可均：《全上古三代秦汉三国六朝文》，中华书局1958年版，第1794页。
⑤ 同上书，第1905页。

形而减于情义，一反建安以情纬文之旨，应为时代使然，此说甚当。《选堂赋话》对赋家及赋作的有关问题多有辨析考论，试举几例以见其详：左思撰《三都赋》以魏为正统，薄蜀陋吴以尊魏，其意在诿晋，这一倾向屡屡受到后人的非议。自习凿齿《汉晋春秋》始论起，至宋人则扶汉黜魏，立为新说，王腾撰《辨蜀都赋》讥讽左思泯灭正气，极力申述蜀国遭贬抑之缘由，可谓情理兼具。又陆机《祖德赋》云："西夏坦其无尘，帝命赫而大壮。登具瞻于太阶，濯长缨乎天汉。解戎衣以高揖，正端冕而大观。"① 西夏指蜀，此谓陆逊猇亭之胜。有传本误将"戎衣"作"我衣"，姜亮夫撰写《陆机年谱》与《张华年谱》，均据误本称张华解衣推恩及于陆机，实为谬误。翻检《历代赋汇外集》等可见此赋中"戎衣"无误。孙绰撰《游天台山赋》，曾受到范启的高度赞赏。《世说新语·文学》曰："孙兴公作《天台赋》成，以示范荣期，云：'卿试掷地，要作金石声。'范曰：'恐子之金石，非宫商中声。'然每至佳句，辄云：'应是我辈语。'"② 此赋玄意浓厚而深奥，体现出玄学家不凡的洞察力。赋中有"泯色空以合迹，忽即有而得玄。释二名之同出，消一无于三幡"句，关于"三幡"，李善《文选注》云："三幡，色一也，色空二也，观三也。言三幡虽殊，消令为一，同归于无也。"③《文选注》又引郗敬舆（超）《与谢庆绪（敷）书》曰："近论三幡，诸人犹多欲，既观色空，别更观识，同在一有，而重假二观，于理为长。然敬舆之意，以色空及观为三幡，识空及观亦为三幡。"④ 郗超为支遁忠实信徒，故此本支氏之说。又自宋玉《九辩》开启悲秋主题之先河以来，后人感同身受，援秋声以入题，多有共鸣之作。潘岳《秋兴赋》首当其冲，继作者颇多，晋曹毗、梁萧绎、宋陈普、明冯时可皆撰《秋兴赋》。夏侯湛有《秋可哀赋》，李颙有《悲四时赋》，南齐褚渊有《秋伤赋》，李白有《悲清秋赋》，此皆秋兴之支流余裔。

六朝时期，大赋仍较常见，如谢灵运《山居赋》、庾信《哀江南

---

① 金涛声点校：《陆机集》，中华书局1982年版，第148页。
② 徐震堮：《世说新语校笺》，中华书局2001年版，第144页。
③ 萧统编，李善注：《文选》，上海古籍出版社1986年版，第500页。
④ 同上。

赋》、张缵《南征赋》、沈约《郊居赋》等。谢灵运《山居赋》有自注，于山川地理记载尤详，可惜有缺文。该赋与谢诗近似，亦有一定的玄学气息。明人张溥《汉魏六朝百三家集·谢康乐集题辞》曰："《山居赋》云：'废张左，寻台皓，致在去饰取素。'宅心若此，何异《秋水》《齐物》？诗冠江左，世推富艳，以予观之，吐言天拔，政繇素心独绝耳！"① 《山居赋注》曰："夫能重道则轻物，存理则忘事，古今质文可谓不同，而此处不异。"② 这与其诗"道以神理超""理来情无存"所表达的玄学理趣一脉相承。谢灵运极力标榜希企感悟玄言意趣，但最终仍是"暨其窈窕幽深，寂漠虚远。事与情乖，理与形反。既耳目之靡端，岂足迹之所践"③，可见很难达到目的。《选堂赋话》评议说："则仍居之未安，而资之不深，是以只成近虑浅智而已。非真能灭人事而绝迹云峰，不免朝市之累，谢固不失有自知之明也。"④《山居赋》明确区分岩栖、山居、丘园、城傍四者之不同，故唐人吴筠撰《岩栖赋》以阐其意，陆龟蒙作《幽居赋》以别于沈约《郊居赋》。颜之推《观我生赋》亦自注事实，注文既可诠释正文所涉内容，又可与史书所载相互发明。梁代文坛赋家赋作颇多，宫体诗人徐摛亦有名赋传世。据《梁书·徐摛传》载："（摛）属文好为新变，不拘旧体。"⑤ 其《冬蕉卷心赋》云："拔残心于孤翠，植晚玩于冬余。枝横风而悴色，叶渍雪而傍枯。"⑥ 造语新异，意境奇警，声律谐协，对仗工巧，可谓深得宫体诗技巧之沾溉。张率赋颇为时人所重，萧纲《与湘东王论文书》谓："张士简之赋，周升逸之辩，亦成佳手。"⑦ 张率，字士简，所著繁多。《梁书》本传录其河南国《献舞马赋》，又称率"《七略》及《艺文志》所载诗赋，今亡其文者，并补作之"⑧，还著《文衡》十五卷，惜已亡

---

① 张溥著，殷孟伦注：《汉魏六朝百三家集题辞注》，中华书局2007年版，第218页。
② 顾绍柏：《谢灵运集校注》，中州古籍出版社1987年版，第319页。
③ 同上书，第334页。
④ 何沛雄编著：《赋话六种》，生活·读书·新知三联书店1982年版，第106—107页。
⑤ 姚思廉：《梁书》，中华书局1973年版，第446页。
⑥ 严可均：《全上古三代秦汉三国六朝文》，中华书局1958年版，第3243页。
⑦ 同上书，第3011页。
⑧ 姚思廉：《梁书》，中华书局1973年版，第479页。

佚，如能传世，可与刘勰《文心雕龙》并美。萧子显撰《鸿序赋》，沈约大加赞赏，称其近似于班固《幽通赋》。子显极富才气，曾作《自序》一文叙及创作心得："每有制作，特寡思功，须其自来，不以力构。少来所为诗赋，则《鸿序》一作，体兼众制，文备多方，颇为好事所传，故虚声易远。"[1] 又提出创作中的物感说："若乃登高目极，临水送归，风动春朝，月明秋夜，早雁初莺，开花落叶，有来斯应，每不能已也。"[2]《选堂赋话》评道："物色之感，萌于兴会，佳句忽来，若有神助，不捉住即飞去矣。子显可谓深知其中甘苦者。"[3]《文心雕龙》专设《物色》篇以述其详，《文选·赋》亦立"物色"一目，选录宋玉《风赋》、潘岳《秋兴赋》、谢惠连《雪赋》、谢庄《月赋》四篇以见其意。感物兴思在辞赋创作乃至其他文学创作中都较常见，傅亮《感物赋》亦属此类，其序曰："余以暮秋之月，述职内禁，夜清务隙，游目艺苑。于时风霜初戒，蛰类尚繁，飞蛾翔羽，翩翩满室，赴轩幌，集明烛者，必以燋灭为度。虽则微物，矜怀者久之。退感庄生异鹊之事，与彼同迷而忘反鉴之道，此先师所以鄙智，及齐客所以难目论也。怅然有怀，感物兴思，遂赋之云尔。"[4] 张溥《汉魏六朝百三家集·傅光禄集题辞》亦称傅亮"感物作赋，起于夜蛾"[5]。

赋中专言佛事者，应始于北魏高允为献文帝所作的《鹿苑赋》。献文帝在位六年而禅位于太子宏，志存淡泊，移居北苑崇光宫，建鹿野佛图于苑中之西山，去崇光宫右十里。《鹿苑赋》云："思离尘以迈俗，涉玄门之幽奥。禅储宫以正位，受太上之尊号。"盖即指此。帝又建永宁寺于平城，浮图高达三百尺，其尊佛事佛之心于此可见。唐代韩愈因斥佛攘佛而触怒宪宗，并遭贬谪，然其行为却受到时人及后人的高度赞许。其实，早在东晋时期，蔡谟已有此举。据《晋书·蔡谟传》载，晋成帝时，彭城王司马纮上言，乐贤堂有先帝手画佛像，经历寇难，而此堂犹存，

---

[1] 姚思廉：《梁书》，中华书局1973年版，第512页。
[2] 同上。
[3] 何沛雄编著：《赋话六种》，生活·读书·新知三联书店1982年版，第110页。
[4] 沈约：《宋书》，中华书局1974年版，第1339—1340页。
[5] 张溥著，殷孟伦注：《汉魏六朝百三家集题辞注》，中华书局2007年版，第214页。

宜敕作颂。成帝下其议。蔡谟曰："佛者，夷狄之俗，非经典之制。先帝量同天地，多才多艺，聊因临时而画此象，至于雅好佛道，所未承闻也。盗贼奔突，王都隳败，而此堂块然独存，斯诚神灵保祐之征，然未是大晋盛德之形容，歌颂之所先也。人臣睹物兴义，私作赋颂可也。今欲发王命，敕史官，上称先帝好佛之志，下为夷狄作一象之颂，于义有疑焉。"[1] 成帝闻之，事未成行。蔡谟称佛为夷狄之俗，此说后为韩愈上奏唐宪宗谏言所取法。蔡、韩二人攘佛辟佛相同，但结局互异，故世人言及斥佛只知韩愈而不知蔡谟，甚为可叹。

赋中系诗，古已有之，若班固《两都赋》、张衡《思玄赋》、赵壹《刺世疾邪赋》等皆属此类。赋的诗化，则以六朝为盛，并延至初唐。庾信《春赋》起首连用八个七言句，颇似一首七言诗，继之杂用六言句、四言句，句式灵活多样，音韵铿锵，节奏感强，诗化倾向极其明显。《梁简文帝集》中有《晚春赋》，《梁元帝集》中有《春赋》，皆为同题之作，且赋中多有类七言诗者。至唐则有王勃、骆宾王亦尝为之，均称效法庾体而得。今观庾信《春赋》与萧绎《春赋》，其六言句式营构颇为相似。庾作云："钗朵多而讶重，髻鬟高而畏风。眉将柳而争绿，面共桃而竞红。"[2] 萧作曰："苔染池而尽绿，桃含山而并红。露沾枝而重叶，网萦花而曳风。"二者所取意象虽不同，但句法构成酷似，皆堪称佳句。清人倪璠《庾子山集注》称梁朝宫中子山创为此体，然萧悫早已有《春赋》，也是五、七言句交错使用，其中语句"二月莺声才欲断，三月春风已复流"，直接影响到庾信《春赋》中的"二月杨花满路飞"。萧悫，字仁祖，梁上黄侯萧晔之子，北齐天保年间由南入北。悫工于诗咏，邢邵《萧仁祖集序》称其文"雕章间出"。其诗《秋思》有"芙蓉露下落，杨柳月中疏"语句，颇为知音所赏。颜之推《颜氏家训·文章》云："兰陵萧悫，梁室上黄侯之子，工于篇什。尝有《秋诗》云：'芙蓉露下落，杨柳月中疏。'时人未之赏也。吾爱其萧散，宛然在目。颍川荀仲举、琅邪

---

① 房玄龄等：《晋书》，中华书局1974年版，第2035页。
② 庾信撰，倪璠注，许逸民校点：《庾子山集注》，中华书局2006年版，第75页。

诸葛汉，亦以为尔。"①

　　唐人杨敬之撰《华山赋》，气势磅礴，笔力雄健，中间形容众山之状时出之以多个"者"字，引喻繁富，盖学《庄子·齐物论》而成。其"赞曰"以下又连用22个"矣"字，一气呵成，可谓妙笔生花。此赋颇受韩愈、李德裕等人称赏，一时之间，士林广为传诵。赋中有"蚊蠓纷纭，秦速亡矣。蜂窠联联，起阿房矣"句，杜牧《阿房宫赋》中"蜂房水涡"即用其语，故洪迈《容斋随笔·容斋五笔》卷七《唐赋造语相似》称杜赋即模仿杨赋而成。饶宗颐经过诸多考证后提出："小杜造句铸辞，实取资多方。"② 换言之，杜牧《阿房宫赋》所受影响来源不一，除杨敬之《华山赋》外，还有他作。据刘克庄《后村先生大全集》卷175所载，陆参《长城赋》在遣词造语及意境方面对杜牧《阿房宫赋》也有影响。同书卷178又指出，《阿房宫赋》还有仿效贾谊《过秦论》的痕迹。《选堂赋话》评杜赋说："末段议论，叠为比较句法，用'多于'者五次，'灭六国'句以下，专用'也'字收束凡六次，则学《过秦》痕迹，犹历历可睹。杜牧喜兵书，又习为纵横家言，此赋以兵家纵横之笔出之，故奇险旷逸，一洗往辙，为《樊川集》中第一奇文。"③ 袁枚《随园诗话补遗》卷三则认为，东汉边韶《塞赋》中的"也"字句式对杜赋也有明显的影响。柳宗元撰《牛赋》，四言行文，与《瓶赋》体式相同，应是模仿扬雄《酒赋》《逐贫赋》等篇而得。柳赋以牛自喻，言牛虽有耕垦之劳，利满天下，而莫以自保，不免穿緘縢、实俎豆之用，文多感慨之词，明显属于自我伤悼一类。晚唐皮日休作《忧赋》，指斥混乱世道，既忧其身，又忧其时，体现出强烈的忧国忧民之情。虽无补于事，却寄托了文人的讽喻劝谏之意。饶宗颐感慨说："唐之文人能为社稷忧者，不可一二数，终无救于覆亡者，讽喻不行，赋于何有，可胜叹哉！"④ 陆龟蒙作《求志赋》，言其宗尚陆淳研治春秋学之志。陆淳，河东人，去世后，门人谥为文通，为柳宗元之师。陆淳曾著《春秋纂例微旨》，于春秋

---

① 王利器：《颜氏家训集解》，中华书局2002年版，第296页。
② 何沛雄编著：《赋话六种》，生活·读书·新知三联书店1982年版，第114页。
③ 同上书，第115页。
④ 同上书，第116—117页。

学旨意多有阐发。晚唐时期,研治春秋学者多祖陆淳,非独柳宗元、陆龟蒙而已。

## 三 论赋学文献资料及赋作题材的承传

《选堂赋话》中的赋学批评还体现在对赋学文献资料的推介及赋作题材承传问题的探讨方面。

古人已有编纂赋学文献资料的先例,自晋宋之际至六朝时期此风尤盛。据《隋书·经籍志四》所载,谢灵运编有《赋集》92卷、《七集》10卷、《设论连珠》10卷,刘宋新渝惠侯刘义宗编有《赋集》50卷,宋明帝刘彧编有《赋集》40卷,还有不著编者姓名的《赋集钞》1卷,《续赋集》19卷,梁武帝萧衍编《历代赋》10卷,北魏崔浩编《赋集》86卷,上述皆为赋作总集类。又有专门体式的赋作总集,如卞景《七林》10卷,颜之推《七悟》1卷,刘楷《设论集》2卷,东晋人撰《设论集》3卷,佚名《客难集》20卷。还有分类编纂的某种题材的赋作总集,如《乐器赋》10卷,《伎艺赋》6卷,《杂都赋》11卷,《遂志赋》10卷,《献赋》18卷等。整理赋作并编纂赋集是赋学批评与研究的重要方式之一,通过这种方式研读前代赋作,无疑可以更全面地了解辞赋的创作技巧及成就。

《选堂赋话》推介的赋学文献资料数量不多,但具有较高的价值,在一定程度上拓宽了赋学的研究领域。书中论及的赋学文献主要有《赋苑》《赋海补遗》《赋珍》《选赋》《赋谱》等。其中,《赋苑》共八卷,编撰者不详,前有蔡绍襄题序,收录自战国至六朝时期的赋作875篇,《四库全书总目提要》卷39著录为纪昀家藏本,现藏于中国台湾中央图书馆。书前蔡序提及李君,据《千顷堂书目》可知,吴人李鸿曾编《赋苑》一书,可备一说。又有《赋海补遗》共二十卷,明人周履靖等编,《四库全书总目提要》未著录,亦藏于中央图书馆。周履靖,字逸之,秀水(今浙江嘉兴)人,一生未仕。书前有周氏自序曰:"余观作赋,始祖风骚,创于荀宋,盛于两汉。迄至魏晋六朝,贾曹傅陆之俦,纵横玄圃,司马江王之辈,驰骋艺苑,浩如河汉,灿若斗星。惭余管见,不能遍阅,仅纂题雅词玄句寡意长者七百余篇，名曰《赋海补遗》。少俟暇时披览，倚韵追和，无暇计其工拙也。观者幸毋大噱。"① 全书除收录唐以前赋作272 篇外，还收录周氏自作 615 篇，按类编排，共分天文、时令、节序、地理、宫室、人品、身体、人事、文史、珍宝、冠裳、器皿、伎艺、音乐、树木、花卉等 23 类。此书对所选作品不加注，偶尔附有解题或评点。哈佛燕京图书馆藏有《赋珍》八卷，题"芝山施重光庆征甫辑撰"，明万历间刻本。施重光，字庆征，代州（今山西代县）人，万历年间进士，曾官刑部郎中。该书选录战国至明代的赋作及相关资料，按天地、山川、典礼、文艺、宫殿、衣饰、田猎、鸟兽的序次编排，评点作品时不对语词加以训释，而是通过眉批或题注体现出来。另外，其附录资料颇具价值，对初学者多有裨益。又有《选赋》六卷，附《名人世次爵里》一卷，题"梁萧统辑，明郭正域批点"，明末吴兴凌氏凤笙阁刻朱批本。郭正域，字美命，江夏（今湖北武汉）人，万历年间进士，博通典籍，曾官礼部侍郎，后罢免。郭氏评点《文选》所收赋作56篇，以语词考释为主，章法结构分析很少见。书中征引杨慎之语较多，个人论述较少。日本五岛庆太藏有《赋谱》一书，纵论赋之壮、紧、长、隔、漫、发、送等句法，于赋作章法句式研讨用力甚多。按地域辑录的赋学文献数量不少，清同治年间杨浚辑录的《闽南唐赋》堪为代表。此书共六卷，收录12家144篇赋，始于陈诩、林藻，终至徐寅、黄滔、韩偓，作品及相关资料大都来自《全唐文》《历代赋汇》及《文苑英华》，书中对律赋的弊病有所指斥。

关于赋作题材承传问题的探讨，也是《选堂赋话》中赋学批评的重要内容。自扬雄《反离骚》开作赋以反案为文之先河后，唐皮日休撰《反招魂》，金赵秉文作《反小山赋》，明徐昌业撰《反反骚》，清汪琬作《反招隐》，皆步此途辙。江淹著《遂古篇》，颜之推亦作《归心篇》，句法语义、驰骋文辞多模仿屈原《天问》。况周颐《词学讲义》称李白《惜余春赋》《愁阳春赋》二作烟水迷离，举以证明词有事外远致之旨。饶宗颐指出，李白作品不独赋如此，其乐府诗亦然："谪仙浸淫齐梁，会

---

① 何沛雄编著：《赋话六种》，生活·读书·新知三联书店 1982 年版，第 118 页。

心不远，往往郁伊易感，俯仰难怀。乐府与赋，皆异曲同工，不独此二赋也。"①宋人储国秀作《宁海县赋》，以东晋孙绰《游天台山赋》比附说事，极力标举征实，所言不虚。饶宗颐认为，与汉赋相比，此赋遣词造语不够华丽，不能不说是一大缺憾。宋代以来，题画诗极为常见，然明人却以赋题画，则较为新颖。陆治为睢阳朱继甫作《练川草堂图》，于是沛地孔加撰《练川草堂赋》，亦称赋苑一大景观。祝允明以草书闻名遐迩，所著《兴宁县志》流播甚广。其赋尤称大家，如《大游赋》洋洋洒洒长逾万言，古今赋作罕有匹敌，他如《萧斋求志赋》《栖清赋》，亦清警可读。以海外风物作为辞赋题材的作品，西晋殷巨于武帝太康二年撰成《奇布赋》，盖取材于西方国度进献的火浣布。汉魏之际，大秦国曾向中原进献火布，魏文帝《典论》亦有记载，此见当时中原已有火布。取材于琴的赋作，滥觞甚早。《汉书·艺文志·诗赋略》曾著录"杂鼓琴剑戏赋"13篇作品，刘向、傅毅有《雅琴赋》，蔡邕有《琴赋》，至嵇康《琴赋》则名声大震。唐人律赋言琴者不少，如张随《无弦琴赋》、吴冕《昭文不鼓琴赋》、黄滔《戴安道碎琴赋》，皆别出机杼。

枚乘《七发》首创"七"体，刘勰《文心雕龙·杂文》专论"对问""七""连珠"三类，皆文章之支派；萧统《文选·赋》专列"七"之一体，选录枚乘《七发》、曹植《七启》、张协《七命》三篇；《太平御览》卷五九〇"文部"于"铭志"下、"连珠"上另立"七辞"一类。枚乘《七发》举七事以起楚太子之疾，每段末尾，皆有"太子能强起"之问句，因事而异。赋中列举至悲之音、至美之味、至骏之马、广陵波涛至怪异壮观，均不足以治愈太子之病。此赋中所谓"强起"，即"起废疾"之"起"，欲以起太子，故名为《七发》，发，发明耳目之义。李善《文选注》曰："《七发》者，说七事以起发太子也。犹《楚辞·七谏》之流。"②《七发》原共八首，首篇为序，末尾为总结，中间所陈，仅有六事，李善所称"七事"，乃合并首篇序言而得。《七谏》为东方朔之作，包括初放、沉江、怨世、怨思、自悲、哀命、谬谏，共七段。王逸《楚

---

① 何沛雄编著：《赋话六种》，生活·读书·新知三联书店1982年版，第120页。
② 萧统编，李善注：《文选》，上海古籍出版社1986年版，第1559页。

辞章句·七谏序》云："《七谏》者,东方朔之所作也。谏者,正也,谓陈法度以谏正君也。古者,人臣三谏不从,退而待放。屈原与楚同姓,无相去之义,故加为《七谏》,殷勤之意,忠厚之节也。或曰:《七谏》者,法天子有争臣七人也。东方朔追悯屈原,故作此辞,以述其志,所以昭忠信、矫曲朝也。"①《文心雕龙·杂文》又以"七窍"训释《七发》曰:"盖七窍所发,发乎嗜欲,始邪末正,所以戒膏粱之子也。"② 除赋中有"七"体外,诗中也有"七哀"一体,似乎与七窍也有关系。《文选》卷23选录王粲《七哀诗二首》、曹植《七哀诗》、张载《七哀诗二首》,皆属此体。唐人吕向云:"七哀谓痛而哀、义而哀、感而哀、怨而哀、耳目闻见而哀、口叹而哀、鼻酸而哀也。"③ 可见哀叹本源于七窍。其实,七哀本与七情相通,此说来源于汉代人的诗论。枚乘《七发》问世后,继作者绵延不绝。傅玄《七谟序》曰:"昔枚乘作《七发》,而属文之士若傅毅、刘广世、崔骃、李尤、桓麟、崔琦、刘梁、桓彬之徒,承其流而作之者,纷焉《七激》《七兴》《七依》《七款》《七说》《七蠲》《七举》《七设》之篇。于是通儒大才马季长、张平子亦引其源而广之,马作《七厉》,张造《七辩》,或以恢大道而导幽滞,或以黜瑰夸而托讽咏,扬辉播烈,垂于后世者,凡十有余篇。自大魏英贤迭作,有陈王《七启》、王氏《七释》、杨氏《七训》、刘氏《七华》、从父侍中《七海》,并陵前而逸后,扬清风于儒林,亦数篇焉。世之贤明,多称《七激》工,余以为未尽善也。《七辩》似也,非张氏至思,比之《七激》,未为劣也。《七释》佥曰妙哉,吾无间矣。若《七依》之卓轹一致,《七辩》之缠绵精巧,《七启》之奔逸壮丽,《七释》之精密闲理,亦近代之所希也。"傅氏不仅列举《七发》之后的多家"七"体作品,而且还加以简评,虽为一家之言,但也无疑体现出一定的学识。宋人洪迈《容斋随笔》卷七推崇《七发》的开先河之功及唐代以后的同类作品,但对汉晋之间其他同类作品则持否定的态度:"枚乘作《七发》,创意造端,丽旨腴辞,上

---

① 洪兴祖:《楚辞补注》,中华书局2008年版,第235—236页。
② 刘勰著,范文澜注:《文心雕龙注》,人民文学出版社1958年版,第254页。
③ 萧统编,李善等注:《六臣注文选》,浙江古籍出版社1999年版,第410页。

薄《骚》些,盖文章领袖,故为可喜。其后继之者,如傅毅《七激》、张衡《七辩》、崔骃《七依》、马融《七广》、曹植《七启》、王粲《七释》、张协《七命》之类,规仿太切,了无新意。傅玄又集之以为《七林》,使人读未终篇,往往弃诸几格。柳子厚《晋问》,乃用其体,而超然别立新机杼,激越清壮,汉、晋之间,诸文士之弊,于是一洗矣。"①洪氏此言未免过于苛刻,后来诸作如曹植、张协的"七"体作品颇富文采,体现出很高的文学价值,《文选》选录其作即为明证。

《选堂赋话》一书体现出饶宗颐先生在赋学批评方面的诸多见解,在赋学批评史上无疑应当占有一席之地。

---

① 洪迈:《容斋随笔》,上海古籍出版社1978年版,第88页。

# 以古茂之笔，抒新纪之思

## ——论饶宗颐的辞赋骈文

## 陈 伟

自五四运动钱玄同等人指责"选学妖孽，桐城谬种"之说风行一时，辞赋骈文在近现代文学中几成绝响。然诚如朱光潜所言："文学上只有好坏之别，没有什么新旧左右之别。"① 辞赋和骈文作为古典文学的两种重要文体，在新的时代之下，也自有其价值。饶宗颐一直是当代赋学的倡导者，1975年他撰著的《选堂赋话》，是其赋学研究的一个总结。此后，这种倡导和研究持续数十年之久。1992年香港中文大学举办第二届国际赋学会议，特邀饶宗颐演讲，他总结说："1975年余撰《选堂赋话》，何沛雄博士刊于《赋话六种》中，拙作小引指出：'赋学之衰，无如今日，文学史家直以冢中枯骨目之，非持平之论也。'自此以后，海内外学人，不断对《文选》及辞赋加以钻研，现在对于辞赋的研究不仅有一批专著出版，而且还有《全汉赋》、《历代赋汇》的校勘整理，以及辞赋选本都有了。可以说，时至今日，赋学重兴，非始料所及。此次赋学大会，大陆、台湾、港澳、日本、韩国、美国的学者云集香港，切磋学问，交流文化，向大会提交论文达五十篇之多，赋学之昌盛，可谓空前矣！"② 饶宗颐不仅是理论家，他的辞赋

---

① 朱光潜主编：《文学杂志·复刊卷头语》，1947年6月。
② 饶宗颐：《饶宗颐二十世纪学术文集卷十一文学》，中国人民大学出版社2009年版，第349页。

骈文创作也取得了足以颉颃古人的成就。饶宗颐号选堂，其中一义便是"平生治学，所好迭异。幼嗜文学，寝馈萧《选》；以此书讲授上庠历三十年。"① 饶宗颐精熟《文选》，而《文选》正是辞赋骈文的渊薮。他工于骈体，别人眼中的"冢中枯骨"，到饶宗颐手上，却焕发出新的生命。钱仲联对其辞赋骈文有极高的评价："其为赋十三篇，皆不作鲍照以后语，无论唐人。"②

关于饶宗颐辞赋骈文的版本，其所著《固庵文录》（台湾新文丰出版公司1989年版）收录"俪体篇"40篇文章，其中赋13篇，骈文27篇。《清晖集》（海天出版社1999年版），标名为"饶宗颐韵文骈文创作合集"，"韵文集"由三部分组成：赋13篇、诗、词；"骈文集"30篇。但在《饶宗颐二十世纪学术文集》（新文丰出版公司2003年版）卷十四中，却将赋13篇连同骈文之序、吊文、题跋、铭、颂、启25篇编为《选堂赋存》，无辞赋与骈文之区别，共38篇。这前后三次收录的内容略有增减，分类的名称亦略有不同。考夫辞赋与骈文，其源虽一，而文体实异，故今仍以"辞赋骈文"并称饶宗颐的这些文章。其中以《清晖集》所收文章最多，共43篇，从文体论可以分成7类。

**饶宗颐辞赋骈文分类**

| 文体 | 篇数 | 文章名称 |
| --- | --- | --- |
| 赋 | 13 | 《宋王台赋》《马矢赋》并序、《斗室赋》《白云赋》并序、《囚城赋》并序、《烛赋》《蒲甘赋》《廖天一阁砂砾琴赋》《龙壁赋》并序、《蟹赋》《观云赋》并序、《词榻赋》并序、《落花生赋》 |
| 序 | 17 | 《廷鞫实录序》《词乐丛刊序》《仪端馆词序》《茶经注序》《说势序刘海粟瓮书画》《世说新语校笺序》《太平天国典制通考序》《洛阳伽蓝记校笺序》《外丹黄白术四种序》《老子想尔注校笺自序》《敦煌逸真赞校录并研究序》《韩山志自序》《殷代贞卜人物通考序例》《词学理论综考序》《画展自叙》《送罗元一教授荣休序》《戴密微教授八十寿序》 |

---

① 饶宗颐：《固庵文录》，新文丰出版有限公司1989年版，第207页。
② 同上书，卷首钱序。

续表

| 文体 | 篇数 | 文章名称 |
| --- | --- | --- |
| 题跋 | 3 | 《马王堆帛书〈易经〉赞》《历代胜流画竹赞》《题高俨画赠释成鹫图卷》 |
| 吊文 | 3 | 《汨罗吊屈子文》《吊贾生文》《常熟吊柳蘼芜文》 |
| 铭 | 3 | 《越王勾践（鸠浅）剑铭》并序、《琴台铭》《灵渡山杯渡井铭》 |
| 颂（附译文） | 3 | 《法南猎士谷（Lauscaux）史前洞窟壁画颂》《梨俱吠陀无无颂》《近东开辟史诗》 |
| 启 | 1 | 《芳洲词社启》 |

## 一　取法六朝，气韵生动

孙德谦《六朝丽指》云："骈体文字以六朝为极则，做斯体者，当取法于此，亦犹诗学三唐，词宗两宋，乃得为正传也。"[①] 饶宗颐骈文之大宗，乃是取法六朝，以其为根底。钱仲联评其："其为赋十三篇，皆不作鲍照以后语，无论唐人。"[②] 可谓的评。王晓卫也指出："饶先生俪体序师法六朝，表现在：得六朝骈文纯任自然之旨，决无六朝以后律赋家之拘谨局促，亦无后世四六文字之时文气息。"[③] 故而饶宗颐的俪体，即使是用典繁密，也大多能气韵生动。

### （一）用典妥帖流丽

用典是辞赋骈文最基本的修辞手法之一，历代名文无一不工于用典。饶氏亦精通此道，且因为他能熔学人与才子于一炉，故其用典既能妥帖，复能流动自如，将辞赋骈文的美文特征发挥得淋漓尽致。比如，他的《词乐丛刊序》中有一段：

---

[①] （清）孙德谦：《六朝丽指》，《自序·四益宦刊本》，1923 年，第 1 页。
[②] 饶宗颐：《固庵文录》，新文丰出版公司 1989 年版，第 5 页。
[③] 王晓卫：《以正存思，以奇振采——论饶宗颐之俪体序》，饶学研究第二卷，暨南大学出版社 2015 年版，第 59 页。

付江山以啼鴂,芳躅云遥;伴栏干于一霎时,明珰安在。洞庭张乐,畴赓黄帝之盐;鹦鹉泊舟,愁听翠楼之弄。况复饮筵竞唱,想温岐杨柳之辞;急节回声,诵韩偓樱桃之句。

此文事关词乐研究,多有化用姜夔词意之处。将姜夔《八归》:"最可惜一片江山,总付与啼鴂",《庆宫春》:"酒醒波远,正凝想、明珰素袜,如今安在?惟有阑干,伴人一霎",《翠楼吟》序:"予去武昌十年,故人有泊舟鹦鹉洲者,闻小姬歌此词,问之颇能道其事,还吴为予言之",《霓裳中序》序:"丙午岁,留长沙,登祝融,因得其祠神之曲,曰黄帝盐、苏合香",之意糅合成数句,颇为典丽。段末之温岐即温庭筠,典出唐·范摅《云溪友议》:"裴郎中诚,晋国公次弟子也。足情调,善谈谐。举子温歧(岐)为友,好作歌曲。迄今饮席,多是其词焉。裴君既入台,而为三院所谑曰:能为淫艳之歌,有异清洁之士也。……二人又为新添声《杨柳枝》词,饮筵竞唱其词而打令也。""韩偓樱桃之句"指韩偓《恩赐樱桃分寄朝士》诗:"未许莺偷出汉宫,上林初进半金笼。蔗浆自透银杯冷,朱实相辉玉碗红。俱有乱离终日恨,贵将滋味片时同。霜威食檗应难近,宜在纱窗绣户中。"以温歧、韩偓对举,铢两悉称,是谓精工。

1958 年 10 月饶宗颐与赵尊岳合著《词乐丛刊》,由香港坐忘斋出版。此序写于 1956 年暮春,上引短短一段,几乎句句用典,而且都是与词乐密切相关,既表达了丰富的学术内涵,又展现了高超的美文笔法,雅丽奥博,熔学术与美文于一炉。

### (二) 情景烘托

情景烘托是历来作辞赋骈文的常法。鲍照《登大雷岸与妹书》中间横插一段:"积山万状,争气负高,含霞饮景,参差代雄,凌跨长陇,前后相属,带天有匝,横地无穷",便觉气象峥嵘,凌跨百代。丘迟《与陈伯之书》文末上一段:"暮春三月,江南草长,杂花生树,群莺乱飞。见故国之旗鼓,感生平于畴昔,抚弦登陴,岂不怆悢",便觉摇人心魂,肝肠断绝。伯之读罢,泫然来归,所谓一纸文章,胜过雄兵十万。丘迟所用，亦不过情景烘托而已，可见文章动人，端藉斯技。饶宗颐精熟文选理，自然深通此道。

饶氏《洛阳伽蓝记校笺序》有一段："记曾过洛阳之墟，登龙门之阜，寺庙都尽，蔓草未删，像罕完躯，尊者安在！意当生第四天中，还受九十一劫，重以永劫不极，世界无边。劳度叉休现其神通，舍利弗能无有忧色！藏山如电，逝川若飞，蚊子中生，余灰幻灭，魏氏伽蓝，只是无始以来、异熟业报中一小劫簸而已。"这一段以四言句为主，间以六至八字句，以散句结，在写景、议论中寓以深沉的历史感慨，气势与感情融为一体，可比鲍照《芜城赋》写广陵城之荒芜一节。饶氏俪体，深得六朝骈文之精神气韵，于此可见一斑。另如《灵渡山杯渡井铭》的一段："秋气萧索，来抚灵踪；空山无人，石濑淙淙。风烟掩抑，嵯峨数峰。逸翮斯远，云驾何从。戏于九垓，飘飘长风；不苇而杭，泛乎西东。"简简数句，便将杯渡禅师的禅范风神烘托而出。行文飘逸洒脱，写景充满诗意、禅机，自成一格。诚如《六朝丽指》所云："骈文宜纯任自然，方是高格，一入律赋，则不免失之纤巧。"① 这也是饶宗颐诗词所标举的"指出向上一路"的创作观在骈体文中的另一种体现，此种霁月光风的风格，贯穿于他的各种文艺之中，是其生命境界的自然流露。

## 二　步武汪中，才学兼备

关于饶宗颐的辞赋骈文，钱仲联有很高的评价，并把饶氏和清朝的大学者汪中作了比较："若论文质彬彬，融两者于一冶，则在胜国二百数十年中，殆无逾汪中《述学》之美且善者。《述学》不称集，而实集也。其书既有平章子部之文，为清学创辟蹊径，复有美文，睥睨三唐，世尊为八代高文，独出冠时。斯诚别集之翘楚，上承先秦诸子暨屈赋之脉者。……余今读选堂饶先生《固庵文录》，乃喟然叹曰：此并世之容甫与观堂也。抑又有进者，容甫生今二百年前，其学固不能不为乾、嘉学风之所囿。……今选堂先生之文，既有观堂、寒柳融贯欧亚之长，而其精

---

① （清）孙德谦：《六朝丽指》，《自序·四益宧刊本》，1923年，第3页。

通梵文，亲履天竺，以深究佛学，则非二家之所能及。至于文章尔雅，二家更将敛手。斯录也，都俪体篇、散体篇于一帙，其为赋十三篇，皆不作鲍照以后语，无论唐人。其余颂、赞、铭、序、杂文、译文，皆能以古茂之笔，抒新纪之思。所颂者如法南猎士谷史前洞窟壁画，所赞者如马王堆帛书《易经》，所序者如《殷代贞卜人物通考》，所译者如《梨俱吠陀无无颂》《近东开辟史诗》，非寻常笃古之士所能措手也。俪体得此，别开生面。容甫如见，得毋瞠目。"①

汪中（1745—1794），字容甫，江苏江都（今扬州）人。少孤贫好学，三十四岁为拔贡，后未再应举。又曾助书贾贩书，因受启蒙，遍读经史百家之书，卓然成家。能诗，精史学，尤工骈文。著有《广陵通典》、《述学》内外篇、《容甫先生遗诗》等。其骈文卓为清代大家。张之洞《书目答问》"国朝著述诸家姓名略总目"之"骈体文家"列汪中等二十家，并评曰："国朝工此体者甚多，兹约举体格高而尤著者，胡天游、邵、汪、洪为最。"② 可见汪中的骈文代表着清朝的最高水平。关于汪中的成就，缪钺先生有过这样的评述："刘端临作《容甫先生遗诗题辞》，谓容甫'才学识皆有以过人。'端临为容甫至友，相知最笃，斯语实能道出容甫深处，非浮泛称颂之词。盖兼具才学识三长，在学术史中殊不多觏。朴学名家，拙于文采，才华之士，每患空疏；识解高明者，难期于沉潜研索之业；学有专诣者，恒苦乏闳通淹贯之思。故诗人与学者，通识与专家，相反相成，兼具非易。"③ 这段话移之以评饶宗颐，也是相当合适的，饶、汪在学术文章上，确实有很多相似之处。

饶宗颐的《固庵文录》，分为俪体篇、散体篇两部分，俪体即为辞赋骈文，散体收入各类散体古文，从序跋、书信、传记、墓志，到各类考据文章，熔学术与美文于一炉，合考据与辞章于一卷，确实足堪媲美汪中的名著《述学》。而且钱仲联竟认为饶宗颐的成就还要突过汪中，"容甫如见，得毋瞠目"，这真是一个至高的评价，要知道汪中在整个清朝学

---

① 饶宗颐：《固庵文录》，新文丰出版公司1989年版，第4—5页。
② 张之洞撰，范希曾补正：《书目答问补正》，上海古籍出版社2001年版，第270页。
③ 缪钺：《诗词散论》，上海古籍出版社1980年版，第93页。

术史、文学史中的地位是至尊级的。饶宗颐的辞赋骈文在创作上既有继承，又有创新。陈槃称饶氏"自幼好汪容甫，揣摩功深"[1]。近人梅州古直有《汪容甫文笺》，为笺注汪文的上乘之作，饶氏少日曾与之交游，多蒙古直奖掖，其自少好容甫，可能跟古直之影响有关。饶宗颐对汪中既有取法，也有超越，这在饶宗颐《琴台铭》与汪中《汉上琴台之铭》二文中，表现尤其明显。

> 余过汉阳，薄暮，登琴台，蔓草未除，丰碑若揭，下有诸可宝镌象。其廨舍间，黄彭年、杨守敬所立诸碑皆在。道光六年，宋湘《狂草诗》云："万古高山，千秋流水，壁上题诗吾去矣。"想见兴酣落笔，俨然捶碎黄鹤楼而踢倒鹦鹉洲也。琴台者，向传钟期听伯牙鼓琴于是。《魏世家》："秦昭王问左右，中旗凭琴以对。"中旗，韩非《说难》作"钟期"，事在秦昭四十一年。期虽事秦，而旧是楚人也。湖北枝江出编钟一，铭曰："秦王卑命，为竞埆。王之定，救秦戎"。铸钟而曰"秦"必在白起破郢之后，岂秦昭之所铸耶？时钟期已入秦久矣。楚伶人有钟仪，乐尹有钟建。高诱注《吕览》："钟子期夜闻击磬者而悲。"云："钟，姓也。"余谓诸乐人姓钟，何其巧合；钟即《周官》之钟师，以职为氏，犹瞽瞍之瞽为掌乐者耳。连类考之，以为容甫张目，并为铭曰：
>
> 谁斫雅琴？天下至悲；出塞龙翔，在阴鹤飞。或操或畅，繁促高徽；涓子叙心，壶林息机。崇丘在望，水月生扉；春风拂岸，吹柳成围。芜阶昔径，馀响依希。滔滔江汉，二子安归？赏心纵遥，终古无违。
>
> ——饶宗颐《琴台铭》

以上的这篇《琴台铭》，是饶宗颐的名作。关于此文的写作背景，饶宗颐曰："1980年秋天，我又应邀赴成都参加全国古文字学研讨会，那是9月份的事，而同年10月下旬，还要去武昌，参加全国语言学会议。这

---

[1] 饶宗颐：《固庵文录》，新文丰出版有限公司1989年版，第436页。

以古茂之笔,抒新纪之思 / 181

样我就索性决定中间不回香港了。这次游历总共 3 个月,去了 14 个省市,参观的博物馆就多达 33 个。此行,我接触到新出土的大批考古文物资料,那是真让人兴奋啊。……当然,我也写一些纯粹的游记和随笔,都是情动于中,有感而发。单就这三个月的游历来说,就有三篇文字的写作至今印象犹深。"其中的第二篇就是此文。他说:"……二是到武昌后,登汉阳琴台。这是传说中钟子期听俞伯牙鼓琴的地方。登临时正当黄昏,夕阳西下,举目望去,荒草萋萋,丰碑宛在。我自己也喜好古琴音乐,常爱弹《搔首问天》等古曲,寄托思古幽情。当时登琴台,观碑碣,不能不想起高山流水的历史往事,吊古伤今,很有感慨,写下琴台铭……"①

饶宗颐此篇的体裁为铭。明·吴讷《文章辨体序说》曰:"按铭者,名也,名其器物以自警也。"② 铭最初是刻在器物上的文字,《传》所谓:"作器能铭,可以为大夫。"后来发展到"又有以山川、宫室、门关为铭者。"③ 饶宗颐此文属于铭山川、宫室一类。其写法是前面一段序言用散体文言,正文的铭文部分则用四言句式,并且要押韵。铭文的要求诚如陆机《文赋》所云:"铭贵博约而温润。"④

琴台,又名伯牙台,位于汉阳龟山西麓,月湖东畔。相传,俞伯牙曾在此弹琴,钟子期闻而知其志在高山流水,二人遂为知己。后来,钟子期病故,俞伯牙悲痛不已,在友人墓前将琴摔碎,从此不再弹琴,"知音"典故由此而来。古琴台是后人为纪念这一对挚友而建,始建于北宋,后屡毁屡建。清湖广总督毕沅主持重建古琴台,请汪中代笔撰《汉上琴台之铭并序》,古直笺曰:"原注代毕尚书作。"⑤ 毕尚书为毕沅。《汉学师承记·汪中》:"后毕尚书沅开府湖北,君往投之,命作《琴台铭》。甫

---

① 饶宗颐述,胡晓明、李瑞明整理:《饶宗颐学述》,浙江人民出版社 2000 年版,第 72 页。
② (梁) 萧统选,李善注:《昭明文选》,京华出版社 2000 年版,第 46 页。
③ (明) 吴讷:《文章辨体序说》,人民文学出版社 1998 年版,第 46 页。
④ (梁) 萧统选,李善注:《昭明文选》,京华出版社 2000 年版,第 462 页。
⑤ 古直:《汪容甫文笺》,人民文学出版社 1958 年版,第 25 页。

脱稿，好事者争写传诵，其文章为人所重如此。"① 饶宗颐此篇实为踵武汪中之作。二文之前皆有序，汪序骈散交用，状琴台之景，写希哲之怀，与铭文前后辉映，水乳交融。饶序则意在考证，举湖北枝江新出土编钟铭文与《魏世家》《韩非子》《吕览》等文献相佐证，从而得出"钟即周官之钟师，以职为氏，犹瞽瞍之瞽为掌乐者耳"的结论，与汪中的抒情模景大异其趣，而序末却有一句颇耐寻味："连类考之，以为容甫张目。"如此写法，盖因汪中美文在前，再写也很难超越，所以不如连类考证钟子期得姓之由，以补汪中之所未言。张目者，补不逮也。可见饶宗颐的良苦用心，这也是他的学者本色。至于两篇铭文的正文，皆为四字句式，偶句押韵，都是难得的美文。兹并为录出汪中之文以共赏：

汪中《汉上琴台之铭》："宛彼崇丘，于汉之阴，二子来游，爰迄于今。广川人静，孤馆天沉，微风永夜，虚籁生林。泠泠水际，时泛遗音，三叹应节，如彼赏心。朱弦已绝，空桑谁抚，海忆乘舟，岩思避雨。邈矣高台，肖然旧楚，譬操南音，尚怀吾土。白雪罢歌，湘灵停鼓，流水高山，相望终古。"

饶文押上平"五微"韵，一韵到底。汪文先押下平"十二侵"，再转为上声"七麌"，平仄韵转押。这两种押韵方式都有来历，《文选》中都有成例。如庾肩吾《团扇铭》即一韵到底，张载《剑阁铭》则平仄韵交替而押。一韵以求其流丽，转韵以求其顿挫。饶宗颐好用一韵到底，他文集中的另外几篇四字铭文：《越王勾践（鸠浅）剑铭》《灵渡山杯渡井铭》《马王堆帛书易经赞》《法南猎士谷（Lauscaux）史前洞窟壁画颂》都是一韵到底，而且都押平声韵，故而其铭文大体是走流丽一路。汪中文集中的其他几篇铭文如：《黄鹤楼铭》《江陵万城堤铁牛铭》《泰伯庙铭》《毕尚书母张太夫人神祠之铭》则都是平仄韵转押，而且经常四句一转，转韵频繁，所以汪中的铭文多是走顿挫一路。

汪文的"广川人静，孤馆天沉，微风永夜，虚籁生林"，饶文的"崇

---

① （清）江藩：《汉学师承记》，生活·读书·新知三联书店1998年版，第134页。

丘在望，水月生扉；春风拂岸，吹柳成围"，都是写景的名句，前者虚寂，后者清新。而饶文最后的"赏心纵遥，终古无违"，亦是汪文"流水高山，相望终古"之意。

饶宗颐辞赋骈文中化用汪中之处比比皆是，足见其与汪文的深厚渊源。兹将若干明显的例子一并录出：

| 饶宗颐句 | 汪中句 |
| --- | --- |
| 《观云赋》："山增嶒嶝，水极人天。" | 《黄鹤楼铭》："山增比岳，水激成雷。" |
| 《马矢赋》："嗟裁属兮弱息。惟饥炎之方盛兮。" | 《狐父之盗颂》："嗒然七尺，形在神奄，弱息裁属，饥火方炎。" |
| 《马矢赋》："独悲心之内激兮。" | 《狐父之盗颂》："悲心内激，直行无挠。" |
| 《灵渡山杯渡井铭》："流清泚于废圃。" | 《经旧苑吊马守真文》："其左有废圃焉。寒流清泚，秋菘满田，室庐皆尽。" |
| 《灵渡山杯渡井铭》："风烟掩抑，嵯峨数峰。" | 《经旧苑吊马守真文》："风烟掩抑，怪石数峰。" |
| 《吊贾生文》："考贾生于文之二年，谪此为长沙王傅。"饶宗颐自注："据汪中《述学》"。 | 《述学·贾谊新书序》年表："孝文二年，二十三岁，为长沙王傅。为赋吊屈原。" |
| 《琴台铭》："赏心纵遥，终古无违。" | 《汉上琴台之铭》："流水高山，相望终古。" |

汪、饶二家的辞赋骈文，有一个共同的特点，那就是丰赡的学问与典丽的才华兼而有之，熔为一炉。饶宗颐在学习汪中的过程中又有所超越，则更为难能可贵。钱仲联谓饶氏的赋"皆不作鲍照以后语，无论唐人"。郑炜明则云："盖饶教授之俪体，乃由汪容甫上溯《文选》，而直追秦汉。"[①] 钱、郑二家之评皆中肯綮，学汪中与"不作鲍照以后语，无论唐人"实际上是不矛盾的，因为汪中本身就是"不作鲍照以后语，无论

---

① 郑炜明：《饶宗颐教授在中国文学上之成就》，见郑炜明编《论饶宗颐》，三联书店（香港）有限公司1995年版，第489页。

唐人"的典型,故饶宗颐"由汪容甫上溯《文选》,而直追秦汉",确实与汪中有其神理契合之处。

## 三 古典文体与现代学术的融汇

在传统的文言创作系统中,"得体"颇为关键。每一个文体都有它的传统,有适合于其表现的长处,也各有其禁忌和短处。饶宗颐精熟古典的各种文体,故能因体制宜,写出来的文言给人的感觉首先是雅正得体。比如骚体赋自屈原、宋玉之后,虽然历代拟骚赋者众多,但要写到得体并不容易。饶宗颐有一篇《汨罗吊屈子文》,文中多化用屈原的辞句,又能融汇自然,得骚体之正,特别是文章的语感脉吻,非深有得于《楚辞》者不能到。但此篇只是属于继承型的,也就是说能深入传统之中,得其精髓,但创新不多。这只是饶宗颐的牛刀小试而已,他的辞赋骈文更为难能的是能借助传统文言典雅精美的文体,来抒写现代学术与思想,这才是他的独到之处。比如他的另一名篇《法南猎士谷(Lauscaux)史前洞窟壁画颂并序》中的正文一段:

阴阳蒸煦,儵忽倥偬。造分天地,始辟鸿蒙。剑齿惟猛虎,人立者恐龙。谁执大象,蹴踏昊穹。山裂垒道,凿此深廈。巨灵赑屃,表里融通。擘石拑土,縶壁幽宫。驭风螭驾,搕埃神悰。道思萦拂,人异颛蒙。晦明未分,湿湿梦梦。岂假山水,化彼郁悰。风雨是遏,草莽西东。万木含悲,百诊所攻。众手之劳,铸此奇功。有牛砺角,有马垂鬉。与玄猿兮争旦,共素水兮流淙。曜灵纵辔,急景何从。眷此一顾,起我疲癃。赫赫先民,妙夺天工。后安胜前,甘拜下风。休夸科技,徒乱天衷。振古莫俦,亿载朝宗。畴曰不然,鉴此玄踪。

此篇用韵文的形式写域外史前洞窟壁画,前无古人,钱仲联对此评价极高。猎士谷是法国南部一原始山洞,洞中壁画有蒙古马之造型。饶宗颐用传统雅正的四字铭文的形式,通篇押"一东"韵,来写现代西方的考古成果,两者本来相去甚远,但饶文写来却浑融一体,毫无凿枘之感,可谓使古典文体在当下获得重生。特别是最后一节"赫赫先民,妙夺天工。后安胜前,甘拜下风。休夸科技,徒乱天衷",最能体现饶宗颐的文艺思想,在艺术方面,科技并非万能,人类若一味追逐科技,而丢失其文化艺术之修养,最终只会走入歧途,徒乱天衷而已。

另如《殷代贞卜人物通考·序例》中的一段:

> 若夫殷礼无征,宣尼所喟。少牢特牲,乃诸侯卿士之祭,肆献祼享,惟《周官》凡目之存。杜君卿闲拾珠玑,凌次仲差具条例,欲以聚氄毛之冠,缀狐腋之裘,湮堕既多,望古兴叹而已。今者赖此契龟,粗得涯略,王宾之文,征诸《洛诰》,立尸之义,同乎《礼器》。八命可证太卜之篇,莅卜亦符士丧之礼,轩辕审兆,果见龟焦,上甲作主,载在《世本》。他如"不兴"、"惟农"之语,非《易》象《管子》莫由详,合耄大御之惛,得《春秋》、《公羊》而弥备。凡此之类,留心古礼,固宜讲明,析疑抉隐,譬电坼与霜开,觅证寻源,每珠流而璧合,虽曰草昧之初辟,亦类泾渭之疏凿者矣。

饶宗颐的甲骨学研究成就颇丰,与罗振玉(雪堂)、王国维(观堂)、郭沫若(鼎堂)、董作宾(彦堂)并称"甲骨五堂"。《殷代贞卜人物通考》为其甲骨学名著,1959 年出版,该书以贞人为纲、卜事为纬,旨在勾勒出殷代社会概貌,不但是一部断代史研究,而且是早期一部商代社会之综合研究文献。他是将甲骨文与殷代社会具体联系起来研究的第一人,由此而获得法国儒莲汉学奖。1996 年韩国汉学家孙睿彻先生将该书译为韩文,在国际甲骨学界传为佳话。此篇为其自序,甲骨之学,本甚博奥,饶宗颐竟能以骈体写之,实为创调,是其学人文之杰作。行文至此,古典文体与现代学术已经熔为一炉。

## 结　语

如上所述,饶宗颐辞赋骈文的特色,在体裁上是文体齐全,而且各体的写法都能符合传统的要求,所以写出来的文章都很"当行""得体",

这是饶宗颐在辞赋骈文方面功力深厚的表现。四十三篇文章中，有赋、序、吊文、题跋、铭、颂、启七种文体，除题跋外，皆是《文选》中之常体，这也从另一侧面可见饶氏于《文选》用力之深。至于遣词造句，用典修辞，则是一派典赡华美的气象，或自铸新境，或点化前人，皆能意随笔转，游刃有余，这是饶氏综合古典文学素养的体现。要之，在辞赋骈文的文章体式上，饶宗颐是以继承为主的。

在内容上，饶宗颐这些辞赋骈文题材之新颖，更是值得大笔特书，如《蒲甘赋》《法南猎士谷史前洞窟壁画颂》之咏域外史迹；《马矢赋》《斗室赋》《囚城赋》《烛赋》之写抗日战争；《梨俱吠陀无无颂》《近东开辟史诗》之译印度西亚古典；《马王堆帛书〈易经〉赞》《越王勾践（鸠浅）剑铭》之写新出土文物；《〈太平天国典制通考〉序》《〈老子想尔注校笺〉自序》《〈殷代贞卜人物通考〉序例》之有关新一代学术研究，都是古人笔下所无的。这些辞赋骈文的内容纵历古今，横亘中西，而且每涉及一个门类，都是极为专业的，其背后支撑的是饶氏庞大的知识体系和精深的学术研究。在辞赋骈文的内容上，饶宗颐是以勇猛精进的开拓为主的。

用传统文体的体式，典赡华美的文言，写全新的题材，饶宗颐这些辞赋骈文的存在，本身就具有重要的文化意义。他向世人宣布，辞赋骈文这种自五四以来被宣布"死亡"的文体，又在饶宗颐身上获得重生，而且使其得到进一步的发展，丰富了古典体裁的表现力，延续了古典文学的生命。饶宗颐这些作品是现当代中国文学的珍贵财富，值得我们认真研究，好好继承，同时也为当代中国文学提供了一个特别的榜样，在五四以来的新文学之外，为我们树立了一个古典文学在现当代获得新生的典型，也为中国新时期的文艺复兴奠定了一块坚实的基石，指引了一个全新的方向。

# 饶宗颐散文论*

## 肖玉华

学界素有"南饶北季"之说。作为季羡林心目中的大师，饶宗颐可谓学贯中西、著作等身，其学术研究几乎涉及中国传统文化的一切方面，并能将中西文化连成一片，融汇作论。钱仲联誉之为"并世之容甫与观堂也"[①]。然而，提及饶宗颐之散文创作，就数量而言，同与其齐名的季羡林相比明显少得太多，且与其等身之著作也颇不相称。台北新文丰出版的《饶宗颐二十世纪学术文集》计14卷20册（2003），皇皇巨著1400万字。其中第14卷收录"文录、诗词"，包括《选堂文集》《选堂散文集》《选堂赋存》《选堂诗词集》四辑。《选堂文集》收各种序跋、论说、墓表、墓志铭等约80篇，文言写成，约20万字[②]；而《选堂散文集》收文22篇（另有"小引"），约10万字，白话写成，个中篇目，曾于香港牛津大学出版社（1997）、沈阳辽宁教育出版社（1998）以《文化之旅》为题出过单行本，增加了一些篇目，然亦不过12万余字[③]。可见，饶宗

---

\* 本文为广东省教育厅广东人文社科重点研究基地重大项目"饶宗颐研究"阶段性成果。项目编号：2014WDZXM038。

① 饶宗颐：《"以古茂之笔，抒新纪之思——序饶宗颐教授的〈固庵文录〉"》，饶宗颐《固庵文录》，辽宁教育出版社2000年版。又见钱仲联《选堂文集·序》，饶宗颐《饶宗颐二十世纪学术文集》卷十四，新文丰出版股份有限公司2003年版，第1页。

② 《选堂文集》《选堂赋存》中的篇目，曾辑入《固庵文录》（辽宁教育出版社2000年版）。

③ 《选堂文集》与《选堂散文集》，一文言，一白话，前者以序跋、论说文为多，后者游记偏多，除此之外二者之间的差异不大，所以皆归为散文一类。

颐之于散文创作，无论就其创作数量抑或所投入的时间、精力而言，确实是少之又少。有评论在论及饶宗颐书画艺术时曾言："从某种角度上看，书画之于饶先生而言，尽管是深入其血液骨髓的东西，但就其所花费的时间精力来讲，与投入到广博的学术研究情况相比，似乎也只能算作'余事'而已。"[1] 书画以及琴艺成了饶宗颐尤其是晚年的精神寄托之所，而散文创作才是其一生学问的"余事"，甚至只能忝为"末事"耳。钱仲联将其比作汪容甫（中），而陈平原教授在《从文人之文到学者之文》中谓汪容甫"志在述学与文学其末"[2]。相应地，其散文创作也鲜有关注者。迄今为止尚未发现有专门关于饶宗颐散文的评论。然就这些为数不多却显得弥足珍贵的散文而言，却颇有意味，可以引发我们对于散文问题的诸多思考。

## 一 从"学者散文"说起

必也正名乎？对饶宗颐这类散文予以归类，是首先遇到的极为棘手的问题。按说，既收录在散文集中，名为散文，且在单行本中以"文化小品"名之，其"身份"或者归类当无可置疑。然一旦进入文本，方才发现这些散文与习见的散文文本有较大差别，集中篇什风格以至形式并不统一，有游记、随笔，有札记，有书评、序跋，甚至考古、考证之文等也赫然在列。曾记得余秋雨当初谈及自己的《文化苦旅》时曾经说过，《文化苦旅》中的散文"是一些无法统一风格、无法划定体裁的奇怪篇什"[3]。若将《文化苦旅》与饶宗颐《文化之旅》中的"奇怪"篇什相较，则前者乃小巫也。《文化苦旅》如今已被视为学者散文或文化散文，而以《文化之旅》为代表的饶宗颐散文至今尚无人予以归类。饶宗颐的学者身份自然毋庸置疑，很自然地，我们会将他所作的散文归入学者散文一类。何谓"学者散文"？多年来学界对此界定与划分标准争议甚多，

---

[1] 龙红、王玲娟：《真文人 大艺术——饶宗颐先生书画艺术论》，《饶学研究》第一辑，暨南大学出版社2014年版，第77页。

[2] 陈平原：《从文人之文到学者之文》，生活·读书·新知三联书店2004年版，第231页。

[3] 余秋雨：《〈文化苦旅〉自序》，知识出版社1992年版，第3页。

莫衷一是①。范培松教授在《谈香港的学者散文》中说:

> 所谓学者散文,是一个富有弹性的概念,但约定俗成确有它的特定内涵和品位,乃是指学者写的具有较高学养和品位的并对社会持有文明批评的抒情小品、文化小品、书斋小品和随笔等文,在港台一般称之为知性散文。②

学者吴俊认为:

> 学者散文大致可作二解,一是学者所作的散文,二是学者型的散文。前者重在提示散文的作者身份,即多为职业或准职业的学术研究者;后者主要关涉散文的表现形态,注重其内在的学理因素,并以此区别于通常的抒情言志、议论、纪实类的散文作品。因此,对于学者散文的认识,基本上可就其两方面——作者及作品形态——统而观之,即主要由学者创作的且以才学、理趣等学术文化内涵的表现见长的散文作品。③

两种说法在创作主体身份上有一定差异,后者无论在作者身份还是作品范畴上都显得更为宽泛一些,而相同的是两种说法所重者乃是创作主体之于散文中所展现出来的才学、理性。

其实早在20世纪60年代,余光中将当时的中国散文分为四型,第一型就是"学者的散文(scholar's prose)":

> 这一型的散文限于较少数的学者。它包括抒情小品、幽默小品、

---

① 或许,在20世纪散文史上,无论就主体身份、文体特性还是各种所谓学者散文选本的入选标准而言,其争议之大鲜有超过学者散文的,这个问题或可专文论之。
② 范培松:《香港学者散文鸟瞰及评论》,《苏州大学学报》(哲学社会科学版)1995年第2期。
③ 吴俊:《斯人尚在 文统未绝——关于九十年代的学者散文》,《当代作家评论》1998年第2期。

游记传记、序文、书评、论文等等，尤以融合情趣、智慧和学问的文章为主。它反映一个有深厚的文化背景的心灵，往往令读者心旷神怡，既羡且敬。①

此说涵盖的散文类别更为宽泛，也更能体现出学者散文创作主体身份的独特性。而饶宗颐散文中的篇章也确实如余光中的分类，序文、书评、游记、论文等无所不包。在《文化之旅·小引》中饶宗颐自承：

> 我平生喜欢写札记，零叶寸笺，涂鸦满纸。这类不修篇幅的短文，不值得留下来的弃余谈吐，多半是在时间的夹缝中被人榨出来应景，过去"文化之旅"的小品，月草一篇，即属于这一类。②

然一旦进入饶宗颐散文文本，便会发现它与时下乃至20世纪散文史上绝大多数学者散文的区别相当明显，《文化苦旅》自不必论，它也不同于20世纪三四十年代的周作人、梁实秋、钱钟书、王了一等人的学者散文，甚至与同为香港学者的董桥、梁锡华、黄维樑等人的散文也多有差异。其最显著者，当是文学性的欠缺。《选堂散文集》或《文化之旅》中的篇章大致如是，《选堂文集》《固庵文录》更是如此。有时候我们不由得不怀疑，饶宗颐散文似乎一开始就不是在文学散文范畴之内的写作。虽然在接触饶宗颐散文之初有了一定的心理准备，然它所带来的阅读感受仍多少还是有些超出预期的异样。梁锡华曾言：

> 学者散文中的博识与机智，有时实在曲高和寡，不但引不起普通人的兴趣，也赚不到他们起码的同情；但只要没有外力的镇压和干扰，加上社会上文化日益扩展和加深，学者散文的特色，会愈过愈获得多人的认识和接受。③

---

① 余光中：《逍遥游》，大林出版社1977年版，第30页。
② 饶宗颐：《文化之旅·小引》，辽宁教育出版社1998年版，第1页。
③ 梁锡华：《学者的散文》，《且道阴晴圆缺》，远景出版事业公司1983年版，第308页。

毕竟，作为一个单纯的现代散文读者阅读饶宗颐这类明显欠缺文学色彩的散文，确实无法提起太多的热情和兴趣，"令人心旷神怡"并不见得，至于以后是否真的"会获得多人的认识和接受"也很难说，它实在是有点"曲高和寡"的意思。不过，"既羡且敬"是肯定的，那是因为其中所蕴含着的"博识与机智"。一直很困惑，为何众多谈及学者散文的论文、专著以及各种学者散文选本很少提及或选录饶宗颐散文？[1] 探其由，散文作品数量少或为其一，而更重要的原因当是饶宗颐散文与20世纪中华散文包括学者散文有诸多不一样的品质。换言之，它进不了"世俗化"了的散文读者的视野。

梁锡华的说法倒是提醒了读者：我们需要换一种眼光或思路去接受和理解学者散文，尤其是饶宗颐散文。其实，散文从其出现伊始就并非纯粹的文学文体。朱自清指出："它不能算作纯艺术品，与诗，小说，戏剧，有高下之别。"[2] 作为与小说、诗歌、戏剧并列的四分文学文体之说是"五四"以后的事。陈平原指出，"所谓与小说、诗歌、戏剧并驾齐驱的散文，乃是'五四'以后拥抱并改造西方'文学概论'的成果"。

> 依照其时被普遍接纳的西方文学观念，"散文"与其说是一种独立的文类，不如说是除诗歌、小说、戏剧以外无限广阔因而也就难以定义的文学领域。称"文学领域"尚属客气，此类体式、风格、功能千差万别的"文章"，能否"算作纯艺术品"，时人心里普遍存在疑问。考虑到散文在中国的源远流长，在建构文类学时，学者们略为变通，于是有了皆大欢喜的"四分天下"说。[3]

佘树森也认为，"在我们古代，散文一词，是混杂于笼统的'文章'概念之中的。而作为文学体裁之一的'散文'概念，是'五四'以后才

---

[1] 据笔者所见各种学者散文选本中，仅《著名学者散文精选》（郭伟川编，香港容斋出版社1998年版）与《世界华人学者散文大系》（何宝民主编，大象出版社2003年版）中入选了《文化之旅》中的几篇小品。
[2] 朱自清：《背影·序》，中国青年出版社1992年版，第 iv 页。
[3] 陈平原：《中国散文小说史》，北京大学出版社2010年版，第3页。

有的",之所以人们对散文概念与分类的理解众说不一,源于散文文体本身所具有的"游离性"和"多层次性"特征。

散文是一种"游离"于文学与非文学之间的文体。不消说在我国古代,文学散文与非文学散文是混杂在一起的,统称之曰"文章";即使在现代散文成为"新文学的一个独立部门"以后,散文依然存在着这种"游离性":它既属于文学,但又非"纯艺术"。这就是说,一方面它具有文学的一些美质:如形象化,抒情性,描写手法,文字美等;一方面,它在选材与写法上,又可以"自由些","随便些",象家常"闲话"一样。于是,有的散文,文学色彩较浓、较强;有的散文,文学色彩则较淡、较弱。在这浓、淡、强、弱之间,人们根据自己的认识与判断,来划分散文概念的内涵与外延,自然出现了对散文概念与分类的不同理解。或严、或松,或狭、或广。[1]

由此可见散文本身就是一个相对自由与宽泛的文体。郭预衡在其《中国散文史》中将政论、墓志乃至骈文辞赋等非文学性的散文亦纳入视野,我们有什么理由不能将包括《选堂文集》《选堂散文集》在内的散文一起纳入学者散文范畴呢?一方面是饶宗颐的学者身份以及其文所表现出学理性、知性特质,况且,"从汉语文章的实际出发……将政论、史论、墓志以及各体论说杂文统统包罗在内。因为,在中国古代,许多作家写过这类文章,其'沉思''翰藻',是不减于抒情写景的"[2];另一方面是因为散文在中国文学史乃至其他人文、社会学科中承担的功能。包括序跋、书评等之类文学色彩相对欠缺的文字,比起诗、词、赋等韵文作品来,在某种意义上倒成了一种回归,"在相当长的历史时期,散文成了社会文化最主要的间接载体,经、史、子、集无不与散文有关。从正面说,散文承传和播扬了中华文化;从反面说,大量文本的非审美倾向,

---

[1] 佘树森:《散文创作艺术》,北京大学出版社1986年版,第7—10页。
[2] 郭预衡:《中国散文史·序言》,上海古籍出版社1986年版,第1页。

无疑在意识上影响了散文作为艺术创作的纯粹性"①。对饶宗颐而言，这种回归并非是一种偶然或巧合，而是由其对"文"或"散文"的深刻认识所致，深厚的学养是其保证。

其实，问题本不必如此复杂。即便抛开饶宗颐散文是对"古文"的回归这一视角，我们又何尝不能换一种思路与眼光待之?! 文坛上这类现象并不鲜见。就近而言，汪曾祺带着《受戒》《大淖记事》等"另类"文本闯入新时期文坛时给小说带来的冲击同样如此。余秋雨的《文化苦旅》中所谓的"奇怪篇什"现如今不也为人广为接受了么？饶宗颐之文，"事出于沉思，义归于翰藻"（《文选》），自应归类为散文。只不过，或许由于现代读者对散文概念与范畴的认知过于狭隘，长期阅读与接受以叙事、抒情为主要表现手段的艺术化散文已成习惯而积重难返。故此，我们需要时间，也需要更多体式多样化的散文文本来挑战乃至冲破我们固有的散文文体观念和欣赏习惯。遗憾的是，当下绝大多数散文文本和散文作者总是以"五四"以后流行的、约定俗成的方式来取悦读者，把"散文"越搞越小，散文之路越走越窄，离散文之本体也渐行渐远，不亦悲乎！

## 二 饶宗颐散文姿态：借文化的酒杯，浇胸中之块垒

正所谓"学者诚能从学生理，从理生文"②"知性"、学理性是学者散文最为显著的特征之一。余光中认为，"所谓知性，应该包括知识与见解"③。既为学术研究之"余事"，饶宗颐散文创作依然延续着学术研究的思维惯性。求证，求真是其学术研究的追求，也体现在散文创作之中。读其文，如见饶宗颐在学林之中漫步。文中对古今中外的文献、史料、

---

① 喻大翔：《用生命拥抱文化——中华20世纪学者散文的文化精神》，人民文学出版社2002年版，第45页。

② 袁宗道：《论文》（下），《白苏斋类集》，上海古籍出版社1989年版，第286页。

③ 余光中：《散文等知性与感性》，《蓝墨水的下游》，九歌出版社1998年版，第11—12页。

掌故、诗文等征引密度相当之大，《固庵文录》《选堂文集》中的序跋、论说文固不必论，《文化之旅》亦不例外。《由 Orchid 说到兰》一文，从"新加坡最吸引人的植物，莫过于 orchid 了"说起，由庞德的诗想到中国古代的兰，对中国文学艺术发展史中写兰画兰这一传统进行梳理。约1500 字的短文，涉及从先秦至明清的屈原、孔子、丘公明、季郑、昭明太子、陶渊明、杨无咎、赵孟坚、花光和尚、黄山谷、王寅、李时珍等相关人物 25 位，所列举的关乎文学、音乐、绘画等文献不一而足。即便到武夷山旅游，也不忘先对武夷山之名的历史作一番考证，进而联系到柳永，文中所举如《建安记》《陈书》《史记》等各种史料文献、典故、诗文约 20 种（《武夷山忆柳永》）。"有钱就任性"，对饶宗颐而言，"有学问就任性"。虽然文中征引密度相当大，但没有丝毫炫耀知识渊博的感觉，作者更无意于学术名词术语的轰炸，而是在古与今、中与西的学海书林中融会贯通。知识的罗列并非作者行文目的所在，事实上作者也并未停留在"知识"这一层面，而是将其作为一个媒介、切入点，从学术问题或者从文献资料生发开去，"从高处往下看""小中见大"，阐发他对诸多文化现象的"见解"，这才是最终落脚点。如写兰、画兰本身就是中国文化史上非常重要的一种文化传统，不过"春兰"与"泽兰"常被混在一起，"艺术与求真二事完全脱节"，作者目的在于借《由 Orchid 说到兰》一文加以澄清。《武夷山忆柳永》实为柳永鸣不平："感于近十余年来，词人被作为学术界的讨论对象，以李清照、辛稼轩最为热烈，而柳三变则无人过问，似乎应该加以提倡，方才公道，故敢著文为作不平之鸣。"① 以饶宗颐之学识及其在学术界的地位，这些见解或建议确实"搔到痒处"。

  我这些短文，敢自诩有点"随事而变化"，抓住问题偶尔亦可能会搔到痒处．我一向观世如史，保持着"超于象外"的心态，从高处向下看，不跼促于一草一木，四维空间，还有上下。这是我个人

---

① 饶宗颐：《文化之旅》，辽宁教育出版社 1998 年版，第 41 页。

的认识论。在付印之前胡诌几句，也许不无"小中见大"的深意吧。①

欲求"小中见大"，是这些散文创作的心理动因和目的所在，也正是其散文思想价值所在。

为清代书画家、篆刻家赵悲庵（之谦）印谱作序时，借对赵悲庵印书之评价，发出对金石书法家之告诫：

> 故治印则求之印之外，治书则求之书之外，治一切学则求一切学之外，于书于印，何曾数数然，此悲庵所以振奇而独绝也。其印与书之美，世早有定评，何庸再赞一辞。因撷其论学吃紧语，以为金石书法家之棒喝，质之悲庵于地下，谅无间然也夫！②

《稽古稽天说》所说乃中国古代的稽古稽天仪式，作者本意实指向现实社会中的疑古蔑天：

> 愚妄之徒，至欲以人灭天，焉得不蒙天谴也耶！儒虽不非天，而实远天。无宗教之国家，即无精神文明；今吾华已无宗教，宜恢复皇古之"天教"。日本以大直日神之御灵立教，见于《古事纪》。其儒者如本居宣长郑重著书，实为有建设性之至言，非如吾史家之抄袭尧舜抹杀论，而为肆无忌惮之词，国本焉有不蹶之理？故今日而言治史，必以稽天稽古，代替疑古蔑天。重建"天教"，我当效彼邦之宣长，以为前驱。作稽古稽天说。③

虽是文言语体，所论对象也是古人旧事，而所见则为"新纪之思"④，

---

① 饶宗颐：《文化之旅·小引》，辽宁教育出版社1998年版，第1页。
② 饶宗颐：《〈悲庵印谱〉序》，《固庵文录》，辽宁教育出版社2000年版，第156页。
③ 饶宗颐：《稽天稽古说》，《固庵文录》，辽宁教育出版社2000年版，第64页。
④ 饶宗颐：《以古茂之笔，抒新纪之思——序饶宗颐教授的〈固庵文录〉》，饶宗颐《固庵文录》，辽宁教育出版社2000年版。

并有振聋发聩之效。而白话体的《文化之旅》中之游记小品借各种文化现象发"新纪之思"更为突出。《金字塔外：死与蜜糖》从埃及金字塔说到埃及人对死后事情的关怀与研究，波斯人把"死"看作蜜糖，而对中国人对"死"的态度表示不满并提出了严厉的批评。

> 死在中国人心里没有重要的地位，终以造成过于看重现实只顾眼前极端可怕的流弊……人类之中，中国是最不懂甚么是"死"的民族，连研究死的问题的勇气都没有，真是可笑？人的灵性差别之大就是如此！①

不无武断的结论或可斟酌，但个中所思所论所感，颇类于《稽古稽天说》，作者的忧愤意识跃然纸上，且认识高度亦实非一般人可比。这是在饶宗颐纯粹的学术研究著作中难以见到的，毕竟学术研究不允许其作如此感论。

在《皇门静室的"小学"》中饶宗颐赞叹巴黎郊外的皇门静室昔日所取得的成就，对这处如今已经是"方塘冷蔓，寒水凄然"的修道院发思古之幽情，同时也借此慨叹世人之无知：

> 我因之联想到近时某诗人的自戕戕人，无端引起社会上一场文学舆论的争议，可笑的是有人将他比作上帝，真是何来的"无妄"的赏誉！以一个未受过正式充分精神教育和"小学"的古典文训练的人，作起诗来不免自我过分夸诩，从而轻视一切，这种妄自尊大，不能不说是一种幻觉，是要不得的。……人是多么脆弱无知啊！人应该承认自己的渺小！②

《秭归：屈原故里》用确凿的证据说明秭归乃屈原故里，目的亦非疏证学术争论，乃是因为：

---

① 饶宗颐：《文化之旅》，辽宁教育出版社1998年版，第7—8页。
② 同上书，第4—5页。

目前三峡工程正在积极进行之中,已引起许多抢救与保护文物的呼吁。据说工程完成以后,水位将上升一百七十五米,作为屈原故里的秭归,地面及附近一切古迹,将全部淹没。万一屈子魂兮归来,临睨故乡,不知作何感想!人为的沧海桑田,恐怕无法制止女婴婵媛的眼泪和解去她绵绵无尽的惆怅。①

知识分子不必一定是学者,学者却必定是知识分子。无论从中国古代的"士"之传统:"文化和思想的传承与创新自始至终都是士的中心任务"②,还是按照西方所谓"知识分子"的标准,即在"献身于专业工作以外,同时还必须深切地关怀着国家、社会以至世界上一切有关公共利害之事,而且这种关怀又必须是超越于个人(包括个人所属的小团体)的私利之上的"③。对于文化,饶宗颐在自觉承担着某种使命。文化批判是学者散文的天职,也是它的优势。饶宗颐不仅以他"几乎涉及中国传统文化的一切方面"的学术研究承担着传承中华文化的使命,同时也以其散文创作体现出他超越于个人之上的深切的文化关怀。由于香港与大陆以及台湾不同的文化环境,饶宗颐散文同几乎所有的香港学者散文一样,自觉远离与规避政治。于饶宗颐散文而言,似乎还回避社会热点,其所关注者,未脱离学术与文化本身,这才是真正意义上也是最纯粹的"以无穷的学问为题材"。在创作心态上,饶宗颐往往正是"因胸中有块垒,一吐为快"④。对于"柳三变无人过问"(《武夷山忆柳永》)、愚妄之徒疑古蔑天(《稽古稽天说》)、"死在中国人心里没有重要的地位"(《金字塔外:死与蜜糖》)、"过于轻视文献记录,轻易立论"(《周原:从美阳到庆阳》)等或文化现象或学术研究中存在的问题,饶宗颐自有其论见,而由知识分子的良知和使命感所产生的压抑与悲愤之情也充盈其间。据此看来,其散文与文化结缘,实际上是以另一种方式来完成他的某种文化使命:借"文化"之酒杯,浇自己胸中块垒。这才应该是真正的学

---

① 饶宗颐:《文化之旅》,辽宁教育出版社1998年版,第20页。
② 余英时:《士与中国文化·自序》,上海人民出版社1987年版,第1页。
③ 同上书,第2页。
④ 邵燕祥:《自己的酒杯·题记》,群言出版社1993年版,第3页。

者及其文应有之义。饶宗颐曾于1978年（戊午）书写过一副对联："结念属霄汉 怀抱观古今"，其境界、气魄可见一斑。也正是在这个意义上，学者喻大翔在其专著《用生命拥抱文化——中华20世纪学者散文的文化精神》对纳入其研究视野的学者之身份超出了一般意义上的学者或者知识分子的概念和范畴而相对严格，只能是那些能创植艺术散文精神之花的、包括文学、哲学等各门人文（及社会科学）的"融学术和文学于一炉、融理性和感性于一脑、融智慧与情感于一体的佼佼者"[①]。

## 三 饶宗颐散文文调：知为主，感为辅，知感相济；静其外，动其内，静动相宜

梁实秋在《论散文》中引用 Calyle 的话说："每人有他自己的文调，就如同他自己的鼻子一般。"又引用 Buffon 的话："文调就是那个人"，认为"文调的美纯粹是作者的性格的流露"[②]。作为文学文体之一的散文为人所重，关键就在于散文后面站着的"那个人"。饶宗颐志在述学，散文创作实为余事。与其他众多学者散文作家相比较，饶宗颐散文才是最为纯粹的"以无穷的学问为题材"，"凡方寸中一种心境，一点佳意，一股牢骚，一把幽情，皆可听其由笔端流露出来"[③]。这所谓的"方寸"始终不离学术或文化之一亩三分地。其散文风格远承清代学者之文（如汪中等），近续现代学者散文（如胡适、林语堂等），而又表现出其个人化的文调。

先说抒情。董桥云："散文须学、须识、须情，合之乃得 Alfred North Whitehead 所谓'深远如哲学之天地，高华如艺术之境界'。"[④] 若论学之

---

[①] 喻大翔：《用生命拥抱文化——中华20世纪学者散文的文化精神》，人民文学出版社2002年版，第8页。

[②] 梁实秋：《论散文》，俞元桂主编《中国现代散文理论》，广西人民出版社出版1984年版，第36页。

[③] 林语堂：《论小品文笔调》，俞元桂主编《中国现代散文理论》，广西人民出版社出版198年版，第67页。

[④] 董桥：《这一代的事·自序》，生活·读书·新知三联书店1992年版，第1页。

富、识之深,谁堪与饶宗颐比肩。呈现于读者眼前的,首先是饶宗颐散文中浸润古今、会通中外的学识。征引密度如此之大,尽显学者散文的知性特质。知识,包括文献、史料、掌故、诗文等几乎构成了饶宗颐散文的主体,无论是序跋、论说之文还是游记小品,概莫能外。相对而言,原本篇幅就不甚大的地盘,"情"之空间被"学""识"大大侵占了,所以小得太多。这也正是饶宗颐散文文学性相对不足的原因之一。或许,有意无意之间饶宗颐散文在这一点上又"复古"了一回。抒情本非散文之本,余光中曾言:"我写过的散文里面,岁有许多篇抒发诗情画意,放乎感性,但也有不少篇追求清明的知性,原是本位的散文。"[①] 陈平原说过:"散文应该立足的是'文字',不是情感和想像力""抒情散文不是中国散文的主流"[②]。曹文轩也认为:"散文从根本上来说,不是一种供人抒发激情的文体。……而且,即便是通常所说的抒情散文,也一直不是散文的主体。"[③] 然而,散文佳作包括学者散文从不应该缺乏情感的表达。只是与偏重于抒情甚至以抒情为本的散文相比,学者散文在抒情时所表现出的节制和对其"度"的把握更能体现出其理性的一面。或许我们都已习惯了自现代文学以来散文列于纯文学门墙之内后,多见纯粹的文学散文。重叙事、重抒情几乎成了20世纪的中国散文表现方式的主流。前50年不论,后50年状况似乎更不容乐观。

新时期以来,散文家们出于对五六十年代散文的那种"抒大情""宣大理"度反拨,竭力主张作家的"主体性"和思想情感的"向内转",这种反拨和主张,对80年代散文创作的复苏和90年代"散文热"的形成,确实起到了极大的推动作用可以说整个80年代是抒情散文的年代,其标志是老一代散文家宝刀未老和一大批女性散文家迅速崛起。……而且对于另外更多的散文家来说,他们却在这种反拨与转型过程中,从一个极端走向另一个极端,即把过去那种

---

① 余光中:《记忆像铁轨一样长·序》,洪范书店1987年版,第7页。
② 陈平原:《散文的四个问题》,《中国散文论坛》,北京大学出版社2003年版,第67页。
③ 曹文轩:《点评"贾平凹"》,《中国散文论坛》,北京大学出版社2003年版,第389页。

"大我"的情感完全置换成另一种的"小我"情感,因此,文坛上更出现了一批……"小女人散文"和"小男人散文"。①

即使就余秋雨的散文而言,其情感的浓度与抒情的力度依然不减,有时甚至有过于直露之嫌。此散文背景下的读者自然会觉得饶宗颐散文的"情"确实过于恬淡,缺少大起大落以及由矛盾冲突引起的情感力度。《文化之旅》与《文化苦旅》虽一字之差,而抒情风格迥异,《文化苦旅》所抒之情浓烈,有江河滔滔之势,像一个旅者的悲苦行吟;《文化之旅》所抒之情淡然,有涓流潺潺之姿,如一位智者的清雅谈吐。借用司空图《诗品》中语,《文化苦旅》如"采采流水,蓬蓬远春"(《纤秾》),《文化之旅》似"落花无言,人淡如菊"(《典雅》)②。这与饶宗颐所居的香港作为一个自由港口,国家意识、党派意识、民族意识比较淡化,为学、为文相对有独立性,而作家少有急功近利、少受政治左右,因而心态相对宽松与平和有一定关系。学者的理性气质使得他总是适度节制着情感的表达,含蓄而内敛。虽然偶尔亦有如"人类之中,中国是最不懂甚么是'死'的民族,连研究死的问题的勇气都没有,真是可笑?人的灵性差别之大就是如此!"(《金字塔外:死与蜜糖》)之类略显武断的论断、略有失控的情绪,总体而言,饶宗颐散文的情绪表达还是清雅而有韵致的,一如其诗作。而从抒情方式来看,亦呈多样之姿。

黄昏不让人多作留连,木杪风生送到我的耳畔低诉,我不必引起无谓的回忆与惆怅,我自无心去究问真理的是非,只感到与蒙庄同样有"逃空虚而有足音跫然"的不可思议的觉醒。在无数的古槐乱叶重叠之下而隐藏着久已消逝的蚁穴,这就是历史的见证,谁亦懒去寻访"存"与"亡"的边际;我不禁随口念出陈简斋的警句:"微波喜摇人,小立待其定",来作自我解嘲。(《皇门静室的"小

---

① 王聚敏:《论抒情散文——兼论上世纪九十年代的学者散文》,《海南师范学院学报》(社会科学版)2005年第4期。

② 《诗品新释》,赵福坛笺释,花城出版社1986年版,第25、53页。

学"》)

——这是融情于景。

静静的长江，依然摆出迂回曲折的阵势；后浪推前浪不停地呐喊，仿佛在对未来人们将要对她进行"整容"的措施提出抗议。完全逆料不到的是中秋节晚上的江面一片漆黑，月儿躲起来不肯露脸，像是蕴藏着某些沉重的心事。(《秭归：屈原故里》)

——这是借景抒情，此文结尾部分则融情于事。《稽古稽天说》结尾乃是借古抒情。当然也偶有直抒胸臆，如为钱仲联的《梦苕庵诗文集》所作的《序》中所记对钱仲联的感怀及惺惺相惜之意：

钱老乃我在学术、文学、诗词方面的平生第一知音、知己。他在《选堂诗词集·序》中引《奥义书》，说我"已得大全智，圆满大梵道"，实在令我既感动，又愧不敢当。钱老对我的揄扬，令人感涕。韩愈《祭田横墓文》有言："事有旷百世而相感者，余不自知其何心；非今世之所稀，孰为使余嘘唏而不可禁？"我谨在此，借用佛家恒言，撰一联云"相感遍十地，藻饰动诸天"，以答谢钱老。正是山阳邻笛，感音而叹，我此刻的心情，就是这样。①

当然，无论何种抒情方式，其常态则是清雅淡然，不仅有学者之理性，也有文人之诗性。与文中随处可见的文献史料、掌故等知性的内容给人以静静的、冷冷的感觉相较，浸透其间的情感分明是跃动着的，温润而真切的，从而形成了饶宗颐散文知为主、感为辅，知感相济；静其外、动其内，静动相宜的文调。

在我的理解，董桥所谓"须情"，不仅仅包含情感情怀，好的散文，于情趣一路，殊不可缺。从前文所引来看，饶宗颐散文，行文中不乏幽

---

① 饶宗颐：《梦苕庵诗文集·序》，黄山书社2008年版，第2页。

默、情趣笔调。《蔡梦香先生墓志铭》中记录了一颇有趣的细节：

> （蔡梦香）中年得养生术，居恒闭眼兀坐，吞津液，默念己名。或暗诵五元音，以澡雪五脏，谓是可延年祛病，故寿逾八十而神明不衰。昔英诗人丁尼生，自思其名字，系念不散，能得神秘之境；公未读其书而理与遥契，亦云异已！①

抓取这类细节，梦香先生原本平淡无奇的形象和作者波澜不惊的行文忽而平添了几许生趣，形象鲜活、文章生色不少。

再说笔法。有学者指出，"自由、自是、自适，是学者散文的文化精神特征"②。于学者散文而言，写作笔法亦然。而这正是由主体的精神自由导致的文体、笔法之自由，正如洪子诚所言："学者散文并不特别注意文体的'规范'，而将其视为专业研究之外的另一种自我表达或关注现实的形式。"③《文化之旅·小引》中所谓"不修篇幅"应该亦有此意。

此之谓自由，应该包含两层含义。其一，体式、文类之自由。既然散文在长期的发展过程中与社会文化之关系如此密切，而其所属文类、体式之多样性也是古已有之。或许散文之"散"与其形式之自由多样也不无关系。粗略统计，饶宗颐散文类别包含了说、论、记（包括游记）、解、释、序、跋、引、考、传（记）、题辞、书（信）、祭文、墓表、墓志铭等十余种，除了奏议、诏令等具有特定时代印记和特定功能的文类之外，饶宗颐散文文类几乎囊括了散文（或称古文）文类的绝大多数。就个人而言，在极大限度内体现了散文文类多样、体式自由的特点。其中说、论、记等体所涉及的对象与类型也较为丰富多样。如"说"一体，既有对自己的名、号的说明（《宗颐名说》《选堂字说》），也有对典故、学术问题等的论说（《稽古稽天说》《告田说》），"记"则有游记（《皇门静室的"小学"》《秭归：屈原故里》）、传记（《吴子寿传》）等等，

---

① 饶宗颐：《固庵文录》，辽宁教育出版社2000年版，第228页。
② 范培松：《中国散文史》（上），江苏教育出版社2008年版，第475页。
③ 洪子诚：《中国当代文学史》，北京大学出版社2007年版，第324页。

也在一定程度上发挥了散文各类体式的多种功能，如钱仲联所言：

> ……至其散体，所考释者，自卜辞、儒经、碑版以迄敦煌写本；所论说者，自格物、奇字、古籍、史乘、方志、文论、词学、笺注、版本，旁及篆刻、书法、绘画、乐舞、琴艺、南诏语、蒙古语、波斯语，沉沉夥颐，新解澜翻，兼及学术美文之长，通中华古学与西裔新学之邮。返观观堂、寒柳以上诸家，譬如积薪，后来居上。九州百世咸以观之，得不谓非东洲鸿儒也哉！①

其二，行文笔法之自由。饶宗颐学养丰厚，写起这类散文来极度自如、自由。所征、所引，古今中外，令人目不暇接，由此保证其所见所论之真、之深。创作主体精神之自由与文章体式之自由相遇合，使得饶宗颐散文在笔法上显示出极大的自由度和张力。所谓人类的认识史和社会史经历了从必然王国走向自由王国，饶宗颐之"自由"便是极有力的注脚。以文章结构为例。饶宗颐散文，结构自由随性，并无一定之章法和规矩。序跋、论说之文多从某一典籍、论著及学术问题或某种文化现象起笔，间以真知灼见，类于学术研究之逻辑思路和疏证结构；也有如《秭归：屈原故里》之类的四平八稳的首尾呼应式结构，从现实落笔："静静的长江，依然摆出迂回曲折的阵势；后浪推前浪不停地呐喊，仿佛在对未来人们将要对她进行'整容'的措施提出抗议"，继而跃入历史、掌故以作考证，最终回到现实收笔："目前三峡工程正在积极进行之中……万一屈子魂兮归来，临睨故乡，不知作何感想！人为的沧海桑田，恐怕无法制止女嬃婵媛的眼泪和解去她绵绵无尽的惆怅"。思路上是"现实—历史—现实"的结构方式；且以抒情起笔，以抒情收结，情感结构上也相照应；也有如《维也纳钟表博物馆》这种不问"结构"之结构：文章叙写音乐古都维也纳之林林总总：森林绿叶、喷泉、维也纳大学、

---

① 饶宗颐：《"以古茂之笔，抒新纪之思——序饶宗颐教授的〈固庵文录〉"》，饶宗颐《固庵文录》，辽宁教育出版社2000年版。又见钱仲联《选堂文集·序》，饶宗颐《饶宗颐二十世纪学术文集》卷十四，新文丰出版股份有限公司2003年版，第1页。

高塔、教堂等，作者对此着实发了一通思古之幽情。然真正写到"钟表博物馆"的文字仅文章第二节的几句：

> 踏遍街道，最感到珍贵使我流连不愿离去的地方，要算那个钟表博物馆，里面见到的是倒流的时间留下来的无数残骸。说明人类如何去努力创造历史，其结晶品只剩得几个破烂而古旧的表壳。科学的渣滓，文明的末梢，是否值得阿波罗的一盼！①

篇幅、字数仅占全文的十分之一而已，除此之外，再不著一字，浑不怕有跑题之嫌。这种不拘成法的写法，倒应了鲁迅所说，散文只要达到真实的自我情感流露的目的，在创作上"是大可以随便的，有破绽也不妨。……与其防破绽，不如忘破绽"②。如此笔法，端的透着其精神之自由、自是、自适。

有评论言："饶老文、史、哲艺皆精，以其博大精深之学养，陶铸成文，有史有识，有情有致，言简意赅，间夹幽默；或内蕴之哲理，尤为精邃。其文章之风格，独树一帜，令人读之，回味无穷，诚为学者文之表表者。"③我固不敢妄言饶宗颐散文为学者散文之表表者，然读饶宗颐散文，感慨良多，因为这些散文实在是在刺激读者的神经，甚至在颠覆我们以往的散文阅读经验和对散文的认知。饶宗颐散文之观念、姿态、笔法，值得研究者甚多。《祭曾酌霞文》为四字骈文，亦收录在《固庵文录》"散体篇"中，初觉实在不通，着实郁闷了好一会儿。行文至此，忆起明张岱在《一卷冰雪文后序》中的记载：

> 昔张凤翼刻《文选纂注》，一士夫诘之曰："既云《文选》，何故有诗？"张曰："昭明太子所集，于仆何与？"曰："昭明太子安在？"曰："已死。"曰："既死，不必究也。"张曰："便不死，亦难

---

① 饶宗颐：《文化之旅》，辽宁教育出版社1998年版，第13页。
② 鲁迅：《三闲集·怎么写》，《鲁迅全集》第4卷，人民文学出版社1981年版，第24—25页。
③ 郭伟川：《著名学者散文精选·后记》，香港容斋出版社1998年版，第471页。

究。"曰:"何故?"张曰:"他读的书多。"①

以前读到此处,总会笑士之迂腐。不意我等今正如此士,尤其是对于散文文体的认知而言。饶宗颐当然可以如此写散文,因为"他读得书多"!

---

① 张岱:《琅嬛文集》,栾保群点校,浙江古籍出版社 2013 年版,第 32—33 页。

# 相关研究

# 从"韩愈崇拜"到"六一情结"

## ——试论饶锷散文论述的体验化倾向

### 闵定庆

饶锷先生是近世潮州文坛的领军人物,在诗、文、联等多种文体上取得了令人瞩目的成就。随着近代转型的加速、传统文艺观的松绑,近代文艺观念进一步确立,饶锷趋于认同"各由其性而就于道"的个性化创作,能从韩文的"文从字顺"处入手,荟萃欧阳修、归有光、戴名世之所长,形成了渊雅、和缓、绵密的美学风格。他的散文观念与美学评鉴就是立足于这一美学风格进行体验性的思考与解说的,既充满了个性化体验的性灵色彩,也突出了近世文化转型期当下性与过渡性的特点。

（一）文体的选择：韩文？欧体？

身处 20 世纪初中国文化转型期,饶锷在获得新、旧两种文化视野的同时,也陷入了文化选择的尴尬之中：一方面随着文化转型的加剧,传统"文道观""教化观"迅速崩溃,饶锷完全认同"各由其性而就于道"的个性化创作,又能"以桐城义法出入唐宋明清诸大家",从韩文的"文从字顺"处入手,饶锷得以沿着欧阳修自然创作的路向,发展出一种自由适性、舒展自如的写作姿态,因而得以荟萃欧阳修、归有光、戴名世之所长,形成了渊雅、和缓、绵密的美学风格。另一方面,作为一个来自旧阵营的人,他显得极度焦灼,而又必须做出明确的抉择。他跟他所景仰的师友章太炎、高燮、金天翮、柳亚子、温廷敬等人一样,是完全排拒白话文的。他指出，新式学堂斩断了千年"文脉"，"科举废而人才日杂，学校兴而文章日衰"。古文退场，典范不再，新式学堂的学生"安能登其堂而嗜其胾哉"①。故终其一生，饶锷都沉浸在古典美文的世界里，始终未把白话文纳入文学思考的视野中来。

饶锷等身的著作，彰显了一种古典趣味的祈向。他埋首于著述，"于文辞、歌咏之事，漠焉不着意"②。但是，潮籍学人一致认为，他的"古文、辞赋、骈文都做得好"③。郑国藩《饶锷墓志铭》更明确指出，饶文虽"非精诣所在"，却能"以桐城义法出入唐宋明清诸大家，无意于古而与古会，当于庐陵、熙甫间别置一席，时贤中罕见其匹也"④。可见，潮籍学人早已对饶锷散文创作的审美属性做出了非常明确的辨识与阐扬。这也应构成我们今天深入研究饶锷文体观念与散文创作的有效切入点之一。

在饶锷眼中，明末清初的潮州文坛，乃是近世中国文坛的一个"缩影"，基本上是由三个向度构成的：第一，韩愈刺潮，越八月而去，开启了潮州"海滨邹鲁"的新纪元。潮人祭祀韩公，并在"韩愈崇拜"氛围中积淀了潮汕地区独特而深厚的文化底蕴，形成了膜拜韩文的"集体无意识"。但是，潮人长期热衷科举，揣摩时文，免出现"尸祝"韩公"决以得失，卜以吉凶"、学韩文却"学无渊源，志趣不大"这两大弊。⑤ 晚清民初，王慕韩崛起于潮州文坛，大力倡导韩愈古文，在他身边渐渐形成了一个颇具规模的远追韩愈的古文创作群体。第二，曾点翰林的吴道镕来潮州主韩山书院、金山书院讲席，京师大学堂首届文科毕业生姚梓芳也返潮执教，他们一同将"桐城文"引入潮州，潮人出现了"远宗退之而近法桐城"的新气象。第三，阮元督粤期间，将乾

---

① 陈贤武、黄继澍整理：《饶锷文集》，香港天马图书出版公司2010年版，第38页。
② 同上书，第175页。
③ 同上书，第2页。
④ 同上书，第154页。
⑤ 石铭吾《题〈读东观书室诗草〉》："我郡咸、同科举里，揣摩时文而已矣。纷纷士人争出头，皆曰舍此无他恃。间有能者涉经史，断无闲情到集子。"（石铭吾著、赵松元等整理《慵石室诗钞》，线装书局2008年版，第19页）

嘉朴学引入广东,建学海堂,系统讲授考据学,学海堂肄业生温仲和于光绪二十年(1894)至潮州金山书院讲学,后任该书院山长,书院改制中学堂,任总教习,直接或间接地影响了两代批潮州学人,一个考据学家群体在偏居一隅潮州渐渐形成。这也是乾嘉考据学流衍的最后一块阵地了。其中,温廷敬先从温仲和学,后同受丘逢甲之邀创办岭东同文学堂,成为多年同事,深受温仲和学问及为人的影响。饶锷、宗颐父子又曾师从温廷敬,接受了考据学的训练,故为文朴茂渊雅,不事雕琢,逻辑性强。

对此,饶氏父子最初的也是最本真的反应,是在潮州文坛"韩愈崇拜"的"集体无意识"影响下,毫不迟疑地崇拜与追摩韩文,再调剂以桐城派之文、考据家之文。但是,饶锷在长期的国学研究过程中,出现了"性之所近有不知其然者"的文体自觉,渐渐从"韩愈崇拜"的故辙中游离开去。关于这一点,饶锷《与冯印月书》直可视为"偏嗜"欧体的"自供状":

> 大抵古人为文,各有偏好,而不必尽同也。锷于历代文家研读潜索,不一日矣。顾独酷好欧、戴二家之文者,非文舍欧、戴二家皆无当于我意也,又非欧、戴二家之文已尽文之极至,而欧、戴二家之文之外可无求也。盖性之所近,有不知其然者矣。①

饶锷追述探究历代文家的体验,最终以性情之所近,宗向欧阳修、归有光、戴名世一路。郑国藩《〈天啸楼集〉序》更具体谈到了饶文三变的情形:

> 君文前后凡三变,少作刻意模韩,而未能至,时有枘凿不相容之处;中年出入唐宋明清诸大家,各有其所似,则志于传世,不忘意匠之经营者也;晚近一变,而归于平易,下笔在有意无意之间,

---

① 陈贤武、黄继澍整理:《饶锷文集》,香港天马图书出版公司2010年版,第174页。

则既神明于法，而不复以法囿文，境之上乘矣。①

饶宗颐则把乃父的这一偏嗜讲得更加生动形象：

> 我上过一年中学，后来就不上了，因为学不到东西。但是我的古文教师王慕韩却有一样东西给了我很大影响，那就是做古文要从韩文入手。我父亲跟他搞不来，但我却信服王师这一套。父亲喜欢欧体，大约也跟他后来身体不好有关系。现在我还是要说作文应从韩文入手，先立其大，先养足了一腔子气。②

这一取径"欧体"的追述，从性格层面揭示了饶锷文章学价值取向的成因。杨光祖《〈天啸楼集〉序》也从性格角度总结了饶锷其人其文的特点：

> 君循循学者，于书无所不读，而沉浸于考据之学，外虽刻苦，中自愉悦，盖志乎古者也。其为文章，纡徐静正而无怨言；其为人，温恭谨质而无愠色，傥所谓"养其和平以发厥声"者欤？③

粹然醇厚的儒者气度，中和包容的文人情怀，纡徐从容的文章风格，恰是千载以下对欧阳修其人其文的认同与皈依。

那么，饶锷"六一"情结形成的根本动因是什么呢？

不难想象，在"韩愈崇拜"的氛围中研读韩文，总免不了几分仪式化与神圣化的感觉。这恰与少年饶锷生动活泼、性灵飞动的心灵是格格不入的。饶锷通过"欧体"体验获得文体的自觉，几乎可以说是欧阳修成长体验与文体实验的"再现"。

欧阳修在《记旧本韩文后》中追忆十岁时曾得韩文六卷，虽"未能

---

① 陈贤武、黄继澍整理：《饶锷文集》，香港天马图书出版公司2010年版，第4页。
② 胡晓明：《饶宗颐学记》，香港商务印书馆1996年版，第2页。
③ 陈贤武、黄继澍整理：《饶锷文集》，香港天马图书出版公司2010年版，第7页。

悉究其义"，却被韩文的"深厚雄博""浩然无涯"深深打动。① 最终，在北宋"向内转"思潮的氛围中，欧阳修采取了"易行易知"的方法论策略，从韩文的"文从字顺"处入手，实践了一种平易从容、曲尽形容的新文风。② 显然，"欧体"的形成过程，是一个"文化孤儿"在黑暗中独自摸索前行所获得的丰饶成果，凸显了"孤独"的生命体验的创造力与想象力。

反观饶锷的成长历程，即可发现，他也是在逆境中摸索着前行的，这一经历大大拉近了与欧阳修的心理距离。据《天啸楼藏书目序》自述，他最初埋首四书五经，涉猎时文，后跟随仲兄阅读小学著作、诗文集，兴之所至，不求宗旨，稍长则循张之洞《书目答问》标示的"门径"有序地阅读清代学者的著作，打下较系统、扎实的国学根基。饶锷与欧阳修的早年体验一样，将书籍的聚集与知识的拓展、眼界的提升、心志的养成等融为一体，获得同步性的成长，在最大限度上涵盖了一个年轻人经由经典阅读、体味文体范式、甄别各家优劣的文体自觉的过程。

与此同时，高燮等人的革命家形象与国学家形象，叠加在一起形成了特殊的浪漫气质，尤其吸引饶锷。饶锷早年求学于上海法政学堂，接触了许多新派学人，尤其是与以南社核心人物为主的激进的青年汉族知识分子交往甚密，自觉接受资产阶级民主思想，将高燮、金天翮等视为

---

① 欧阳修《记旧本韩文后》："予少家汉东。汉东僻陋，无学者，吾家又贫，无藏书。州南有大姓李氏者，其子尧辅颇好学，予为儿童时，多游其家。见有敝筐贮故书在壁间，发而视之，得唐昌黎先生文集六卷，脱落颠倒，无次序，因乞李氏以归。读之，见其言深厚而雄博，然予犹少，未能悉究其义，徒见其浩然无涯，若可爱……举进士及第，官于洛阳。而尹师鲁之徒皆在，遂相与作为古文。因出所藏昌黎集而补缀之，求人家所有旧本而校定之。其后天下学者亦渐趋于古，而韩文遂行于世。至于今盖三十余年矣，学者非韩不学也，可谓盛矣！"又，黄震《黄氏日钞》卷六一："欧阳公起，十岁孤童，得文公遗文六卷于李氏敝籝，酷好而疾趋之，能使古文灿然复兴。"

② 苏洵《上欧阳内翰第一书》对"欧体"作了准确的概括："执事之文，纡徐委备，往复百折，而条达疏畅，无所间断，气尽语极，急言竭论，而容与闲易，无艰难劳苦之态"，"执事之文，非孟子之文、韩子之文，而欧阳子之文也。"（曾枣庄、金成礼笺注：《嘉祐集》，上海古籍出版社1993年版，第328页）

平生知己①。高燮等人一方面积极从事"驱逐鞑虏，恢复中华"的民族民主革命，另一方面竭力倡导"新国学"运动，将"国故"视为民族复兴的基石，积极整理国故，刊行古籍。这种江南学者特有敏锐、坚毅的革命意志，细腻、绵密的学风，柔婉、雅致的文风，完美叠加在一起，使得革命家、学者、文人三种身份"三而一之"，产生了无可言喻的"浪漫化"效果，在精神气质上更接近高度学者化、文人化、南方化的"欧体"。

### （二）偏嗜欧体的理论表述

成长历程与阅读体验的相似性，极易激发思想的共鸣，美学趣味也随之趋于一致。饶锷的文体自觉与实践，折向"欧体"一途，首先是建立在追慕欧阳修其人其文的基础上的。韩愈曾自比"非常鳞介之品"的"怪物"，不落流俗，犯颜鲠言，刚直倔强，愈挫愈勇。这或许就是与饶宗颐所说的"一腔子气"吧，但也不免出现如李翱《韩公行状》所言"气厚性通，论议多大体，与人交，始终不易"等小毛病。反观欧阳修之为人，韩琦《祭少师欧阳永叔文》说"可否明白，襟怀坦易，学贵穷理，言无伪饰"②。其子欧阳发《先公事迹》也说，欧阳修"中心坦然"，"接人待物，乐易明白，无有机虑与所疑忌，与人言，抗声极谈，径直明辨，人人以为开口可见肺腑"，"一切出于诚心直道，无所矜饰"。③ 不难看出，欧阳修娴雅冲淡，随性为官；真挚自然，平易和畅；明辨是非，以理服人。在为人风格上，韩、欧可说是大相径庭，因此，韩文与"欧体"虽有"先河后海"的渊源关系，但最终呈现在世人面前的文风却是阴阳二极的。何沛雄《欧阳修与韩愈的"古文"关系》就作了很好的鉴识：

---

① 饶宗颐口述、胡晓明、李瑞明整理：《饶宗颐学述》："父亲曾是上海法政大学学生，也是南社的成员，他的友人高吹万、金天翮等，也是南社中人。"（饶宗颐口述、胡晓明、李瑞明整理《饶宗颐学述》，浙江人民出版社2000年版，第1页）又，王振泽《饶宗颐先生学术年历简编》：饶锷"毕业于上海政法学堂，学成后返回潮州，曾任《粤南报》主笔。青年时，自觉接受资产阶级民主思想，1909年，当陈去病、柳亚子、高旭等人在苏州创立文学团体——南社时，他即积极响应"。（王振泽：《饶宗颐先生学术年历简编》，艺苑出版社2001年版，第14页）

② 欧阳修：《欧阳修全集》，中华书局2001年版，第2630页。

③ 同上书，第2626页。

"欧阳修的古文,虽然源于韩愈,但他深于史学,更得太史公行文的'逸气',加上生性闲雅冲和,故为文纡徐委备,容与温醇。姚鼎把文章分为阳刚、阴柔两大类,韩文得阳刚之美,欧得阴柔之美,堪作学文楷模,垂范千古了。"① 饶锷本是个"温恭谨质而无愠色"的人,在本质上与欧阳修的性格一致,因而能"养其和平以发厥声""其为文章,纡徐静正而无怨言",最终必然走上"欧体"的路子。

在"文道观"的论述方面,韩、欧取径各有不同,饶锷则在近代文化转型中扬弃了传统文道观,回归文学本体。韩愈《答李秀才书》"愈之所志于古者,不惟其辞之好,好其道焉尔"的宣言②,充满原始儒家阳刚之气的实践理性,使得公共领域的理论对话与交流重归儒家本位,将政治修辞、道德修辞打入"载道"文学之中,文学表达因而提升到了政治精英主义者言说的高度。韩愈确立"列天地、立君臣、亲父子、别夫妇、明长幼、浃朋友,六经之旨"的原则,文章写作便朝着伦理境界升华,"出言居乎中者,圣人之文也;倚乎中者,希圣人之文也;近乎中者,贤人之文也;背而走者,盖庸人之文也"。与韩愈崇儒的历史语境不同,欧阳修本就生活在一个儒家文化主导的"尚文"时代,一方面撰《新唐书·韩愈传赞》称赞韩愈"以《六经》之文为诸儒倡","粹然一出于正,刊落陈言,横骛别驱,汪洋大肆,要之无抵捂圣人者,其道盖自比孟轲",在学术思想上的"拔衰反正"之功与文起八代之衰映照古今,故尔"自愈殁,其言大行,学者仰之如泰山、北斗"。另一方面他极力推动"各由其性而就于道"论所追求的日常化、诗意化与个性化表达的时代思潮,其《与乐秀才第一书》说:"古人之学者非一家,其为道虽同,言语文字未尝相似。孔子之系《易》,周公之作《书》,奚斯之作《颂》,其辞皆不同,而各自以为经。子游、子夏、子张与颜回同一师,其为人皆不同,各由其性而就于道耳。"③ "道"的自然属性,决定了经典撰作与阐释必然呈现个性化与多样化的样态,也推衍出自然化、个性化的写作

---

① 何沛雄:《欧阳修与韩愈的"古文"关系》,《社会科学战线》1997 年第 3 期。
② 马其昶:《韩昌黎文集校注》,上海古籍出版社 1986 年版,第 174 页。
③ 欧阳修:《欧阳修全集》,中华书局 2001 年版,第 663 页。

状态,"孟、韩文虽高,不必似之也,取其自然耳"。这一推论从人性本真的层面拓展了文体革新的理论空间。戴名世进而认为,写作要"率其自然","文"是"出于心之自然者",由此推导出"君子之文,淡焉泊焉,略其町畦,去其铅华,无所有,乃其所以无所不有者也"①,即从文体自觉的体验出发,强调从具体的创作土壤中发掘个性化表述的空间。但在近世文化转型的语境中,国学经典的神圣话语系统被全盘改造为历史性记述及解释,传统的"文道观"不复存在,古文理论中标语化、口号化的"卫道""载道"论述消失于无形。饶锷受这一时代思潮的影响,自然而然地远离了传统文论中的"文道观",在古文观念建构与创作上摆脱了种种传统的羁绊,得以畅情论文,直指心源。

在创作观念上,饶锷完全认同韩愈"不平则鸣"的创作论,但更倾向于欧阳修"自然创作"的观念。饶锷《天啸楼记》有这样的"自白":

> 余穷于世久矣,动与时乖迕,外动于物,内感诸心,情迫时,辄为不平之鸣,而一于文辞诗歌焉发之。故吾之为文与诗,纵怀直吐,不循阡陌,愁思之音多,盛世之辞寡。是虽生际乱世使然,宁非天下之啸欤?②

他在《四十小影自题》中也说:

> 既遭时之不幸,乃息迹乎海垠。抱丛残以补佚,将闭户而草《玄》。谓殷之夷乎?谓鲁之连?皆非也。而讯其人,则曰:宁遗世以全我真。③

这一描述,分明有着欧阳修的影子,突出了"不平则鸣"的有为创作观、自然的个性化表达两个倾向。自司马迁"发愤著书"发端,"有为

---

① 戴名世:《戴名世集》,中华书局2000年版,第5页。
② 陈贤武、黄继澍整理:《饶锷文集》,香港天马图书出版公司2010年版,第88页。
③ 同上书,第130页。

而作"的创作论就占据了文学主潮,韩愈《送孟东野序》"不平则鸣"论及《荆潭唱和诗序》"欢愉之辞难工,而穷苦之言易好"论,大致划分了"羁旅草野"与"王公贵人"两类感发模式。欧阳修是在"六经之所载,皆人事之切于世者"认知的基础上,接受了这一外感内应的创作模式理论的,认为作家与现实生活有着——对应的因果关系,《梅圣俞诗集序》说:"凡士之蕴其所有,而不得施于世者,多喜自放于山巅水涯。外见虫鱼草木风云鸟兽之状类,往往探其奇怪,内有忧思感愤之郁积,其兴于怨刺,以道羁臣寡妇之所叹,而写人情之难言,盖愈穷则愈工。"①《徂徕先生墓志铭》说:"其遇事发愤,作为文章,极陈古今治乱成败,以指切当世,贤愚善恶,是是非非,无所讳忌。世俗颇骇其言。由是谤议喧然,而小人尤嫉恶之,相与出力必挤之死。先生安然不惑不变,曰:'吾道固如是,吾勇过孟轲矣。'"②遇事而发,意有所指,毫不避讳,这是出于高度的政治自觉与道德自觉的现实承担。这类解说,从真切的个体生命体验切入,体味到两种极端的士人生活样态。

饶锷认同这一感发模式,将作家之于社会的个性化反应,归结为"处境使然",对文学创作进行高度人性化的分析,体现出具体而鲜活的写实创作观。与欧阳修一样,饶锷从来就不是一个"被动"反映论者。他将自己"纵怀直吐,不循阡陌"的自然创作状态的反思,推展到对文学创作的普遍规律的思考,进而审视友人的创作成就,必然导引出种种"自然"的创作样态的描述与评判。如《蛰寄庐诗賸序》称誉潮安林彦卿多才多艺,"举凡词章、若散若骈,下逮丹青、音律、岐黄、星卜之术,靡不习而能焉""又性好客,喜与酒徒贱工者游处,当其剧饮六博,酣呼谐谑,旁若无人,而人见之者鲜不以为狂且妄者也",触类旁通,故所作诗文"并世交游咸敛手,逊谢莫及"③。《南园吟草序》谈到外甥蔡儒兰的创作,"人言甥诗绝肖其为人,吾谓亦其处境使然也""观甥之诗,缘情寄兴之词多",所以,"其造语清而丽、婉以和,无凄怆激楚之音"④。

---

① 欧阳修:《欧阳修全集》,中华书局2001年版,第612页。
② 同上书,第504页。
③ 陈贤武、黄继澍整理:《饶锷文集》,香港天马图书出版公司2010年版,第28页。
④ 同上书,第31页。

《柯季鹗诗集序》谈到与冯印月的交往："其后于鮀浦得交吾友冯君印月。印月工吟咏，其为诗渊源家学，出入义山、少陵之间，与余旨趣颇合。昕夕酬唱，往往极酣饮大醉，悲歌呼啸而不能已。人或姗笑之，而印月与余不顾也。"①《郑蕃之墓志铭》甚至描述了自己沿着故友的足迹，"吾尝浮韩江而下，登桑浦玉简之巅，见乎峰峦盘缪，江水激荡"，认为"岭东山川秀异之气"郁结于郑蕃之的胸臆，变幻为奇妙的个人表述②。饶锷立足于潮州地域文化的特殊性、个体文学创作的差异性，对每个作家所处的时代、社会环境、创作背景等进行了深度解析，又对每个作家的个性、才情、智能结构、风格特征进行了高度个体化的归纳与总结，在社会激荡与个人反响之间寻找个性化表达的突破口。饶锷从中总结出"性之所近，有不知其然者"的生命体认与艺术呈现的现象，恰得欧阳修"自然观"的神髓。以惊世骇俗的议论、震慑人心的气势、排宕顿挫的感情为主要风格特征的韩文，在人性化的柔性表达上，确乎有所欠缺，因此渐渐退出了饶锷文体实践与风格选择的视野。

### （三）重提欧体的文体学意义

饶宗颐《〈天啸楼集〉跋》追忆道：

> 往年，宗颐曾固请将诗文稿分类编刻。先君不可，曰："学问之道，考据、义理为先，文章其余事耳。吾方钩稽乡先哲遗文，焉有余力从事于此？且吾所为文，皆随笔直书，殊乏深意，其日力又不逮，安敢妄祸枣梨？"③

饶锷的解说，体现了"当下"语境的体验与认知，即从当时尚有一定生命力的乾嘉学派和桐城派的角度为基准重构散文评鉴标准。众所周知，桐城派与乾嘉学派一直有着良好的互动，共同努力完成了"义理"

---

① 陈贤武、黄继澍整理：《饶锷文集》，香港天马图书出版公司2010年版，第31页。
② 同上书，第100页。
③ 同上书，第158页。

"考据""词章"三而一之的"义法"论建构。戴震《与方希原书》说："古今学问之途，其大致有三：或事于理义，或事于制数，或事于文章。事于文章者，等而末者也。"① 求理义，就是求"大道"，考据、文章都是为"闻道"服务的。这一表述，与刘大櫆《论文偶记》"文人者，大匠也。义理、书卷、经济者，匠人之材料也"互为表里②。王鸣盛《王憨思先生文集序》对义理、经济、考据、文章四端进行了形象的论说："天下有义理之学，有考据之学，有经济之学，有词章之学。譬诸木然，义理其根也，考据其干也，经济其条也，而词章乃其花叶也。譬诸水然，义理其源也，考据其委也，经济则疏引溉灌，其利足以泽物，而词章则波澜沦漪、潆回演漾，足以供人玩赏也。"大约八十年后，曾国藩从唐鉴处得闻此说遗绪，推而广之，及于近世。③ 饶锷自称是个不讲"宗派"却究"法度"的人，"顾吾学虽数变而终不囿于宗派之说，惟吾法之是求"，对散文创作自然也提出了"义法"上的要求。其《答某君书》曰：

　　夫文章之事，盖难言矣……大别言之，不越二端：一曰散文，一曰骈文。是二者虽宗派各别，旨趣互异，顾其所以为文之法，莫不有一定矩矱存乎其间。故为文章者，首重义法，次论至不至。精于理，工于言，而又深于法，文之至焉者也。深于法而拙于词、疏于理，犹不失为文也。若理精而言工，无法度以运之，则不成文矣，而况于背理而伤词者乎……不识义法之人，又乌足与以论文？④

当然，在近代语境下，"义法"必须有所改造，如姚永朴《文学研究法》"所谓义者，有归宿之谓"的说法，就有意无意间淡化了"义"的

---

① 戴震：《戴震文集》，中华书局1980年版，第144页。
② 刘大櫆等：《论文偶记·初月楼古文绪论·春觉斋论文》，人民文学出版社1959年版，第3页。
③ 曾国藩"道光二十一年七月十四日"日记："至唐镜海先生处，问检身之要、读书之法"，"言为学只有三门：曰义理，曰考核，曰文章。考核之事，多求粗而遗精，管窥而蠡测。文章之学，非精于义理者不能至。经济之学，即在义理内"。（《曾国藩全集·日记一》，岳麓书社1995年版，第92页）
④ 陈贤武、黄继澍整理：《饶锷文集》，香港天马图书出版公司2010年版，第77页。

"儒本"意涵，彰显具体技法，"所谓法者，有起、有结、有呼、有应、有提缀、有过脉、有顿挫、有勾勒之谓"①。同样地，饶锷在既有框架内细化了"三点论"的有机构成及其变化样态，指出与"三点论"相对应的"精于理""工于言""深于法"，是相辅相成、不可或缺的，要有足够的"协同效应"才可作为全面衡量文章优劣的价值标准与美学标准。"理""词""法"三者的互动关系，实际上可组合成以下四种情形："精于理，工于言，深于法"者，此为"至文"；"深于法而拙于词、疏于理"者，"犹不失为文"；至于"理精""言工"，却无法度者，是"不成文"的；而"背理而伤词"者则完全可以不予置评了。

"义法"的彰显，使"欧体"所蕴含的"法度"，获得了一种近代性解读，从而指示作文的门径：

第一，"道"与"法"本是一体的两面，在欧阳修的自然"文道观"的视野，"法"便成为一种"日常之用"，看似寻常，却蕴含至醇的"道"。欧阳修曾应好友尹师鲁家属之请，撰《尹师鲁墓志铭》，于尹的生平行谊叙述颇多，赞誉有加，而于尹的文学成就仅赞一词——"师鲁为文章，简而有法"。这引来了尹氏家人及其他人的不满。实则从欧、尹共事于钱惟演幕算起，二人相知三十年，又曾共撰《五代史》，对孔子《春秋》用力极深，欧阳修便以此为切入点，书《论尹师鲁墓志》进行自辩："述其文则曰：'简而有法。'此一句，在孔子六经惟《春秋》可当之；其他经，非孔子自做文章，故虽有法而不简也。修于师鲁之文不薄矣。而世之无识者，不考文之轻重，但责言之多少，云：'师鲁文章不合只着一句道了。'"并非常人所言吝啬赞辞，实际上把尹深得《春秋》笔法这一点提升到了常人难以企及的"圣道"高度。这是已臻圣道的"定评"，何须重章叠句反复论说呢？当然，欧阳修最终还是从人之常情出发，补充说明为文的繁简笔法，"《志》言天下之人识与不识，皆知师鲁文学议论才能，则文学之长，议论之高，才能之美，不言可知"，人人皆知，则毋庸费一词了②。同样的道理，欧阳修《与石推官第二书》谈到书法

---

① 姚永朴：《文学研究法》，商务印书馆1916年版，第92页。
② 欧阳修：《欧阳修全集》，中华书局2001年版，第1045页。

"虽末事，而当从常法，不可以为怪"①，依然是以"常法"立论，希望在"常法"中显现至深至醇的"道"。欧文运气于"法"，妙在至深至醇，读来倍觉平易畅达，沁人心脾。

第二，注重协调"气"与"法"的辩证关系。饶锷《与冯印月书》说："欧阳公自谓得力韩文，今观其文与韩似不类，然按其义法，寻其声调，与韩靡弗合也。盖退之运法于气，永叔运气于法，殊途同归。""法"多存乎"字句格律篇章"的"形迹"之中，"善学古人者"得其神气，绝不会从"形迹"入手。从自然创作观念来看，欧体似乎更可亲可爱，更容易接近与模拟。当然，饶锷非常肯定韩文，尤其欣赏韩文不随人短长、自得佳趣，《与某君书》说："韩退之尝为文矣，当其大称意时则人以为大怪，小称意时则人以为小怪，其自审成薄不足存，则人以为绝佳，是文章之佳者固众人之所不好也。"这种"君子固穷"的姿态，也是个性张扬的，以另一种方式达到了"各由其性而就于道"的写作境界。《与某君书》以"吾邑某公"学韩"于古人为文义法盖懜然未之见"为例，强调"义法"的重要性。也就是说，当下的义理"活法"，早就给人们抉出了正与变、死与活、深与浅等为文之法。在当前鲜活的散文语境中，可领悟韩文的神髓，重构"活"的韩文、"活"的韩愈。饶锷还讲到姚鼐以"义法密而修辞朴"教人，却"正坐法太密、词太朴"，殊乏"雄浑之气"。唯有《登泰山记》"于法外运气"，"故佳耳"。曾国藩"厚集声彩""充以瑰玮雄大之气"，吴汝纶探源先秦诸子，"翻去波澜，一归崇奥"，都自铸伟词，力矫姚鼐之弊②。因此，"义法"的辩证性存在，最大限度地凸显了与世变相因的"当下"语境。

第三，深明"辨体"之法。欧阳修特别注意散文文体的本色表达，陈师道《后山诗话》载："范文正公为《岳阳楼记》，用对语说时景，世以为奇。尹师鲁读之曰：'传奇体尔。'《传奇》，唐裴铏所著小说也。"③方苞评欧阳修《真州东园记》云："范文正公《岳阳楼记》，欧公病其词

---

① 欧阳修：《欧阳修全集》，中华书局2001年版，第992页。
② 陈贤武、黄继澍整理：《饶锷文集》，香港天马图书出版公司2010年版，第75页。
③ 何景焕：《历代诗话》，中华书局1981年版，第310页。

气近小说家，与尹师鲁所议，不约而同。欧公诸记不少秾丽语而体制自别，其辨甚微。治古文者最宜研究。"①《岳阳楼记》通篇运用"传奇体"刻画人物、描绘景物的笔法，不免辞藻秾丽，篇章繁复，缺乏论说文应有的庄重感，因此，欧阳修主张为文要"精择"，"去其繁"，追求"峻洁"的文风，异于范作②。又如，林纾《春觉斋论文·述旨》说："韩昌黎集中无史论。舍《原道》外，议论之文，多归入赠序与书中，至长无过五六百字者。篇幅虽短而气势腾跃，万水回环，千峰合抱。读之较读长篇文字为久，即无烦謷冗言耳。"③ 欧阳修长于史学，将其"移植"到史论中，保其真气，去其繁复，使得史论写作有了质的飞跃。饶锷"抗声哦诵，渺然有千载之思"，窥欧文堂奥，得旷宕隽永之趣，在方志、书序、传记的写作上充分吸收欧文之长，行文喜从大处着手，不拘拘于细节刻画和景物描摹，"条畅以任气，优柔以怿怀，文明从容"，最终锻冶出了峻洁清雅的文体风格。

纵观饶锷的文体探索，可以说，这是一个经历了相当长的心灵挣扎的过程。清帝逊位，社会变迁，西学东渐，文学思潮随之出现转型，他也得以能用学者的眼光，而非政治家、道德家的眼光，重新打量散文创作。最终在欧阳修学者化、文人化"人格投射"作用下，他从人性本真、纯粹美感等层面切入，思考文体变革与散文创作问题，追求一种理精、法严、雅洁、和缓的文风，以澡雪精神，畅情抒写，将近世潮州古典文体书写推向了一个新的高度。

---

① 姚鼐：《古文辞类纂》，中国书店1986年版，第986页。
② 欧阳修：《欧阳修全集》，中华书局2001年版，第2372页。
③ 刘大櫆等：《论文偶记·初月楼古文绪论·春觉斋论文》，人民文学出版社1959年版，第45页。

# 饶锷国学方法论意识的自觉

## 闵定庆

饶锷先生是近世潮州学术大家，毕生致力于"国故学"研究，著作等身。同时，他也是潮州文坛的领军人物，在诗、文、联等多种文体上取得令人瞩目的成就。"国学"是他思考民族文化命运的起点，更是他所有文化活动的指归。他全盘接受了近代革命家的"新国学"理念与方法，在思想上将国学视为民族复兴、对抗西化的基石，在方法上则以地方文献整理研究为专业分工细致化的专业标志，秉持学术判断的客观性与事实性依据，取得令人瞩目的成就。他运用近代传媒方式促进国学研究，普及国学知识，同时又营造了一个古色古香的生活环境，增进了国学行为的生活化体验，使国学成为可知可感、生动活泼的文化实体。

**（一）"国学"体认的精神氛围**

客观地讲，饶锷先生在从事国学研究的过程中遭遇到的困难，是常人难以想象的。他的家族数代经商，虽富甲一方，"商人"身份毕竟与"国故学"不免有几分疏离感。他早年毕业于上海政法学堂，所学专业也与"国学"相去甚远。他生于斯、长于斯的潮州，远处南海之滨，既无文献资料、学术机构、专家学者、治学方法及氛围等多个方面，都有明显的不足。他所处的时代，恰恰是以民主、科学为表征的现代文明重构中国社会体制与价值观的关键期，儒家文明正无奈地退出中国文化中心地带，国故学研究已被高度边缘化。但是，他毅然决然转向"国学"一途,从事传统学问的研究,以重塑自己的文化身份。

纵观饶锷先生的一生,可以发现,"好古""嗜古"是他一生文化活动与学术著述的文化底色。"国学"成为他思考民族文化命运的起点,更是其所有文化活动的指归。可以肯定,以下这三个方面是决定饶锷文化选择的关键因素:一是,潮州深厚的文化底蕴及积淀已久的"韩愈崇拜"氛围;二是,经由潮汕地区权威教育机构传承的乾嘉考据学传统;三是,章太炎、高燮、黄节等革命知识分子所倡导的"新国学"运动的影响。这三者所起的作用不尽相同。其中,潮州文化语境确能形成某种文化层面的"集体无意识",在幼小心灵打下深深的文化烙印,但在文化活动与学术研究的操作层面上并无实质性的影响。饶锷早年接受乾嘉考据学的学术规范与操作细则,在治学方法上与清末民初的"新国学"运动基本上是一致的。

饶锷先生早年求学于上海法政学堂,学的是新学,接触的也多是新派学人,与以南社核心人物为主的激进的青年汉族知识分子交往甚密,更将高燮、金天翮等视为平生知己①。王振泽《饶宗颐先生学术年历简编》也说,饶锷"毕业于上海政法学堂","青年时,自觉接受资产阶级民主思想,1909年,当陈去病、柳亚子、高旭等人在苏州创立文学团体——南社时,他即积极响应"②。饶锷在接受他们的革命思想的同时,也全盘接受了他们的"国学"理念。众所周知,章太炎、高燮、黄节等人既是追随孙中山先生排满建国的革命家,又是博览古今、沟通中西的学问家,致力于发掘"国粹",弘扬"国学",重建民族精神。他们曾对"国学"的精义作过较系统的论说:第一,"新国学"的倡导是与民族存亡休戚相关的。章太炎《答张季鸾问政书》说:"第一,中国今后应永远保存之国粹,即是史书,以民族主义所托在是;第二,为救亡计,应政府与人民各自任之,而皆以提倡民族主义之精神为要;第三,中国文化无本宜舍弃者,但用之则有缓急耳,今日宜格外阐扬者,曰以儒兼侠。"③

---

① 饶宗颐述,胡晓明、李瑞明整理:《饶宗颐学述》,浙江人民出版社2000年版,第1页。
② 王振泽:《饶宗颐先生学术年历简编》,香港艺苑出版社2001年版,第14页。
③ 张勇编:《章太炎学术文化随笔》,中国青年出版社1999年版,第187页。

《〈制言〉发刊宣言》说："今国学所以不振者三：一曰毗陵之学反对古文传记也；二曰南海康氏之徒以史书为账簿也；三曰新学之徒以一切旧籍为不足观也。有是三者，祸几于秦皇焚书矣！"① 以振兴国学为己任，并引"国故民纪，绝于余手，是则余之罪也"自警②。高燮则大声疾呼，"国学"乃立国之本，"国而无学，国将立亡。学鲜真知，学又奚益"，同时指出，国学是具体可感的，"国学莫先于儒术，而儒术之真莫备乎孔学"，"孔学之真"在于五伦相提并举，"一皆无所偏倚"，崇尚真知，"多与西哲之言相合"。③ 第二，重估与整合"国故"范畴，如章太炎《訄书》说"夷六艺于古史"、邓实《古学复兴论》言"孔子之学固国学，而诸子之学亦国学也"，这就将经学、子学、史学、文学、小学等学科全部纳入"国故学"的范畴，进而在此基础上展开学术史批评，"正虚妄，审向背；怀疑之论，分析百端；有所发摘，不避孔氏"，考据与义理并举，发明甚多，创造出了一种新的学术范型④。第三，以"国故"为民族复兴的基石。1905 年，邓实《古学复兴论》说："吾人今日对于祖国之责任，唯当研求古学，刷垢磨光，钩玄提要，以发见种种之新事理，而大增吾神州古代文学之声价，是则吾学者之光也……安见欧洲古学复兴于十五世纪，而亚洲古学不复兴于二十世纪也。呜呼！是则所谓古学之复兴者矣。"⑤ 自此以后，人们从欧洲文艺复兴的高度来证立"古学复

---

① 姜义华主编：《章太炎全集》，第五册，上海人民出版社 1885 年版，第 159 页。

② 章太炎：《癸卯口中漫笔》，汤志钧著《章太炎年谱长编》，上册，中华书局 1979 年版，第 188 页。

③ 高燮：《论学书一》，高铦、高锌、谷文娟编《高燮集》，中国人民大学出版社 1999 年版，第 15 页。

④ 章太炎：《訄书重订本·学变第八》，姜义华主编《章太炎全集》，第 3 册，上海人民出版社 1984 年版，第 144 页。又，胡适《中国哲学史大纲卷上·导言》："清初的诸子学，不过是经学的一种附属品，一种参考书。不料后来的学者，越研究子书，越觉得子书有价值。故孙星衍、王念孙、王引之、顾广圻、俞樾诸人，对于经书与子书，简直没有上下轻重和正道异端的分别了。到了最近世，如孙诒让、章炳麟诸君，竟都用全副精力发明诸子学。于是从前作经学附属品的诸子学，到此时代，竟成专门学。一般普通学者崇拜子书，也往往过于儒书。岂但是'附庸蔚为大国'，简直是'婢作夫人'了"，"到章太炎方才于校勘训诂的诸子学外，别出一种有条理系统的诸子学。太炎的《原道》、《原名》、《明见》、《原墨》、《订孔》、《原法》、《齐物论释》都属于贯通的一类。《原名》、《明见》、《齐物论释》三篇，更为空前的杰作。"

⑤ 邓实：《古学复兴论》，《国粹学报》，第 1 年，第 9 号，1905 年 10 月 18 日。

兴论",呈现出相当自觉的文化转型意识,如章太炎《革命之道德》说:"彼意大利之中兴,且以文学复古为之前导,汉学亦然,其于种族,固有益无损已。"刘师培《拟设国粹学堂启(并简章)》说:"二十世纪为中国古学复兴时代,盖无难矣,岂不盛乎!"① 因此,辛亥革命之后,原先那股仇视满族政权的思潮出现了整体性的消退,章太炎、黄侃、高燮、柳亚子、黄节等人返回书斋,整理国故,实现了汉族知识分子自我文化身份的认知。

这里,还要进一步考察介乎师友之间的高燮,在饶锷国学道路的选择上所起到的关键作用。在"清运既终,专制随倒,共和初建"的关键时刻,民国政体不可逆转地朝着西方"民主"政体方向急速发展,"科学"教育体系也随之全面展开,"国学""孔教"并未如"国粹派""新国学"运动健将们期望的那样被树立为"国本"。高燮将横书的西方文字诋为"蟹行",讥西方文献为二道贩子的"象胥之籍",更将最高教育当局主持者划归"新学之徒"一流,指责他们借口"政体变更,国教不合","不尚有旧,视典籍如苴土",从"国家意志"高度强行推进西式教育,以至于"户肆蟹行之文,家习象胥之籍",因而担心国学与孔学"不亡于暴秦,不亡于盗贼夷狄,而将亡于神明华夏主持教育者之手",于是大声呼吁有识之士回归中华文化。1912年6月30日,高燮连同姚光、高旭、蔡守、叶楚伧、柳亚子、李叔同等南社社友发起成立"国学商兑会",会址设在高燮的闲闲山庄,倡导"扶持国故、交换旧闻、讨论学术、发明文艺",以期"共采中原之菽","聊系绝学于一线"②。高燮藏书逾30余万册,刊《国学丛选》,后又结寒隐社,编《寒隐庐丛书》,修《金山县志》。同时,高燮致力于家乡公益事业,在浚河、修桥、铺路、筑堤、兴学等方面贡献良多。经饶锷联系,高燮与潮州学人建立了广泛的联系,对饶锷所创的"瀛社"、蔡竹铭所创的"壶社"及郭辅庭所创的"乐善社",给予大力支持,又为郭辅庭的《天乐鸣空集》、蔡儒兰的

---

① 刘师培:《拟设国粹学堂启(并简章)》,《国粹学报》,第3年,第1号,1907年3月4日。
② 高燮:《论学书一》,高铦、高锌、谷文娟编《高燮集》,中国人民大学出版社1999年版,第15页。

《南国吟草》等作序，奖掖有加。

饶锷与这位恩师保持着密切联系，及时了解国内"国学"活动的近况及动向，产生强烈的思想共鸣，起而效法，也在潮州组织社团，办报出刊，整理文献。这样一来，以高燮为代表的"新国学"理念深深沁入饶锷的心田，尤其是国学商兑会的运作模式与学术旨趣，对饶锷的国学研究极具启发意义。可以说，饶锷对于"国学"价值的重估，对于国故的整理与研究，无处不闪现着高燮国学理念的影子。

### （二）回归"文化本位"

饶锷从深层次感知并把握住了辛亥前后时局变化与文化转型的历史动向，与南社成员的普遍认知保持着高度的一致，追求"驱逐鞑虏，恢复中华"为职志的"种族革命"，投身以中华文化本位论为核心的国粹保存运动。这一"反清攘夷"的心路历程，可从一些诗文中得到较深层次的映证，《冯素秋女士传》就描写了冯素秋女士深受秋瑾女士的精神感召："当清之季世，士怀故国，海宇骚然，其间以女子以浙产，侨居潮州，读其书，颇韪之，慨然以继起廓清自任，密与其戚卢君青海规划革命方略甚悉。会武昌首义，清帝逊位，女士闻之，跃然大喜，夙愿既售，则退而温习故籍。"[①] 在这位英气逼人的女子身上，映射出了作者自己相类似的"英雄情结"——出则救国救民，退则温习故籍。清帝逊位，民国肇建，这一命题自然消失，因而进退之间挥洒自如。这样设置历史情境，源自革命党人以汉族为中心的"国族意识"。章太炎曾建议应在传统的《春秋》大义、晚明抗清志士及"进化论"思想这三点上建构现代意义上的"国族意识"，从"进化论"的角度看，汉、满各为一族，满族虽最后同化于汉族，始终是有主次之分的，康有为《答南北美洲诸华侨论中国只可行立宪不可行革命书》所言"《春秋》之所谓夷，皆五帝三王之裔也""满洲蒙古，皆吾同种"的汉、满、蒙合一的"混同族"绝不可信，所谓"文野之分""华夷之辨"始终存在，"驱逐鞑虏，恢复中华"

---

① 饶锷：《冯素秋女士传》，《饶锷文集》，香港天马出版有限公司2001年版，第116页。以下所引饶锷诗文，均见此集。

的革命目标一旦成功，汉族必将重新占据政治文化主导地位。①

因此，饶锷进入民国之后在思想上发生了很大的变化：一是对这一问题的态度变得很温和了；二是采取个体阐释的方式，以区别对待满族文化。就具体例子而言，他的《奉天清宫古藏目录序》就非常典型地体现了这一转变，该文虽用"满清入主中夏"的话语以严分汉、满之别，但是，他并不像革命党人那样将清末社会风气隳坏、道德沦亡、政务不良诸多弊端，全归咎于满族落后文化与野蛮施政，反而以较客观的语气评述清前期"二百余年，累世稽古右文"，"海宇承平，民物安乐"。他进而认为清史的转折出现在慈禧太后执政之后，其《慈禧宫词百首并序》用庞大的篇幅全面清算慈禧的种种败政劣迹，指出慈禧"益事奢华"，颠顸干政，终致"清室陵夷，声威扫地"。作为儒家信徒，饶锷终其一生都在践履"以天下为己任"的儒家理念，尽管在《䓤园记》中声称"其于为天下、国家，固非吾今者之事也，而修身、养气、强勉问学，则敢不惟日孜孜"，亦即在"种族革命"成功之后，不再奢望事功，而致力于"国学"研究，立足于立德、立功、立言"三不朽"中最低层次的"立言"，奉献扎实可信的研究成果，将陈子龙、顾炎武"以学正心""以学救国"的经世致用之学付诸实践，试图从根本上改造与重铸中国文化。

与此同时，在饶锷看来，复兴"国学"，还可以应对现代西学的挑战。饶锷作于1930年的《白香山有移家入新宅诗，余构䓤园落成移家其间，即用白诗题五字为韵作五首》，有一句近乎"诗界革命"派式的句子："西儒故有言：'物竞斯天择。'"这里，重复二十六年前严复翻译赫胥黎《天演论》"物竞天择"的"社会公理"，可见他仍处在过往的"竞争/自强"语境框架之内。他认为，来自西方的竞争应区分为正、反两个面向。正面的要素应充分肯定，如《冯素秋女士传》就女权问题发表了全新的见解："嗟乎！吾国女权不振垂四千年矣！古传所称女子懿德，大

---

① 例如，章太炎《东京留学生欢迎会演说词》说，自幼嗜读《春秋》左氏传，又喜南宋郑思肖、明末王夫之书中"那些保卫汉种的话，民族思想渐渐发达。但两先生的话，却没有什么学理。自从甲午战争之后，略看东西各国的书籍，才有（进化论等）学理收拾进来"。（《章太炎学术文化随笔》，中国青年出版社1999年版，第88页）

抵皆偏重于家政、伦常,其有涉书史、干外事者则世以为大悖。自欧风东渐,往时妇德之说稍稍撤其藩篱,然婞婴淫荡者又扇于自由恋爱,时有越轨踰闲之事,守旧之徒群起诋击,至归咎于女学之不宜兴。"认为中国自古以来女性就没有得到足够尊重,确由西方女权思想的激荡方开风气。但是,激烈的中西文化冲突构成了"此消彼长"型的文化生态,中国文化面临着"陆沉真可娭"的境况。饶宗颐在谈到20世纪三四十年代时,也说那是"一个混乱的时代,思潮很多,非常矛盾","那个时代西化的倾向太浓厚,把本位文化压得很低"。[①] 因此,饶锷《复温丹铭先生书》说:"方今国学陵夷,炎黄文武之道不绝如缕。"《柯季鹗诗集序》说:"余少时为诗,是时海内学者方醉心欧化,绝学岌岌日就湮微,欲求一二非常奇特之士相与切劘砥砺,卒不可得。"《昼锦堂诗集序》说:"夫当兹世衰学废、彝伦道丧之余,而有人焉能励名行自约束于规矩,已自可贵。"指出欧风美雨正盛之时,传统文化岌岌可危,国家已无全面复兴国学的可能,只能寄希望于有识之士,每个人恪尽职守,弘扬国粹,接续绝学。当然,我们还须注意,饶锷对西学的认识出现了某些偏差,如《高先生合家欢图后记》说:"方今士务外学,嗜尚新奇","谬妄之徒至欲持独身而废家族"。将爱情自由、婚姻自主、个人独立等"西学/现代性"品格斥为"谬妄",固然有其时代局限性,但其中蕴藏的忧患意识与本位意识,无疑是极其深重的。

有鉴于此,饶锷认识到,相对于"种族革命"的阶段性与具体性而言,回应"西学/现代性"的挑战,实际上是长期性的、深层次的。如要坚定中国传统文化的立场,回归到"文化本位"的高度,再与"西学/现代性"进行平等对话,无疑也存在着相当的复杂性与不确定性。饶锷毕竟是旧学阵营走过来的,无法从新世界中寻找到相应的思想学说的"支援",只能重返中国文化的核心地带,以发掘文化重生、文化对话的思想资源与方法论资源。因此,饶锷的"国学"理念聚焦在以下三点上:

第一,坚守"纲常"信念,发挥日常人伦特有的"固本培元"作用。饶锷认为,由于日常人伦是建立在血缘关系的基础上的,人与人的关系

---

[①] 胡晓明:《饶宗颐学记》,香港商务印书馆1996年版,第77页。

是天然的，彼此间的依存度极高，反过来，这一理念必须在日常人伦的活动中体现出来。由此推衍，儒家"三纲五常"理论及其相应的仪轨制度，是通过庄重肃穆的祭拜仪式、典雅严谨的谱系编撰，昭示宇宙自然秩序的存在感，以确证各种人伦关系的客观性、传统政治制度的权威性与道德情感的永恒性。

第二，弘扬经世致用的实学精神，发展事功经济。饶锷一再教导晚辈毋沉溺于雕虫小技的诗文书画；《南园吟草序》说："吾谓亦其处境使然也"，"转而努力于事功经济，则所造讵可限量？顾乃敝精神于雕虫小技，抑亦末矣。"这番肺腑之言，不仅仅体现了长辈的关切之情，更重要的是来自人生阅历与苦难的升华与提炼，是在思想认识上对于陈子龙、顾炎武、章太炎、高燮等人经世致用之学的效法。

第三，刻苦治学，以严谨、纯正的考据学再现"国学"精蕴。郑国藩《饶锷墓志铭》称饶锷"生富家，无纨绔习性，独好古，于书无所不窥，尤致力考据之学"。饶锷自己更有"入世卅年，涉世卅年，玩世廿年，世味饱经，老去厌谈天下事；藏书万卷，读书千卷，著书百卷，书生结习，闲来学种武侯瓜"的"名山事业"期许。

饶锷将汉字文献划出了一道鲜明的"文化边界"，即视中国旧籍为国学的根基，而汉字佛学文献、基督教文献等外来文明的典籍则不可划入"国故"范畴，由此构筑国学体系的合理性与合法性依据，进而构筑抵御异族入侵、西学泛滥的"防洪坝"。显然，他已将国学视为一个民族的文化"慧命"，从"自强保种"出发，固守本土文化，凸显了当时知识分子"学能救国"的理念，在精神层面上与世纪之初知识分子倡导的"科学救国"的理念，确有暗合之处，也不无理想主义色彩。其师高燮《答饶纯钧书》称誉饶锷"奋志南天，中流一柱，学能救国，其道斯宏"，形象地揭示出了饶学的深层意蕴[1]。

---

[1] 高燮：《答饶纯钧书》，高铦、高锌、谷文娟编《高燮集》，中国人民大学出版社1999年版，第185页。

### (三)"向内转"的国学行为模式

在"新国学"理念的影响下,饶锷走上了"向内转"的"国学"路子,将"新国学"的理论与方法运注于具体的"国学"活动之中,并在潮州城古趣盎然的生活情调与文化氛围中,选择较为纯粹的区域性文化行为模式与生活方式,再现"古雅"的生活情调。换言之,他将国学活动分为两个层面,即学术层面的国学、生活艺术化体验的国学,以凸显"文化本色论"的取向。

就"国学"的物化形态而言,古籍文献是最直接的物质载体。因此,在藏书、读书与著述等方面,饶锷投注了全副的身心。他性喜收藏古书,近十万卷的古籍成了一种极其优雅的"逃避薮"。饶锷在《书巢》中标榜自己耽书有如"痴淫之癖":"吾室之内,或栖于楗,或陈于几,或枕藉于床,俯仰四顾,无非书者。吾饮食起居,疾病呻吟,悲忧愤叹,未尝不与书俱。"《亡妻蔡孺人墓志铭》更对自己的这一行为及其文化心态有所揭示:"余既以迂拙不能趋时合变,赴势利之会,攫取富贵,居恒读书自乐。"这批藏书构成了他的"国学"知识体系建构与认知的基础,所以,他对儒、释、道经典的取态是非常鲜明的,即信奉儒学,而于佛道基本上是存而不论的。他在为好友蔡梦蝶《心经述义》作序时,一方面体悟好友的人生遭遇与生命体悟,理解好友奉佛的选择;另一方面,却借用程子"万变皆在人,其实无一事"的话头,巧妙表达了对于佛学的态度。因此,他所关注、讨论的典籍,多为儒家经典和纯学术著作。他也并不因性情之所近而在"六经注我""我注六经"之间随意挥洒,而是以乾嘉考据学的写作范式作为文献阐释与揭示的"标杆",体现了朴茂渊雅,不事雕饰,节制有度,逻辑性强等特点。

在文献揭示方面,饶锷持冷静、客观、公正的态度。他作《南疆逸史》跋文,完整叙述了此书的撰作与传播过程,指出在晚清时期被汉族知识分子用以宣传"排满"革命思想,名噪一时,不过是机缘巧合而已。饶文并没有民族民主革命的高度来称赞此书,反而从历史学家的角度提出,要匡补此书的错误,目前所见百余则补正的材料就是明证。他在《永乐大典目录跋》中叙述了《永乐大典》及目录的散佚经过,从义和团起义和八国联军入侵北京这两个方面探讨《永乐大典》"尽付劫灰"的缘由，全面、客观、可信。可见，饶锷不喜"过度阐释"，能将文献释读从政治策略的框架内释放出来，实现了文献理解的自主性诉求，体现了实事求是的严谨态度。

在文献著述方面，饶锷追摩孔子"述而不作"的故辙，致力于文献编撰与整理。郑国藩《饶锷墓志铭》罗列其著述如下："平生著作付梓者，《慈禧宫词》一卷、《西湖山志》一卷、《饶氏家谱》八卷；未付梓者，《王右军年谱》一卷、《法显〈佛国志〉疏证》十卷；属草稿未完者，《亲属记补注》、《潮雅》、《〈淮南子〉斠证》，《汉儒学案》先成《易学》一卷，《清儒学案》先成目录、凡例四卷，续章学诚《校雠通义》、李元度《先正事略》则有目无书，皆有志未逮也"，"近十年来留心乡邦文献，拟编《潮州艺文志》，自明以上皆脱稿，有清一代仅定书目，而君已疾矣。"上述等身著作，全是严格意义上的"国学"论著，对于纯粹的学术问题，尤其是原创性话题，表现出极大的自信与极强的担当。所以，这一系列著述，涵盖了经、史、子、集四部，每一个专题都是值得深入发掘的"富矿"。更重要的是，他在"述而不作"的基础上奉行"信而有征"的编撰方法，即最大限度收集、整合文献，将有关原文资料加以排比、编次，再现历史的原生态和事物的本真面目。尤其是在地方文献方面，他有着一种时不我待的急切感与焦灼感，他在《与蔡纫秋书》中说："居今之世而言整理国故，途径虽不一端而一邑当务之急则莫先于徵文与考献，其在吾潮尤不容或缓者也""方今世变日亟，乡献腾篇不绝如缕。"于是，搜讨文献，数月而成《西湖志》十卷；又模仿孙诒让《温州经籍志》而撰皇皇巨著《潮州艺文志》。这些文献的编就，于地方文献撰例多所发明，有着发凡起例的转型意义。以地方文献整理研究为专业分工细致化的专业标志，秉持学术判断的客观性与事实性依据，从而获得接近于"中性"言说的自由，故能在很短的时间内创造出学术奇迹。他将考据学升华为"国学"研究最基本的方法论，以客观而周密的研究过程，再现历史真实，体现了高度的理性精神。这在客观上已非常接近当时学界奉行的"科学精神"了。

饶锷还成功建构了一种古色古香的生活样态，创造古雅的生活情调，在精神气质层面接近"国学"的情境。他在潮州城内营造一个诗意栖居的所在，造园林、建亭榭、引曲水、植竹木，在喧闹的都市里另辟一方洞天，从而产生典型的士大夫式的"移情效应"。己巳十一月，饶锷构天啸楼落成。这是一座二层洋楼，却挂上了"天啸楼"的匾额，屋内满壁都是字画，赋予这座新楼特殊的文化内涵。饶锷作《天啸楼记》回答友人"天啸楼"命名之由，说出了一番欧阳修《秋声赋》式的话："夫风，天之声也"，"凡自然之声谓之声，不平之声谓之啸。余穷于世久矣，动与时乖迕，外动于物，内感诸心，情迫时辄为不平之鸣，而一于文辞诗歌焉发之，故吾之为文与诗纵怀直吐，不循阡陌，愁思之音多，盛世之辞寡。是虽生际乱世使然，宁非天之啸欤？"通过士大夫式的感慨，消解近代化语境中的种种"不适"与"不快"。接着，他在天啸楼下不足一亩的隙地造"莼园"，"树焉、石焉、池焉、桥焉、亭焉、榭焉"，流水环榭，修廊曲折，悠游于此，得俯仰从容之乐。他喜欢在自家园林款待文友，诗酒唱和，仿佛将时光拉回古人的情境之中。浓郁的古典情调，消弭了天啸楼的现代气息。

与此同时，饶锷尝试办报出刊，以近代学术传播方式，拓展国学研究与普及的新渠道。青年饶锷受南社师友影响，服膺民族主义革命，王振泽《饶宗颐先生学术年历简编》说，饶锷"青年时，自觉接受资产阶级民主思想"，"学成后返回潮州，曾任《粤南报》主笔"，开潮州风气之先，产生了很大的社会反响。1924 年，饶锷创办《国故》月刊，以振兴国学为职志，广泛联系海内学界耆宿，征集"国故学"稿件，其师温廷敬《赠饶君纯钩并序》就说："纯钩，余分教同文学堂时学生也。近数年来，见其所作古文辞，深合义法。今岁以创《国故》月刊，故来书通问"办报出刊，能够积极运用现代传媒方式进行适时的"国故学"反思与整理，无疑是一种时代感极强的文化普及与传播活动，更是实现"国故学"现代转型的有益尝试，是架通古典文化与现代文明的重要桥梁。这是他接受新文明、改造传统国学研究方法的重要尝试之一。

饶锷将自己定位为一个典型的"文化遗民"，《四十小影自题》形容自己"既遭时之不幸，乃息迹乎海垠。抱丛残以补佚，将闭户而草《玄》"，自己实实在在是一个"遗世以全我真"的人，并非寻常意义上的"殷之夷""鲁之连"。他毕生致力于保存国粹、振兴国学，一方面勤于著述，创造了许多学术奇迹；另一方面，积极办刊、出书、结社，团结潮汕学人，凝聚了一个地域特色鲜明的"古学"群体。这一系列"国故学"活动，表现出一个学者应有的自觉意识。从中国古典学术的创造精神切入赓续传统，回应西学的挑战，这是饶锷面对中国近代文化转型困局开出的一剂药方，充分体现了近代文化转型期本土知识分子特有的思想深度与方法论意识。

# 试论饶锷诗学观念的近代性品格

闵定庆

与宏富的学术著作相比，饶锷的诗文作品存世量极少。1934年，时年十七岁的长子饶宗颐刊布《天啸楼集》五卷，录存各体文五十五篇，诗二十首。近年来，潮籍学者陈贤武、黄继澍又辑得佚文四篇、诗六首。饶锷的诗文作品虽不多，却颇有特色，平生好友基于平日里密切的学术切磋与文学交流的体认，一致认为他的"古文、辞赋、骈文都做得好"。① 郑国藩《饶锷墓志铭》更明确地指出，饶锷"生富家，无纨绔习性，独好古，于书无所不窥，尤致力考据之学"，诗文虽"非精诣所在"，其文能"以桐城义法出入唐、宋、明、清诸大家""当于庐陵、熙甫间别置一席，时贤中罕见其匹也""君诗不逮其文，然亦有法度"。② 杨光祖《天啸楼集序》从性格角度总结饶锷的写作特点："君循循学者，于书无所不读，而沉浸于考据之学，外虽刻苦，中自愉悦，盖志乎古者也。其为文章，纡徐静正而无怨言；其为人，温恭谨质而无愠色，傥所谓'养其和平以发厥声'者欤？"③ 粹然谨质的儒者气度，中和包容的人文情怀，纡徐从容的文学风格，这三者浑成一体，诗文一如其人。进一层看，饶锷一直在家乡潮州展开其诗学活动，并在努力继承

---

① 饶宗颐口述，胡晓明、李瑞明整理：《饶宗颐学述》，浙江人民出版社2000年版，第2页。
② 饶锷著，陈贤武、黄继澍整理：《饶锷文集》，香港天马出版有限公司2010年版，第153页。
③ 同上书，第7页。

传统诗学的同时参与建构了近世潮州诗坛"基层写作"的文化氛围。饶锷面对近代社会转型,试图通过研治"新国学"回归中国文化本位论,以对抗西方文明。他将"诗"视为"新国学"知识体系中的一个有机组成部分,认同"不平则鸣"的有为创作论和"各由其性而就于道"的个性化表达,从"诗史"即"心史"的立场出发,重构诗歌反映现实社会的艺术表达方式。他推进诗学经典的当代阐述与创作实践的互动,期望涌现更多更优秀的诗作。饶锷的诗学观念,实际上体现了"返古开新"的文化守成主义方法论,具有明显的近代性与过渡性特征。时至今日,这些洋溢着"现场感"和"亲在感"的评价,对我们进一步研究饶锷其人其诗其文,仍有积极的启发意义。本文拟在此基础上对饶锷的诗学观念作一专题性探讨。

## 一 近世文化转型语境中的创作主体意识的发现

饶锷一直生活在一个真实而具体的时空维度内。他生逢清末民初政体变更的转型时代,且一辈子生活在自己的家乡,亦即素有"海滨邹鲁"之誉的文化古城潮州。对这一时间与空间,他有着极其清晰、真切的体认。所处的时代,所居的家乡,无一不深刻影响着他对于诗歌的文体特征、审美属性的认知与把握,更深刻地影响着他的创作主体自觉的程度及与外部世界互动的深度和自由度。

众所周知,创作主体身份的辨析与回归,关乎创作内驱力的有机构成,关乎诗作思想主题与时代互动的关联度。这一问题,在饶锷身上显得尤为尖锐。就与生俱来的"商"的身份而言,他必须化解"商人/士子""诗人/士子"的内在紧张关系;就身经晚清衰颓、维新变法、辛亥革命、军阀混战、国民党执政、共产运动兴起等社会激变的社会文化体验而言,他必须直面"古/今""中国文化/西方文明""政治/文学""国学/法学"的冲突与转化问题;就其文学创作取向而言,他必须调适好"古典诗学/当代诗学""全国性诗歌主潮/区域性基层创作态势""主流风格/个体风格"的互动效应。而确定一个明晰的文化身份,才是解决这一系列对话的关键。事实上,摆在他面前的障碍至少有四重:第一,饶氏家族数代经商，富甲一方，毕竟近代社会尚未实现完全转型，受传统"四民"观念的影响，商贾的政治、社会、文化地位仍然偏低。这就注定了文化身份上的深度焦虑，试图转换为"士人"身份，虽很传统，却不失其有效性。第二，饶锷年轻时曾求学于上海政法大学，却偏爱传统学问，受到南社诗人群体将诗文创作与种族革命打成一片的浪漫做派影响，下定决心走"新国学"之路。第三，他所学的新式专业知识，在走上社会之后全然学非所用，不免显得"迂拙"，反而自怨自艾"于世事百无一通"。第四，潮州虽有"海滨邹鲁"的美誉，但远离中国文化中心地带及中西文化交汇前沿地带，他深知自己眼界的域限，自忖既无准确把握住时代脉动的手眼，更无推动时局、转圜人心的力量。总之，无论是近代社会政治转型的内在理路，还是中西文化冲突与交融的客观现实，抑或是文学变革浪潮狂飙突进的合力作用，虽然都存在着某种将其推向"正统诗学"的内在规定性，但最终只能是具体而深刻的人生感悟与人生经历等内驱力，才能改变饶锷的诗学观念。

饶锷《四十岁自题小影》，将自己塑造成一个与殷朝夷齐、鲁国仲有异的"文化遗民"形象，颇值得玩味：

> 圆颅方趾，繄汝何人？是曾探禹穴之故墟，扬秦火之灰尘；漫游三千余里，著书二十万言。既遭时之不值，乃息迹乎海垠；抱丛残以补佚，将闭户而草玄。谓殷之夷乎？谓鲁之连乎？是皆非也。而讯其人，则曰："宁遗世以全我真！"①

他最终选择了"以振故学为职志"重塑自己的文化身份②。从个人选择来看，这是一个既符合个人心志，又能凸显中国文化本位论的"向内转"行为；从研究方法来看，这是一种崭新的近代学术专业化模式，与传统的学术研究方法有所不同。所以，饶锷在高度专业化的潮汕地方文

---

① 饶锷著，陈贤武、黄继澍整理：《饶锷文集》，香港天马出版有限公司 2010 年版，第 130 页。
② 饶宗颐：《天啸楼集跋》，饶锷著，陈贤武、黄继澍整理《饶锷文集》，香港天马出版有限公司 2010 年版，第 157 页。

献整理与研究的过程中，有意识凸显鲜明的专业分工细致化标志，秉持学术判断的客观性与事实性依据，获得一种接近于"中性"的言说，故能在很短的时间内创造出学术奇迹。对此，乃师高天梅《答饶钝钩书》称其"奋志南天，中流一柱，学能救国，其道斯宏"，很能揭示饶锷治学的真实意图①。与此同时，饶锷做出这一决定的时间节点，须加留意。其《柯季鹗诗集序》谈到了"辛亥之秋"对自己人生选择的巨大影响："海内学者方醉心欧化，绝学爰爰，日就湮微""辛亥之秋，清廷鼎革，余避乱家居，从事考据之学，曩时为诗之志渐颓落放失，不暇以为"，遂决定放弃诗歌创作，转而专心研治"新国学"②。这一心境的变化，这一有意识的放弃，最终使潮州地方文献整理与研究得以成为他焚膏继晷、矻矻不倦的"名山事业"。

饶宗颐《天啸楼集跋》追忆了这样一段极具深意的父子对话：

> 往年，宗颐曾固请将诗文稿分类编刻。先君不可，曰："学问之道，考据、义理为先，文章其余事耳。吾方钩稽乡先哲遗文，焉有余力从事于此？且吾所为文，皆随笔直书，殊乏深意，其日力又不逮，安敢妄祸枣梨？"③

饶锷这番解说，表面看来是接着孔夫子"行有余力，可以学文"、④韩愈《和席八十二韵》"余事作诗人"、⑤欧阳修《六一诗话》"以诗为文章末事"、⑥黄遵宪《支离》"穷途竟何世，余事且诗人"的意思往下讲

---

① 高天梅：《答饶钝钩书》，饶锷著，陈贤武、黄继澍整理《饶锷文集》，香港天马出版有限公司2010年版，第183页。

② 饶锷著，陈贤武、黄继澍整理：《饶锷文集》，香港天马出版有限公司2010年版，第35页。

③ 同上书，第158页。

④ 朱熹著：《四书章句集注》，中华书局1983年版，第94页。

⑤ 韩愈著，钱仲联集释：《韩昌黎诗系年集释》，上海古籍出版社1984年版，第962页。

⑥ 欧阳修、姜夔、王若虚著，郑文校点：《六一诗话·白石诗说·滹南诗话》，人民文学出版社1962年版，第16页。

的,①但更多地蕴含了他基于长期学术研究的深刻体悟。

中国古典诗学在长期发展过程中,逐渐形成了一组具有一定关联度的核心命题——"言志"说、"缘情"说、"载道"说、"学养功力"说、"自娱"说、"余事"说等。这些命题围绕着创作主体的创作内驱力问题,展开了相对充分的理论阐述和事例论证,发展出相对独立的逻辑轨迹,也留给了后人进一步拓进的空间。饶锷创造性地将诗从"政事"余暇整体位移出,使之一变而为"治学"之暇。其《次韵丹铭先生见赠之作》赞美业师温廷敬"余力昌黎后,起衰尚有人。扶轮公未老,鸣缶我何珍",同样是将"余力"定位在学术研究之外的②。《南园吟草序》直接引用了孔子"行有余力,可以学文"的原话,实际上另有寓意。鉴于外甥蔡儒兰诗作"缘情寄兴之词多,而抚事忧时之什寡",饶锷多有劝勉:"以甥之才与其年之富,苟以其所从事于诗篇者,转而努力于事功经济,则所造讵可限量?顾乃敝精神于雕虫小技,抑亦末矣!孔子曰:'行有余力,可以学文。'甥其勉乎!"③这一言说方式看似重回孔子的老路,实为基于近代专业分工精密化的时代特征的诗学思考。蔡氏一族世代经商,决定蔡儒兰必将投身于"事功经济"的商业活动。这样一来,蔡儒兰的"正事"绝不可能等同于孔子的"政事",诗歌创作的"政事"前提也就被暗暗置换为"职业"范畴,从根本上改写了"余事""余力"的概念。

饶锷视"诗"为"以余力为之"的"余事"论,更多的是社会化、政治化选择的必然结果,体现了传统意义上的"政治正确性"思维定式的隐性力量。实际上,从近代专业分工的角度看,任凭饶锷如何努力治学,如何积极主动地担当"学者"角色,都确定无疑地不属于"体制内"的人,即从学术研究主体的身份来看,抑或是从诗歌创作主体的身份来看,他是一个典型的"业余者"。对于"业余者"身份在学者、诗人、商人三者角色转换过程中的奇妙作用,他在《蜡寄庐诗剩序》中就以"余

---

① 黄遵宪著,钱仲联笺注:《人境庐诗草》,中国青年出版社2000年版,第588页。
② 饶锷著,陈贤武、黄继澍整理:《饶锷文集》,香港天马出版有限公司2010年版,第177页。
③ 同上书,第31页。

于有韵之文,游焉而已"这样的话语来表述自己的切身体会①。这个"游",就是孔子为士子设计的"志于道,据于德,依于仁,游于艺"中的"游",处于钱穆所言的人生设计的第四层级②。这四个层级蕴含了孔学"能所、体用、总别、内外、本末"的精义,朱熹《集注》说:"此章言人之为学当如是也。"其具体次第如下:"学莫先于立志,志道,则心存于正而不他。据德,则道得于心而不失。依仁,则德性常用而物欲不行。游艺,则小物不遗而动息有养。"③ 钱穆赞同朱熹的"为学"说:"窃谓《论语》此章,实已包括孔学之全体而无遗。"但不同意为学次第的排列,他说:"论其为学先后之次,朱子所阐,似未为允,殆当逆转此四项之排列而说之,庶有当于孔门教学之顺序。"④ 甚至有人认为,这四句话实际上就是孔门最完备、最扼要的教学宗旨,堪称孔子的"四句教",乃是孔学宗旨所在。而细分下来,"志于道,据于德"侧重精神道德的锤炼,"依于仁,游于艺"可作为人生处世准绳,四者之中惟有以礼、乐、射、御、书、数六艺为融摄内容的"游",才能将道德修养、知识习得、人生体认、艺术创作、审美体验等全部原则融为一体,既体现高度综合的内涵,又凸显充满审美愉悦的人生体验和从容优雅的创造心绪,被后世士人奉为审美情调的最高境界。宋儒"'兴于诗'者,吟咏情性,涵畅道德之中而歆动之,有'吾与点'之气象"之言,即是此意⑤。

依照饶锷的理解,学者、诗人、商人三者有着主次之分,相互之间虽有所交集,更多的却是有疏离。这三种身份的"出场"与"转换",似乎不存在微妙且尴尬的"内在紧张"。他家境宽裕,富于收藏,潜于文、游于艺的创作活动不断增加,创作境界也不断提高。"体制外"的"业余者"身份,使得他更加容易挣脱职业上、心灵上的种种羁绊,获得了艺

---

① 饶锷著,陈贤武、黄继澍整理:《饶锷文集》,香港天马出版有限公司2010年版,第30页。
② 钱穆:《论语新解》,生活·读书·新知三联书店2002年版,第170页。
③ 朱熹著:《四书章句集注》,中华书局1983年版,第94页。
④ 钱穆著:《论语新解》,生活·读书·新知三联书店2002年版,第170页。
⑤ 程颐、程颢著,王孝鱼校点:《二程集》,中华书局1981年版,第366页。

术创作上的优游不迫，在艺术精神上与朱熹"玩物适情"的阐释是相通的。在不断转换角色的背后，可以见出更为深刻的"人"的本质力量对象化的过程，因而这一转变过程显得极其自然，体现了一种通脱、灵活、务虚的诗性智慧。

同时，他也更深刻地认识到，无论是在才情上，还是在精力上，学术研究与诗文创作往往是不可得兼的。若壹意于学术研究与著述，那么，进行诗文创作的时间则少之又少，创作状态也不可能调适到理想的高度①。尤其是国故沦亡的残酷现实，已容不下潜文游艺的闲雅与容与了，正如他在《郑蕃之墓志铭》感慨的"国故颠堕，遑论文辞"那样，他强烈的焦灼感与迫切感流泻于笔端，故其"游"的境界并未达到宋儒的认知高度②。正是这一认知与行为，致使少年饶宗颐留下了父亲"于文辞、歌咏之事，漠焉不著意"的观感③。

## 二 潮州诗歌生态圈内的"基层写作"倾向

古城潮州独具魅力的自然环境与人文氛围，在很大程度上决定了饶锷的诗学视阈。饶锷只是在年轻时有过两次短暂离开家乡的经历，一次是去上海求学，一次是漫游幽燕，真可谓是生于斯、长于斯。他继承祖业，服务乡梓，卓然有成，行有余力则热衷学术研究与著述，闲暇时光喜与友朋诗酒唱和，在他身边渐渐形成了一个"古学"群体。这个群体

---

① 饶锷这一"先后"的认识，部分灵感似源于他一生俯首的欧阳修。北宋熙宁四年五月，欧阳修为岳父薛奎的文集《薛简肃公文集》作序，阐述了"患于难兼"的问题："君子之学，或施之事业，或见于文章，而常患于难兼也。盖遭时之士，功烈显于朝廷，名誉光于竹帛，故其视文章为末事，而又有不暇与不能者焉。至于失志之人，穷居隐约，苦心危虑，而极于精思，与其有所感激发愤，惟无所施于世者，皆一寓于文辞，故曰：穷者之言易工也。"（欧阳修著，李逸安校点：《欧阳修全集》，中华书局2001年版，第618页）关于饶锷追摹欧文的取向，笔者已拟就《从"韩愈崇拜"到"六一风神"——试论饶锷散文体性认知的体验化特征》（刊韩国《中国散文研究集刊》2014年第2辑），可参。

② 饶锷著，陈贤武、黄继澍整理：《饶锷文集》，香港天马出版有限公司2010年版，第157页。

③ 饶宗颐：《〈天啸楼集〉跋》，饶锷著，陈贤武、黄继澍整理《饶锷文集》，香港天马出版有限公司2010年版，第157页。

大致有五个面向：一是以温仲和、温廷敬、饶锷父子为核心的考据学集群，二是以王慕韩为核心的韩愈文集群，三是以吴道镕、姚梓芳为核心的桐城文集群，四是以侯节、刘仲英、石铭吾为核心的"宋调"诗人集群，五是以杨光祖、冯印月、蔡儒兰为核心的"唐风"诗人集群。古学群体主要成员多跨两三个领域，左右逢源，极得切磋之乐。[①]

饶锷的诗友交谊圈，地方特色相当突出，可从以下三个方面进行观察：

第一，在诗友构成上基本上是清一色的潮汕人，仅有个别例外，那就是惠潮嘉师范学堂首任校长康步厓先生。康先生是福建泉州人，受聘来潮任教，尽心作育人才，并积极与潮籍文人往来。其侄康晓峰更拜石铭吾为师学诗学弈，彻底融入潮州诗坛。这样一来，每个诗人的心灵，因着同一种方言、同一种生活习惯、同一种地域文化性格等"原始依据"，自然而然联系在一起了。潮汕诗学氛围，不仅是一种艺术创作和精神力量的源泉，更是一种思想方法论的"原始起点"与"衡量标尺"，能确定与异质文化对话的姿态及相应的自由度，以适时地调整"本地化"写作的方向。

第二，诗友们绝大多数接受了传统私塾教育，也有的入读本地名校金山书院，但奔赴京、沪及省城继续深造的人仅有数人而已，如姚梓芳入读北京大学中文系、饶锷入读上海政法大学，石铭吾先就读于惠潮嘉师范学堂，后转入广东政法学堂完成学业，詹安泰入读广东大学国文系。可以想见，年轻时极短暂的游学经历，不可能转换为终生进步的原动力。他们在有限地接触新生事物之后，一旦回到家乡，再也不可能有足够动力继续汲取新思想与新学问的源泉，保持与时代同步前进的态势。因此，

---

① 拙文《〈潮州诗萃〉选政初探》（刊《华南师范大学学报》2006年第5期）、《〈潮州诗萃〉选政三题》（刊《古籍整理研究学刊》2008年第2期）、《〈花外集笺注〉与现代词学研究体系的建构》（刊《韩山师范学院学报》2011年第5期）、《"身世寄沧州，幽微出通悦"——石铭吾〈慵石室诗钞〉宋调风神探赜》（刊《华南师范大学学报》2012年第3期）、《"古雅"：饶锷先生的文化心态与审美境界》（刊《华南理工大学学报》2013年第1期）、《论饶锷国学方法论意识的自觉》（刊《江西师范大学学报》2013年第4期）及《从"韩愈崇拜"到"六一风神"——试论饶锷散文体性认知的体验化特征》（刊韩国《中国散文研究集刊》2014年第2辑）等文，初步勾勒出了近世潮州"古学"群体的大致轮廓，可参。

这一诗人群体最初的诗学教育，全自潮州私塾或金山书院中来，短暂而有限的新式教育未能从根本上荡涤因袭已久的诗学观念，故其诗学认知在整体上明显滞后于全国性诗歌主潮。

第三，诗友们多为教师、律师、商人，如姚梓芳、温廷敬、王慕韩等一生从教，石铭吾为潮汕地区知名的执业律师，饶锷、蔡儒兰出生于世代经商之家。他们基本上可划归广义的中下层知识分子，绝无官场中人。或许是囿于地域和身份的限制，他们与外地诗人的交集极其有限。现存文献显示，饶锷与南社诗人高燮保持书信往来，向其介绍潮汕诗坛近况，并恳请高燮为郭辅庭、蔡儒兰等人的诗集作序。姚梓芳负笈北大，亲炙"同光魁杰"陈衍。侯节、石铭吾等人以诗投赠陈衍，宣示私淑之意。陈衍《石遗室诗话》卷廿九云："岭南门人，姚君悫（梓芳）外，多未见面。石铭吾曾至厦门访余，余已回里。侯乙符（节）欲来，不果，刻又赴南洋群岛矣。"并将这批投赠诗尽数录入《石遗室诗话》，标举侯节、刘仲英、石铭吾为"岭东三杰"，寄予"吾道之东"的厚望。[①] 詹安泰则通过业师陈中凡、同门李冰若了解外地学界的变化。至于京沪诗界领袖、新文化运动风云人物等，则付诸阙如。

显而易见，这个诗人群体有着鲜明的地域性文化性格，是传统文学创作模式自然延伸的结果，因而较之于旧体诗坛主流人物、新文化运动的核心人物，都有着不可逾越的距离，更多地体现了明清以来地方性文学群体的"基层写作"特征。

饶锷作为这个诗人群的一个活跃分子，一直与众人保持着良性互动，进行目标指向性非常明确的诗学活动：

第一，诗酒倡和，切磋诗艺。饶锷为人谦和，热情好客，"益思广求天下奇士得聚处一室，上探汉魏，研讨幽微，以期跻乎古人夐绝之境，庶几风雅之道赖以不坠"[②]。故常与诗友或把酒论诗，或瀹茗吟哦，前者

---

[①] 陈衍著，郑朝宗、石文英校点：《石遗室诗话》，人民文学出版社2004年版，第455页。
[②] 饶锷：《柯季鹗诗集序》，饶锷著，陈贤武、黄继澍整理《饶锷文集》，香港天马出版有限公司2010年版，第35页。

唱于，后者唱喁，其乐融融。对于这些"同时处同里"的诗友，① 他深表满意，表示"我有文字友，深闭即生涯"②。诗友的互动，不仅仅是刘知几《史通》"矜其乡贤，美其邦族"式的自我陶醉，更重要的是能产生极微妙的激励机制，"促席便询新得句"的热切③，令诗友更热心诗歌创作，同时也能产生相当强烈的批判机制和纠偏机制，促进诗友自觉地反思、检讨和调整创作，有意识地提高诗歌的艺术性和原创性，推进群体性创作朝着正确的方向前进。如他向林彦卿请教诗学，"就而请业，则为余历举古今诗学，于世代之沿革、声律之高下、体裁之正变，言之滔滔，如缫丝然，纚乎愈出而靡穷，如射侯然，确乎所谈法度而皆中的也，于是乃始释然"，显然，通过闭门自学是无法学会这种宏通的诗学手眼的④。与此同时，饶锷非常关心地方文人的存在方式及拓展的可能空间，积极参加结社活动，如横跨诗文两体的"瀛社"、专注于古文创作的"韩社"和专注于诗歌创作的"壬社"等，努力将散乱状态的地方写作提升为相对固定的组织形态，结"壬社"就是一个很成功的例子。民初以来，以"岭东三子"为代表的一批青年诗人宣传、实践"同光体"创作⑤。饶锷受其影响，也曾"瓣香江西"。在这一诗潮发展的关键时刻，饶锷与同道十数人结"壬社"，并作《壬社序》，略言：

> 近日邑子之能诗者飙起云涌，其盛犹不减于曩时。于是，辜君师陶、杨君光祖等以为不可不集，遂纠同志发起为是社，爰于壬申

---

① 饶锷：《感旧诗存序》，饶锷著、陈贤武、黄继澍整理《饶锷文集》，香港天马出版有限公司 2010 年版，第 18 页。
② 饶锷：《白香山有移家入新宅诗余构莼园落成移家其间即用白诗题五字为韵作五首》其一，饶锷著、陈贤武、黄继澍整理《饶锷文集》，香港天马出版有限公司 2010 年版，第 138 页。
③ 饶锷：《张梦蕉归自巴城向余索阅诗文积稿欲为写定赋此谢之》，饶锷著、陈贤武、黄继澍整理《饶锷文集》，香港天马出版有限公司 2010 年版，第 147 页。
④ 饶锷：《蛣寄庐诗剩序》，饶锷著、陈贤武、黄继澍整理《饶锷文集》，香港天马出版有限公司 2010 年版，第 29 页。
⑤ 陈衍：《石遗室诗话》卷二九："潮汕饶有诗人，率宗随园，见乙符渐事苦吟，多怪诧之。同志者惟铭吾、仲英及丁叔雅之兄丁讷庵耳。"又："近贤诗清脆者多，雄俊者少。潮安石铭吾（维岩）、潮州刘仲英（仲英）、闽县曾履川（克端）皆可以走僵籍涩者。"（陈衍著，郑朝宗、石文英校点《石遗室诗话》，人民文学出版社 2004 年版，第 455 页）

元日觞集于蒓园盟鸥榭。时来会者十六人,而余以园之主人,谬以承推引,亦获躬与其盛,酒半酣,群商名社,或以某名最宜,或以名当为某,而卒因社始于壬申,定名曰"壬"。①

社中诸子虽执业不同,都能将诗歌创作提升到"公器"的高度,提高诗社的整体创作水平。饶锷积极参加近世潮州文坛的结社活动,在沿袭明清地方性文人结社形态的同时,又能将早期南社的文化取向注入其中,对于强化地方性文学社团的组织形式,提升创作境界有着非常正面的推动作用。

第二,加强诗学文献的交流与撰作,互通声气。饶锷一生致力于藏书,其《天啸楼藏书目序》说包括《古今图书集成》《四部备要》《丛书集成》等皇皇巨著在内"居然六、七万卷"。他自言:"余既以迂拙不能趋时合变,赴势利之会,攫取富贵,居恒读书自乐。"② 并在《书巢》中标榜自己耽书有如"痴淫之癖"③。这个按照张之洞《书目答问》为指南建设起来的典籍宝库,一方面成了饶锷的精神"逃避薮",另一方面也成了潮州诗坛诗歌文献消费最大最便捷的来源。饶锷及诗友都试图与外地诗人取得某种意义上的联系,如饶锷与高燮、"岭东三子"与陈衍等就有非常好的互动。经饶锷联系,高燮更与潮州学人建立了广泛的联系,对饶锷所创的"瀛社"、蔡竹铭所创的"壶社"及郭辅庭所创的"乐善

---

① 饶锷著,陈贤武、黄继澍整理:《饶锷文集》,香港天马出版有限公司2010年版,第43页。

② 同上书,第113页。

③ 饶锷《书巢》略云:"吾室之内,或栖于棂,或陈于几,或枕藉于床,俯仰四顾,无非书者。吾饮食起居,疾病呻吟,悲忧愤叹,未尝不与书俱。宾客不至,妻子不觏,而风雨雷电之变有不知也。间有意欲起,而乱书围之如积槁枝,或至不得行。"(饶锷著,陈贤武、黄继澍整理:《饶锷文集》,香港天马出版有限公司2010年版,第88页)又,饶宗颐口述,胡晓明、李瑞明整理《饶宗颐学述》备述饶家收藏之富:"饶宗颐先生的祖辈是潮安地区的富绅。他出生的时候,家族正如日中天。他的高祖父有四个儿子,每人都开有钱庄,自己发行钱票。有钱就可以买书,大型的书籍如《古今图书集成》、《四部备要》、《丛书集成》等都购置了。这就是他父亲'天啸楼'藏书的来历。他的大伯父是画家,画青绿山水,又是收藏家,收藏的拓本、古钱,数以千计。"(饶宗颐口述,胡晓明、李瑞明整理:《饶宗颐学述》,浙江人民出版社2000年版,第1页)

社"，给予大力支持，又为郭辅庭的《天乐鸣空集》、蔡儒兰的《南国吟草》等作序，奖掖有加。饶锷常常作序题咏，真诚鼓吹同行、提携后进。如他序柯季鹗诗集时回忆起初遇冯印月的情景，既对其诗学根柢的深厚和艺术视野的广阔叹服不已，又对其酣饮悲歌的狂放性格深感震惊，不禁反躬自己的人生状态与诗学追求。又如，《题杨光祖诗卷》云："用意欲新格欲高，轻重泰山与鸿毛。诗中三昧会者鲜，雕肝琢肾空尔劳"，"庐陵固知宛陵者，欧诗毕竟在梅下。嗟余才不逮欧多，抚卷太息奈君何！"① 此诗以欧梅诗谊设喻，表达对杨诗艺术成就的高度肯定。又如，他撰作《昼锦堂诗集序》《柯季鹗诗集序》《碧海楼诗序》等序文，充分肯定了诗友感时伤世、饮酒纵歌、狂放不羁、睥睨尘俗、随性挥洒才情的诗性人生样态及其对于独抒性灵、戛戛独造的艺术创作的影响，字里行间流露出了"虽不能至，心向往之"的歆羡。

在考察上述时空两个维度的过程中，我们隐约触摸到了饶锷在与时代进行深度对话时的心灵悸动。由于独特的人生体验，面对文化转型时代的挑战，他最终选择一个特定方面的"新国学"文化立场，因而冶就了偏嗜"古雅"的艺术品位。而潮州这个独具魅力的自然环境与人文氛围，在很大程度上影响了他的诗学视阈的感知范围与深度。可以肯定地讲，这一特殊时空内的文化取向，决定了他的诗学活动与诗学观念本身就是一个"有限度"或曰"有底线"的文学行为。

## 三 在"新"与"旧"之间：
## 重新思考"诗"的文体定位

在近代文化转型期，孔子"兴观群怨"说曹丕"经国之大业"说、二程的"诗能害道"说、宋诗派的"学养功力"说，在重新审视"诗"的文体定位与功能界说上，程度不同地出现了说服力不够强、科学性不够鲜明、逻辑性不够周密等问题。作为一个有限的文学行为，对"诗"

---

① 饶锷著，陈贤武、黄继澍整理：《饶锷文集》，香港天马出版有限公司2010年版，第145页。

的地位必须重新进行全方位的、理性化的审视与重估,"诗"的功能必须重新加以专业化、科学化的界定与探讨,不可能套用过往的理论表述。

饶锷将"诗"视为"新国学"知识体系中的一个有机组成部分,以确认旧体诗的"国学"价值,而且,一再重申旧体诗才是"诗"的标准体式,故终其一生坚持古雅的写作方式,始终未把白话文体纳入文学视野中来。确实,遍检《饶锷文集》,既无关于白话文体的具体论述,也没有白话文体的创作,这显然不是作品散佚出现的"空白",而是无声的"留白",是他面对诗歌创作风气的转型,要向古典寻找"出新"资源的"回望"与"固守"的姿态。其《郑蕃之文稿序》发表了一段神似欧阳修"呜呼文"的议论:

> 呜呼!自学校兴而士大夫之以文章称者寡矣!夫文章,末焉者也,然士有穷毕生精力老死为之者而不能工,则彼之欲以一人之力统治群艺,如今学校生徒其于文也,安能登其堂而嚌其胾哉!而喜新鄙旧者流,犹以文者玩物丧志,无适于用,故有号博士而文字不必通者矣!余所为嘅息也!故曰:科举废而人才日杂,学校兴而文章日衰![1]

这番议论是饶锷以"尝肄业于学校中"的过来人的口吻发出来的,可见其切肤之痛。他的基本论点是:其一,新式学校制度在本质上是错误的,因为合格的作家不是通过学校教育"教"出来的,而是天生异禀与后天勤奋合力作用的结果;其二,在课程地位上,新式学堂过于崇尚科学课目和实用课目,文学科目被高度矮化、边缘化,以至于培养出来的"博士"也是文理不通、文字不谐的,那一般的学生的写作水平可想而知了;其三,新式学校的教学设计出现了问题,古人穷一生之力学文,尚不能学有所成,而学堂安排如此众多的课程,让学无专长的师资在固定且有限的时段内施教,注定是无法培养出合格的作家的,在他看来,

---

[1] 饶锷著,陈贤武、黄继澍整理:《饶锷文集》,香港天马出版有限公司2010年版,第38页。

只有像郑蕃之这样抛弃新学,依旧沿着古人故辙"沉潜于韩、欧、归、姚之间,孤往冥会",才能有所成就①。总之,这段话是针对新式教育的弊端有感而发的,认为正是新式教育直接导致了文学教育与教学创作的衰败。他否定新式教学,也就彰显了排拒白话文运动、新文化运动的态度②。从这一点来看,以古典文人的"雅趣"为参照系,来理解饶锷的诗歌审美趣味,无疑是一个颇具启发意义的切入点。

饶锷一生都沉浸在古典美文的世界里,保持着传统文人的风骨与雅趣,坚持极其醇正的"古雅"写作方式。这一选择,与近代激烈的中西文化冲突紧密相关,因而针对性、对话性都非常强烈。他体认到了中国传统文化正面临"陆沉真可竢"的险境,迫切期待"奇士"出现,都能在"方今国学陵夷"之际接续"炎、黄、文、武之道"。③他"向有广求天下奇士相与聚处之志",可现实却令他失望。④《画锦堂诗集序》言:

---

① 饶锷:《郑蕃之文稿序》,饶锷著、陈贤武、黄继澍整理《饶锷文集》,香港天马出版有限公司2010年版,第38页。

② 1876年3月30日,上海申报馆印行中国第一份白话报《民报》。1897年,《演义白话报》创刊于上海。次年,裘廷梁创办《无锡白话报》,编刊《白话丛书》,译介西学,开启民智,鼓吹维新。1903年12月19日,革命党人在上海创办《中国白话报》,公然宣传革命,鼓吹武力推翻满清王朝,建立共和政府。同日,曾杏村创办《潮州白话报》,编辑宗旨一仍裘廷梁《论白话为维新之本》的"崇白话而废文言"主张。社址设在汕头存心善堂后座,主要人员有总编撰杨守愚,编辑庄一梧、赖淑鲁、曾练仙、蔡树云、钟楚白、蔡惠岩、王慕韩等。终因"本社同人前因学界纠葛,社稿凌乱,未能编辑,致不能应期出报",于次年8月出版第十一期而告终刊。接着,曾杏村在1906年4月24日创第二份潮汕白话报纸《潮声》,每月出版两册,第一至十九期都是白话文,但第廿四、廿五期合刊一反常态,采用的是文言文,而第二十至二十三期已散佚,无从考索撰稿文字面貌。(参曾旭波《汕头埠第一份白话报纸——〈潮州白话报〉》,《汕头特区晚报》2012年5月7日第6版;《〈潮声〉并非只用方言》,《汕头特区晚报》2013年6月28日第6版)这两份潮汕白话报纸,无论是在潮汕本地,还是全国范围之内,都是开风气之先的,但都出现了"曲终奏雅"的反复情形,则再明白不过地说明,从潮汕一般文人,到报纸内部编撰人员,对于白话文书写的态度是非常尖锐对立的,以至于难以调和。还值得一提的是,饶锷挚友石铭吾也坚决反对白话文写作,《读〈石遗室诗集〉呈石遗老人》略云:"年来诗道衰,白战方披猖。其中空无有,咀嚼若秕糠。话言谓独创,寒山实滥觞。谓辟新纪元,击壤早津梁。自命活文学,病已入膏肓。笙蹄视经史,可嗟不自量。"至于他在1956年前后上缴的"思想汇报"表示拥护白话文,则是后话了。

③ 饶锷:《复温丹铭先生书》,饶锷著、陈贤武、黄继澍整理《饶锷文集》,香港天马出版有限公司2010年版,第71页。

④ 饶锷:《柯季鹗诗集序》,饶锷著、陈贤武、黄继澍整理《饶锷文集》,香港天马出版有限公司2010年版,第37页。

"夫当兹世衰学废、彝伦道丧之余,而有人焉能励名行,自约束于规矩,已自可贵。"①《高先生合家欢图后记》说:"方今士务外学,嗜尚新奇","谬妄之徒至欲持独身而废家族。"②《柯季鹗诗集序》说:"余少时为诗,是时海内学者方醉心欧化,绝学岌岌日就湮微,欲求一二非常奇特之士相与切劘砥砺,卒不可得。"③ 显见能够得"国学"神髓并发扬、光大"国学"的人才少之又少。至于"奇士"的标准,他直呼潮州"诗伯"林彦卿作"奇士",颇可见出"奇士"至少在智能结构上应体现"国学"的"百科全书"性质,"艺工者实不尽于诗,举凡词章、若散若骈,下逮丹青、音律、岐黄、星卜之术,靡不习而能焉"④。"诗"固然是不可或缺的,但绝对不可能占据最主要的地位。而反过来讲,若是缺了"诗",这个人也是担当不起"奇士"之誉的。这就在"新国学"知识体系的建构中,重新对"诗"进行了历史定位。同样地,他也认为"诗"不是人生道路设计中最重要的有机组成部分。他曾序外甥蔡儒兰《南园吟草》时指出,蔡诗既然不能表现"抚事忧时"的深厚内容,那么,"以甥之才与其年之富,苟以其所从事于诗篇者,转而努力于事功经济,则所造讵可限量?顾乃敝精神于雕虫小技,抑亦末矣!"⑤ 这不能单方面地理解为长者谆谆教诲的"套话",而是基于诗创作的客观实效,以诗歌"末道""余事"的观感来劝诫外甥从事于"正道"。这一真实感受,对于晚辈的人生选择来讲有着很大的启发意义的。

饶锷非常认同"诗为心声"说,由此引申出"诗史"即"心史"说。他在《壬社序》中说:

> 余谓"壬"之为名,'任'也,义与人心之"心"同训。而诗

---

① 饶锷:《画锦堂诗集序》,饶锷著,陈贤武、黄继澍整理《饶锷文集》,香港天马出版有限公司2010年版,第29页。
② 饶锷著,陈贤武、黄继澍整理:《饶锷文集》,香港天马出版有限公司2010年版,第92页。
③ 同上书,第35页。
④ 同上书,第28页。
⑤ 同上书,第31页。

为心声,言"壬"不啻言"心"。以"壬"名社,义无不合。又,"壬"为北方之位,阴极则阳生,故《易》曰:"龙战于野。"战者,接也,言阴阳交则物怀妊,至子而萌也。今之世非所谓阴阳交会时耶?然而,至子而萌则犹有待也。

社中诸子执业不同,但于诗学堂奥已"入乎其中"而"出乎其外",所作"冥心孤往,感慨哀吟",都是时代风云的心灵回响,饱含风雷之气[①]。无论"诗史"怎样界说,大约有两点是必须考虑在内的:第一,诗人之眼观照古今,其视阈必定超迈政治家,正如王国维《人间词话》所云:"政治家之眼,域于一人一事。诗人之眼,则通古今而观之。"[②] 作为诗歌表现对象的现实世界,投射在诗作之中,呈现出一轮轮符合形象思维规律的"心史"涟漪,因而是超越时空的整体性的艺术形象,而不是一个个不相连属的客观倒影的图像。第二,必须沾染诗人的"性情"。杨慎《升庵诗话》批评宋人过于质实呆板的"诗史"说:"宋人以杜子美能以韵语纪时事,谓之'诗史'。鄙哉!宋人之见,不足以论诗也。"因为真正意义上的"诗史"之作"皆约情合性而归之道德也,然未尝有道德字也,未尝有道德性情句也",因而要尽力摒弃"填故实,著议论"的"恶道"[③]。"诗人之性情",是"诗史"的艺术灵魂,诗人以"我"之性情驱使万物,将历史事件贯穿起来,打成一片,熔铸为每个内在心象或某种心理状态,从中抽绎出一种彻骨之痛的凄凉与悲怆,渲染出切近历史场景的氛围与情思,呈现出"心史"意义上的"诗史",凸显"诗史"的批评意义与认识价值。

这一宣言,凸显了"诗"的文体传统与批判属性,也高度肯定了创作主体的社会担当与忧患意识。如此一来,"诗"的社会功能与审美功能,就获得了一个全新的解释。也就是说,天下家国之事始终是这一代

---

[①] 饶锷著,陈贤武、黄继澍整理:《饶锷文集》,香港天马出版有限公司2010年版,第43页。

[②] 况周颐、王国维著,王幼安校订:《蕙风词话·人间词话》,人民文学出版社1960年版,第238页。

[③] 杨慎著,王仲镛笺证:《升庵诗话笺证》,上海古籍出版社1987年版,第125页。

人安身立命之本，是"诗"创作的根本前提，可以是显性的，也可以使隐性，可以是个别事物的具体呈现，但更多的是高度抽象的心灵反映。即便如《莼园记》那样标榜"其于天下国家，固非吾今者之事也，而修身养气、勉强问学，则敢不惟日孜孜"，仍可清晰感知潜行于字里行间的生命热火①。由此可知，"徙居移器，颠沛逋匿，忧患迭经，绝无生趣"的苦难经历，绝不会将先天负载历史记述与批判传统的"诗"的艺术表现引入闲适淡雅、浅斟低唱一路②。作为一个合格的诗人、本色的诗人，对于"至广且深"的"诗道"确实是"惟深造乃自得之"的，绝对不会将史实一一坐实地记录下来③。所以，有"披襟抵掌谈天下事"作为具体的创作前提，固然易于理解诗作，即使没有这类显豁的交代，读者同样也能感悟到"虽生际乱世使然，宁非天下之啸欤"的抒情理路④。从这个意义上来说，《贺蔡瀛壶居士六十寿辰》"已觉空山成绝响，祇应乱世但捻髭"、⑤《别孙留生》"国维已乏千夫挽，吾道还当一日南"、⑥《夜谭》"陆沉真可哭，散发下扁舟"、⑦《张梦蕉归自巴城向余索阅诗文积稿欲为写定赋此谢之》"见说玄文曾覆瓿，儒生作计已全疏"、⑧《四十小影自题》"既遭时之不值，乃息迹乎海垠；抱丛残以补佚，将闭户而草玄"，⑨这些情绪化的表述看似空泛，且无法坐实相对应的时事，但字里行间表流泻出的却是社会转型时代种种矛盾在知识分子心灵上激起的波澜，是文化守成主义知识分子"心史"的生动写照。

饶锷在《天啸楼记》中还有这样的"自白"："余穷于世久矣，动与时乖迕，外动于物，内感诸心，情迫时，辄为不平之鸣，而一于文辞诗

---

① 饶锷著，陈贤武、黄继澍整理：《饶锷文集》，第86页。
② 饶锷：《答胡孔昭书》，饶锷著，陈贤武、黄继澍整理《饶锷文集》，第64页。
③ 饶锷：《碧海楼诗序》，饶锷著，陈贤武、黄继澍整理《饶锷文集》，第40页。
④ 饶锷著，陈贤武、黄继澍整理：《饶锷文集》，第87页。
⑤ 饶锷：《贺蔡瀛壶居士六十寿辰》，饶锷著，陈贤武、黄继澍整理《饶锷文集》，第179页。
⑥ 饶锷：《别孙留生》，饶锷著，陈贤武、黄继澍整理《饶锷文集》，第149页。
⑦ 饶锷：《夜谭》，饶锷著，陈贤武、黄继澍整理《饶锷文集》，第181页。
⑧ 饶锷：《张梦蕉归自巴城向余索阅诗文积稿欲为写定赋此谢之》，饶锷著，陈贤武、黄继澍整理《饶锷文集》，第148页。
⑨ 饶锷：《四十小影自题》，饶锷著，陈贤武、黄继澍整理《饶锷文集》，第130页。

歌焉发之。故吾之为文与诗,纵怀直吐,不循阡陌,愁思之音多,盛世之辞寡。是虽生际乱世使然,宁非天下之啸欤?"① 这一描述,突出了欧阳修"不平则鸣"的有为创作观、"各由其性而就于道"的个性化表达,是"诗为心声"命题生动具体的表现。② 就这一层意义而言,林彦卿虽然"喜与酒徒贱工者游处,当其剧饮六博,酣呼谐谑,旁若无人,而人见之者鲜不以为狂且妄者",但是,他"属词""拈韵",切中诗道,令饶锷"不禁始而奇,继而惊,终乃大服"。③ 冯印月"昕夕酬唱,往往极酣饮大醉,悲歌呼啸而不能已",饶锷深受感染,也情不自禁随之饮酒纵歌。④ 这些诗人言行举止不太合乎恂恂儒者的规范,但都是"披襟抵掌谈天下事"的慷慨悲歌之士,故所作诗歌"神与古会,虽语不犹人,无害也",诗人性情因而显得更具亲和力和感染力。⑤

这轾轩分明的评价表明,在饶锷的眼中,一方面"诗"注定是与个体生命体验有关的艺术创造工程,正是内心深处涌现的无法抚慰的爱与恨,才令歌声如此的真诚、勇敢而博爱;另一方面,作为中国古典艺术中最为重要的文体样式之一,"诗"本身就负载着几千年积淀下来的伟大而神圣的批判传统及批判性的思想方法。今天任何一个诗人都应如古人一样,主动地将个体的诗歌创作行为提升到政治语境和公共视野中去,即便"诗"和诗人被时代逼向社会的边缘,也绝不选择沉默,应以理想主义高度的"美"去批判、嘲讽这个时代的"恶之花",而不应成为时代的"装饰者"与"歌颂者"。只有这样,"诗"才能获得成其为"诗"的真正独立地位,诗人才能真正挺立独立的诗性的主体意志。

总之,饶锷是以"返古"以"开新"的方法论来响应对于近代社会文化转型的。这也就从根本上决定了他在相当清晰的"守成"与"开新"并存的过渡性文学格局中重新进行"诗"的定位。在此基础上,他重新思考了创作主体的思想深度和自由度,重新思考"诗史"传统与当下创

---

① 饶锷:《天啸楼记》,饶锷著、陈贤武、黄继澍整理《饶锷文集》,第87页。
② 饶锷著,陈贤武、黄继澍整理:《饶锷文集》,第40页。
③ 饶锷:《昼锦堂诗集序》,饶锷著、陈贤武、黄继澍整理《饶锷文集》,第28页。
④ 饶锷:《柯季鹗诗集序》,饶锷著、陈贤武、黄继澍整理《饶锷文集》,第35页。
⑤ 饶锷:《碧海楼诗序》,饶锷著、陈贤武、黄继澍整理《饶锷文集》,第40页。

作的互动关系，对于艺术创造方式的自我更新，进行了很有深度的探索与实践。

## 四 适度调整诗歌创作"法度"与"自由"的互动关系

饶锷标榜自己是一个不讲"宗派"却究"法度"的人："余于诗，治之有年矣！自建安七子下迨咸同、光宣之际，诸所称能诗者，靡不取而观之。其初浸淫温、李，寻学陶、谢，继又笃嗜宛陵、半山，盖余向者亦办香江西之一人也。顾吾学虽数变，而终不囿于宗派之说，惟吾法之是求。"[1] 由此可知，郑国藩《饶锷墓志铭》言"君诗不逮其文，然亦有法度"，也应作如是观[2]。

毕竟近代是一个"影响的焦虑"的时代，西方诗、白话诗纷纷袭来，各主一家的古典格局又不足以推陈出新，于是，"各由其性而就于道"的理论，显得至关重要了。这也必然催生多元诗风的合理性创造。于是，个体化诗性情调的营造，也使得创作主体在审美效能发生之后出现了认知转向，诗学经典在个体化、情趣化的视角下重组内在构成并催生创作方法的自觉。诗学经典的当代认知，必然发挥指导创作实践与理论论述的标尺功能，经典原型的当代再现与实践也随着时代文化"话语权"的变化而变化。所以，饶锷治诗门径极广，举凡《风》、《骚》、乐府、建安七子、陶、谢、李、杜、晚唐、两宋直至光宣诗人，皆奔来眼底，为我所用，而稍稍"瓣香江西"，与潮州诗坛新近出现的宗宋之风通声气。其《生日戏作效伏敔堂》"平生不慕韩与苏，更不行吟学三闾"之言，就是从神与古会、不主一家的角度来审视诗学经典的，体现了与"以古为法"的传统程序背道而驰的解放精神[3]。因此，其论诗宗旨的去偶像化、去体系化、去宗派化倾向比较明显。

---

[1] 饶锷：《碧海楼诗序》，饶锷著，陈贤武、黄继澍整理《饶锷文集》，第39页。
[2] 饶锷著，陈贤武、黄继澍整理：《饶锷文集》，第153页。
[3] 同上书，第144页。

饶锷所讲的"法度",很大程度上意在重申诗歌创作的"规则意识",亦即历经数千年传承下来、最后由某个或某类诗人"集大成"的传统法则。在散文创作上,他比较推重桐城"家法",以此建构古典散文评鉴的标准,救潮人学韩之弊。[1] 而在诗歌之"法"尤其是"吾法"方面,则没有相应的完整表述,但体味他的诗学论述及诗歌创作,可以发现,"诗"之"法"在很大程度上是借鉴桐城"义法"说发展而来的。在他看来,"诗"之为"法",其要义不外三个方面:其一,虽崇尚"各由其性而就于道"的自然创作论与个性化表达,但应遵守"诗如其人"的准则,而作为一个儒者,其在创作中应体现政治担当与人格境界,要"不平则鸣",挺立儒者的阳刚气质;[2] 其二,将"自抒其灵性"的自由抒写树为诗学高标,从而获得性灵书写的随性与自由,便非常自然地超越诗学宗派的限制;其三,遵循诗歌创作的内在规律,在句法、对偶、音律、用典、意境等方面悉心锤炼,终至随心所欲而不逾矩,则所作诗歌"有当乎古作者"[3]"神与古会"。[4]

正基于此,他对于潮汕诗人风格体性的体悟与鉴识,就显得非常灵动而通脱了。具体表现如下:

---

[1] 饶锷《答某君书》相当透彻地阐述散文写作的"道"与"法":"夫文章之事,盖难言矣","大别言之,不越二端:一曰散文,一曰骈文。是二者虽宗派各别,旨趣互异,顾其所以为文之法,莫不有一定矩镬存乎其间。故为文章者,首重义法,次论至不至。精于理,工于言,而又深于法,文之至焉者也。深于法而拙于词、疏于理,犹不失为文也。若理精而言工,无法度以运之,则不成文矣,而况于背理而伤词者乎","不识义法之人,又乌足与以论文?"(饶锷著,陈贤武、黄继澍整理《饶锷文集》,第77页)这一论点,对于理解饶锷的诗学论述有着重要的启发意义。

[2] 饶锷熟读方苞文,多少会受到方苞的影响。例如,方苞《答申谦居书》云:"仆闻诸父兄,艺术莫难于古文,自周以来,各自名家者仅十数人,则其艰可知矣。苟无其材,虽务学不可强而能也;苟无其学,虽有材不能骤而达也。有其材,有其学,而非其人,犹不能以有立焉。盖古之传,与诗赋异道。魏晋以后奸金污邪之人,而诗赋为众所称者有矣。以彼瞑瞒于声色之中,而曲得其情状,亦所谓诚而形者也,故言之工而为流俗所不弃。若古文则本经术而依于事物之理,非中有所得不可以为伪。故自刘歆承父之学,议礼稽经而外,未闻奸金污邪之人,而古文为世所传述者。韩子有言:'行之乎仁义之途,游之乎诗书之源。'兹乃所以能约六经之旨以成文,而非前后文士所可比并也。"(方苞著,刘季高校点:《方苞集》,上海古籍出版社1983年版,第164页)

[3] 饶锷:《柯季鹗诗集序》,饶锷著,陈贤武、黄继澍整理《饶锷文集》,第36页。

[4] 饶锷:《碧海楼诗集序》,饶锷著,陈贤武、黄继澍整理《饶锷文集》,第40页。

第一，正视多元化诗风的客观存在，鼓励个性化的艺术创作。其《碧海楼诗序》作了较为完整的论述："夫诗，心声也。声万殊而为诗之旨趣亦异，或沉雄而悲壮，或冲澹而敷愉，或婉约而凄清，或诙奇而怪诞，而要之莫不各有其至。诗之能至者，神与古会，虽语不犹人，无害也。"①"心声"在个性化创作中至关重要的作用，诗风的多元化符合艺术创作规律，本该就是一种常态化的文学现象，所以，"吾潮近日诗人之有声于当世者"三人诗风各异其趣——"丘部长仙根之雄奇，曾参议刚甫之沈丽，丁主事叔雅之宕郁"，同为潮人，而诗风如此不同，却仍然"为贤士大夫所传颂"②。这一现象说明，正好说明对于艺术创造而言不必苛求一律，任何一个诗人的本色抒情都有可能为读者所理解与激赏的。这恰恰就是激发诗人创造性的根本动力之一。他在《听鹃楼诗草题词》中对自己的诗友一一品鉴，风趣而中肯，可见其雅重的本心，如冯印月和柯季鹗"雄才实天纵"，"印月诗学杜，峭拔秋岑耸；季鹗纳众流，穷源扫积壅"，戴贞素"论诗推盛唐，温李被殊宠。唾手珠玑就，光芒射栋梁"，显见戴诗以才气取胜。反观自己则是"嗟予事翰篇，学古力追从。志大才不副，策弩将安用"。此话固然是自谦，但对冯、柯、戴诸诗友随意挥洒的才情，字里行间仍流露出几分歆羡来。总之，众诗友虽取径不一，但确为"文字交"，谈诗论艺"得失寸心共"，极易激发心灵共鸣，深感"知音未寥落"的欣慰与温馨。③

第二，细细品鉴与描摹潮籍诗人诗作的"体"与"性"，体现"了解之同情"的精义。饶锷品鉴诗友的作品，尤其关注"命意自得之趣"和"宗派所自出"④，往往爱而哦诵，沉潜久之，欲测其端倪，更希望通过重复诗友的人生体验，感悟诗作的妙境，达到"知音"与"识器"的实效。如《题杨光祖诗卷》称赞杨光祖善学唐诗："君诗学唐嗜王、孟，写景述怀俱擅美。外枯中有脂膏含，譬如橄榄嚼逾甘。"⑤ 此评善近取譬，

---

① 饶锷著，陈贤武、黄继澍整理：《饶锷文集》，第 40 页。
② 饶锷：《感旧诗存序》，饶锷著，陈贤武、黄继澍整理《饶锷文集》，第 17 页。
③ 饶锷著，陈贤武、黄继澍整理：《饶锷文集》，第 180 页。
④ 饶锷：《南园吟草序》，饶锷著，陈贤武、黄继澍整理《饶锷文集》，第 30 页。
⑤ 饶锷著，陈贤武、黄继澍整理：《饶锷文集》，第 146 页。

以潮人日常喜嚼橄榄的体验，描摹杨诗情景交融、回味无穷的美感特征，真心感叹"余才不逮"，展现了虚怀若谷的治诗态度。又如《柯季鹗诗集序》谈到了自己与冯印月的交往："其后于鮀浦得交吾友冯君印月。印月工吟咏，其为诗渊源家学，出入义山、少陵之间，与余旨趣颇合。昕夕酬唱，往往极酣饮大醉，悲歌呼啸而不能已。人或姗笑之，而印月与余不顾也。"[1] 这样的狂狷之士出现在自己面前，让自己在真实的感受中体悟到了个性魅力与诗性的奇妙关联。这种诗意化的交往，改变了自己的诗学观，更改变了自己的人生观，胸襟变得日益敞亮开来了。而《郑蕃之墓志铭》更描述了自己沿着韩江寻找故友的足迹，"吾尝浮韩江而下，登桑浦玉简之巅，见乎峰峦盘缪，江水激荡"，认为"岭东山川秀异之气"郁结于郑蕃之笔下，突显了"江山之助"的奇妙，自己的心也随之贴近了故友的心，更加理解故友诗作的真实内蕴[2]。他自己沿韩江实地踏勘诗境，古今罕见，别具一格，实为一种"活"的读诗法，是神悟《文心雕龙》"登山临海"创作论的生动体现，凸显了创作主体的主观能动性与艺术感悟能力。

第三，凸显"江西派"的本色论，以表彰潮籍诗人的创新能力，阐发诗作的精妙与美感。民初以后，以"岭东三子"为代表的一批青年诗人，在陈衍的指点下转向"同光体"。陈衍《侯乙符遗诗序》曾指出"岭学师资，韩、苏俱在也"，青年诗人们却头角峥嵘，"平生不慕韩与苏，更不行吟学三闾"，"渐事苦吟"，臻入"由容易而入艰辛，复出艰辛而见容易"之境。潮汕诗坛终于打破了"韩江一水西江隔，从来诗派欠陈黄"的窘境，初步显现了"挹取西江水一勺，涪翁之外后山翁"的新貌。[3] 饶锷作诗喜用江西派句法，故读诗友之作，感同身受，似从自己肺腑中汩汩泻出。如《酬铭翁见赠之作》盛称石铭吾"石侯诗笔扫千军"，笔力廉悍，语句瘦硬，戛戛独造，呈现出"深厚雄博"的诗风[4]。这一风

---

[1] 饶锷著，陈贤武、黄继澍整理：《饶锷文集》，第35页。
[2] 同上书，第101页。
[3] 石铭吾著，赵松元、杨树彬校注：《慵石室诗钞》，线装书局2008年版，第19页。
[4] 饶锷著，陈贤武、黄继澍整理：《饶锷文集》，第149页。

格特征的形成，显然得益于"论诗喜谈江西"。① 饶锷进而认为，宋调风神用意极新，格调极高，对诗坛积弊颇能起一定的"疗效"。《碧海楼诗序》便向"倜傥之士"张尚芳提出了"救治"之道——"余尝劝之学后山"，以江西派的语务艰涩、瘦硬通神，来纠张诗"喜效昆体"而导致的"空灵鲜艳之习"②。对近世潮州诗坛以"江西派"为主流的多元化风格的鉴别与肯定，不是一个简单的确认诗坛史实的问题，实际上贯穿着期望诗学经典再阐释、再发现、再实践的不懈努力，寄予了涌现更多更优秀的诗作的美好愿望。

第四，真诚地提出批评意见和建议。关于外甥蔡儒兰诗"造语清而丽、婉以和，无凄怆激楚之音"的现象，"人言甥诗绝肖其为人"，亦即传统的"诗如其人""书如其人"一类陈说，基本上重又坠入简单化、套话式的窠臼。相对而言，他更多的是从其成长过程、生活环境、诗学氛围多个角度进行深入探讨，"吾谓亦其处境使然也"。正是"邑中盛族，累世高赀"的优渥环境，影响了他的成长以及他对"诗"的体认，故其诗作"缘情寄兴之词多，而抚事忧时之什寡"。这虽是"心声"，却仅抒发了"小我"心底里的自怨自艾，并无感时伤世、感发时事的当代担当和忧患意识，不免"敝精神于雕虫小技，抑亦末矣"之讥。饶锷对"环境决定论"有着相当辩证的理解，环境既然可以"移人"，那么，人对环境也是有主观能动性的。人的正面响应，至少可以归纳为要么改变环境、要么改变自己这两点。所以，他劝诫蔡儒兰"无徒沾沾于俪青妃白之为留连而不知返"，断然放弃诗歌，转向"事功经济"。③ 这一发自肺腑的劝诫，强调了转向事功经济的外向性取径，而更深的"潜台词"却是转向既可以是外向的，也可以是内向的，如果向内转入"诗"的正途，同样大有可为。因此，他给外甥开出的"药方"便是"向内转"的苦难人生体验。这一改变环境、改变命运的主观努力，在既往的古典诗学论述中是不太多见的。

---

① 饶锷著，陈贤武、黄继澍整理：《饶锷文集》，第39页。
② 同上书，第40页。
③ 饶锷：《南园吟草序》，饶锷著，陈贤武、黄继澍整理《饶锷文集》，第30页。

从饶锷现存的论诗文字来看，其论诗旨趣有着比较明显的去体系化、去宗派化的倾向。他认同"不平则鸣""各由其性而就于道"的自然创作论，将"自抒其灵性"的自由抒写树为诗学高标，强调继承和发扬"诗史"即"心史"的核心命题，并在此基础上进一步探讨个性化、情趣化、内倾化创作模式的可能性与可行性。

饶锷亲历了近代文化转型的进程，直面"传统诗学/当今文学""中国诗学/西方文明""全国性诗歌主潮/区域性创作风格"等命题。他努力以中国传统文化和潮汕地域文化，来建构潮州诗人群的诗歌生态圈，并以此作为诗学论述的"原始依据"和诗歌创作的"原生符号"，从而生成了文体创造、艺术想象和群体互动的心理动能，凸显了一种相当典型的"基层写作"倾向。这一取向构成了与异质文化进行交流、比较、判断这一关键时刻的本能反应和精神支撑，模塑了强烈的"新国学"文化情怀，冶就了偏嗜"古雅"的艺术情怀，故终其一生都沉浸在古典美文的世界里，始终未把白话文体纳入文学视野中来。饶锷的"体制外"身份和"业余者"身份，使其放下了专业规范的桎梏，释放出了自我性灵，能以相当通脱、灵活、务虚的态度，处理某些诗学理论问题。例如，对诗歌现实题材、思想内蕴、诗歌流派、创作模式等基本问题，他都有独特的艺术体悟和相当个性化的探讨。在具体的诗学活动中，他眼光独到，胸襟阔大，体现了地方性文人应对近代化挑战的真实心境与时代烙印。

# "古雅"：饶锷的文化心态与审美境界

殷学国　蒋述卓

钱仲联教授读饶宗颐的《固庵文录》，喟然叹曰："此并世之容甫与观堂也，抑又有进者。"进而认为饶宗颐已臻于"无所不包，峻不可攀，河汉无极"的"广大教主"之境①。胡晓明《饶宗颐学记》亦言："饶宗颐与同时代的学人相比较，有一个极突出的特点，即门厅轩敞、格局规模大。"②并将其治学历程划分为三个阶段，特别提到第一阶段，"饶氏少年著述，即整理辑录乡邦文献，这一学问之根，真而且正，故其学问之大树，柯叶俊茂"，准确地把握了乃父饶锷对少年饶宗颐的人生选择与学术取向所起的关键性影响③。饶宗颐也曾自述道："我终于还是成了一个学者，其中很重要的一个原因，是我父亲的影响。"④因此，在很大程度上讲，研究饶锷应是深入研究饶宗颐的先行课题之一。毋庸置疑，作为潮州的富商、文物收藏家、藏书家、学者、作家及社会活动家，饶锷毕生致力于保存国粹，振兴国学。一方面勤于著述，著作等身，创获极多，填补了不少学术空白；另一方面，他积极办刊、出书、结社，团结潮汕

---

① 钱仲联：《固庵文录序》，单周尧等《饶宗颐二十世纪学术文集》之十四卷《文录·诗词》，新文丰出版有限公司2003年版，第14页。
② 胡晓明：《饶宗颐学记》，香港商务印书馆1996年版，第45页。
③ 同上书，第77页。
④ 同上。

学人，凝聚了一个时代特色、地域特色鲜明的"古学"群体，为保存与弘扬中华传统文化做出了积极贡献。这一系列"国故学"活动，蕴含着顾炎武式的"学术经世"的入世宏愿，散发着"古雅"的审美气息。饶锷努力实现社会身份与文化身份的转型，试图从中国古典学术的创造性精神层面赓续传统，以回应西学的挑战，充分体现了近代转型时期本土知识分子特有的精神气质与美学深度。

### （一）传统"四民"观念语境中的身份焦虑

饶锷几乎是在其人生巅峰状态遽然辞世的。1932年，饶锷去世，年仅42岁，尽管留下了若干未了心愿，但奠定其潮州学术大家、文坛领袖地位的几项学术工程或已编竣，或已接近完工。于是，饶锷那个叠合了勤勉的考据学者、国故学传承者、沉潜的诗人、温煦的友人、成功的商人等多重形象的身影，就在那一刻凝定并镌刻在潮学史的丰碑上了。但是，无论是从潮安饶氏家族史的发展，还是从饶锷、饶宗颐父子的诸多自述来看，世人对于饶锷先生的纯粹学者的形象的模塑，至少是非常不全面的，因为世人在模塑饶锷学者形象时，在有意与无意之间淡化乃至遮蔽了潮安饶氏的职业属性——商人。而这一职业恰恰位于传统的士、农、工、商"四民"结构的末端，与通常意义上的"士"一直存在严峻的冲突，这就从深层次决定了饶锷微妙而隐秘的文化心态。

纵观饶锷的一生，可以发现，"好古""嗜古"是其所谓文化活动与学术著述的文化底色。饶锷等身的著作，全是严格意义上的"国学"论著，对于纯粹的学术问题，尤其是原创性话题，饶锷表现出极大的自信与极强的担当。而一旦涉及家族史书写，便不难体味出其笔下迟疑的语气与凝滞的语调来，字里行间透露出一支别样的"心曲"，可以见出"学者"饶锷的另一番形象来。对于饶氏一族为潮州巨富的事实，饶锷、饶宗颐父子有许多"自供词"，如饶锷《家严慈六旬寿序略》说："迨吾王父因窘于家计，辍学业贾，家君及诸父继起，亦以积居治产，未竟读书。然吾家得用是日渐充裕，十余年来，颇以微赀见称乡里。"[①]《先祖少泉公

---

① 《饶锷文集》，第168页。

像赞》说:"伊维吾祖,气岸高雅。生于困穷,长于孤寡。性秉刚毅,胸弥区夏。取舍有方,然诺无假。中年建业,乃营大厦。妥安先灵,崇上启下。华敷奕叶,范垂来者。允享遐龄,承天锡煆。"[1] 饶宗颐也作了如下追忆:

> 我的家族可以说是潮安地区的首富。我的祖辈是商人,很会做生意,积攒了大量钱财,但并不是一般的富贵乡绅。我出生的时候,家族不但没有衰落,而且正如日中天。我的高祖名兴桐,有四个儿子,每人都开有钱庄,自己发行钱票。有钱就可以买书,大型的书籍如《古今图书集成》《四部备要》《丛书集成》等都购置了。这就是我的父亲饶锷藏书楼"天啸楼"的来历。里面的藏书那是以十万计的。我的伯父是一个画家,画山水;又是收藏家,收藏的拓本、古钱,多达数千种。可以想见,我小的时候成天就接触这些东西,条件是多么好![2]

对这一社会身份,饶锷内心深处涌动着一种深刻的不安,其《答某君书》云:"仆韩江一鄙人耳,厕身市廛,绝意进取","身既侪乎卑贱之列,而言又不见重于时。"[3]《与陈芷云书》也说:"锷穷巷鲰生,孤陋迂拙,自度终无用于世,独自幼酷嗜学问文章,欲于古人精神之所凭寄,一意探求,以期自振拔于流俗。"[4]《与蔡纫秋书》更说:"锷卷曲小材,不中绳尺,于世事百无一通。"[5]《报郭辅庭书》说:"仆里闬小儒,见闻既隘,力又不逮。"[6]《郑蕃之文稿序》也说:"余与蕃之皆尝肄业于学校中,余虽有志于文章之事,犹不能超然自拔于俗。"[7] 此类话头,看似自

---

[1] 《饶锷文集》,第177页。
[2] 胡晓明:《饶宗颐学记》,第2页。
[3] 《饶锷文集》,第76页。
[4] 同上书,第81页。
[5] 同上书,第60页。
[6] 同上书,第67页。
[7] 同上书,第38页。

谦，实则不免流露出对"贱业"身份体认上的焦虑，这在《复温丹铭先生书》中同样有着极为显豁的表述——"自分此生终无与斯文之末"①。因此，他主动向"士文化"靠拢，并采取了一种巧妙而有效的积极"叙事"策略，试图消弭"士"与"商"之间的内在紧张关系所导致的种种尴尬。

众所周知，中唐以来，随着科举制度正常化、城市经济繁盛，"士庶区别，国之章也"的传统观念日渐松动，儒者"治生"论、"四民异业而同道"论渐渐生成并为世人所理解和接受②，尤其是陆九渊、王艮等一代大儒的"商贾"家庭背景，引发了人们更深层次的思考③，于是，范仲淹《四民诗》所期望的"四民无常籍"的认知建构起来了。尽管"士"仍被尊为"四民"之首，社会上仍存在着"吾商则何罪，君子耻为邻"的歧见，但四民的社会身份、政治身份与文化身份实现了一定程度上的自由、灵活的转换，"商"向上流动并实现身份转换的政治空间与文化空间初步打开。因此，饶锷从"四民无常籍"的角度切入，以饶氏家族的

---

① 《饶锷文集》，第71页。

② 中唐以后，城市经济繁盛起来，宋代城市经济尤为发达，士的出路在传统的"士/农"传统模式上拓出"士/商"一途。例如，许衡《通鉴说》："为学者治生最为先务，苟生理不足则于为学之道有所妨，彼务求妄进及作官嗜利者亦窘于生理之所致也。士君子当以务农为生，商贾虽为逐末，亦有可为者。果处之不失义理，或以姑济一时，亦无不可。若以教学及作官规图生计，恐非古人之意也。"（《鲁斋遗书》卷十三）王守仁《传习录拾遗》："但言学者治生上，尽有工夫则可。若以治生为首务，使学者汲汲营利，断不可也。且天下首务，孰有急于讲学耶！虽治生亦是讲学中事，但不可以之为首务，徒启营利之心。果能于此处调停得心体无累，虽终日作买卖，不害其为圣为贤，何妨于学？学何贰于治生？"王献芝《弘号南山行状》："士商异术而同志。"沈垚《费席山先生七十双寿序》言："宋太祖乃尽收天下之利权归于官，于是士大夫始必兼农桑之业，放得赡家，一切与古异矣。仕者既与小民争利，未仕者又必先有农桑之业方得给朝夕，以专事进取，于是货殖之事益急，商贾之势益重，非父兄先营事业于前，子弟则无由读书以致身通显。"（《落帆楼文集》卷廿四）全祖望《先仲父博士府君权厝志》："吾父尝述鲁斋之言，谓为学亦当治生。所云治生者，非孳孳为利之谓，盖量入为出之谓也。"钱大昕《十驾斋养新录》卷十八"治生"条甚至将经商视为士抵抗人格挑战的有利方式："与其不治生产而乞不义之财，毋宁求田问舍而却非礼之馈。"这也从另一个侧面使得士的生存空间与发展空间日益宽广了。这一观念的转变，落实到个体，也不乏自喜者，如李慈铭《越缦堂日记》"同治七年五月廿八日"条："吾族皆出自太高祖横川府君蓉塘者，幼孤寡，贫甚，借其兄葆亭以商致富，至巨万。越中称货殖者，遂有徐、李、胡、田之目。"

③ 例如，朱熹《宋故陆公墓志》："家素贫，无田业，自先世为药肆以养生。"《朱子语类》卷一一三《训门人一》："问：'吾辈之贫者，令不学子弟经营，莫不妨否？'曰：'止经营衣食亦无甚害。陆家亦作铺买卖。'"

"士/农"一体互转的"文化基因"为基调，建构饶氏家族的生存史与发展史，《潮安饶氏家谱例言》即言："吾家之元礼、廷老、伯永、双峰、虎臣诸公，或以经术显，或以文学称，或以义行推，或以勋名著，要皆声施彪炳，载在史册。其与本支是否同出一系，今已不可尽明，故吾谱未尝冒之，托以自重。若我之先世，务本食力，以农起家，吾谱亦未尝讳言焉，君子之言简而实。"①《家严慈六旬寿序略》说："吾饶自松口迁海阳，及今近二百年，其先世旧不著，大抵以力农世其家。自吾曾祖父始，以读书训子弟，其后入庠举于乡者相继，稍稍得兴于士夫之列。迨吾王父因窘于家计，辍学业贾，家君及诸父继起，亦以积居治产，未竟读书。"② 饶氏族人为躲避战火，从中原转辗来到潮汕海隅，历经百年漂泊，早已失去了"士"的依托，再度博取科举功名却成整个家族的共同愿景。于是，潮安地区首富的地位，使得重新回复"士"身份的愿望愈发炽热了。时代虽已变化，科举虽已废止，可践行于日常生活中的德行修为与读书治学等行为，就可视为追摩古代士大夫文人的具体作为了。因此，他使用了"儒者"的叙事技巧，重构饶氏族人粹然儒者的品行，他在《家严慈六旬寿序略》中是这样刻画父亲的形象："家君为人，忠厚朴实，胸坦然无城府，接人一以至诚，事先祖父母辨色仰志，均能曲喻得其欢心。"③ 文中的父亲乃是一个恂恂儒者，没有丝毫的市井气息。同时，饶锷以浓墨重彩描绘了最能体现父亲典型性格的一桩义举："壬寅之春，郡大疫，僵尸枕藉道路，皆贫乏无以自殓。家君慨然有怜恤志，顾以力薄不能持久，于是为疾呼广募，得数千金，创集安社，以施棺椁衣衾之具，又以其余息延医济药，迄今贫民赖焉"，因此，饶父于甲寅岁"被选为潮州商会总理"也就顺理成章了④。又如，《仲兄次云先生行述》将仲兄塑造成一个典型的朴学家的形象："兄性嗜学，身虽劬，而手不释卷"，"初读《文选》，苦其字难猝通，乃刻意治小学，自《尔雅》《方

---

① 《饶锷文集》，第164页。
② 同上书，第168页。
③ 同上。
④ 同上。

言》《说文》《释名》《广韵》以下，于古今人之言六书者，靡不探讨。"①在这样的家庭文化熏陶中，饶锷决心走治学之路，《仲兄次云先生行述》中描绘了自己和仲兄一起夜读的情景："夜聚首剪烛，品骘术业，畅论字书、音韵源流及文章声病，漏下三刻乃罢以为常。"②饶锷"以振故学为职志"，《蓴园记》坦言自己的期许："修身、养气、强勉学问，则敢不惟日孜孜？"③一言一行，莫不践行着粹然儒者的行为规范。他早年曾求学于上海法政学堂，学新学，但"好古""嗜古"的人生理想使得他最大限度利用课余时间，去接近高燮、金天翮等"新国学"运动的领袖人物，全盘接受"新国学"的理念与方法。这一取向深刻影响了他的日常行为、学术研究与诗文创作，"趋新"的色彩泯灭殆尽。显然，饶锷用实际行动塑造了一个古典士大夫文人的自我形象。

正如余英时先生所言，"士"的传统已在现代社会结构中消失了，其"幽灵"却以种种方式或深或浅地缠绕在"五四"一代中国知识人的身上，在行为模式上仍不脱"以天下为己任"的流风余韵④。同时，明清商人受理学影响，崇信儒者的知、仁、勇、强，进而将《史记·货殖列传》"君子富，好行其德"的命题升华为"非独饶于货，且优于德"的商业伦理，以包括勤劳、俭朴、诚实、讲信用等美德在内的"入世苦行"（inner-worldly asceticism）精神模塑世俗社会的道德秩序，进而呈现出粹然儒者的风范⑤。饶锷的家庭出身与所处时代，决定了一种"文化孤儿"向士文化转移的存在感：一方面"商"远离政治中心与文化权力的现实，在客观上阻隔了文化主体触摸权力场域乃至介入具体文化事务的可能性，从而令其产生强烈的"漂泊感"。因此，他恪守诚信经商的原则，"用儒意以通积著之理"，

---

① 《饶锷文集》，第111页。
② 同上书，第110页。
③ 同上书，第85页。
④ 余英时：《士与中国文化》，上海人民出版社2003年版，第6页。
⑤ 例如，吴伟业《卓海幢墓表》曰："夫知、仁、勇、强，此儒者之事，而货殖用之。"顾炎武《富平李君墓志铭》："关中故多豪杰之士，其起家商贾，为权利者大抵崇孝义，尚节概，有古君子之风。"戴震《戴节妇传》云："虽为贾者，咸近士风。"沈垚《费席山先生七十双寿序》亦云："为士者转益纤啬，为商者转敦古谊""天下之势偏重在商，凡豪杰有智略之人多出焉"。这些近乎夸张的话语，形象地揭示了"儒意""古谊"精神气质的转化与凝定。

以获得最大限度的社会认同，重建回归文化权力场域的物质基础。另一方面，以民主、科学为表征的西方文明正在重构中国社会体制与价值观，儒家文明、士大夫文化无奈地退出中国文化中心地带，使得饶锷追逐的"士人之梦""斯文之梦"随之渐渐漂离。因此，饶锷只能充分利用"士/商"一体的传统话语系统，进行自我认知与自我定位。可是，有效利用的文化资源极其有限，他先是跟追兄长读书，独自摸索、领悟，少年时入读金山书院，得到温仲和、温廷敬二师的指点，年轻时远赴上海政法学堂求学，只能利用课余时间向高燮等人学习"新国学"的文化理念与方法，返潮后以经商为主业，也是用业余时间进行地方文史的研究。不可否认，饶锷在教育经历的完整性、考据学范式的体系性及地方文献的准备方面，都显得不够充分。但他天赋奇高，经过多年刻苦努力，终于取得令人瞩目的学术成就。这一奋斗的过程，在一定程度与明清儒商的人生追求与心理体验非常接近。这也恰恰建构了一个基于具体历史语境的有效理解模式，最大限度唤起人们"同情之理解"的感情，既能从"士/商"互动关系中选取偏向"士"的一方进行话语建构与叙述，又能从"士"的高度来处理"雅/俗"关系，通过大规模的、纯粹的学术活动的"雅"，最终确认自己的考据学者身份亦即中国最后一个士大夫范型的客观性存在，回归"文化母体"，从而突出儒者身份的认同感与归属感，在内心深处缓释乃至消解文化身份的焦虑，消弭种种具体商业行为所特有的"俗"。

### （二）中华文化本位论的皈依者

饶锷先生早年求学于上海法政大学，学的是新学，接触的也多是新派学人，尤其是与以南社核心人物为主的激进的青年汉族知识分子交往甚密，更将高吹万、金天翮等视为平生知己。[①] 对自己所处的时代，饶锷

---

[①] 饶宗颐述，胡晓明、李瑞明整理《饶宗颐学述》："父亲曾是上海法政大学学生，也是南社的成员，他的友人高吹万、金天翮等，也是南社中人。"（饶宗颐述，胡晓明、李瑞明整理：《饶宗颐学述》，浙江人民出版社2000年版，第1页）又王振泽《饶宗颐先生学术年历简编》：饶锷"毕业于上海政法学堂，学成后返回潮州，曾任《粤南报》主笔。青年时，自觉接受资产阶级民主思想，1909年，当陈去病、柳亚子、高旭等人在苏州创立文学团体——南社时，他即积极响应"。（王振泽：《饶宗颐先生学术年历简编》，香港艺苑出版社2001年版，第14页）

现存文字中倒是没有太多的正面描述与深度剖析。但是，诸如"清之季世，士怀故国""满清入主中夏""方今士务外学，嗜尚新奇"等话语，寥寥数笔，颇能从更深的层次反映他对辛亥前后时局变化的敏锐感受与把握。至少在以下两个方面，他与"新国学"运动成员的普遍认知是高度一致的。

第一，追求"驱逐鞑虏，恢复中华"为职志的"种族革命"，投身以中华文化本位论为核心的国粹保存运动。这一"反清攘夷"的心路历程，可从一些诗文中得到较深层次的映证，如《冯素秋女士传》就描写了冯素秋女士深受秋瑾女士的精神感召："当清之季世，士怀故国，海宇骚然，其间以女子以浙产，侨居潮州，读其书，颇韪之，慨然以继起廓清自任，密与其戚卢君青海规划革命方略甚悉。会武昌首义，清帝逊位，女士闻之，跃然大喜，夙愿既售，则退而温习故籍。"这位英气逼人的女子，可能映射了作者自己类似的"英雄情结"——出则救国救民，退则温习故籍。辛亥革命爆发，清帝逊位，这一命题自然消失，因而进退之间挥洒自如。这样设置历史情境，源自革命党人以汉族为中心的"国族意识"。章太炎曾建议，应在传统的《春秋》大义、晚明抗清志士及"进化论"思想这三点上，建构现代意义上的"国族意识"。章太炎指出，从"进化论"的角度看，汉、满各为一族，满族虽最后同化于汉族，始终是有主次之分的，因此，康有为《答南北美洲诸华侨论中国只可行立宪不可行革命书》所言"《春秋》之所谓夷，皆五帝三王之裔也""满洲蒙古，皆吾同种"的汉、满、蒙合一的"混同族"绝不可信，所谓"文野之分""华夷之辨"始终是存在着的，而"驱逐鞑虏，恢复中华"的革命目标一旦成功，汉族必将重新占据政治文化主导地位，汉族知识分子也将各归其位，从事文教工作[①]。所以，在辛亥革命之后，饶锷在思想上发生了很大的变化：一是对种族问题的态度变温和了；二是尽量采取个体阐释的方式区别对待满族文化。就具体例子而言，他的《奉天清宫古

---

[①] 例如，章太炎《东京留学生欢迎会演说词》说自幼嗜读《春秋》左氏传，又喜南宋郑思肖、明末王夫之书中"那些保卫汉种的话，民族思想渐渐发达。但两先生的话，却没有什么学理。自从甲午战争之后，略看东西各国的书籍，才有（进化论等）学理收拾进来"。（《章太炎学术文化随笔》，第88页，中国青年出版社1999年版）

藏目录序》非常典型地体现了这一转变,该文虽用"满清入主中夏"的话语以严分汉、满之别,但是,他并不像革命党人那样将清末社会风气隳坏、道德沦亡、政务不良等诸多弊端,全归咎于满族落后文化与野蛮施政,反而以较客观的语气评述清前期"二百余年,累世稽古右文","海宇承平,民物安乐"。他进而认为清史的转折出现在慈禧太后执政之后,其《慈禧宫词百首并序》用庞大的篇幅全面清算慈禧的种种败政劣迹,指出慈禧"益事奢华",颠顸干政,终致"清室陵夷,声威扫地"。由此可见,原先那股仇视满族政权的思潮出现了整体性的消退,章太炎、黄侃、高燮、柳亚子、黄节等人返回书斋,整理国故,实现了汉族知识分子自我文化身份认知。这一价值取向,也深深影响了作为儒家信徒的饶锷,终其一生,他都在践履"以天下为己任"的儒家理念,尽管在《蓴园记》中声称"其于为天下、国家,固非吾今者之事也,而修身、养气、强勉问学,则敢不惟日孜孜",实则时时未能忘怀天下,不过是以学术的方式呈现出来罢了。也就是说,在"种族革命"成功之后,他致力于"国学"研究,试图在立德、立功、立言"三不朽"中最低层次的"立言"贡献扎实可信的学术成果,将陈子龙、顾炎武"以学正心""以学救国"的经世致用之学付诸实践。

第二,努力复兴"国学",以应对现代西学的挑战。作于1930年的《白香山有移家入新宅诗,余构蓴园落成移家期间,即用白诗题五字为韵作五首》有一句近乎"诗界革命"式的句子:"西儒故有言:'物竞斯天择。'"饶锷重复26年前严复翻译赫胥黎《天演论》"物竞天择"的"社会公理",可见他的思想仍处在一种"竞争/自强"语境框架之内。在他看来,来自西方的竞争应区分为正、反两个面向。正面的要素应充分肯定,如《冯素秋女士传》说:"嗟乎!吾国女权不振垂四千年矣!古传所称女子懿德,大抵皆偏重于家政、伦常,其有涉书史、干外事者则世以为大悖。自欧风东渐,往时妇德之说稍稍撤其藩篱,然媣婴淫荡者又扇于自由恋爱,时有越轨踰闲之事,守旧之徒群起诋击,至归咎于女学之不宜兴。"认为中国自古以来女性就没有得到足够尊重,确由西方女权思想的激荡方开风气。这类议论颇启人复思。但是,激烈的中西文化冲突构成了"此消彼长"型的文化生态,中国文化面临着"陆沉真可哎"的困境。饶宗颐在谈到20世纪三四十年代的时候也说:"那个时代西化的倾向太浓厚,把本位文化压得很低。"因此,饶锷在《柯季鹗诗集序》中说:"余少时为诗,是时海内学者方醉心欧化,绝学岌岌日就湮微,欲求一二非常奇特之士相与切劘砥砺,卒不可得。"《昼锦堂诗集序》说:"夫当兹世衰学废、彝伦道丧之余,而有人焉能励名行自约束于规矩,已自可贵。"《高先生合家欢图后记》言:"方今士务外学,嗜尚新奇","谬妄之徒至欲持独身而废家族。"将爱情自由、婚姻自主、个人独立等"西学/现代性"品格斥为"谬妄",固然有其时代局限性,但其中蕴藏的忧患意识与本位意识无疑是极其沉重的。《复温丹铭先生书》更有"方今国学陵夷,炎黄文武之道不绝如缕"的话头,指出了欧风美雨正盛,传统文化处于明显的劣势乃至于险境之中的现实,国学已无复兴的可能,只能寄希望于有识之士,让每个人恪尽职守,弘扬国粹,接续绝学。

　　有鉴于此,饶锷认识到,相对于"种族革命"的阶段性与具体性而言,回应"西学/现代性"的挑战,实际上是长期性的、深层次的。如要坚定中国传统文化的立场,回归到"文化本位"的高度,再与"西学/现代性"进行平等对话,无疑也存在相当的复杂性与不确定性。饶锷是旧学阵营走过来的,无法从新世界寻找相应的思想学说的"支援",只能重返中国文化的核心地带,以寻找文化重生、文化对话的思想资源与方法论资源。可以肯定,潮汕地区深厚的文化底蕴及积淀已久的"韩愈崇拜"氛围,经由潮汕地区权威教育机构传承的乾嘉考据学传统,章太炎、高燮、柳亚子等革命知识分子所倡导的"新国学"运动这三个方面,成为决定饶锷文化选择的关键因素。在这些因素的综合作用下,饶锷的国学理念聚焦在以下三点上:第一,坚守"纲常"信念,发挥日常人伦特有的"固本培元"作用。饶锷认为,儒家"三纲五常"理论及其相应的仪轨制度,是通过庄重肃穆的祭拜仪式、典雅严谨的谱系编撰,昭示宇宙自然秩序的存在感,以确证各种人伦关系的客观性、传统政治制度的权威性与道德情感的永恒性,而这一理念必须在日常人伦的活动中体现出来。第二,弘扬经世致用的实学精神,发展事功经济。饶锷在《南园吟草序》中一再教导晚辈毋沉溺于雕虫小技的诗文书画,"吾谓亦其处境使然也","转而努力于事功经济,则所造讵可限量?顾乃敝精神于雕虫小技，抑亦末矣"，要专注于现实的事功经济。这番肺腑之言，不仅仅体现了长辈的关切之情，更重要的是来自人生阅历与苦难的升华与提炼，是在思想认识上对于陈子龙、顾炎武、章太炎、高燮等人经世致用之学的皈依与效法。第三，刻苦治学，以严谨、纯正的考据学再现"国学"精蕴。郑国藩《饶锷墓志铭》称饶锷"生富家，无纨绔习性，独好古，于书无所不窥，尤致力考据之学"，饶锷更有"入世卅年，涉世卅年，玩世廿年，世味饱经，老去厌谈天下事；藏书万卷，读书千卷，著书百卷，书生结习，闲来学种武侯瓜"的"名山事业"期许。所以，饶锷将国学视为文化"慧命"，以文献整理研究为分工细致化的专业标志，秉持学术判断的客观性与事实性依据，从而获得接近于"中性"言说的自由，故能在很短的时间内创造出学术奇迹。其师高燮《答饶纯钩书》称誉饶锷"奋志南天，中流一柱，学能救国，其道斯宏"，揭示出了饶学的深层意蕴。

饶锷选择"向内转"的"国故学"，带有非常鲜明的理想主义色彩，在主观上寄希望于有识之士的努力，以延续文化慧命，"自强保种"。这一固守本土文化的理念，超越了具体的政治制度设计与改造，凸显了当时知识分子"学能救国"的理念，在精神层面上与20世纪二三十年代知识分子倡导的"科学救国"理念有着某种程度上的"契合"之处。

### （三）"游于艺"的本色文化体验

"士/商"身份冲突、"中西"文化冲突，构成了一种内在张力，迫使饶锷走上了"向内转"的路子，而生于斯、长于斯的潮州城古趣盎然的生活情调与文化氛围，更为饶锷的人生设置了一个特殊的文化场域。北宋以来，潮州城远离首都和省城，不可避免出现缺乏足够的前沿性、包容性及开放性均等情形。可是，作为潮汕地区的政治—经济—文化中心，潮州在区域管治权利的运行、人际关系网络的多样性、科举文化的浓郁、日常生活的便利、商业文明的发展等方面的区位优势，是相当明显的，形成了一个已经高度城市化的政治—经济—文化场域。因此，潮州府城的都市化过程本身就构成了一个非常"吊诡"的存在：尽管整个社会仍在坚守儒学的正统地位与主导地位，但不断形成的市民阶层及其新型社区的行为模式，从根本上消解了传统儒学以均一、和谐、斯文、崇古的价值观为核心的农耕文明规范与精神气质。饶锷一辈子生活在这样一个具有"两面性"的城市中，不可能以激进的乃至叛逆的面目示人，必然选择一种较为纯粹的区域性文化行为模式，体现一种鲜明的"文化本色论"的基调。

第一，造园。近世文人企慕陶渊明的高蹈，却再也不愿意像陶渊明那样真正地归隐田园了，反而对于都市、城镇趋之若鹜。李慈铭《七居》云："述卜居之事也：首吴中，次杭之西湖，次越之郡城，次西郭故居，次会籍云门，次柯山，次湖塘，而隐居定焉。"① 这一先都市、后乡村的选择，就非常典型地体现了近世士人新的"城/乡"观念。士人们试图在城镇中营造一个诗意栖居的所在，造园林、建亭榭、引曲水、植竹木，在喧闹的都市里另辟一方洞天，闹中取静，通过置身古典园林而产生典型的士大夫式的"移情效应"。己巳十一月，饶锷建天啸楼落成。这是一座二层洋楼，却挂上了古色古香的"天啸楼"匾额，屋内满壁都是字画，赋予了这座新楼特殊的文化内涵。饶锷在回答友人"天啸楼"命名之由时，更说出来一番新人耳目的话来："夫风，天之声也"，"凡自然之声谓之声，不平之声谓之啸。余穷于世久矣，动与时乖迕，外动于物，内感诸心，情迫时辄为不平之鸣，而一于文辞诗歌焉发之，故吾之为文与诗纵怀直吐，不循阡陌，愁思之音多，盛世之辞寡。是虽生际乱世使然，宁非天之啸欤？"② 通过欧阳修《秋声赋》式的士人悲慨，抒发近代化语境中种种"不适"与"不快"。同时，天啸楼落成之后，他又在楼下不足一亩的隙地造"蓴园"，"树焉、石焉、池焉、桥焉、亭焉、榭焉"，一应俱全，流水环榭，修廊曲折，纯然一派古典园林的气韵。他悠游于此，极得俯仰从容之乐，专门用来接待文人雅士。浓郁的古典情调，消弭了天啸楼的现代气息。

第二，藏书。饶锷祖、父二代经商成功，雅好艺文，但肄习大抵科举帖括之文，收藏四书五经、时文及《兔园》寒陋小册子数十种而已。

---

① 李慈铭著，刘再华点校：《越缦堂诗文集》，上海古籍出版社2008年版，第1067页。
② 《饶锷文集》，第87页。

饶锷随二哥购书、藏书、读书，渐渐有了心得，《天啸楼藏书目序》形象地描述了自己的"耽书之乐"："先仲兄次云性好购书，尤喜谈诗、文、小学，所蓄书乃稍稍出于时文之外。而锷幼侍兄读，雅有同好，见兄买书辄喜，犹苦未得径途。后从坊肆得张文襄《书目答问》，购归阅之，始憬然于天下之大作者之众而学问之事真渊博无涯涘矣"，"就性所喜者，按目寻购，日就月将，遂积至五六千卷。辛亥之变，余留滞鮀江，行箧所藏尽沦兵火。归里而后，复重以丧乱，而旧家之书因乱散佚，余反得以贱价从容兼收，四五月间复增至万余卷。迨甲寅屏居海上，于江浙旧藏或别有所弋获。十余年来或钞或购，罗置亦夥，今合前后所得，已居然六、七万卷矣。"① 胡晓明《饶宗颐学记》记述饶锷藏书之富，则是得之饶宗颐的口述："饶宗颐先生的祖辈是潮安地区的富绅。他出生的时候，家族正如日中天。他的高祖父有四个儿子，每人都开有钱庄，自己发行钱票。有钱就可以买书，大型的书籍如《古今图书集成》《四部备要》《丛书集成》等都购置了。这就是他父亲'天啸楼'藏书的来历。他的大伯父是画家，画青绿山水，又是收藏家，收藏的拓本、古钱，数以千计。"② 饶锷在《书巢》中标榜自己耽书有如"痴淫之癖"："吾室之内，或栖于楑，或陈于几，或枕藉于床，俯仰四顾，无非书者。吾饮食起居，疾病呻吟，悲忧愤叹，未尝不与书俱。宾客不至，妻子不觏，而风雨雷电之变有不知也。间有意欲起，而乱书围之如积槁枝，或至不得行。"③ 这既是因性情之所近而购书、藏书、读书，更是别有寄托，心有戚戚焉。《亡妻蔡孺人墓志铭》对自己这一行为背后的文化心态有所揭示："余既以迂拙不能趋时合变，赴势利之会，攫取富贵，居恒读书自乐。"④ 于是，耽于书籍也就成了一种极其优雅的"逃避数"。

第三，社集。饶锷喜在自家园林款待文友，诗酒唱和，不亦乐乎，也积极参与组织当地的诗社、文社等文化活动，尤其是在发起新社团、改革旧宗旨等方面，表现出很强的领导才华。他与侯节、刘仲英、杨光

---

① 《饶锷文集》，第23页。
② 胡晓明：《饶宗颐学记》，第1页。
③ 《饶锷文集》，第88页。
④ 同上书，第113页。

祖、石铭吾、黄仲琴、康晓峰、詹安泰等一批年轻诗人，自觉地从盛唐摹古之风、随园滑易之习中挣脱出来，私淑"同光体"魁杰陈衍，"渐事苦吟"，结"壬社"以团结诗坛同人，自任第一任社长，潮汕诗坛终于打破了石铭吾所厌鄙的"韩江一水西江隔，从来诗派欠陈黄"的窘境，初步显现了"挹取西江水一勺，涪翁之外后山翁"的盛况。① 饶锷《壬社序》说："近日邑子之能诗者飚起云涌，其盛犹不减于曩时。于是，辜君师陶、杨君光祖等以为不可不集，遂纠同志发起为是社，爰于壬申元日觞集于莼园盟鸥榭。时来会者十六人，而余以园之主人，谬以承推引，亦获厕与其盛。酒半酣，群商名社，或以某名最宜，或以名当为某，而卒因社始于壬申，定名曰'壬'。"② 饶锷还积极参加当地的"韩社"活动，并针对潮人"尸祝"韩公"决以得失，卜以吉凶"、学韩文却"学无渊源，志趣不大"二弊，大声呼吁破除祭祀韩愈灵位的愚昧习俗，希望"同学之人"扩宽视野、升华心性，"告以作文之道，申以义法"，真正光大"昌黎之学"，在文学创作上争取"与中原相角逐"。③ 这些举措对于扭转潮州地区诗风、文风、学风，起到了至关重要的作用。

第四，办刊。饶锷受南社师友影响，热衷于民族主义革命，返潮主持《南粤报》笔政。王振泽《饶宗颐先生学术年历简编》说，饶锷"早年毕业于上海政法学堂，学成后返回潮州，曾任《粤南报》主笔。青年时，自觉接受资产阶级民主思想"，开风气之先，产生了很大的社会反响。1924年，饶锷创办《国故》月刊，以振兴国学为职志，广泛联系海内学界耆宿，征集国学稿件。其师温廷敬《赠饶君纯钩并序》说："纯钩，余分教同文学堂时学生也。近数年来，见其所作古文辞，深合义法。今岁以创《国故》月刊，故来书通问。秋仲之潮，因造访焉，款留深谈，出所著《佛国记疏证》《王右军年谱》相质，详审精博，盖文人而兼学人矣。喜赠以诗。"自注云："吾潮向但有诗人、文人，而无学人。宋明义理之学，尚可得数人，若考据则纯无矣。"温氏甚至自谦道："君独学深

---

① 石铭吾著，赵松元、杨树彬校注：《慵石室诗钞》，线装书局2008年版，第52页。
② 《饶锷文集》，第43页。
③ 同上书，第41页。

造，不由师承。"① 办报出刊，能够积极运用现代传媒方式进行适时的"国故学"反思与整理，无疑是一种时代感极强的文化活动，更是实现"国故学"现代转型的有益尝试，是架通传统文化与现代文明的桥梁。

第五，著述。饶锷"于书无不窥"，"殚其虑于著述"。郑国藩《饶锷墓志铭》罗列其著述如下："平生著作付梓者，《慈禧宫词》一卷、《西湖山志》一卷、《饶氏家谱》八卷；未付梓者，《王右军年谱》一卷、《法显〈佛国志〉疏证》十卷；属草稿未完者，《亲属记补注》、《潮雅》、《〈淮南子〉斠证》，《汉儒学案》先成《易学》一卷，《清儒学案》先成目录、凡例四卷，续章学诚《校雠通义》、李元度《先正事略》则有目无书，皆有志未逮也"，"近十年来留心乡邦文献，拟编《潮州艺文志》，自明以上皆脱稿，有清一代仅定书目，而君已疾矣。"② 这一系列著述，涵盖了经、史、子、集、丛五部，每一个专题都是值得深入发掘的"富矿"。尤其是在地方文献方面，他有着一种时不我待的急切感，其《与蔡纫秋书》说："居今之世而言整理国故，途径虽不一端，而一邑当务之急，则莫先于征文与考献，其在吾潮尤不容或缓者也"，"方今世变日亟，乡献膡篇不绝如缕。"他搜讨文献，集脮成裘，案头积稿盈尺，群籍鳞次堆积，有如獭祭。他全赖这些藏书进行写作，仅用数月而成《西湖志》十卷，又模仿孙诒让《温州经籍志》而撰皇皇巨著《潮州艺文志》，于地方文献撰例多所发明。他又极其重视"敬宗收族"，独力编写《潮安饶氏家谱》，《例言》云："兹谓之'潮安'云者，以限于潮安一隅也。不云'族谱'而曰'家谱'者，谱由我作，仅详于我一家也。"③ 谱分九个层面：总纲、遗像、世表、家传、坟茔、祠宇、蒸业、艺文、丛录，大大丰富了家谱编撰的理论。

饶锷先生毕生致力于保存国粹、振兴国学，一方面勤于著述，创造了许多学术奇迹；另一方面，积极办刊、出书、结社，团结潮汕学人，凝聚了一个时代特色、地域特色鲜明的"古学"群体，为保存与弘扬传

---

① 《饶锷文集》，第178页。
② 同上书，第153页。
③ 同上书，第161页。

统文化做出了积极贡献。这一系列的"国故学"活动与著述,本色当行,表现出一个学者应有的手眼与修养,更蕴含着顾炎武式的"学术经世"的入世宏愿,散发着浓郁的"古雅"气息。王国维《古雅之在美学上之位置》讲得非常透彻,"古雅之致存于艺术而不存于自然"。① 饶锷没有简单依赖固有社会历史的馈赠,而是从中国古典学术的创造精神切入,以赓续传统,回应西学的挑战。这是饶锷面对中国近代文化转型困局开出的一剂药方,看似保守,却不无思想启迪的意义。

这一文化态度,钱仲联教授读饶宗颐的《固庵文录》,喟然叹曰:"此并世之容甫与观堂也,抑又有进者。"认为饶宗颐超越汪中和王国维,已臻于"无所不包,峻不可攀,河汉无极"的"广大教主"之境。② 胡晓明《饶宗颐学记》也说:"饶宗颐与同时代的学人相比较,有一个极突出的特点,即门厅轩敞、格局规模大。"③ 将其治学历程划分为三个阶段,特别提到第一阶段,"饶氏少年著述,即整理辑录乡邦文献,这一学问之根,真而且正,故其学问之大树,柯叶俊茂",准确把握住乃父饶锷对少年饶宗颐的人生选择与学术取向所起的关键性影响。④ 饶宗颐的自述就此相呼应,他说:"我终于还是成了一个学者,其中很重要的一个原因,是我父亲的影响。"⑤ 因此,在很大程度上讲,研究饶锷先生应是深入研究饶宗颐先生的先行课题之一。

---

① 聂振斌:《中国现代美学名家文丛·王国维卷》,浙江大学出版社2009年版,第101页。
② 钱仲联:《〈固庵文录〉序》,单周尧等《饶宗颐二十世纪学术文集》第十四卷《文录·诗词》,香港新文丰出版有限公司2003年版,第11页。
③ 胡晓明:《饶宗颐学记》,第45页。
④ 同上书,第77页。
⑤ 饶宗颐述,胡晓明、李瑞明整理:《饶宗颐学述》,浙江人民出版社2000年版,第3页。

# 古籍整理与现代学术演进关系分析

殷学国　蒋述卓

## 引言　文献整理的类型范式

20世纪初期关于"整理国故"的讨论和实践，在心态上，有着尊古和崇西之偏重；在实际功效上，则成为从传统学术到现代学术转换的重要关捩[①]。置于近世文献材料大发现的框架下予以考量，"整理国故"事实上涉及文献材料的分类与使用问题。所谓"二重证据法"或"多重证据法"，即是将材料分成两类或多类，并且认为不同类型的材料在用于证明的时候存在着统一性或同一性关系[②]。如果这种统一性或同一性仅谓材料所指对象同一，那么则忽视了其意指层面上的差异[③]。具体而言，古代典籍、古迹遗存和考古文物，具有相同的时间向度——三者均指向过去的实在世界。不过，三者的存在形态和意指层面却有着质的差异。古籍

---

[①] 具体详见秦弓《"整理国故"的历史意义及当代启示》，《文学评论》2001年第6期，128—135页。

[②] 材料所指对象类型属于先在关系，而材料之间的证据关系属于研究者的发现与赋予，故关于证据关系的建立和使用理应以材料所指类型的区分与整理为前提和基础。

[③] 李锐于《"二重证据法"的界定及规则探析》一文中，反驳李幼蒸先生关于王国维"二重证据法"的驳难时指出，"其实地下之材料所记载的东西，和纸上之材料所记载的东西，都是历史记录，是同源的，应该大体接近，指涉同一对象，只是流传方式不同"。详见李锐《"二重证据法"的界定及规则探析》，《历史研究》2012年第4期，第124页。

以文字为载体，古迹以建筑和场所为呈现形式，而文物以器具的样式而存在。质言之，古代典籍属于语言类材料，而古迹和文物则属于非语言材料①。相较于实物，语言文字因其指涉关系的概括性和间接性，更适于超越具体情境的限制，具有较强的媒介功能，更便于记载和传递信息。就其组织形态而言，三种材料构造既别，则性质有异，三者所包蕴的历史文化信息的程度亦呈现出高下差异：古迹和古物指向过去的生活世界，而古籍则关涉过去的精神世界。就含意性而言，古籍显然高于另外二者，其对古代思想文化世界的研究价值亦因之而凸显。与含意丰富相伴生的是，如何确认古籍文献的意指关系则对研究者提出挑战。除却研究者主体的读解能力不计，意指关系首先奠基于古籍材料的可靠性之上②。流传在世古代典籍无不经历由原始材料到传世文献的整理加工过程③。古籍整理的方式和结果约可分为两种类型：一是述而不作，尊古定制，传承并整理往代文献，如孔子"定经术、删诗书、正礼乐"④，摘引、撮述、汇编周秦旧章材料而集合成儒家文献，为儒家学派确立基本典籍⑤；二是"辨章学术，考镜源流"⑥，融文献整理、目录编次和学术批评为一体，

---

① 张舜徽先生《中国文献学》在"文献学的范围和任务"一章中，采纳"文献"本义即叙事记言之典籍，严守文献与古迹、古物、模型、绘画之畛域，并将之归入考古、文物等学科范围。张先生所谓"文献"实即文字史料，与本文所谓"古籍"在强调语言类材料方面，意指相近。参见张舜徽《中国文献学》，中国书画社1982年出版，第2—4页。

② 李济《傅孟真先生领导的历史语言研究所》："那时在史言所工作的同仁，大家有一默契：一致同意史料的价值完全在它本身的可靠性；可靠的程度愈高，价值愈高。"详见台湾"中央研究院"傅故所长纪念会筹备委员会编辑《傅所长纪念特刊》，台北国立"中央研究院"，第16页。

③ 由于制作工具和记录符号的粗陋，以及造作人思维水平和表达方式的有欠精细，使得原始文字材料非经一番清洗、磨垢的整理功夫，则很难辨识和读解。

④ （汉）王逸注，（宋）洪兴祖补注《楚辞章句补注》，吉林人民出版社2005年版，第48页。

⑤ 《孟子·万章下》："孔子之谓集大成。集大成也者，金声而玉振之也。"以"集大成"称誉孔子，高度评价其对前代文化制度、思想学说的融汇总成之功绩，而孔子对于前代典章规制的删削定正等文献整理工作则是其文化思想方面"集大成"的必要前提条件。

⑥ （清）章学诚：《校雠通义》，王云五主编《丛书集成初编》（第71册），商务印书馆1939年版，第1页。

"厥协六艺异传，整齐百家杂语"①，如刘向、刘歆父子叙录群书，董理百家头绪，著录《别录》《七略》，其中不无二人关于古代思想世界秩序图景的理解和描画。类型之分实乃文献整理广狭二义之别。名义上的分别包蕴着其可靠性指向上的不同。前者即狭义文献整理，其可靠性指向整理后的文献与原始文献之间的一致性；后者即广义文献整理，除关注上述一致性之外，还警惕文献与其描述世界的对应性。② 以上两种类型可以视为文献整理方面的两种范式。以孔子为代表的范式，旨在思想文化世界的恢复和建设，故以文献编述为整理重心。以刘向、刘歆父子为代表的范式，旨在为纷繁的思想世界理出统序，故不能不在古籍文献的叙录中有所轩轾，透露出学术批评史的气息。从学术发展的角度而言，后者可以看作前者的自然延伸。虽然其中有着大量的思想信仰成分，但就其可靠性的指向而言，与现代学术的求真品格有其一致性。循此思路，从文献整理的角度考察古籍文献与当代学术研究的关系不失为把握学术发展演变轨迹的有益尝试。

## 一　古籍的文献价值与学术价值

章学诚《和州志艺文书序例》指出"典籍文章，为学术源流之所自出，治功事绪之所流传"③。作为文化的载体，典籍文章一方面记录了往

---

① 语见司马迁《太史公自序》。章学诚《文史通义》："史家所谓部次条别之法，备于班固，而实昉于司马迁。……究刘氏之业，将由班固之书，人知之；究刘氏之业，当参以司马迁之法，人不知也。"按照章氏之说，司马氏与刘氏于文献整理观念本是一个套路，故笔者移司马氏之言用于说明刘氏文献整理功效。（汉）司马迁《史记》（第十册），中华书局1963年版，第3319—3320页。

② 司马迁《史记·太史公自序》："百家言黄帝，其文不雅驯，荐绅先生难言之。孔子所传宰予问《五帝德》及《帝系姓》，儒者或不传。余尝西至空峒，北过涿鹿，东渐于海，南浮江淮矣，至长老皆各往往称黄帝、尧、舜之处，风教固殊焉，总之不离古文者近是。予观《春秋》、《国语》，其发明《五帝德》、《帝系姓》章矣，顾弟弗深考，其所表见皆不虚。"司马迁撰述史书，其关于文献可靠性的追求，不仅检验数种文献材料，还实地踏勘文献所对应的实在世界。可见，司马迁应当具有双重证据以为参验的学术意识，这是《史记》在著述品格上卓然超出此前史传之所在。

③ （清）章学诚著，叶瑛校注：《文史通义校注》，中华书局1985年版，655页。

代的知识学问;另一方面传达出那个时代的价值信念。许多古代文明的消失,与其没有典籍记载或典籍沦亡,有着一定关系——典籍不存,文化无以显明。作为抽象的知识形态和观念形态的文化,学术思想若失去典籍文献之类载体,则因无所附丽而终至湮灭。把握古籍整理与学术研究的关系,首先意味着要从学术研究的角度审视和甄定古代典籍的价值。作为古代思想文化的载体,古籍一方面蕴含着古代社会历史思想文化信息;另一方面载体自身也有其文本整理和著录评述的流变轨迹。前者较多关涉学术思想价值,后者直接关系文献学价值,间接包含学术价值。典籍文献的价值一方面内蕴于古代社会结构本身,另一方面也是现代学术眼光照亮的结果,具有发现与赋予的双重性质①。就典籍文献与学术思想的关系而言,孔子删诗而有儒学之兴,刘向校书而汉学昌明,清人考订精详而实学风行,近代甲骨、敦煌文献面世而开启现代学术新局面。就可靠性关系而言,古籍的文献价值是其学术价值的基础和前提,古籍的学术价值是其文献学价值的提升和现代学术理念的古典投像。在古典学术的思想框架内审视典籍文献易流于循环阐释和意识形态化的套语模式,在文本、解释者和古代思想观念间互为援引,以效果说明前提。这种解说由于搁置对于学说思想的先设前提的反思,虽然有利于增强对其正当性的信念,却无助于其学理性的提升②。现代意义上的古籍整理,入手功夫在典籍文献的甄定,但着眼点却在于其学术价值的焕发——一方面可将古典学术思想纳入现代知识系统和学科框架内予以重新考量,为现代学术提供古典资源;另一方面在对古典学问和思想进行整理、归纳和系统化的过程中确立新学科,丰富现代知识体系和学科门类。

典籍文献的意涵和指涉对象经历了一个逐渐丰富和不断扩充的动态

---

① "发现"和"赋予"互为作用,类似内因和外因的关系。只不过,二者意指方向有大的区别。"发现"强调文献材料自身所蕴含的学术价值,"赋予"强调由外在理论方法对文献材料学术价值开发的主导性。

② 前科学时代的学术是自成系统的论说和观点,具有内在的自足性,虽然富含洞见与智慧启示,但无法经受外在标准的检验;固守于传统思想框架之内,自然倾向于排斥异质学说,同时面对新问题的挑战也很难做出结构调并重新获得思想活力。因此,古籍学术话语的语义分析和现代阐释,应以增强其应对现代问题的解释力和启示性为鹄的。这是古籍文献价值获得现代生命的重要方式。

变化过程。先秦时期，典籍特指关于典章制度方面的法书图籍，汉晋之际，除经术之外还包括诸子、诗赋及方技方面的私人撰述。隋唐以降，扩及史书和佛道内典。宋以后笼罩小学类、艺术类及笔记类文献。明清两朝则囊收谱牒、类书和小说、词曲、诗文评类文字。《清史稿·艺文志》云："及至晚近，欧风东渐，竞译西书，道艺并重。而敦煌写经，殷墟龟甲，奇书秘宝，考古所资，其有裨于学术者尤多，实集古今未有之盛焉。"① 引文所谓"晚近"即晚清末年，为近代的开端。近代典籍文献，又圈括西人之书和出土文献。除却湮灭毁弃的图书之外，典籍的范围与数量日积而富，其所蕴含的学术价值也随之潜滋暗长，从事学术创造的可能性也在增加。陈寅恪先生《陈垣敦煌劫余录序》曰："一时代之学术，必有其新材料与新问题。取用此材料，以研求问题，则为此时代学术之新潮流。……此古今学术史之通义，非彼闭门造车之徒，所能同喻者也。"② 虽然陈氏所论因具体学术研究而发，但其意指实有见于文献扩充与学术演进之大势。结合陈先生的另一篇序文——《王静安先生遗书序》——考量，其所谓"新材料"约为以下三种：出土文献、与我国学术相关涉的异族故书和前人所忽略的旧有材料。③ 相较于旧材料，新材料固然蕴含着新信息，具有潜在的学术价值；但经由新学术眼光打量的旧材料，也可能生发出新学术价值。陈先生的史学著述即是这方面的显例。由于陈先生这两篇序文系针对具体学术著述而论，揭示蕴含其中的具有普遍意义的学术门径与所达至的学术境界，而未言及两位学者对于具体文献材料所做的整理功夫，因此，极易给读者造成"材料中心主义"的印象——似乎只要拥有新材料就能获得突破性成果，而不需对材料下一番整理功夫。此种认识上的偏颇遂导致思想观念上的博物馆式的古籍文物主义态度——要么以占据古籍文献为目的而缺乏理论分析和价值甄别能力，要么挟文献材料以自雄、秘不示人。

以论代史类的割裂、颠倒和篡改古籍的做法固不足取，但视之为博

---

① 赵尔巽等：《清史稿》（第十五册），中华书局1976年版，第4220页。
② 陈寅恪：《陈垣敦煌劫余录序》，《金明馆丛稿二编》，生活·读书·新知三联书店2001年版，第266页。
③ 同上书，第247页。

物馆中的展览文物的态度亦不为无过。古籍文献固然需要保护和传承，以维持民族、国家对历史文化的认同，但古籍文献的生命和意义，更在于通过对文献材料的整理和研究，从而参与当代文明与文化的构建。① 从学术研究的角度而言，对待文献材料的态度从一个侧面反映出研究主体关于学术的认知、态度和观念。材料观和学术观，表面上相关于研究者的知识文化的水平和条件，但其深层则涉及主体意向和研究对象意指结构层次的对应关系。文献材料的意指结构约可分为三个层次，文献本文的形式层、文献意指的意义层和文献符指的对象层。主体意向主要关注第一个层次者，学术研究多采赏鉴式态度；聚焦于第二个层次者，多取征信式价值观；集中指向第三个层次者，多持实证主义学术观。或者说，赏鉴类态度更多关注第一层次，征信类态度更多关注第二层次，而实证类态度更多关注第三层次。赏鉴态度近于艺术，征信态度近于宗教，实证态度近于自然科学。不同的学科有其不同的品格与宗旨，近艺术者学以赏玩，近宗教者学以征信，近科学者学以求真。以上所论学术态度和观念，大致可归类命名为艺术化的学术观、宗教化的学术观和自然科学化的学术观。前者说理多富想象、以意合的方式处理材料，中间者多采信心理事件与事实事件互为佐证，后者严守逻辑实证主义的论证立场。

## 二　由古籍整理到学术研究

　　由学术宗旨与品格的差异，衍生出对文献材料不同的处理规范和使用方法。反过来说，由学术方法之异亦可上窥学者学术态度和观念的不同。具体到学术个案而言，顾颉刚先生的古史研究，以经验实证的标准裁量关于上古史的文献材料，尝试剔除其中神话、传说等虚构部分，确

---

① 古籍、文献和材料三个概念，称名和意涵虽异，但指涉对象则一。从时代和文本形态言，谓之古籍；就文化信息的蕴涵言，谓之文献；从学术研究的目的言，谓之材料。具体行文时，依据意指不同，变换名称或并列称号，不拘一名。

定史实并澄清其意义，属于典型的以求真为宗旨的自然科学化的学术观。① 引申言之，以经验实证的方法研究历史，势必重视物理实在和历史事件而忽略心理事实和效果历史，在历史研究中强调由事实到史实的推论，对由虚（心理势能）生实（历史效果）的可能性估计不足。由于古史文献不仅包含事实信息，还包含价值与信念信息。古史系统的考述，研究古代社会事实关系固然是外在的学术目的，通过古史叙事形塑价值、凝聚共识则是学术伦理层次上的潜在的内在目的。清理掉古史文献材料中的心理因素，自然导致对本体论和价值论的排斥，这也是科学经验主义追求实证性知识的逻辑反题。在《战国秦汉间人的造伪与辨伪》一文中，顾先生曾就古籍文献与历史研究的关系说道："研究历史，第一步工作是审查史料。有了正确的史料做基础，方可希望有正确的历史著作出现。"② 所谓"审查史料"，于顾先生特指历史文本间的比对和历史话语分析。材料审查既属于古籍文献整理的必要功夫，又是学术研究的基础性工作。经此审查，古籍文献所蕴含中的历史文化信息得以分层、分类，学术价值因之而呈现，是历史著述的前提条件。古籍的整理，除包括基本的文献搜罗、编目、校勘和材料的摘抄、排比、分类外，还应包括对文献材料的考订、辩疑、质证和必要的解读和分析。如果能由一般性的审查进入对文献的解析（上文所谓"分层、分类"就是"解析"的具体化），由解析而发前人所未发（所谓见独），那就从古籍整理自然过渡学术研究。

当然，以上所谓由古籍整理到学术研究的自然过渡，落实到具体学术实践上，并非如理论描述——通过概念的转换和句法连接即可完成——那样轻易，而是需要长久的学术实践，经历长时段的学术经验和共识的积淀，方始实现。对此，清人曾朴借小说中人物之口有过较为显豁的说明。

---

① 关于顾颉刚先生的学术观点和学术观点的讨论十分激烈，而关于其学术方法的讨论则相对平静。其实，从学术方法的角度分析其观点和观念不失为有效的途径。顾颉刚先生古史研究上的科学主义倾向既是其学术方法的实践体现和心理根源，又是其屡遭非议的原因。

② 顾颉刚：《古史辨》（上），河北教育出版社2000年版，第119页。

我常道本朝的学问，实在超过唐、宋、元、明，只为能把大家的思想，渐渐引到独立的正轨上去。若细讲起来，该把这二百多年，分做三个时期：第一个时期，是开创时期，就是顾、阎、惠、戴诸大儒，能提出实证的方法来读书，不论一名一物，都要切实证据，才许你下论断，不能望文生义，就是圣经贤传，非经过他们自己的一番考验，不肯瞎崇拜；第二时期，是整理时期，就是乾嘉时毕、阮、孙、洪、钱、王、段、桂诸家，把经史诸子校正辑补，向来不可解的古籍，都变了文从字顺；第三时期，才是研究时期，把古人已整理的书籍，进了一层，研求到意义上去，所以出了魏默深、龚定庵一班人，发生独立的思想，成了这种惊人的议论。依我看来这不过是思想的萌芽哩！（曾朴《孽海花》第四回"光明开夜馆福晋呈身　康了困名场歌郎跪月"）①

上述清代学术的三个时期，就其学术追求而言，可分别概括为求实在、求知解与求意义。②"求"是整理者或研究者面对古籍文献的意向。求实在的对象指向古籍文献言说的内容，求知解的意向指向文献文本的本身，而求意义则意指文献文本的对象和文献文本的意涵对于主体的价值。就学术意向而言，价值的发生过程即主体由文献材料探求知识、思想或观念的过程。由求实在而至求意义，古籍整理之于学术研究的价值渐次显明。

关于古籍整理与学术研究的关系，顾颉刚先生系从历时性的研究过程阐述二者的关系；而郭绍虞先生则在批评史文献的历时叙述中条理出文学批评的逻辑层次。

在文学产生并且相当发展以后，于是要整理，整理就是批评。

---

① 曾朴：《孽海花》，中华书局1959年版，第23—24页。
② 其实，第一个时期的求真实即顾颉刚先生所谓的"史料审查"，与第二个时期的求知解，皆可归为古籍文献的整理，从而与第三个时期求意义的学术研究，构成对待结构。纳入古籍整理与学术研究关系框架中，处于对待结构的两造，就由历史时期的先后关系转换成研究程序的顺承关系。

经过整理以后，类聚区分，一方面可以看出文学和其他学术的不同，一方面也可以看出文学作品本身之"本同而末异"，于是也就认清了文章的体制和风格。所以《诗赋略》在《艺文志》中占一席地位，也是批评的开端。于次，再要选择，选择也就是批评。选择好的，淘汰坏的，不能不有一些眼光，这眼光就是批评的眼光；同时也不能不有一些标准，这标准也就是批评的标准。……再进一步，于是再要给以一定的评价，就是所谓的品第，而品第就更是批评了。……但是这种批评，很容易凭各人主观的爱好，妄加论断，于是变得批评没有准的，也就更需要批评的理论作根据。于是为批评的批评也就产生了，这样，批评的理论可以指导批评，同时也再可以指导作家。(郭绍虞《中国文学批评史·绪论》)[1]

郭先生以"批评"概念贯通批评的文献整理和批评的理论研究。就其中国文学批评史研究历程而言，批评文献的整理与批评理论的研究，交互为用：由文献整理抽绎出批评理论，成就中国文学批评通史专著，奠定中国文学批评史的独立学科地位；以文学批评理念指导文献整理，推出《沧浪诗话校释》《宋诗话考》《宋诗话辑佚》等专题著述，主持编选《中国历代文论选》《中国古典文学理论批评专著选辑》和《清诗话续编》等古文论基础资料，以上成果属于古代文论学科基础建设中的重点工程。郭先生将批评史文献的整理、分类、甄选和品第视为广义的批评，广义的批评隐含写作者关于文学批评的识见和标准，而识见的发生和标准的确立则离不开一定的学术理念作为其逻辑前提。郭先生研治《中国文学批评史》即存"从文学批评史以印证文学史"的学术理念。郭先生关于批评的理论探索可谓之为狭义的批评，狭义的批评是隐含的学术理念的客观知识化和组织系统化。广义的批评涉及文献整理，而狭义的批评即理论研究。换句话说，批评的文献整理为隐性的学术研究，批评的理论研究为显性的学术研究。在学术研究的层面，二者之间既有着顺承的历时关系，又存在蕴含与呈现的结构关系。

---

[1] 郭绍虞：《中国文学批评史》，上海古籍出版社1979年版，第1页。

## 三　学人团队、学术著作和学科门类

由文献整理到理论研究，学术循此路径而层进；由理论介入文献整理，一方面有助于发现旧籍中新材料；另一方面新理论和新材料对原有的学术结构的冲击，势必导致学术结构的调整和变化，学术因之逆势而突进。对于学术主体而言，即使是从事同一种古籍文献整理和研究的学者，因其对文献材料的兴趣点和意向及其对文献材料与学术研究的关系理解不同，就会表现出不同的学术眼光。这种独特的学术眼光表现于对新材料的发现和处理上。具体到"中国文学批评史"研究而言，罗根泽先生虽系郭绍虞先生的学生和学术助手，但其对于文献材料的整理和使用就明显不同于陈钟凡、郭绍虞和朱东润等诸位先生的研究。罗先生受梁启超《翻译学与佛典》的启发，敏锐感受到"上起汉魏，下讫宋元的翻译印度佛经"对"清末至现在的翻译东西洋书籍"的历史比较价值，和翻译之于翻译理论与文学之于文学批评的学术类比价值[1]，在其《中国文学批评史》著作中专设一章"佛经翻译论"，以现代的"直译""意译"等观念解释阐发佛经翻译中的文质失衡和润饰改窜等问题。在章节处理上，既做到以历史朝代为经——"佛经翻译论"之前为六朝文论，其后为隋唐文论；又根据具体情况打破六朝、隋唐和赵宋之间的朝代界限，以佛经翻译理论的问题为线索集中论述[2]。虽然罗先生关于佛典翻译论的具体阐述不免失于主观，但其以上处理充分体现出其"见独"之眼光。周勋初先生在为罗根泽《中国文学批评史》所作的"序"中说，

---

[1] 罗根泽《中国文学批评史》："胡梵不分，重译直译不分，这是从事翻译者与批评翻译者最应知道的。……（梵文）实在有粗言，亦有细语，亦犹华言雅俗之别。凡此所论，虽皆是梵文的分析，而可以予翻译者以正确的南针，予批评者以正确的认识，这是佛经翻译及翻译论有长时历史以后的综合的言论，综合的见解。"罗根泽《中国文学批评史》，上海书店出版社2003年版，第280—281页。

[2] 罗根泽《中国文学批评史》："本来关于译经的翻译论，其产生的时代虽有六朝、隋唐、赵宋之别，然前言后论，息息相通，我们没有理由为之分开，硬使分开，对研究阅读，也都不方便。"罗根泽《中国文学批评史》，上海书店出版社2003年版，第278页。

中国学人处在这一潮流中,一方面参照西方的文学观念,用来考察中国学术,以期在筹划新学科时能有新的开拓和建树;一方面则坚守中国学术本位,力求从中国文学批评的材料中发掘出固有的体系,梳理出一条符合中国文学批评实际的历史发展线索。①

罗先生既能从西方新兴学术中获取新的观点,又能结合本国文化的实际情况去熔铸新知。②

将罗先生的中国文学批评史研究置于时代学术大潮之中予以考量,高度评价其对新理论即西方文学观念的借鉴和坚守中国学术本位的学术态度。罗先生的中国文学批评史写作,从运用新理论于旧籍而言,具有跨学科的特点;从参照西方文学观念进行中国文论研究的角度而言,含有跨文化的意味。在中西文化交流的大背景下,西方学术观念和理论的介入,使得中国传统学术的研究也带有跨学科和跨文化的眼光和属性。

跨学科与跨文化是比较诗学研究的基本理路和方法,在表面的超越或多维意味之下,隐含着更深层面上的对同一性或相通性的诉求,和借由他者而自我审视的观照取向。跨学科和跨文化的学术理路,无论对于学术客体还是学术主体而言,都具有映射和投射双重功能,有助于学术理念的自我调适和新研究、新学科的催生。③文献材料的学术价值一方面与其承载的内容和整理者功力有关,另一方面更与研究者的学术理念与理论眼光相浮沉。历史上一向被忽略的民间歌谣、乐府曲辞和僧徒偈颂等典籍材料,一经纳入"白话文学"的学术视野予以考量,便焕发出学术价值,成就了"第一部具有现代学术眼光的中国文学史专著"④(胡适《白话文学史》)。同理,郑振铎先生将中国历史上不登大雅之堂的歌谣、

---

① 周勋初:《序》,罗根泽《中国文学批评史》,上海书店出版社2003年版,第3页。
② 同上书,第6页。
③ 跨学科非谓学科的交叉和边缘,而是强调同一对象的不同学科视野的多重观照,于烛幽照微的同时赋予材料多维学科面相;跨文化研究看似聚焦于异域族类的文化表象及其深层结构,实则经由异域镜像烛照自我形象。
④ 骆玉明:《关于胡适的〈白话文学史〉》,胡适《白话文学史》,上海古籍出版社1999年版,第12页。

民歌、变文、杂剧词、鼓子词、诸宫调、散曲、宝卷、弹词和子弟书等文献资料，置于"文学史"理论框架之下，予以"民间文学"的学术观念审视，完成《中国俗文学史》这部学术著作。

学术著作如此，新学科门类的建立亦与之休戚相关。王国维先生《宋元戏曲史》不仅是一部伟大的专门学术史开山之作，其戏曲研究还开创了一门新学科。马美信《〈宋元戏曲史疏证〉前言》："王国维应用现代理论观念阐述中国戏曲的特征，揭示戏曲发展的客观规律，使他的研究大大超越了明清曲论家，开创了现代人文科学的一门新学科。"① 西方理论观念的介入，使得《宋元戏曲史》迥异于正统史书之文苑传、艺文志，也大大不同于集部之类书、杂抄、文案或语录，赋予戏曲整理和研究以现代学科属性②。戏曲研究学科的建立，一方面奠基于文献材料的整理之上，"王国维的戏曲史研究也是从搜集、整理原始资料入手的。他在撰写《宋元戏曲史》之前，从我国浩如瀚海的典籍中发掘了大量重要的戏曲史料，并先后写成《曲录》《戏曲考原》《唐宋大曲考》等资料考证性的文章。在《宋元戏曲史》中，王国维把这些材料融会贯通，创立了初具规模的戏曲史的学术建构和体系"③；另一方面有赖于西方理论观念的学术范导作用，"《宋元戏曲史》首次运用西方的悲喜剧理论来研究中国的戏曲，也是我国戏曲批评史上的一大创举"④。遵循王国维先生以西方悲喜剧理论整理和研究中国戏曲的学术路数，王季思先生曾组织同人整理选编《中国戏曲选》、《中国十大古典喜剧集》和《中国十大古典悲剧集》等中国古典戏曲作品集，并于编著前言中，总结中国古代喜剧作

---

① 马美信：《前言》，王国维撰，马美信疏证《宋元戏曲史疏证》，复旦大学出版社2004年版，第9页。

② 详见傅斯年评价《宋元戏曲史》："研治中国文学，而不解外国文学，撰述中国文学史，而未读外国文学史，将永无得真之一日。以旧法言中国文学史，为文人列传可也，为类书可也，为杂抄可也，为辛文房'唐才子传体'可也，或变黄、全二君'学案体'以为'文案体'可也，或竟成〈世说新语〉可也；欲为近代科学的文学史，不可能。文学史有其职司，更具特殊之体制；若不能尽其职司，而从此体制，必为无意义之作。今王君此作，固不可谓尽美无缺，然体裁总不差也。"原载《新潮》第一卷第一号，1919年1月1日出版。

③ 马美信：《前言》，王国维撰，马美信疏证《宋元戏曲史疏证》，复旦大学出版社2004年版，第7页。

④ 同上书，第10页。

品在题材、人物形象、关目安排等方面的特点,概述中国古典悲剧的历史发展和艺术风貌,刻画中国古代喜剧作品的讽刺性与歌颂性两大类型,以及如夸张手法、奇巧的情节安排、重复对比的手法、情趣盎然的关目、幽默机巧的语言等喜剧手段。王季思先生及其同人关于中国古代戏曲文献资料的整理和学术研究,推动了戏曲研究这门学科的发展。

在具体学术领域,从事某一方面古籍文献的整理者,同时也是从事这方面研究的学者。唯其如此,才能实现文献材料与学术眼光的结合,唯有这样的学术才是既有根柢又有意义的研究。从学术研究的常识而言,某方面古籍文献整理的先行者和重要专家,往往是这方面学术研究的著名学者,围绕这位学者以师友弟子为学缘纽带凝聚一批从事共同研究的人员,从而形成学术团队,集中的研究成果则孵化出新学科的诞生。国内,复旦大学中国文学批评史学科,即是在以郭绍虞先生为核心包括顾易生、王运熙等学者在内的学术团队共同打造的,其起手功夫就是以学术史理念对历代诗词文话和诗文评著述加以文献整理,从而成就中国文学批评史研究中心。苏州大学的以钱仲联先生为担纲的清诗研究中心、中山大学以吴承学先生为领军的文体学研究中心、暨南大学以饶芃子先生为先行的海外华文文学研究中心,无不从文献整理入手把握学术对象,继而推出学术著述,成立新专业门类,并在学术团队的基础上形成一家学派,在学术成果和学术理念的双重促动下,有效确立新的学术范式。由学术大师到学术团队,由学术著作到学术规范,新学科的确立与古籍材料的辨析和整理有着内在的逻辑蕴含关系。

## 四 结语:警惕多重证据关系的误用

古籍文献既具有丰富的文献价值,又蕴含着潜在的学术价值。由于整理者意向有别:或持保藏待访之念,或出于管理职责,或存汇辑备用之计,古籍文献整理因而存在着分别以孔子"六艺"和以刘向、刘歆《别录》《七略》为代表的两种类型。在以古籍文献整理为基础的学术研究中,由于学术理念和具体研究意向的区别,导致学术观和材料观上的巨大差异:自然科学化学术观以求真为目标,认古籍为嫌犯;宗教化学术观以征信为目标，拜古籍为圣典；艺术化学术观以赏鉴为目标，视古籍为古玩。就历时态考察而言，古籍文献整理经历了由求实在到求知解终至求意义的价值追寻过程。就共时态关系而言，古籍文献整理既是学术研究的基础，也是学术研究的隐形形态。二者之间既有着顺承的历时关系，又存在着蕴含与呈现的结构关系。跨学科与跨文化学术视野中，由古籍文献整理到学术研究，对可靠性的诉求渐次转化为对同一性或相通性探寻以及对他者与自我关系的理性审视。由文献整理到学术著述，由学术团队到学术流派，新学科和新学术范式的建立大多遵循上述路径。研究者关于文献材料存有两种极端认知：或骛新，或嗜旧。材料之新旧既关乎发现早晚，更关乎其所属系统的异质性。不同系统的材料，分属不同的存在层次，即使其能指系统相近，但其意指关系和意指层次亦存在较大差异。仅仅根据异质材料表面的相似性，臆断其所指一致，而纳入同一论证链条之内，存在错位嫁接的风险。由此反思史学方法论所谓"二重证据法"和"多重证据法"，文物、古迹所存属于物质制作技艺层面，口述、传说属于精神观念价值层面，史籍文献所载属于社会活动事件层面，三者共同构成立体的社会历史思想文化的全息图相。如果仅仅根据三者能指形式上的相似性，捏置一处拼凑论证，就很有可能得到一幅扭曲的立体图像的平面投影图。对于异质材料或多重证据，进行认识论和方法论上的澄清和必要的语义分析，对于以拥有多重证据为学术追求的研究风习当有补偏救弊的意义。

# 饶宗颐先生《谈李芸甫的家世》一文补正

孔令彬

**摘　要**：饶宗颐先生《谈李芸甫的家世》一文虽然纠正了时人不少疏误，但由于资料欠缺，其自身也存在不少疏漏和错误。我们依据发现的杨溪李氏族谱，对文章中的问题做了一些纠正和补充。此外，文中还有几处征引文献不无瑕疵，笔者亦做了订正。我们还对学界一直比较混乱的李芸甫字号问题做了进一步的考订和补正。

**关键词**：李芸甫；家世；疏误；补正

饶宗颐先生的《谈李芸甫的家世》一文发表于 1974 年《明报月刊》第四期，主要针对的是当时学界在研究广东绘画史时对李芸甫的错误认知。虽然只是一篇短文，先生却引用了张维屏、蒋宝龄、李秉礼、陈用光等人的可靠材料，描述了李秉绶及其家世的基本概况，纠正了学界的偏差。"《谈李芸甫的家世》则靠真迹论述了以业盐雄资跻身于羊城并推动了岭南绘画发展的李芸甫，纠正了学界的疏误。"[①] 这篇短文距今虽已四十余年，但其间人们关于李芸甫的研究并没有推进多少，且由于早期资料的限制，这篇短文本身也存在不少自己的疏误，因此笔者不揣浅陋，试为之补正一二，并请教于大方之家。由于笔者手里没有《明报月刊》

---

① 薛永年：《饶宗颐画史研究述论》，《中国画学》第一辑，2009 年，第 370 页。

文章的原件，主要依据的是 2003 年台湾版和 2009 年人大版《饶宗颐二十世纪学术文集》所收录的这篇文章，不当之处，敬请指正。①

## 一 引文及编辑疏误

作为饶宗颐先生学术思想总结的台湾 2003 年繁体版以及大陆 2009 年人大简体版《饶宗颐二十世纪学术文集》，其在学界的价值和影响无疑是巨大的。然而，瑕不掩瑜，阅读中我们发现这两种版本也存在诸多方面的错误和硬伤。即如笔者要说到的这篇《谈李芸甫的家世》一文就存在诸多方面的失误。试罗举如下。

1. 李宪乔为李秉礼《韦庐诗集》所作序文："吾家松甫比部所为诗，闲淡澄莹，空洞幽窗，顿使江左清绮，洒然改观。"（人大版）查道光十年重刊知稼堂版《韦庐诗集》，"幽窗"为"幽窅"之误。另原文"闲淡"为"闲澹"，这里人大版改为"闲淡"似不妥。虽然"淡""澹"相通，但也不可乱改，何况"淡"并非"澹"之简体。

2. 所征引《随园题纪》："六朝诗最重陶靖节，唐诗最重韦苏州，从其能为清和淡远之音，非粗才所能仿佛也。松甫先生各体俱佳，尤于陶谢王孟韦柳诸家，性之所至，又能自出心裁，不袭陈迹。选字必脆，下字必工。司空表圣云'人淡如菊''着手成春'，可以想见其诗品云。乾隆甲辰十月十日袁枚读于粤西之补桂堂，年六十有九。"（人大版）查道光十年重刊知稼堂版《韦庐诗集》，"从其"为"以其"之误；"选字"为"选声"之误；"年"为"时"之误。另外，人大版还将"著手"误为"着手"。

3. 秦瀛为李秉礼《韦庐诗集》所作序文："松甫尝为部郎，子学士君方翱翔侍从，而松甫萧僇超迥，若违弃世俗而不顾。其诗似韦，固有甚所以似者欤。"（人大版）查道光十年重刊知稼堂版《韦庐诗集》，"萧僇"为"萧憀"之误；"违弃"为"遗弃"之误；"有甚"为"有其"

---

① 饶宗颐：《谈李芸甫的家世》一文收录在《饶宗颐二十世纪学术文集》卷十三艺术（上），人民大学出版社 2009 年版，第 426—430 页。

之误。

4. 所征引《墨林今话》卷十八："吴县余侣梅尝游粤中，主李芸甫水部家。"查《墨林今话》"余侣梅"为"佘侣梅"之误。

5. 原文中作者称引的"汪瑮《旅谭》"一书，笔者查《旅谭》作者实为"汪琬"，故"瑮"为"琬"之误。其中"临川李梦鹤郡丞宗淑"句，台湾版将"丞"误为"亟"字，人大版已改正。

6. 原文中"《韦庐诗集》分内外集，共四册……内集首列高密宗，李宪乔（乾隆辛亥）、无锡秦瀛（嘉庆六年）、临桂朱依真（嘉庆戊午）等序。"台湾、人大版皆多一"宗"字及逗号。

7. 人大版在引用《墨林今话》文字时，误将后面一段文字排成了正文。

以上这些错误或失误有些堪称硬伤，因笔者没有核对《明报月刊》原文，不知问题出在何处，但是作为一部传世之作，一篇短文中即出现如此之多的错误是难以用失误来推脱的。唯望将来修订时，能引起编者的注意，予以更正之。

## 二　李芸甫家世补正

关于李芸甫的家世情况，饶先生在文中虽给我们做了一些基本介绍，但限于资料，其中也存在一些明显的错误。笔者有幸见到江西进贤县杨溪李氏族谱（光绪年间刻本），这一族谱因为没有公开发行，所以迄今较少有人引用。根据族谱上的记载，笔者将其中的重要讯息整理如下。

桂林临川李氏的第一代始祖为李宜民（1704—1798）。李宜民字丹臣，号厚斋，约在雍正年间到桂林谋生，因经营盐业开始发家。李宜民共娶有三房，育八子十女。次房戴氏生长子秉仁，长房骆氏生二子秉礼，三房徐氏生秉睿、秉钺、秉铨、秉绶、秉文、秉为。其中秉绶、秉文、秉为皆李宜民八十多岁后所生。李宜民长子李秉仁，国学生，二十岁卒，妻骆氏育一子亦早夭，后以李秉礼长子李宗瀚继立。李宜民在发家之后，十分重视后代子孙教育，并通过捐纳途径为儿子们的发展开拓道路。据族谱可知，李秉礼曾官刑部江苏司郎中，李秉睿官户部员外郎，李秉钺官邵武知府、福建候补道，李秉铨官兵部郎中、柳州知府、浙江金衢严道，李秉绶官工部郎中，李秉文官刑部山西司郎中，李秉为官候选盐运司运同。自第三代桂林临川李氏才开始回江西参加科举考试，李宗瀚中乾隆壬子科（1792）举人，癸丑科（1793）进士，是桂林临川李氏第一个考中进士之人。李秉礼的次子李宗涛中嘉庆庚申恩科举人。第四代人中李宗瀚的次子李联珂中道光壬午科举人，四子李联琇中道光庚子恩科举人、进士。桂林临川李氏在一百多年的时间里，家族兴盛，人才辈出，其中享誉当时者谓"临川李氏三绝"，即李秉礼的诗、李秉绶的画、李宗瀚的书。

饶宗颐先生因未曾得见李氏族谱，所以不免行文中存有几处知识错误。其一是关于李宗瀚的字号，饶先生说李宗瀚字公博，又字春湖，该说为误。据族谱载："李宗瀚，字公博，号春湖，一号北溟，又称拓园居士，颜所居曰静娱室。"① 其二是误将李秉绶第十子李宗涵当成了李秉钺的儿子。据族谱载："李宗涵，字小佩，号少甫，一号铁箫道人。"其三是误将李秉铨的儿子李宗滐当成了李秉绶的儿子，并且李宗滐的字也不是"小芸"，"小芸"乃是李秉绶的次子李宗淦的号。据族谱载："李宗滐，秉铨次子，字千里，号汇川。七岁能作擘窠大字，以神童名。"又"李宗淑，秉绶五子，字梅生，号梦鹤，候选同知。"

另外，关于桂林临川李氏艺文方面，我们还可再补充一些饶先生文中未曾提及之材料。一是李秉礼的五子李宗瀛，字季容，号小庐。为广西桂林诗社"杉湖十子"成员之一，著有《小庐诗钞》。其诗歌追求艰涩，亦颇有成就。二是张维屏《桂游日记》中不仅记载了李宗瀛向他问诗及诗歌互赠之事，李秉绶的五子宗淑、六子宗沧，也曾经与他诗歌互答。为"诗是'李'家事"又添一佐证。三是张维屏三子张祥鉴所娶李秉绶长女，亦擅长墨事。《岭南画征略》卷八张祥鉴条："娶临川李芸甫秉绶女，画有家法，闺房翰墨相尚，见称于时。"②

---

① 后面几处引文均出自江西进贤县杨溪李氏族谱光绪刻本，不再说明。
② 汪兆镛：《岭南画征略》，广东人民出版社2011年版，第143页。

## 三　李芸甫字号略考

　　李秉绶生于乾隆癸卯年（1783）三月十二日午时，死于道光壬寅年（1842）九月十三日午时，葬广西永福县马鞍山。李秉绶二十余岁捐官工部都水司郎中，于1814年春辞官归家养亲，居京师大约十年。他为人豪爽，喜欢交友，时人记载："工部君故素豪迈，散金结客，座上常满舆马，冠盖相望。"① "所至搜访画士，虚怀咨询，凡精一艺擅片长者，皆与缔交。"② "玉皇仙吏半君客，海内词人总相识。"③ 在京师期间即赢得"乾嘉十六画人"之美誉。辞官之后，李秉绶曾多次游览江南苏州等地，又因为生意需要，更经常往返于粤东西。

　　李秉绶不仅自己擅长绘事、喜收藏，且对岭南绘画颇有促进之功。潘飞声云："道光间，临川李芸甫（秉绶）聘孟丽堂（觐乙）、宋藕塘（光宝）来粤教授作花卉。丽堂以意笔挥洒，上追陈道复，藕塘设色写生，明丽妍秀。粤画遂开二派。"④ 简又文云："广东画家之绘花鸟者，非专写水墨意笔便是习钩勒工笔，陈陈相因，贫弱特甚。至道光朝，忽有转机。缘有江西临川人李芸甫（秉绶）者，乃父以在粤西营鹾业起家。芸甫得官工部，雅好艺术，亦擅绘事，由桂来粤时，专聘阳湖孟丽堂（觐乙）及长洲宋藕塘（光宝）两名画家同来教授花鸟。忽得此来自三江的新血灌入，岭南画风遂为之一振，渐而生气勃发，演成新派。李氏有造福于广东文艺之功，诚不可没也。"⑤ 这也是20世纪七八十年代港台研究广东绘画史时频繁提及李秉绶的原因。

　　但是，对于这样一个在岭南画坛上颇有影响的画家，人们不仅于他的生平事迹所知甚少，甚至关于他的字号介绍也异常混乱。较早的《桂

---

① 蒋宝龄《墨林今话》卷十五，清同治壬申刻本。
② 李宗瀚《静娱室偶存稿》卷首，清道光十六年恩养堂刻本。
③ 汤贻汾《琴隐园集》卷十，清同治十三年刻本。
④ 汪兆镛《岭南画征略》，广东人民出版社2011年版，第177页。
⑤ 简又文《广东绘画之史的窥测》，《广东文物》（下册），1941年，第676页。

林旅游大典》："李秉绶字芸甫、佩之，号竹坪、信天翁、环碧主人。"①《历代名人室名别号辞典》："竹坪，李秉绶，字芸甫，一字佩之，号竹坪。清临川人，寄居广西桂林。"②其他后出的美术家词典等大都如此。查李氏族谱可知："李秉绶字佩之，号芸甫。""芸甫"有时又作"芸圃"，如同时人宋鸣珂诗《重九奉邀庆蕉园中丞朱虹舫学使叶琴柯方伯祝与亭廉访李松圃封翁芸圃水部借园宴集分赋得重字》。"芸甫"有时又作"芸父"，这是李秉绶自己的一颗印章，在其今天传世的绘画作品上不难见到。"信天翁"之号，我们仅见于他《环碧园》诗十四首之一："自号信天翁，逍遥任去来。"③而其传世绘画作品中从未见此一落款，所以可能仅是作者一种比喻，算不得是他的名号。"环碧主人"之名号亦未见诸其传世作品，倒是"碧霞主人"其曾落款于桂林《环碧园》诗十四首石刻后。另外，笔者曾见其一幅落款"碧霞山人"的作品（2002年中国嘉德拍卖第70期0715号）。据张维屏《桂游日记》可知"碧霞洞"是环碧园中一处主要景点，如斯则李秉绶号"碧霞主人""碧霞山人"当属无疑。

李秉绶还有一个别号"竹坪"亦颇可怀疑。笔者今天能找到的最早资料当属1979年《桂林石刻》上的一段介绍："李秉绶，字芸甫，号竹坪。"④笔者遍查同时期与之交往的文人诗文集，从未见到有此称谓，不知他们从何依凭得知。笔者曾检索到在李秉绶家为门客的浙江才子王衍梅诗集《绿雪堂遗集》中数次出现与"竹坪"交往的诗歌，时间也在其为李秉绶门客期间。然此一"竹坪"姓陈，也在桂林客居，殊与李秉绶无关。又其集中十余首与李秉绶酬答的作品皆称其为"芸甫"，故笔者亦可断定"竹坪"非李秉绶之号。

最后，我们的结论是："李秉绶（1783—1842），字佩之，号芸甫、芸圃、芸父，又号碧霞主人、碧霞山人。"唯望后人编辑词条者注意此一问题，勿再以讹传讹，贻误后人。

---

① 曾有云、许正平主编：《桂林旅游大典》，漓江出版社1993年版，第656页。
② 池秀云编：《历代名人室名别号辞典》，山西古籍出版社1998年版，第363页。
③ 桂林市文物管理委员会编：《桂林石刻》（下），内部材料，1977年，第228页。
④ 桂林市文物管理委员会编：《桂林石刻》，内部选编，1979年，第56页。

# 饶宗颐教授与韩师的因缘

陈 伟

## 引 言

百年名校——韩山师范学院，曾长期作为粤东的最高学府，一个多世纪以来培育了无数文化精英。饶宗颐教授正是在韩师，开始了他的讲学生涯。66年之后，年近九旬的饶公饱含深情地创作了一幅《韩山图》，纪念当年与韩师的这段因缘，并题句曰："韩山苍苍，韩水泱泱。"足见他对韩师的深情与感怀。

林伦伦校长有一段话很好地概括了饶公与韩师的因缘："饶公与潮州，与韩山师范学院渊源颇深。他是潮州人，也是韩山师范学院的杰出校友，在'省立韩山师范学校'时期，曾任韩师教员。自1990年韩师聘请饶宗颐先生为名誉教授以来，先生曾多次莅临韩园讲学，为师生们带来国学丰盛大餐。饶公辉煌的学术成就和严谨的治学态度，业已成为韩师宝贵的精神财富，是全体师生的荣耀和学习的楷模！"[①]

饶宗颐，字选堂、伯濂、伯子，号固庵。广东潮州人。是当代著名的历史学家、古文字学家、经学家、宗教史家、比较文化史家、文学家和书画家。是国际汉学交流的重要人物、当今国学界的泰山北斗，也是从历史文化名城潮州走向世界的一位文化巨子。

---

① 林伦伦：《饶学是一门国际性的学问》，《饶学研究新版第一辑》，暨南大学出版社2014年版，第1—2页。

1917年8月9日，饶宗颐出生于广东省潮安县（今潮州市区）。饶家世代业商，家境殷实。饶宗颐的父亲——饶锷（1891—1932），毕业于上海法政学校，1909年参加"南社"，与名士金山高吹万等倡设国学会，是潮州民国时期的一位大学者，著有《西湖山志》《天啸楼集》《王右军年谱》《法显〈佛国记疏证〉》《淮南子斠证》等著作。饶锷兴建有自己的藏书楼"天啸楼"。饶公少年时代在父亲的指导下，成天在天啸楼中读书，经史子集无所不览，从而奠定了扎实的国学根底。饶家深厚的家学渊源，在饶公身上得到很好的继承，使他后来能成长为一代国学大师。韩师是民国时期粤东地区的最高学府，是饶公的早年重要的一个学术平台，早在青少年时代，饶公便和韩师结下不解之缘，这缘分大致可从四个方面说起。

## 一　饶公撰写《韩山志》

饶公与韩山之因缘，最早应数他弱冠前为韩山所撰写的《韩山志》。韩山自唐代韩愈登览之后，逐渐成为潮州的人文渊薮、名胜之区。饶公青少年所撰写的这部《韩山志》，是他学问发轫期的一本鸿著。韩山之有志，自饶宗颐始。

胡晓明先生对《韩山志》在饶公学术生涯中的重大意义，有过这样精彩的论述："《韩山志》是饶氏弱冠之年仿徐霞客《鸡足山志》而撰写的一部山志，全书已佚。其序文曰……由'文士丛缀，词客杂纂'二语中，我们多少可以看出一点少年饶宗颐心中一份'学者意识'之自觉。他虽然生于钟鸣鼎食之家，长于文采休曜之地，却也并未耽于声色犬马之习，我们不能不说他是少年有志了。学养可以变化气质，饶氏少年即有奇志，有一半应归功于潮州地区的人文传统，归功于韩文公在潮州的流风余韵。"[1] 关于《韩山志》的原貌，饶宗颐总纂《潮州志》第六册《艺文志》曰："韩山志十八卷，民国潮安饶宗颐辑，稿本。"[2] 知饶公

---

[1] 胡晓明：《饶宗颐学记》，香港教育图书公司1996年版，第5页。
[2] 饶宗颐总纂：《潮州志第六册》，潮州市地方志办公室2004年版，第2618页。

《韩山志》原有十八卷,是手稿本,并未正式出版。《韩山志例言》文末署曰:"中华民国廿五年十月,饶宗颐时年二十。"① 可知《韩山志》完成的时间为1936年,时饶公虚龄20岁。饶公后来几经辗转,《韩山志》全帙今已不传。唯存《韩山志自序》一文,饶公将其收入《固庵文录》,并在文后加了一句按语:"此志弱冠所著,全书经乱沦失,不可踪迹;谨录序例,以存少作之一斑云。"可见饶公对这部少作的珍重和对全书散佚的无奈。2006年,潮州市地方志办公室出版的《潮州三山志》,中有《韩山志》集佚一卷,编者在卷首的《辑录凡例》中曰:"故本书残卷,除《韩山志叙例目录》曾于民国年间刊行,可按印本重排外,余皆据散见报纸及其它书籍辑录。"② 我们尚能根据这卷《韩山志》集佚,略见原著之一斑,也是不幸中的万幸。

山志在四部的分类中一般被分在史部地理类。韩山虽是潮州胜地,但毕竟僻处海隅,尚不能与域内诸大名山相比。但一部好的山志,亦是天文、地理、人文、历史、文学无所不包,可谓麻雀虽小,五脏俱全,撰写者必须具有全面深厚的古典文化素养。饶公在撰写《韩山志》时,也寄托了他对学术的至高追求。他在《韩山志自序》中说:

> 山岩之为志者,盖地志之旁支,山经之流裔也。在昔充之集吴兴之名,宗测撰衡山之记,征诸坟典,是其权舆,亦有曰疏与图,则又此科之系。言其总著,纂述亦伙。康乐有居游名山之志,刘澄有山川古今之记,虽简袤论佚,体例蒙昧,然绌后儒援据之余绪,亦可窥其源本之编制,大都文士丛缀,词客杂纂,匪有义类,可资研绎者也。爰逮唐宋,乃有专书,部居分别,配隶驯精,则以地志之例,兼及人文之载。山志之体,斯为备焉。③

短短一段,便将山志的历史概括出来,又将历代山志的优劣点评了

---

① 潮州市地方志办公室:《潮州三山志》,政协潮州市委员会、潮州市地方志办公室,2006年,第1714页。
② 同上书,第167页。
③ 同上书,第41页。

一通。隐然可见饶公宏大的学术气魄和高远的追求，他是要以韩山为例，撰写一部更为优秀的山志。接着饶公又用了一段文字，点明他为韩山修志的缘由：

> 潮州韩山，陪县城之东，昌黎之所游观，诚斋于焉题咏。元明以还，兴造日众，亭庙馆榭，逦倚嶕峣，山水增灵，林泉获幸。于是谪宦游寓之客，洪笔丽藻之士，陟远寻幽，剔奇剟怪，镌铭木舌之舍，著句鸑鷟之章，洞穿洴澼，雕鑱岩壑，瓌诡惠巧，吁何其盛！惜乎释地征文，犹未纂为专裦。虽司马有韩祠沿革之考，学正有东湖胜概之集，而疏缺未备，研讨靡资，屦綯何人，代之愧矣。予闲居多暇，稍事搜括，辄用刺陈编，访遗耇，搜残碣于废宇，揽奇迹于穷谷，采辑撰记，星纪一周，居然成卷。考是山北出黄田之岭，而南尽韩水之汇，岠岊之所居，广袤盖三十里，其峰有三十二，其湖有四，其村大小一十又三。岩窟之间，厥上唯壤，草木丛茂，山水明秀，故居民成聚。自宋以降，望族辈出，若桥东许氏、桃坑刘氏、东津薛氏、梁氏，皆子姓蕃茂，而各以科第文章，显烁于畿宇郡国。乃知是山之所为美，非唯由退之之留迹，亦其土居人士嘉德文采休曜英馥之召之也。故并采生长山间之名贤鸿哲，陈其行迹，著之于编。后之游览乎是山者，欲考韩公之遗事，征前代之耆献，其于吾书，或有取焉。（《韩山志自序》）[①]

文中先点出韩山来历，在唐首由韩愈之登览而得名，宋代大诗人杨万里也曾登临题咏，有《韩木》《谒昌黎庙》《韩山》诸诗传世。到了元明两代，韩山已蔚为名胜，一时称盛。有关韩山的文献，虽然前贤郭子章著有《韩公二祠沿革》，刘珊著有《东湖胜概集》，但都不完备，有待后来者的增补，所以饶公才萌发了撰写《韩山志》的念头。而韩山是一条山脉的总称，包含三十二峰、四湖、十三个村落，自宋代以来，此地科第鼎盛，人文荟萃。桥东许氏、桃坑刘氏、东津薛氏、梁氏等都是当

---

[①] 饶宗颐：《固庵文录》，辽宁教育出版社2000年版，第41—42页。

地的簪缨之族。这些外来文化与本土文化交相辉映，共同造就韩山的辉煌历史文化。这就是饶公撰写《韩山志》的缘由。

关于《韩山志》的体例，饶公在《韩山志例言》中曰：

> 是书为编凡二：曰正编，曰副编。为类凡七，属正编者著四：曰地理，曰胜迹，曰建置，曰人物。属副编者三：曰金石，曰文辞，曰撰著。正编者，盖史迹之纪述，旨重证要，义取考实。副编者，盖志料之理董，则意存晐博，用资徵验，正、副昄分，简繁斯别。实斋有言：欲经纪一方之文献，必立三家之学，仿纪传正史之体作志，仿律令典例之体作掌故，仿文选文苑之体作文徵，三书相辅而行，缺一不可，合而为一，则尤不可。夫山岩非朝廷州邑之比，自无律令典例之足徵，而史料有实事载籍之分，固应示志书文苑之别。今师其意，略加变通，撮机要为正编，纳浮辞于副袟，判文事于两途，别资料于正志，义有师资，例匪臆创，谨论厥要略，觊与学者商榷焉。
>
> 是书分类之次第，盖有明晰之系统，兹试论之：夫物事发生，自然环境盖其因素，有地斯有物也，故首地理。地必增饰而后美，因人而后传，高贤兴建，时为名胜；学士咏觞，动成故实，故次胜迹。舆梁学舍，虽为州郡民人而设，亦是岩壑林泉之丽，故次建置。岳渎清淑，挺为英秀，扬厥善绩，足资推表。又卜筑寓贤，题咏游士，增美山川，亦宜表著，故次人物。至若遗墨宝于贞石，发文藻于鸿笔，陈轶事于坟典，山岩文献，赖以有徵，史料攸存，掇录宜备，故次石刻、文辞及撰著。昔徐霞客撰《鸡足山志》，标由天及人之旨，辨类至精，取义良善，今之编纂，实奉为圭臬焉。①

可见饶公在编撰《韩山志》时，是以章学诚《文史通义》为思想指导，具体参照徐霞客的《鸡足山志》，由天及人，制定了一个完整的

---

① 潮州市地方志办公室：《潮州三山志》，政协潮州市委员会、潮州市地方志办公室，2006年，第171—172页。

体例，即分为正副两编，正编由地理、胜迹、建置、人物构成，重在纪述史迹，考据历史。副编有金石、文辞、撰著，这些都是属于广义的"艺文"的范畴。其时饶公方续成其尊人饶锷先生的《潮州艺文志》，于艺文的编撰驾轻就熟，得心应手，这又在《韩山志》副编中得到充分的体现。

关于《韩山志》的具体内容，笔者想谈谈两点。一是该志中收录的饶公关于韩山得名来历的一篇考证文章——《韩山名称辨异》。1936年，饶公撰成《韩山名称辨异》，该文"收作《韩山志》之补遗，刊于《岭东民国日报》，后又发表在1937年2月出版的《禹贡》半月刊（第6卷第11期）。"[①] 二是饶公早年加入禹贡学会之后撰写的一篇重要的历史地理考证文章。禹贡学会由著名史学家顾颉刚先生创办，顾氏对年轻的饶公倍加青眼。1935年，年方19岁的饶公在顾颉刚的推荐下加入禹贡学会，这标志着饶公已经进入当时历史地理研究的学术前沿。关于韩山得名之缘由及时间，饶公在《韩山名称辨异》一文中有精彩的考证：

> 山以韩名，从昌黎韩文公愈之姓也。公刺潮时，曾即是山为亭，而手植橡木于亭隅，故后之人称亭为"韩亭"。从而名山曰"韩山"，山下之水曰"韩江"。山据潮安县城东，初名东山。王汉《金城山记》云："韩文公曾即东山为亭，以便游览。"王汉，大中祥符间知潮州军州事，是此山之名东山，当在北宋之前。王大宝《韩木赞》称："东山上有亭，唐韩文公游览所。"王象之《舆地纪胜》亦云："东山在州东，韩昌黎文公旧游览之地。"大宝、象之，皆南宋人，则是似于南宋初，此山仍作"东山"之称。然旧府县志皆载有陈尧佐、刘允《韩山诗》。尧佐，咸平二年倅潮；刘允，绍圣四年进士。以是推之，韩山得名，已远在北宋时矣。大宝、象之之称"东山"，特袭用故名耳。盖自陈尧佐题诗，"韩山"之名

---

[①] 郑炜明、林恺欣：《饶宗颐教授著作目录新编》，齐鲁书社2010年版，第63页。

始著于世，其后丁允元建韩祠于山麓，而名乃益显焉。①

最终，饶公得出结论，认为韩山原名东山，韩山之得名早在北宋之时。这对于韩山史的研究极为重要。

另一个话题是《韩山志》中记载着大量有关韩师的历史资料，在今天看来尤其宝贵，是研究韩师历史的一个重要宝藏。比如下面这几段：

原道堂

原道堂者，康熙三十年辛未，巡道史起贤建昌黎书院，所题其堂之名也。雍正七、八年，知府龙为霖改昌黎书院为韩山书院，增辟院址，堂仍其旧。(《韩江闻见录》九。)今堂易为中山纪念堂，仅存翁方纲书"原道堂"木匾一方。

韩公厅

韩公厅，即韩山书院正厅。嘉庆辛未重修。(《韩江记》一)。今改为教室。

思赵轩

思赵轩，即原道堂左楹。嘉庆十九年，知府万云为观察赵慎畛辟。(万云《重修韩山书院碑记》)。

振华楼

振华楼，在原道堂后。雍正二年，知府龙为霖拓韩山书院时建，凡三楹，贮古今书籍。(龙为霖《韩山书院碑记》。)乾隆间附祀名宦楼下，祀韩昌黎、赵天水，右祀巡道史起贤，郡守林杭学，左祀龙为霖。(见《韩江记》。)嘉庆十六年，巡道温承志重修。(万云《重修韩山书院记》。)民国初元，楼圮。十三年，韩山师范学校校长方

———————
① 潮州市地方志办公室：《潮州三山志》，政协潮州市委员会、潮州市地方志办公室，2006 年，第 264—265 页。

乃斌募捐重建。

大魁楼
大魁楼，在原道堂左。（《韩江记》一。）今废。①

书中提到这些建筑，现在已经都不存在了。通过这几段文字，我们可以还原许多清代韩山书院的历史，具有极高的史料价值。

《韩山志》是饶公弱冠所撰的少作，已然可见其文化大师的端倪。在书中，饶公旁征博引，指点江山，让人至今读之，犹可想见其少年才子的风范。而该书理当成为研究韩师的一部重要著作，这是少年饶公献给韩师的第一份厚礼，具有重要的历史文化价值。

## 二　饶公在韩师第一次走上讲台

饶宗颐少有神童之誉，从小性格就很奇特，他曾回忆说："但我从未感到孤独。我的这种气质自小就很明显，就是不管外面的世界、人家的事情，只做自己的事情，而且全神贯注地做好。"② 所以他能7岁的时候就写成了一部《后封神》，10岁能诵《史记》，16岁作《优昙花诗》，一时轰动潮州城。1932年，饶锷先生逝世，饶公继承父志，续成其父未完成的著作：《潮州艺文志》，并刊于《岭南学报》第四卷、第五卷、第六卷。该书第一次对潮州历代艺文进行系统的整理，收录书目达一千多种，饶公从此一鸣惊人，成为民国学术界的一颗新星。1935年，饶公被聘为中山大学广东通志馆兼任纂修，同年加入"禹贡学会"。

1938年，年仅21岁的饶公，在韩师开讲中国文化课，第一次走上讲坛。当时，在韩师执教的著名词人、学者詹安泰先生因病不能上课，便向学校推荐，由饶公来代课。詹安泰先生的哲嗣、暨南大学詹伯慧教授

---

① 潮州市地方志办公室：《潮州三山志》，政协潮州市委员会、潮州市地方志办公室，2006年，第186—192页。
② 饶宗颐述，胡晓明、李瑞明整理：《饶宗颐学述》，浙江人民出版社2000年版，第5页。

回忆说：

> 家父詹安泰自20世纪20年代于广东高师（中山大学前身）毕业后就回到潮州，进入韩山师范（学院），执教诗、词、曲以及文学史等课程，平日赋诗作墨，跟饶家父子时有酬唱过从。年少翩翩的饶宗颐先生，当年已是我家客厅中的常客。……我父亲早就对年轻多才的饶宗颐怀有深深赞赏之情了。现在韩山师范学院图书馆大厅的墙上挂有我父亲和饶公的肖像，他们俩一起作为在韩师待过的前辈名人。由于家父跟饶公关系密切，而饶公又比我父亲小15岁，因而常常有人误以为年轻时的饶公是我父亲的学生。我在许多场合都郑重说明：这完全是误会！饶公进入韩山师范（学院），第一次踏上讲堂给学生讲课，的确是我父亲推荐的。但他们绝对不是师生关系！当时我父亲因为生病需要休养一段时间，韩师校长要他找位代课教师，我父亲就推荐了这位20岁左右的潮州才子。年纪轻轻的饶宗颐先生果然不负所托，出色地接替了我父亲所授的课程，深得学生的欢迎，可称得上是一鸣惊人！这说明年轻的宗颐先生完全不愧为学养深厚、才华横溢、出类拔萃的好老师。而我父亲当年不拘于学历资历而大力推荐宗颐先生，也凸显了那时韩师领导不拘一格、唯才是用的用人观。[①]

詹安泰先生比饶公长15岁，两人为忘年之交。詹安泰与饶公的父亲饶锷交情颇深，是饶氏天啸楼的座上常客。饶锷结诗社——壬社，詹安泰也是重要的成员。但詹安泰对饶宗颐这位小友非常欣赏和尊重，他在《赠饶伯子》一诗中道：

> 我往过君居，君年十五六。侍立乃翁旁，崭然露头角。
> 乃翁藏书富，插架三万轴。博古而敏求，著述森在目。

---

① 詹伯慧教授：《岁月悠悠说大师——追忆我父子两代与饶公交谊的往事》，林伦伦主编《饶宗颐研究第2辑》，暨南大学出版社2012年版，第35页。

术业日已专，精力日已足。行见卓上京，岂惟惊流俗……
君才实过我，学亦不可齿。乃者我有疾，乞君代讲几……①

詹安泰此诗对饶公推崇备至，甚至认为饶公的才学已经超过自己，所以才会在自己因病不能上课时，推荐饶公来韩师代课。

关于詹安泰请饶公代课的具体时间，一向少为人知。近有汕头陈嘉顺先生撰文《别有奇芬日采撷：抗战初期的詹安泰先生》，对此有详细的考证：

当时校长李育藩写给詹安泰、饶宗颐两位的文件底稿仍收藏在韩师档案室，因内容重要，特录如下（其中有两字无法识别，用"□"代替）：

祝南吾兄伟鉴：
顷读来书，籍悉贵体不适，至深系念②。承③介绍饶君宗颐代课，□□十分欢迎，希请转知，前来上课可也，尊恙痊愈，希即亲自返校主持为荷。专复，即祝
痊安！
弟复　　三月十一日

宗颐先生台鉴：
顷接祝南先生来函，谓彼因身体不适，行动困难，特请台端代课，极为欢迎。兹用特专函奉达，敬希查照，莅校上课为幸，专此，即颂
撰祺！
弟顿　　三月十一日

---

① 詹安泰：《鹪鹩巢诗·无庵词》，香港至乐楼丛书第廿五种，1982年版，第72页。
② 按：查韩师档案馆原文件，此句后尚有一句（划掉的）："兄因身患恶疾，未□行动。"
③ 按：查韩师档案馆原文件，"承"应为"特"。"承"前有一"特"。

……

从以上信息可知，1938 年 3 月 11 日，韩师发函聘请饶宗颐到校代詹安泰上课，当时他年仅 21 岁，比一些学生还年少。①

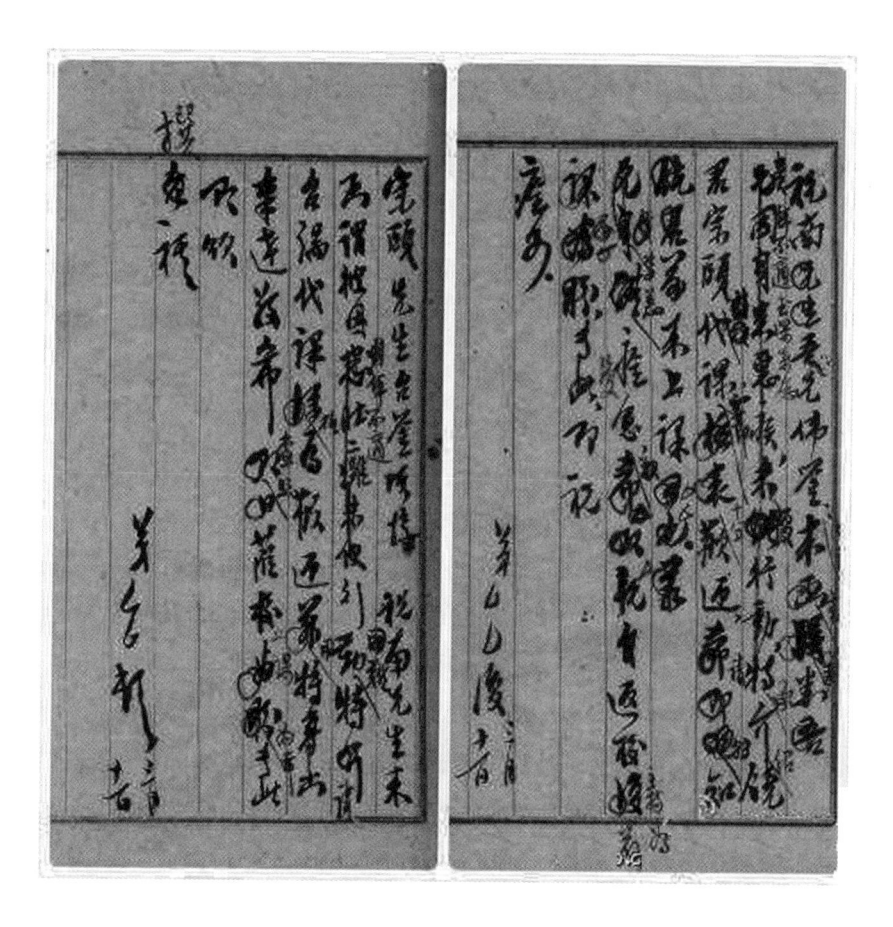

有了这两份珍贵的档案，饶公来韩师上课的确切时间遂可大白于天下。

与韩师的这段因缘，饶公直到晚年犹津津乐道，他曾回忆说：

---

① 陈嘉顺：《别有奇芬日采撷：抗战初期的詹安泰先生》，饶学国际学术研讨会编委会《饶学国际学术研讨会论文集》，韩山师范学院，2013 年，第 402—403 页。

在通志馆结束后，我曾到韩山师范任教三个月。我有一个朋友，叫詹安泰，当时他在韩山师范教书。我刚刚从广州回我家乡，因詹病了，要我给他代课。当时课本是傅东华编的，很厉害，二年级就全是声韵训诂之学、《说文解字序》等，三年级就全是诸子百家。我给他代高中国文课，二年级与三年级，我觉得很容易讲。后来他病好了，我就不继续代他的课了。①

　　于此可见当年韩师国学教育底蕴之深厚，文气之昌盛。而年方弱冠的饶公居然觉得"很容易讲"，可见他当时胜任大学授课之责是绰绰有余的。关于饶宗颐当年的讲课效果，潮州耆老回忆说：当时学生很多都比饶公大，听说有个才21岁的老师要来代名学者詹安泰的课，大家都不服气，纷纷向校长抗议。校长安抚学生说，先让饶先生来上一次课，如果大家觉得不行，再换也不迟嘛。结果饶公上过一次课之后，所有学生为之倾倒，也就再没人提换老师的事了。

　　饶公从韩师开始走上讲台，随后，他历任无锡国学专科学校、广东省文理学院、汕头南华大学教席，一直做到香港大学、香港中文大学、新加坡大学、美国耶鲁大学、法国高等研究院的教授，真正从韩师走向世界，成就了今天名动寰宇的一代文化宗师。

## 三　韩师为饶公举办了四届学术研讨会

　　林伦伦校长在2013年7月在韩师举办的"饶学国际学术研讨会"上总结说："在饶学方面，我们至今已经召开了四届专门的国际学术研讨会。1996年8月，'首届饶宗颐学术研讨会'在韩师成功举办，来自内地和美、法、日、泰、荷兰、新加坡等国以及港、澳、台的众多专家学者出席了会议。2011年4月，也是在这里，我院隆重举行'饶宗颐国际学术研讨会暨饶宗颐研究所成立大会'，在包括中央文史馆、敦煌研究院、

---

① 饶宗颐述，胡晓明、李瑞明整理：《饶宗颐学述》，浙江人民出版社2000年版，第13页。

香港大学饶宗颐学术馆、中山大学、广东省博物馆等高校及机构的鼎力支持下，世界上首个饶宗颐研究所宣告成立。饶宗颐教授亲自为研究所揭牌。分别于1996年、2006年和2011年召开的这三次学术会，使得世界更了解饶宗颐，韩师也成了国际上饶学研究的重点基地之一。"① 一所高校在不到20年的时间里，为一位学者举办了四届学术研讨会，这在国内外皆属少见，可见饶公对韩师的关怀，也可见韩师对饶公的礼崇。以下将具体介绍一下这四届饶学研讨会的盛况及其取得的成果。

1996年8月18—19日，上距饶公在韩师授课58年之后，韩师举办"饶宗颐学术研讨会"，来自内地和美、法、日、泰、荷兰、新加坡等国以及港、澳、台的八十多位学者出席了大会。研讨会共收到学术论文68篇。与会代表各抒己见，畅所欲言，从不同的角度对饶公的治学生涯、方法、成就等方面进行了深入的研讨。通过这次研讨会，深化了对饶宗颐学术、艺术成就的研究，也促进了国际汉学和"潮学"的交流合作。

在8月19日的闭幕式上，饶公朗诵了《八月十九日赋谢与会诸君子》二绝句：

> 精义从知要入神，商量肝胆极轮囷。
> 鹅湖何必分朱陆，他日融通自有人。

首句言论学之精义，贵能入神，何谓入神，就是《易经》所说的"精义入神，以致用也"，要能学以致用。次句的"商量"是后三句的主题，这里的商量也就是朱熹的"旧学商量加邃密，新知培养转深沉"，是指商量学问。"肝胆极轮囷"是指要有大气魄、大胸怀。果能如此，则现在还不能解决的问题，可论而不争，不必像当年朱熹和陆九渊在鹅湖论学那样分成两大流派而势同水火。须知我辈不能解决的问题，他日自有后来人能融会贯通。饶公生平论学特标一宗旨："学问要接着做，不能照着做。"这是自勉，也是对后学的鞭策和鼓励。

---

① 林伦伦：《饶学是一门国际性的学问》，《饶学研究新版第一辑》，暨南大学出版社2014年版，第2—3页。

> 称扬如分得群公，独学自忻不苟同。
> 韩水韩山添掌故，待为邹鲁起玄风。

此诗首句言与会群公对饶公的称扬，饶公还是很满意，觉得恰如其分的。二句为自信之语，平生独学，自喜尚能做到不苟同的境界。后半言此次盛会，足使韩水韩山添加新的掌故。而吾辈之心愿，则是希望能为海滨邹鲁之地潮州重新掀起学问的玄风。

会议期间，全体同人还举办了庆祝饶教授八十华诞活动。香港中文大学罗忼烈教授有《寿饶宗颐教授八十华诞》诗为饶公祝寿：

> 甫过坡公四十春，辞章书画两无伦。
> 选翁幸出坡翁后，腹笥应须轶一尘。

饶公即席作《和罗忼烈教授》诗：

> 误了平生八十春，不今不古与谁伦？
> 亦曾俯览秦川小，尤较东坡隔一尘。

饶公著作等身，功成名就，犹自谦说枉误平生。说起生平治学的宗旨，他言自己是不今不古，陈寅恪也曾说过类似的话，看来二位大师是心有灵犀了。太古容易食古不化，太今容易媚俗趋时。不今不古，这是一种很高明的境界，并世又有几人可以比伦呢？后半是回复罗忼烈寿诗中的"选翁幸出坡翁后，腹笥应须轶一尘"，罗认为饶公已经超过了苏东坡，但饶公谦虚地说：虽然我也曾俯览秦川，一小天下，但比起东坡来，我还是有相当大的距离的。这是一种自信的谦虚，也是一种谦虚的自信。

此次会议论文结成《饶宗颐学术研讨会论文集》，曾宪通主编，1997年11月由香港翰墨轩出版有限公司出版，收入论文68篇，可谓硕果累累。

2006年12月17日，潮州饶宗颐学术馆新馆（颐园）落成庆典之际，韩师与潮州市政府联合举办"饶宗颐学术研讨会"，一百多位专家学者和嘉宾参加了会议，饶公亲临会场，并发表讲话，感谢家乡潮州和韩师对他的厚爱，并勉励与会学者们共同为复兴华学而努力。这是在韩师举办的第二次饶公的学术研讨会。会议论文集于 2007 年由海天出版社正式出版。

2011 年 4 月 23 日，韩山师范学院隆重举行"饶宗颐研究所成立大会暨饶宗颐学术研讨会"。饶公亲临会场，与香港潮属社团总会创会主席陈伟南先生，敦煌研究院院长樊锦诗教授及潮州市市委书记骆文智先生共同为研究所揭牌。"饶宗颐教授在大会上即席发言。他动情地说，韩师曾经是他代课的地方，今天有幸在快 100 岁的时候再回到旧地。对会场上悬挂着'饶公伟哉，独造文化珠峰，通儒通佛通道；韩苑幸矣，共耘学术兰畹，求正求是求真'的对联，他谦虚地说：'大概我只是半通而已，而求正、求是、求真正是我的不懈追求。'尽管年近百岁，但饶宗颐先生的记忆力非常好，思路清晰，在短短十分钟时间里，从陶渊明讲到苏东坡，从北大讲到韩师，从哲学讲到诗词。他说：'今天的人大多急躁功利，诸位应该向陶渊明、苏东坡学习，每个人做事就应该求正、求是、求真。'他很高兴韩师出了很多有为的年轻人。最后，饶教授还幽默地说：'快百岁了，词不达意，请多包涵！'"[①] 香港饶宗颐学术馆郑炜明博士、龚敏博士，广东省社科院雷铎研究员，澳门大学施议对教授，中山大学曾宪通教授，潮州市政协文史委曾楚楠先生，安徽社科院刘梦芙研究员，广东省文物鉴定站林锐先生，韩山师范学院黄挺教授、赵松元教授先后作了学术报告。

2013 年 7 月 28 日，"饶学国际学术研讨会"在韩山师范学院隆重举行，本次研讨会是由韩山师院、香港饶学研究基金、香港大学饶宗颐学术馆、饶宗颐学术馆之友会联合主办，广东海利集团有限公司、潮州市饶宗颐学术馆、韩山师院饶学研究所等单位协办。来自世界各地的 100 多位学者出席大会，收到论文 70 多篇，这是迄今在韩师举办的第四次有关饶宗颐的学术研讨会，也是在世界范围内首次以"饶学"命名的学术研讨会。饶公亲为题字曰："鹅湖重见"，当年，南宋的大学者朱熹和陆九

---

[①] 《韩山师范学院隆重举行饶宗颐研究所成立大会暨饶宗颐学术研讨会》，《饶宗颐研究第一辑》，暨南大学出版社 2011 年版，第 1—2 页。

渊在鹅湖书院论学，开创了南宋的理学。而今天饶公以"鹅湖重见"庆贺韩师，这是一份来自大师的厚重的历史期许。

此次"饶学国际学术研讨会"，是在韩师召开的第四次饶宗颐研究学术会议，也是首次更名为"饶学"研究的大会，韩师的"饶宗颐研究所"也就此更名为"饶学研究所"，《饶宗颐研究》杂志更名为《饶学研究》。林伦伦校长在大会讲话中表示，希望通过饶学研讨会的平台，能够进一步整合饶学研究资源，吸引、团结更多的海内外有志于饶学研究的学者，促进饶学研究的学术化、系统化、国际化。相信在饶宗颐教授的亲切关怀，以及各界有识之士的通力合作、共同努力建设之下，"饶学"必将与"钱（锺书）学"一样，成为21世纪人文社科领域的一门重要学科。此次研讨会共收到论文70多篇，近100万字，从各个角度展开讨论，在饶宗颐的学术和文学、饶宗颐与潮学等领域的研究均取得重大突破，推进了饶学研究的深入开展。与会专家学者达成共识，认为饶学博大精深，既立足于中国学术，又具备宽阔的国际视野，必将成为21世纪中国的显学。

这四次学术会，使得世界更了解饶宗颐，促进了中华文化事业的发展，也使韩师日渐成为国际重要的饶学研究基地。

## 四　韩师为饶公成立"饶学研究所"

随着韩师饶学研究力量的不断壮大，韩山师范学院经过长期的酝酿筹备，最终决定成立饶宗颐研究所。韩山师范学院饶宗颐研究所于2011年4月23日挂牌成立，正式向全世界提出"饶学"这一全新课题。该所是专门从事饶宗颐教授及其相关学术研究的常设性科研机构。研究所在饶宗颐教授的亲自指导下，致力于组织世界各地的学术研究力量，对饶宗颐教授的学术思想和成就，开展系统的研究，旨在建成国际"饶学"研究基地和资料档案中心、学术信息中心。研究所聘请敦煌研究院、香港大学饶宗颐学术馆为顾问单位。并聘请了一批著名学者：全国人大常委会原副委员长许嘉璐教授、敦煌研究院樊锦诗教授、北京大学的陈平原教授、中山大学陈春声教授、中山大学曾宪通教授、暨南大学饶芃子教授、暨南大学詹伯慧教授为学术顾问。

韩师为配合饶宗颐研究所的成立，同时召开一个学术研讨会，饶公亲临会场为研究所揭牌，并发表重要讲话。全国人大常委会原副委员长许嘉璐先生致贺信曰："璐所寄望于贵研究所及有志于饶学诸公者，研其学，要在知其人；知其人，要在知其心；知其心，要在效其情。未知与会诸贤以为然否？"社会各界对饶宗颐研究所的成立给予了大力支持，爱国实业家、慈善家谢贤团先生捐赠20万元人民币用于研究所的启动经费，广东省原省长卢瑞华先生亲笔为研究所题匾。

2013年7月，韩师举办"饶学国际学术研讨会"，第四次为饶公召开学术会议，"饶宗颐研究所"也就此更名为"饶学研究所"，刊物《饶宗颐研究》更名为"饶学研究"。

饶学所自成立迄今已历四周年。诸位同人在所长林伦伦教授的带领下，有目标，有规划，勤勉努力，饶学所之运行与研究工作之开展井井有条，并初步取得了一些成绩。编辑出版了《饶宗颐研究》第一辑、第二辑，《饶学研究》新版第一辑、第二辑，由暨南大学出版社出版发行。设置饶宗颐研究课题10项，由有志于饶宗颐研究的海内外各界人士根据课题指南及各自学术专长自由申报，现已有五个项目正式立项。创建了饶学研究网站，成为国内外唯一的饶学研究的专业网站。另外，自2012年3月始，饶学所副所长赵松元教授为中文系本科学生开设了"饶宗颐诗学研究"的专业选修课，饶学研究已进入韩山师范学院的教学与人才培养体系。在副所长赵松元教授的带领下，饶学所整合韩师中文系、历史系的专家学者，共同申报科研项目"饶宗颐研究"，获得2014年广东省教育厅人文社科重大项目立项，这将大大提升韩师饶学研究的综合实力和影响。

海内外的饶学研究方兴未艾，作为国内高校第一个饶学研究的专门机构，饶学所诸位同仁希望能够与香港大学饶宗颐学术馆携手共建，希望能够形成强大的凝聚力，以整合海内外"饶学"研究的资源和力量，为阐扬饶公彪炳千秋之学术成就、宏博精湛之学术思想、高贵特出之精神境界，并推进饶学研究之深入开展，尽绵薄之力。相信在饶公的关怀下，在林伦伦校长的带领下，韩山师范学院饶学研究所将越办越好，并终将建成令人瞩目的国际"饶学"研究的重要基地。

# 结　语

　　饶公与韩师因缘深厚，在将近百年的历史中，饶公与韩师始终保持着密切的联系。饶公是韩师的杰出校友，他从这里开始登上大学的讲台，最终成为一代文化宗师。韩师是饶公的母校，见证了饶公的成长，支持了饶公的文化事业，并长期竭尽所能弘扬"饶学"。饶公所题的"勤教力学，为人师表"的韩师校训，至今高高悬挂在西区校门背后的门匾上，鼓励和鞭策着一代又一代的韩师人，奋战在高等教育的战线上。饶公永远是韩师人的表率和骄傲。今年是饶公的百岁寿诞，我们谨向饶公致以最尊敬的祝福！酌此春酒，以介眉寿。

# 论饶锷古文的取法门径

## 陈 伟

饶锷（1891—1932），字纯钩，自号钝盦，别号蓴园居士。生于潮州一儒商之家。少笃于学，稍长游学四方，曾"探禹穴之故墟，扬秦火之灰尘"，① 跋涉三千余里。早年毕业于上海法政学校，1909年参加"南社"，与金山高吹万倡设国学会。曾任《粤南报》主笔。饶家世代经商，富甲潮城，饶锷的父亲曾任潮州商会会长，但饶锷却是潮州赫赫有名的学者，其天啸楼藏书近十万卷。饶锷平生致力于考据之学，且工于诗文词章，谙熟佛典，尤喜谱志，著述甚富，有《慈禧宫词》《西湖山志》《天啸楼集》《王右军年谱》《法显〈佛国记疏证〉》《淮南子斠证》《饶氏家谱》等著作。另撰有《潮州艺文志》，未完稿而卒，后由长子饶宗颐续撰而成。

饶锷是民国时期潮汕地区的古文名家，其《天啸楼集》所录古文有55篇，加上《饶锷文集》中辑佚文章5篇，现存世共有60篇。郑国藩评其文曰："君文前后凡三变：少作刻意模韩而未能至，时有枘凿不相容之处；中年出入唐宋明清诸大家，各有其所似，则志于传世，不忘意匠之经营者也；晚近一变而归于平易，下笔在有意无意之间，则既神明于法而不复以法囿，文境之上乘矣。"② 又曰："君文无宗派，以桐城义法出入唐宋明清诸大家，无意于古而与古会，当于庐陵、熙甫间别置一席，时

---

① 饶锷：《饶锷文集》，香港天马出版有限公司2010年版，第129页。
② 同上书，第4页。

贤中罕见其匹也。"① 时论评价甚高。

饶锷古文,从欧阳修入手,兼融韩愈、归有光、方苞、戴名世诸家之长,而自成一格。下文将各举例子,探讨其古文之取法门径。前贤论文,点到为止,今也强作解人,谬为分析,恐扪烛扣盘,画蛇添足耳,尚祈君子正之。

## 一　学欧阳修而得其纡余妙丽

郑国藩《蕚园居士饶君墓志铭》称饶锷之文:"当于庐陵、熙甫间别置一席。"② 庐陵指欧阳修。其哲嗣饶宗颐亦曰:"父亲做古文主张从欧体入手。"③

饶锷《感旧诗存序》中有一段曰:

夫人之于世也,得一友焉,虽不才,而闻其死,未尝不流连慨叹也。(一层)其人苟才,虽未与为友,而闻其死,亦未尝不流连慨叹也。(二层)夫不才而友,与非友而才,生或并世,或旷世,而悯今吊古,犹不能无感焉。而况乎既友且才,生同时,处同里,风流蕴藉,有杯酒唱酬谈笑之雅者,一旦离群索居,继以凋谢,而追念旧游,摩挲遗墨,有不益为欷歔太息者哉。此郭子于三先生之殁所为怆然若不可为怀,而尤亟亟于是编之辑也。(三层)④

揭阳郭馎雪先生,与丘逢甲、曾习经、丁叔雅为诗文之交,及三先生下世,郭馎雪乃辑生平四人唱和之作为《感旧诗存》,徵序于饶锷。郭为饶好友,是饶氏天啸楼座上常客。此文深得欧阳三昧。苏洵《上欧阳

---

① 郑国藩:《似园文存》,广东省金山中学潮州校友会影印 2013 年版,第 227 页。
② 同上。
③ 饶宗颐述,胡晓明、李瑞明整理:《饶宗颐学述》,浙江人民出版社 2000 年版,第 4 页。
④ 饶锷:《饶锷文集》,第 18 页。

内翰第一书》评欧阳修文曰:"纡余委备,往复百折。"① 魏禧曰:"欧文之妙,只是说而不说,说而又说,是以极吞吐往复参差离合之致。"② 饶锷此文也是极尽回环曲折、吞吐掩抑之能事。"得一友焉,虽不才,而闻其死"是第一层;"其人苟才,虽未与为友,而闻其死"为第二层;通过前二层之回环衬托,最终才逼出真正的主题第三层:"既友且才……一旦离群索居,继以凋谢,有不益为欷歔太息者哉。"如此层层深入的写法,正是得益于饶锷对欧文的深有体会。

又如饶锷《心经述义序》中有一段曰:

> 往时余与梦蝶以文字气谊相切劘,居相近,业相同也。去年余丁外艰,梦蝶之先人,亦后二月捐馆舍。未几,其仲弟又不幸蚤夭,而余兄亦于是时以疾卒。是余之与梦蝶,微独业同学同,其身世之遭逢,复相同也。夫人世生死聚散苦乐忻戚之故,余与梦蝶既熟睹而躬验之矣。(一层)梦蝶学佛人,其于尘劳虚妄,宜回向有悟焉。(二层)乃犹此之为,岂其中终有不能自已者耶?(三层)抑大雄说法四十九年,原无一字,而程子亦曰:"万变皆在人,其实无一事。"梦蝶胸中,岂固了然于去住无契,而一事未罩、一字未著耶?(四层)而余之以区区名句文身、根尘迹象度梦蝶,毋亦自未能泯人我之见,而浅之乎视梦蝶耶?梦蝶欲余序其书,辄书此以讯之。(五层)③

此是饶锷为友人蔡梦蝶《心经述义》所作之序言。短短一段文字,竟有五层转折。姚范《援鹑堂笔记》云:"欧公文字玩其转调处,如美人转眼……欧公每于将说未说处,吞吐抑扬作态,令人欲绝。"④ 饶文颇能得欧阳之神,所谓"纡余"之妙,正在乎是。

---

① (宋)苏洵著,曾枣庄、金成礼笺注:《嘉祐集笺注》,上海古籍出版社1993年版,第328页。
② (清)魏禧:《魏叔子文集外篇》(卷二),中华书局2003年版,第1122页。
③ 同上书,第19—20页。
④ 姚永朴:《文学研究法》,时代文艺出版社2009年版,第78页。

此外，饶锷的名篇《天啸楼记》也是典型的学欧之作：

> 饶子尝自名其所居之楼曰天啸，既三年矣。客有疑而叩其义者，饶子瞠目而不能答。已而愀然以思，辗然而笑曰："吾之初为是楼名也，适然名之耳，非有所取法人人也。今吾子迺欲穷其义之所本无已。吾且自完吾说，可乎？"客曰："愿闻之。"曰："独不见夫风乎？夫风，天之声也。其来也，其声飒飒然，其动于物也泠泠然，及其变而为飓也，捲沙拔木，崩崖裂石，天地为之惨淡，飞潜为之屏息。彼其泠泠而来者，天声之自然者也。其变而为飓也，天声之不平者也。凡自然之声谓之声，不平之声谓之啸。余穷于世久矣，动与时乖迕，外动于物，内感诸心，情迫时辄为不平之鸣，而一于文辞诗歌焉发之。故吾之为文与诗，纵怀直吐，不循阡陌，愁思之音多，盛世之辞寡，是虽生际乱世使然。夫宁非天之啸与？此吾之所以名吾楼也。"客曰："甚哉！子之善于为辞也，询之而不知其义，思而能自圆其说，甚哉！子之善于为辞也。"客既退，遂书以为天啸楼记。①

此篇熔韩欧于一炉。中间写风一段，"独不见夫风乎？夫风，天之声也，其来也。其声飒飒然，其动于物也泠泠然，及其变而为飓也，捲沙拔木，崩崖裂石，天地为之惨淡，飞潜为之屏息。彼其泠泠而来者，天声之自然者也。"出于欧阳修《秋声赋》："噫嘻悲哉！此秋声也，胡为而来哉？盖夫秋之为状也：其色惨淡，烟霏云敛；其容清明，天高日晶；其气栗冽，砭人肌骨；其意萧条，山川寂寥。故其为声也；凄凄切切，呼号奋发。丰草绿缛而争茂，佳木葱茏而可悦；草拂之而色变，木遭之而叶脱；其所以摧败零落者，乃一气之余烈。"② 宋罗大经《鹤林玉露》曰："然韩柳犹用奇重字，欧苏惟用平常轻虚字，而妙丽古雅，自不可

---

① 饶锷：《饶锷文集》，第 87—88 页。
② （宋）欧阳修：《欧阳修全集》，中华书局 2001 年版，第 256 页。

及,此又韩柳所无也。"① 饶锷文亦堪称妙丽古雅。诚如王水照论欧阳修曰:"多用和善用虚词更是他一大本领。《醉翁亭记》以二十一个'也'字结尾,就形成一种一唱三叹的吟咏句调。"② 饶锷此文虚词之应用也是得心应手。中间"夫风,天之声也"以下,连用六个"也",颇能得欧阳修之风神。接着一段"其变而为飓也,天声之不平者也。凡自然之声谓之声,不平之声谓之啸。余穷于世久矣,动与时乖迕,外动于物,内感诸心,情迫时辄为不平之鸣,而一于文辞诗歌焉发之。故吾之为文与诗,纵怀直吐,不循阡陌,愁思之音多,盛世之辞寡,是虽生际乱世使然。夫宁非天之啸与? 此吾之所以名吾楼也。"则是将韩愈《送孟东野序》"不平则鸣"之说加以发挥。这种韩欧的结合,使其行文刚柔并济,张弛有度。郑国藩《天啸楼集序》曰:"君文前后凡三变:少作刻意模韩而未能至,时有枘凿不相容之处。"饶锷少作学韩而未能至的文章到底是怎么样的,今天已经很难找到例文,因为后来很多少作都被他自己删掉了。而我们见到的这篇《天啸楼记》,则是他学韩而能化的佳作,已经摆脱了"枘凿不相容"的毛病了。

饶锷先学韩,后学欧,于二家皆用力甚深。而欧阳修则向来以学韩而能变著称。刘熙载曰:"昌黎《与李习之书》,纡余澹折,便与习之同一意度。欧文若导源于此。"③ 故知欧文纡余一路,也是从昌黎处学来。饶锷早年对韩文所下的功夫并没有浪费,反而在他转向学欧之后,对韩、欧两家都有更深刻的理解,其《与冯印月书》曰:"韩文最佳莫若赠送诸序,其理神法度博厚奇变,后有作者,终莫能逮。欧阳公自谓得力韩文,今观其文,与韩似不类。然按其义法,寻其声调,与韩靡弗合也。盖退之运法于气,永叔行气于法。殊途同归,人知之少矣。"④ 他自己走的也是欧阳"行气于法"之法。刘大櫆曰:"品藻之最贵者,曰雄曰逸。欧阳子逸而未雄;昌黎雄处多,逸处少。"此盖关乎性情天赋,饶锷最终也是

---

① (宋)罗大经:《鹤林玉露》,中华书局1983年版,第93页。
② 王水照、王宜瑗:《欧阳修散文选集》,百花文艺出版社1995年版,第16页。
③ (清)刘熙载:《艺概》,上海古籍出版社1984年版,第22页。
④ 饶锷:《饶锷文集》,第74页。

趋向于"逸"一路的①。

## 二　法归有光而得其细节白描

郑国藩称饶锷之文："当于庐陵、熙甫间别置一席。"熙甫者，明人归有光也。归氏擅长以简朴之文字叙述琐细之事件，"通过富有特征的细节刻画人物，并凝有深厚丰富的感情。"② 饶锷也颇能得归氏细节白描之心法，如其《兄女阿圆圹铭》，写侄女之夭折，中间一段曰：

> 呜呼痛哉！儿之未死也，辄投以药，医四易而皆罔效。初八日始绝乳食，咽哽不能啼，然又依依投母怀，不离持抱。家人圜视涕泣。儿亦泪涔涔下。初九日，病益剧，已不能支目瞑矣。仅余气息而已，忽自起坐，张目四顾，举家狂喜，以为复生，急趋就之，儿反倒卧，以手触其痘，抓搔无已。血淋漓沾衣上，家人益怜之，复为流涕。儿忽作声，声微不可辨，意似止家人勿涕，是夕竟死，死时又能呼祖母数声。③

这是归有光细节白描的写法。写侄女病状极尽细致之能事。归有光有一篇《亡儿（翷）孙圹志》，写其子临死之状，也颇为细致：

> 会外氏之丧，儿有目疾，不欲行，强之而后行。盖以己酉往，甲子死也。方至外氏，姿容粲然，见者叹异。生平素强壮无疾也。孰意出门之时，姊弟相携，笑言满前；归来之时，悲哭相向，倏然独不见吾儿也。前死二日，余往视之。儿见余夜坐，犹曰："大人不任劳，勿以吾故不睡也。"曰："吾母勿哭我，吾母羸弱，今三哭我矣。"又数言："亟携我还家。"余谓"汝病不可动"，即颦蹙甚苦。

---

① （清）刘大櫆：《论文偶记》，人民文学出版社1959年版，第12页。
② 叶祖兴、英子选注：《归有光抒情散文》，作家出版社1998年版，第3页。
③ 饶锷：《饶锷文集》，第115—116页。

盖不听儿言，欲以望儿之生也。死于外氏，非其志也。①

此类琐碎之细节白描，因饱含感情，故更为动人。饶文之细节处理，与夫情感体验，皆与归有光有得一比。盖性之所近也，故文亦类之。饶集中另有一篇《仲兄次雲先生行述》，中有一段曰：

> 锷少侍先兄读，为文章则就兄评可否。其抚视锷友爱尤笃。迨锷长游学四方，与兄常违离。甲寅以后，始家居相依。辄夜聚首，剪烛品骘术业，畅论字书音韵源流及文章声病，漏三下乃罢以为常。兄初病痢，旋下血不止，缠绵匝月，遂困不能支。病中惟喜锷侍左右，偶暂离则形不怡色。故自兄疾，锷晨夕入侍，扶掖伺应，不敢少懈。弥留时，摩锷顶而叹曰："吾病殆不起乎！若然，是我负汝也。"语次泪下如绠。锷亦泣不可抑。呜呼！死生离别之际，握手欷歔，语重而志哀，虽陌路之人闻之，未有不怆然有动于其心，而况于兄若弟之亲暱与有严事之谊者，其悲痛宁有极耶！其悲痛宁有极耶！②

写其二兄临殁之状，与夫兄弟切磋学问、相励互勉之情，直欲呼天抢地，尤其动人心魄。此等文章，尽是血泪凝成，又因细节俱在，故百年之后读之，犹在眼前。

## 三 取戴名世之文贵独知而舍其狂宕

饶锷曾自称其生平独好欧阳修与戴名世之文。其《与冯印月书》曰："乡者为柯季鹗诗序，足下谬称有永叔、褐夫之风……大抵古人为文，各有偏好而不必尽同也。锷于历代文家研读潜索，不一日矣。顾独酷好欧、

---

① （明）归有光：《震川先生集》卷二十二，《四部丛刊本》上海商务印书馆缩印康熙本，1936年。
② 饶锷：《饶锷文集》，第112页。

戴二家之文者，非文舍欧、戴二家皆无当我意也，又非欧、戴二家之文已尽文之极至，而欧、戴二家之文之外可无求也。……盖性之所近，有不知其然者矣。"① 戴名世（1653—1713），字田有，一字褐夫，号药身，又号忧庵。安徽桐城人，人称南山先生，又称"潜虚先生"。为"桐城派"的奠基人之一。清康熙四十八年（1709）己丑科榜眼，授编修。又二年因文字狱"南山案"被斩。

饶锷虽好戴名世之文，但他与戴氏实际性情并不相近。饶锷有一篇《钝盦庵号说》：

> 余于家法行辈，本名宝璇。稍长就学，名字迭更。最后肄业海上，始定名锷。而字之曰纯钩。纯钩，古宝剑也。盖余秉性柔懦，质复孱弱，惴惴然恒恐不足以自拔。故取字于剑，期振励于无形。抑亦欲异于世俗卿臣山川草木泉石之谓以自别也。揭阳周次瞻者，积学笃行君子也。岁之癸丑，始与余定交。见余名字而异之，一日逡巡谓余曰："夫物莫两大，两大则伤，一阴一阳之谓道，一伸一诎之谓运道也。运也，天地盈虚消息之理存焉。惟人之于名字也亦然。故靖节名潜，字曰元亮。考亭名熹，字曰元晦。诚有识于道与运之理，退而不敢忘，义胜而能守乎让也。今子既名锷矣，锷于义为利，而复以古宝剑为字，揆之盈虚消息之理，锋芒得毋太露乎？"余闻之，甚韪其言。由是有改字之意。然名字传呼习称已久。终莫有以易也。已而次瞻死于水。越明年，余始有钝盦之号。余之号钝盦，实次瞻启之也。而已不及见矣。今距次瞻之死又八年，年往岁徂，而予德不加修，追念故人惓惓之意，益不能无怆然于怀云。作钝盦号说。②

此篇解说自己的字号从纯钩易为钝盦之缘由，通过友人周次瞻之建议来讲明道理，行文平实又不失感慨，寄托了对亡友周次瞻的感念。饶

---

① 饶锷：《饶锷文集》，第73页。
② 同上书，第130—131页。

锷称其酷好戴名世之文。戴名世集中也有一篇《褐夫字说》，自说取字之来由，不妨录出其中的一段与饶文作一下比较：

> 人曰："褐，贱服也；夫，不知谁何人之辞也。今吾子以自托焉，不亦鄙乎？"余曰："余固鄙人也，舍是无以为吾字矣。天下之人，上自君公，以至于大夫士，其等列以渐而降，最下至于褐夫，则垢污贱简极矣。其所处也至卑，其于世也无伍，富贵利达之所无望，而声势名誉之所不及，庸人孺子皆得傲且侮之而无所忌，以故古者谚之谩必以云。然则余不以为字而谁字乎？吾恶夫世之窃其名而无其实者，又恶夫有其实而辞其名者。若余则真褐之夫也，虽欲辞其名不得矣。匪吾云，人实云云，然则人之称之也必惯，鄙不鄙又何论焉。"既以其语应客，遂书之以为褐夫字说云。①

戴名世愤世嫉俗，满腹牢骚。饶锷虽好其文，但并没有承继戴的这种风格。两篇放在一起，我们会发现饶文要平实得多，已经没有什么火气了。正如其好友杨光祖《天啸楼集序》所言："君循循学者……外虽刻苦，中自愉怡，盖志乎古者也。其为文章，纡馀静正而无怨言。其为人温恭谨质而无愠色，傥所谓养其和平以发厥声者欤。"② 而戴名世则是"时时著文以自抒湮郁，气逸发不可控御。诸公贵人畏其口，尤忌嫉之"③，笔下一腔无名火，这也使他后来惹来文字狱之灾。康熙五十年（1711），左都御史赵申乔上疏奏戴名世：妄窃文名，恃才放荡。前为诸生时，私刻文集，肆口游谈，倒置是非，语多狂悖，逞一时之私见，为不经之乱道。康熙五十一年（1712）戴被斩于京师。

文章见乎性情，性情关乎命运。饶锷虽然听从好友周次瞻的建议，改纯钩之字为钝盦之号，但似乎为时已晚，不久，饶锷便英年早逝，年仅42岁。周次瞻"夫物莫两大，两大则伤……今子既名锷矣，锷于义为

---

① （清）戴名世：《戴名世集》，中华书局1986年版，第390—391页。
② 饶锷：《饶锷文集》，第7页。
③ 赵尔巽等撰：《清史稿·文苑传一》，中华书局1977年版，第13370页。

利，而复以古宝剑为字，揆之盈虚消息之理，锋芒得毋太露乎？"竟不幸言中，可悲也夫！

　　饶锷学戴名世，更多是学他的为文贵乎独知，渐近自然一路。戴名世《与刘言洁书》："今夫文之为道，未有不读书而能工者也，然而吾所读之书而吾举而弃之，而吾之书固已读而吾之文固已工矣。夫是故一心注其思，万虑摒其杂，直以置其身于埃壒之表，用其想于空旷之间，游其神于文字之外，如是而后能不为世人之言。不为世人之言，斯无以取世人之好，故文章者莫贵于独知。今有人于此焉，众人好之，则众人而已矣；君子好之，则君子而已矣。是故君子耻为众人之所好者，以此也。彼众人者，耳剽目窃，徒以雕饰为工，观其菁华烂漫之章，与夫考据排纂之际，出其有惟恐不尽焉，此其所以枵然无有者也。君子之文，淡焉泊焉，略其町畦，去其铅华，无所有乃其所以无所不有者也。仆尝入乎深林丛薄之中，荆榛冒吾之足，土石封吾之目，虽咫尺莫能尽焉，余且惴惴焉惧跬步之或有失也。及登览乎高山之巅，举目千里，云烟在下，苍然茫然，与天无穷。顷者游于渤海之滨，见夫天水浑沦，波涛汹涌，惝恍四顾，不复有人间。呜呼！此文之自然者也。"① 饶锷对此深有体悟，其《与冯印月书》曰："若夫褐夫之文，得力于史迁、庄、骚为多，当其伸笔疾书，如水之趋壑，风之扫叶，铿锵之音溢于纸上，能令读者目眩神王。故当时与同郡方苞并以能古文推重一世。徒以遭逢不偶，颠顿荒山，竟因文字得祸，而其文遂不传于后世耳。"② 可见他对戴名世理解之深。而饶文之妙处，也颇能臻于"如水之趋壑，风之扫叶"之境。如他的《四十小影自题》：

　　圆颅方趾，繄汝何人？是曾探禹穴之故墟，扬秦火之灰尘。漫游三千余里，著书二十万言。既遭时之不值，廼息迹乎海垠。抱丛残以补佚，将闭户而草玄。谓殷之夷乎？谓鲁之连？是皆非也。而

---

① （清）戴名世：《戴名世集》，中华书局1986年版，第5—6页。
② 饶锷：《饶锷文集》，第74页。

讯其人，则曰："宁遗世以全我真。①

此中有人，能全其真，故文虽只寥寥数句，而气势跌宕，读之真如"游于渤海之滨，见夫天水浑沦，波涛汹涌，惝恍四顾，不复有人间"矣。

## 四　桐城义法，常事不书

郑国藩《蓴园居士饶君墓志铭》曰："君文无宗派，以桐城义法出入唐宋明清诸大家，无意于古而与古会。"② 关于义法，饶锷《答某君书》曰："夫文章之事盖难言矣……大别言之，不越二端：一曰散文，一曰骈文。是二者虽宗派各别，旨趣互异，顾其所以为文之法，莫不有一定矩矱存乎其间。故为文章者首重义法，次论至不至。精于理，工于言而又深于法，文之至焉者也；深于法而拙于词、疏于理，犹不失为文也。若理精而言工，无法度以运之，则不成文矣，而况于背理而伤词者乎？……不识义法之人，又乌足与以论文？"③ 这是明显地继承了桐城的义法说，姚永朴曰："文学之纲领，以义法为首。此二字出于《史记·十二诸侯年表序》，所谓'孔子明王道，干七十余君莫能用，故西观周室，论史记旧闻，兴于鲁，而次《春秋》，上记隐，下至哀公之获麟，约其文辞，治其烦重，以制义法，王道备，人事浃'是也……其后方望溪用力于《春秋》者深，故独喻此旨。其论文遂揭此二字以示人。且评司马氏此篇云：'《春秋》之制义法，自太史公发之，而后之深于文者亦具焉。必义以为经，而法纬之，然后为成体之文。'其论精且切矣。"④ 义法之具体表现，则为："所谓义者，有归宿之谓；所谓法者，有起、有结、有呼、有应、有提掇、有过脉、有顿挫、有钩勒之谓。"⑤ "义"是指文章

---

① 饶锷：《饶锷文集》，第129—130页。
② 郑国藩：《似园文存》，广东省金山中学潮州校友会影印2013年版，第227页。
③ 饶锷：《饶锷文集》，第77页。
④ 姚永朴：《文学研究法》，时代文艺出版社2009年版，第17—18页。
⑤ 同上书，第58页。

的义理。"法"是指文章的作法，包括文章的形式、作文的布局、章法、修辞等。

饶宗颐亦曰："父亲的古文宗法桐城，讲究雅洁。"① 所谓雅洁，吴孟复曰："雅在文从字顺，洁在异于淫靡。"② 饶文之雅洁，自不待言，整部《天啸楼集》的文章，俱能合此法度。

饶锷对桐城文派深有研究，其《与冯印月书》曾历评桐城诸家文章得失，极有见地：

> 褐夫既戮，二百年学士绝口不敢道其文字，而望溪致位通显，以所学主张后进，惜抱继起，天下靡然从风，于是有桐城宗派之说。夫义法密而修辞朴，此惜抱所以教人，而后学所奉为圭臬者也。然惜抱之文正坐法太密、词太朴，故鲜雄浑之气，而往往流于薄弱。其登太山一记，最为世所称诵，以其破空而来，顿然而住，中间排纂，字字有千钧之力，盖此篇于法外运气，而以简朴文字出之，故佳耳。然惜抱之文如是篇者不多见也。惜抱之后，梅伯言、管异之之徒谨守师法，而所造不能有过于其师，至曾文正力矫桐城之弊，厚集声彩，而充以瑰玮雄大之气。近世吴挚甫又探源诸子，翻去波澜，一归崇奥。此二氏者虽师承于方姚之学，要皆能自铸伟词。尝谓桐城文派，至曾氏而大，至吴氏而变。若梅、管辈斤斤守一先生之言，而不免剽贼规摹之病，虽其才有不至，抑亦宗派之说囿之也。③

可见饶锷的宗法桐城，是有所选择的。他更欣赏早期的桐城戴名世、方苞，及后来曾国藩、吴汝纶四家之文。而对于姚鼐、梅曾亮、管同则有所扬弃。并深知为文虽讲究义法，但不能法太密；虽讲究雅洁，但不能词太朴。而要法外运气，变而后大。并提出了具体的方法：

---

① 饶宗颐述，胡晓明、李瑞明整理：《饶宗颐学述》，浙江人民出版社2000年版，第4页。
② 吴孟复：《桐城文派述论》，安徽教育出版社2001年版，第21页。
③ 饶锷：《饶锷文集》，第74—75页。

盖善学古人者，得其神气；不善学者，得其形迹。得其神气则文者达意而已，得其形迹则刻求于字句格律之间，而无以自拔也。然学者不能舍格律而言文，苟能由于格律而进窥古人所谓神与气者，而变化之，以达我意，则文之能事毕矣。此曾吴二氏所以杰然为一代大家。①

这种由字句格律之形迹入手，而进窥古人之神气的作法，也是对桐城义法的继承。刘大櫆曾曰："神气者，文之最精处也；音节者，文之稍粗处也；字句者，文之最粗处也。然论文而至于字句，则文之能事尽矣。盖音节者，神气之迹也；字句者，音节之矩也。神气不可见，于音节见之；音节无可准，以字句准之。"② 正是饶锷此论之所本。另饶文中的"格律"，亦是桐城派论文之术语。姚永朴曰："格律二者虽同训，但格者导之如此，律者戒之不得如此，此其分也。"③

义法问题还涉及文章的方方面面，以下谨举一例，即有关于"常事不书"之法，以窥一斑。饶锷《蛰寄庐诗賸序》文曰：

> 蛰寄庐诗賸，凡近体歌行三百余篇，作者为潮安林君彦卿，而裒录成帙者，君弟国史也。彦卿在逊清之季，以善为诗名于潮，并世交游，咸敛手逊谢莫及。故一时有诗伯之号。然彦卿才艺工者实不尽于诗。举凡词章若骈若散，下逮丹青音律岐黄星卜之术，靡不习而能焉。又性好客，喜与酒徒贱工者游处。当其剧饮六博，酬呼谐谑，旁若无人。而人之见之者，鲜不以为狂且妄也。及观其属辞拈韵，调筝写生，与为人诊疾，决休咎，则又不禁始而奇，继而惊，终乃大服。余初不识君，曾邂逅于客舍，见君箕踞床上，科头与佣保杂坐，私心颇不然之。后稍与君习，就而请业，则为余历举古今诗学，于世代之沿革，声律之高下，体裁之正变。言之滔滔，如缫

---

① 饶锷：《饶锷文集》，第75页。
② （清）刘大櫆：《论文偶记》，人民文学出版社1959年版，第6页。
③ 姚永朴：《文学研究法》，时代文艺出版社2009年版，第87页。

丝然，纚乎愈出，而靡穷如射侯然，确乎所谈法度而皆中的也。于是乃始释然于君，而益疑其所以为是破崖岸，略边幅，放浪形骸而不顾者，毋乃窘于境遇，激而出此。殆所谓乐以忘忧者乎。国史既以君为兄，浸染家学，亦能诗，而时与余往还。其辑君遗稿也，以余粗解文字，或能阐发君为诗之旨，使为之序。不知余于有韵之文游焉而已。览君之诗，只知诵而爱之，至其命意自得之趣，与夫宗法所自出，则固茫乎莫测其端倪也。故其稿留余者累月，而终未有以报命。今虽勉为之，而言止于是，是不独有负林氏兄弟之诗之意。抑国史于此，夫亦可以晓然于余之谫陋，弗足以言诗也已。[1]

序其诗而不言诗，转而状林彦卿之狂，使人想见其为人。关于写人之法，方苞提出"常事不书"的法则。方苞《书汉书霍光传后》曰："春秋之义，常事不书，而后之良史取法焉。……古之良史，千百事不书，而所书一二事，则必具其首尾，并所为旁见侧出者而悉著之。故千百世后，其事之表里可按而如见其人。"[2] 饶锷深谙方苞这一法门，文中写林彦卿，选取了几个方面，一是"剧饮六博，酣呼谐谑，旁若无人"，二是"属辞拈韵，调筝写生，与为人诊疾，决休咎"，将林彦卿的多才多艺，放荡不羁写得活灵活现。然后通过一个作者亲历的细节，写有一次"邂逅于客舍"，见林彦卿"箕踞床上，科头与佣保杂坐"，开始心里很看不起他。等到后来和他熟悉之后，林彦卿"为余历举古今诗学，于世代之沿革，声律之高下，体裁之正变。言之滔滔……确乎所谈法度而皆中的也。"饶锷乃大服之。欲扬而先抑，使人对林彦卿更加刮目相看。以上选取的，都是林彦卿为人最为独特的细节，颇能符合"常事不书"的法则，故其写人，皆能刻画入微，各具个性。另如其《冯素秋女士传》中有一段曰：

年十八毕业鮀江女子师范，往来潮汕，恒短服而男装。当清之季世，士怀故国，海宇骚然。其间以女子言革命者，有山阴秋瑾名最

---

[1] 饶锷：《饶锷文集》，第28—30页。
[2] （清）方苞：《方苞集》，上海古籍出版社1983年版，第62页。

著。女士以浙产，侨居潮州，读其书，颇韪之。慨然以继起廓清自任，密与其戚卢君青海规划革命，方略甚悉。会武昌首义，清帝逊位，女士闻之，跃然大喜。凤愿既偿，则退而温习故籍，向所策划，终自閟不告人。①

"冯素秋是著名的左联五烈士冯铿的姐姐，姐妹二人敬仰历史上的奇侠女子，立志要做秋瑾和索菲娅式的女革命家。"② 密划革命，此为冯素秋一生之亮点，经饶锷略加点染，便将其女中豪杰的形象勾勒出来。这也是深得"常事不书"之法。

## 结　语

民国初年文坛古文创作的总体情况，诚如钱基博所言："民国更元，文章多途；特以俪体缛藻，儒林不贵。而魏晋、唐宋，骈骋文囿，以争雄长。大抵崇魏晋者，称太炎为师。而取唐宋，则衍湘乡之一脉。自曾国藩倡以汉赋气体为文，力追韩昌黎雄奇瑰伟之境，欲以矫桐城缓懦之失。"③ 当时的潮州文坛在这种大环境下，又具有自身的特色，闵定庆先生有一段论述："民初，王慕韩先生崛起于潮州文坛，大力倡导韩文，在他身边渐渐形成了一个颇具规模的古文创作群体。第二，曾点翰林的吴道镕来潮州主韩山书院、金山书院讲席，京师大学堂首届文科毕业生姚梓芳返潮执教，将'桐城文'引入潮州，潮人出现了'远宗退之而近法桐城'的转向。第三，阮元督粤期间，将乾嘉朴学引入广东，建学海堂系统讲授考据学，学海堂肄业生温仲和于光绪二十年（1894）至潮州金山书院讲学……温廷敬先从温仲和学……饶锷、宗颐父子又师从温廷敬，接受考据学的训练，为文朴茂渊雅，不事雕琢，逻

---

① 饶锷：《饶锷文集》，第 117 页。
② 刘文菊：《论饶锷的散文艺术——以〈冯素秋女士传〉为例》，《饶学研究》，新版第一辑，暨南大学出版社 2014 年版，第 200 页。
③ 钱基博：《现代中国文学史》，南京凤凰出版传媒集团、江苏文艺出版社 2008 年版，第 143 页。

辑性强。"①

饶锷的古文创作，在这些风气的影响中，按照他自己的性情之所好，做出了选择，即从欧阳修入手，取桐城义法，出入归有光、方苞、戴名世之间，最终形成自己雅洁深婉的独特风格，在当时潮汕的古文作手郑国藩、温丹铭、姚梓芳、王慕韩之外，独树一帜，堪称民国粤东古文创作之典型，置之当时华夏文坛，亦足自名一家。

另外，在大的国家文化背景之下来审视饶锷等潮籍学人的古文创作，更有其典型的意义。五四运动之后，废除文言，提倡白话，桐城文派也被诬为"桐城余孽"。但饶锷对新文化运动是抱保留态度的，闵定庆评饶锷曰："他跟他所景仰的师友章太炎、高燮、金天翮、柳亚子、温廷敬等人一样，是完全排拒白话文的。他指出，新式学堂斩断了千年'文脉'，'科举废而人才日杂，学校兴而文章日衰'。古文退场，典范不再，新式学堂的学生'安能登其堂而嚌其胾哉'！"② 因此他以一个文化遗民的心态，坚持了自己心中那份对传统典雅文化的向往，虽千万人吾往矣！用自己的生花妙笔，延续了古文的生命，这才是真正的为往圣继绝学。并且深刻地影响了他的长子饶宗颐。饶宗颐继承父志，发扬光大，终于成为当代的文化大师。他的古文学的是韩愈，有《固庵文录》传世，雅健雄深，气盛骨骏，父子虽有异，但都能各适其性，所谓"若无新变，不能代雄"，这才是饶宗颐对父亲最好的继承。

斯人长逝，时局日新，文衰之演，于今尤烈。临文嗟悼，不能喻怀，兹以旧作《题天啸楼集》一绝，以为结语云：

> 熙甫庐陵添一席，桐城法乳润南山。百年礼失徵诸野，天啸犹堪振两间。

癸巳初冬草于弥纶室

---

① 闵定庆：《从"韩愈崇拜"到"六一"情结——试论饶锷散文论述的体验化倾向》，饶学国际学术研讨会论文集，韩山师范学院，2013年，第130—131页。

② 同上书，第130页。

# 编后记

几度春秋，几多辛苦，《选堂气象：饶宗颐研究论集》终于要正式出版了。

本书是2014年立项的广东省人文社科重大项目"饶宗颐研究"（2014WZDXM038）的结项成果集。围绕课题，我们集结了校内外众多饶学研究学者，以细读、笺注饶宗颐学术著述为基础，以微观与宏观相结合，个案与史述相结合、分析理性与审美阐释相结合为要求，分别从饶宗颐思想人格研究、诗学研究、艺术学研究、文章学研究、家学谱系研究等方面展开，力图对饶宗颐的学术、艺术、思想精神、家学传承及其与现代学术之关系，做出较为全面、深入的学理阐析，希望既能对集学术、文学与艺术于一身的国学大师饶宗颐之其人、其学、其诗、其文进行深入探析，又能揭示出饶宗颐与现当代学术之关系，从而彰显出饶宗颐在现当代文学史、艺术史以及学术史上的重要价值与意义。这是我们课题研究的目标，也是学术团队成员的抱负。

回眸长达4年的研究，尽管遇到了许许多多的困难，但结果还是令人比较满意的：共出版著作4本（另有1本即将出版），在CSSCI期刊及省级以上学术刊物发表论文22篇。作为广东省人文社科重大项目的最终成果，我们特把这22篇论文结集出版。

约而言之，本书大致有三个特点。

其一，研究团队独具特色。本书围绕省级重大项目，集结了一批国内饶学研究的重要学者，并多点开花，涉及饶宗颐的精神气象、诗学、文章学、艺术学、家学谱系及其与现代学术之关系。特别是多位学者与研究对象有亲密关系，既有理论高度，又有亲历经验的实证——多位研究者在饶宗颐家乡高校工作，系韩山师范学院饶学研究所之学术骨干。

此外，还有三位令人感动的校外学者——蒋述卓教授、闵定庆教授和郭景华教授，他们关心并参与本项目之研究，有力充实与提升了饶宗颐研究的学术力量。像蒋述卓教授，他与课题组骨干成员殷学国博士共同研究并发表了饶宗颐研究的两篇重要论文，分别发表于《学术研究》和《暨南学报》，对本项目之开展帮助极大。又如华南师范大学文学院闵定庆教授，他在项目开题会后，应邀加入了我们的课题组，承担饶宗颐父亲饶锷的研究任务，并一连撰写了四篇相关论文，发表于重要学术刊物上。闵定庆教授一直是我们的同道，作为我们新的学术同盟，他的加入及其展开的研究，有力拓展饶宗颐家世谱系的研究空间，构成本项目之重要的阶段性成果。另外还有湖南怀化学院的郭景华教授，他与我们结缘较早——在师从胡晓明教授攻读博士学位的时候，就因为其博士学位论文是关乎饶宗颐艺术史论的，在2007年就应胡晓明教授之指点，来过韩师，去过潮州的饶宗颐学术馆。在本项目申请之初，他就应邀加入课题组，承担饶宗颐艺术史论之研究任务，并发表了两篇重要论文。

其二，学术基础比较坚实。作为广东省人文社科重大项目，自2014年立项以来，课题组已出版《饶宗颐诗学论著汇编》（赵松元、殷学国、陈伟编，光明日报出版社2017年版）、《饶宗颐七绝笺注》（暨南大学出版社2016年版）、《饶宗颐辞赋笺注》（暨南大学出版社2016年版）、《饶宗颐诗词集通注》（暨南大学出版社2018年版）以及《潮州〈西湖山志〉校笺》（闵定庆，中国社会科学出版社即将出版）。这一系列著述，远远超出了课题申报书的成果要求，其本身已成为近年来饶学研究领域的重要成果，引起了学术界的关注和重视。如《饶宗颐诗学论著汇编》一书荣获光明日报"中国好书"一等奖（2018年）；《饶宗颐诗词集通注》《饶宗颐诗学论著汇编》荣获潮汕历史文化研究中心第八届潮学奖二等奖（2019年）；《饶宗颐七绝笺注》荣获潮汕历史文化研究中心第八届潮学奖三等奖（2019年）。这些饶宗颐文献研究方面的成果，为本书研究团队深入阐析饶宗颐的精神人格及诗学、文章学、艺术学打下了坚实的学术基础。

其三，追求学术创新。就饶宗颐研究而言，本书应是饶学研究领域的一个创新性、标志性的学术成果。长期以来，在饶学研究领域，已有饶宗颐史学论著、文学史论著等编辑出版，但一直没有关于饶宗颐的诗学、艺术学、文章学、家学谱系等方面系统性的研究专著。本书开掘了饶学研究的新论题，拓展了饶学研究的新领域，丰富了海内外饶学研究的成果，从而拓展了饶学研究的深度和广度。本书由22篇论文组成，分别发表国内外重要学术刊物，成果水平普遍较高。学者们围绕省级重大项目展开研究，以文本汇编、笺注及文本细读为基础，拓展饶学研究的国际视野与历史文化视域，在学术史和近百年学人研究纵横交织的学术背景下，展开对饶宗颐先生学术精神、文学与艺术成就、家学谱系及其学术贡献的深入研究。从而揭示出饶宗颐在文学史、艺术史以及学术史上的重要价值与意义。这些成果，虽对海内外相关研究成果有所借鉴，但多发人之所未发，具有较好的深度和广度，成为饶学研究领域的新成果，体现了学术创新的基本要求。因之，本书对于深入了解饶宗颐的学术、艺术及其当代意义，推进饶学研究的新发展具有积极的意义。

在这里，我们首先要感谢饶芃子、蒋述卓、马亚中、彭玉平、闵定庆五位教授，2015年3月21日，他们在百忙之中，应邀来潮州，出席项目开题报告会。他们对本项目研究之开展提出了极其宝贵的意见。专家组意见，帮我们拓开了研究视野，我们及时调整了研究思路，研究工作也因此得以顺利开展起来。

我们还要感恩中山大学吴承学教授、华东师范大学胡晓明教授。作为著名学者，两位教授在百忙之中，分别为本书作序。吴承学教授的序文已于2019年4月18日在发表于《羊城晚报》，在海内外产生了良好的学术影响。胡晓明教授已是第二次为我们的饶学研究论著专门作序了。2009年，我与刘梦芙、陈伟合著之《选堂诗词论稿》，胡晓明老师应我之邀请，以《风雪夜行人》为之序。此番，他又毫不犹豫应邀为本书作序。两位学术名家的序，为本书增添了无量的光彩！

早在2018年底，本书已编辑成册，但因为某种原因，延缓到现在才得以由中国社会科学出版社正式出版。在此，要特别致谢中国社会科学出版社的领导和宋燕鹏博士，没有他和出版社领导的关心和推重，本书就不可能在中国社会科学出版社出版发行。

我们还要感谢韩山师范学院科研处和文学与新闻传播学院的领导。因为出版延期，我们本已留足的项目经费于2018年底被有关部门收回。科研处于与文学院的领导特别重视科学研究，看重本书的学术价值，予以大力支持，解决了出版经费问题，从而保障了本书的出版。

韩山师范学院饶学研究所以及韩师饶学研究的学者，与选堂饶宗颐教授有着深厚的渊源。2011年饶学研究所（当时称饶宗颐研究所）成立之际，饶公亲临大会并在开幕式发表重要讲话；他生前也颇为关心和称赏韩山师范学院饶学研究所的研究工作。2009年，当时我和刘梦芙、陈伟合著本《选堂诗词论稿》一书出版后，我寄了140本到香港大学饶宗颐学术馆，饶公专门赠给我一幅墨宝，上书"长流不息"四字。我体会到，这四字，寄寓着饶公的勉励之意，饶公是希望我们后辈要以持之以恒、坚持不懈的精神和态度做学问。后来，我和殷学国、陈伟合编的《饶宗颐诗学论著汇编》一书，饶公也专门给我题写了书名，并托郭伟川先生从香港给我带过来。另外，像陈伟的《饶宗颐辞赋笺注》《饶宗颐诗词集通注》两书也是饶公亲自题签、梅大圣《饶宗颐七绝笺注》也是通过当时韩师的校长林伦伦教授请饶公亲自题款的。

令人悲痛的是，百岁饶公于2018年2月6日仙逝，一转眼，饶公就离开我们两周年了。"我悲哲人萎，中夜起彷徨。高山竟崩颓，何处揖芬芳。"这是我当时衔悲而作的五古《敬挽选堂饶宗颐先生》中的几句。如今新书即将出版，而饶公却再也不能展卷咳珠了。这令我们不胜惆怅。更令人忧虑的是，出于对中国当代教育、文化的反思，坊间都在说，饶公是中国现当代最后一位学术文化大师，饶公走后再无大师。悲乎哉，悲哉！

赵松元

2020年2月6日初稿

2020年2月10日修订